"十二五"普通高等教育本科国家级规划教材

新编21世纪房地产系列教材

房地产开发与经营

第五版

吕 萍 等 编著

中国人民大学出版社
·北京·

内容简介

吕萍教授领衔编著的《房地产开发与经营》一书，是一部广受读者欢迎的畅销教材，先后被教育部评为普通高等教育“十一五”国家级规划教材、“十二五”普通高等教育本科国家级规划教材。本书以习近平新时代中国特色社会主义思想为指导，坚持房子是用来住的、不是用来炒的定位，结合新时代中国房地产理论和实践的发展趋势，对房地产开发与经营管理的理论与方法进行了系统阐述和探讨。

全书首先概述了房地产开发与经营的基本概念、经营理论与策略，介绍了房地产企业及其经营管理、房地产项目及其定位，进而对房地产项目用地的获取、房地产市场调研、房地产开发项目可行性研究、房地产融资、房地产开发项目管理、房地产市场营销及房地产交易等房地产开发与经营的主要环节进行了重点的分析和阐述，并对物业管理的基本内容及其常见问题进行了讨论。本书注重案例研究，在多个房地产开发与经营环节的讨论中安排了实际案例，融理论与实务于一体，使本书更具实践性和可操作性。

本书为高校房地产开发与经营及相关课程教材，同时也非常适合房地产从业人员作为系统学习房地产开发与经营理论和知识的参考书。

作者简介

吕萍　中国人民大学公共管理学院教授、博士生导师。兼任住房和城乡建设部科学技术委员会住房和房地产专业委员会委员、中国房地产估价师与房地产经纪人学会副会长、亚洲房地产学会资深会员、中华建设管理研究会理事、中国土地学会土地经济分会副主任委员等。长期从事房地产领域的教学和研究工作，专注于城乡住房市场和住房保障研究，在农民工城市融合与住房问题、青年住房压力与选择、保障性住房政策、农村宅基地与住房问题等方面有较为深厚的研究积淀，形成了系列研究成果。主持国家社会科学基金项目、国家自然科学基金项目、联合国开发计划署项目及国家部委和地方政府委托的多个研究项目。研究成果先后获得北京市第十三届哲学社会科学优秀成果奖二等奖、第五届钱学森城市学金奖优秀奖等多项荣誉。在《公共管理学报》《中国软科学》《中国土地科学》《农业经济问题》等核心期刊上发表论文多篇。出版《中国城乡住房保障与住房市场》《中国乡村振兴和城乡融合发展》《农民工住房：理论、实践与政策》《土地城市化与价格机制研究》《房地产开发与经营》《房地产基本制度与政策》等多部专著和教材。

总序

“21 世纪房地产系列教材”自 2002 年出版以来，广受兄弟院校同行和读者们的厚爱。许多高等院校以此系列作为房地产相关专业的教材使用，推动了房地产理论与实践在我国的传播与发展。2007 年后，“21 世纪房地产系列教材”中已出版的教材陆续开始修订，并增加了部分新教材，以更好地反映我国房地产实践的发展和变化。如今，在我国经济进入全面建成小康社会、房地产改革逐渐深入、房地产市场步入存量时代的新阶段，为满足新时代背景下国内高校房地产相关专业的教学需要，我们在原有的“21 世纪房地产系列教材”的基础上进行整合、修订，推出“新编 21 世纪房地产系列教材”。

本系列教材汇集了房地产市场研究的精华，呈现了房地产市场发展的一般规律，搭建了房地产相关学科专业的基础知识体系。20 年来，房地产市场环境、政策、企业经营管理模式、消费者消费模式、政府调控目标、政策法规等均发生了巨大变化。自 1998 年住房制度改革以来，我国房地产企业数量、房地产开发投资、房屋建筑面积、商品房销售面积均大幅增加，政府对房地产市场注重加强引导和调控，规范促进房地产市场健康发展。2016 年中央经济工作会议首次提出坚持“房子是用来住的，不是用来炒的”。近年来出台的货币政策、土地政策、金融政策、税收政策和市场监管政策，包括租购并举、大力发展住房租赁市场等政策，导向都是坚持“房住不炒”，都是在逐步建立房地产长效机制。民众对房地产产品的认识也不断深入，房地产产品从百姓的生活必需消费品向具有投资消费双重属性的商品过渡，百姓的需求从刚需“住得起”到改善性住房“住得好”转变，投资置业观念越来越理性。

国家出台了一系列稳定房地产市场的金融、土地、住房、税收等政策，我国房地产业也从初期野蛮生长阶段进入了规范发展阶段，房地产理论与实践取得了长足进步。不论是房地产金融、房地产政策制度、房企经营管理、房地产营销、房地产经纪、房地产投资与开发，还是不动产估价，学科研究不断深入。

“新编 21 世纪房地产系列教材”是中国人民大学土地管理系教师在长期教学、研究基础上吸收兄弟单位相关学者的成果编写而成的，多本教材入选国家级教材和北京市高等教育精品教材。希望本系列教材的出版，能成为广大房地产相关专业学者和学生以及其他从事、热爱、关心房地产业读者的教材或重要参考书。

中国人民大学于1985年设立土地管理本科专业，1988年成立土地管理系，1992年开始招收房地产经营管理专业的本科生，是全国最早开始土地管理以及房地产教学、科研的大学之一。经过30余年的发展，目前形成了包括本科（土地资源管理）、硕士研究生（土地资源管理、房地产经济与管理）、MPA（专业方向）以及博士研究生（土地资源管理、房地产经济与管理）教育的多层次、完整的中高级复合型人才培养体系。本科教育一直是土地管理系教学的重点，我们也很重视教材和著作的编写、引进，如出版“21世纪土地管理系列教材”“房地产经典译丛”“房地产前沿丛书”等。2021年，我校土地资源管理专业正式被教育部认定为“2020年度国家级一流本科专业建设点”，土地资源管理同时为国家级和北京市级一流本科专业建设点。

感谢中国人民大学出版社朱海燕等编辑的辛勤付出，感谢所有作者在承担大量日常教学及科研任务的同时参与本系列教材的编写，更感谢本学科的所有前辈、同行，对学科的教材体系建设做出杰出贡献。在进入绿色生态高质量发展、全面实现城镇化的关键时期，稳定、高质量、绿色、低碳是房地产业发展的时代新特征。教材中尚有许多待完善、提升之处，望广大读者和同行不吝赐教。

叶剑平

2021年8月

于中国人民大学求是楼

第五版前言

2020 年注定是不平凡的一年。“房子是用来住的，不是用来炒的。”随着我国社会经济的转型和发展，我国房地产市场发展日渐成熟，房地产也逐渐由追求“快速和规模”的阶段进入强调“稳定和质量”的阶段；相应地，这对房地产理论和实践的教学与研究提出了更高要求。本次修订，就是在这样的发展形势下完成的。坚守“不变的目标、一致的原则、认真的精神”，依然是修订中每一位作者和编辑所恪守的。

参与本书编写和修订的人员有：第 1 章、第 2 章：吕萍；第 3 章：张秀智；第 4 章：姜东升、卢嘉、林莹；第 5 章：姜东升、卢嘉；第 6 章：姜东升、卢嘉、王学发；第 7 章：王学发；第 9 章：白彦军、林莹；第 9 章：尚国琲、耿进强；第 10 章：周滔、姜东升；第 11 章：支晓娟、吕萍；第 12 章：甄辉、张帆。吕萍负责全书的统稿工作。

自 2002 年本教材问世至今，已过去将近 20 年，它见证了中国房地产起步、发展和繁荣的历程，也领略了其震荡和调整的沧桑与烦恼。能够为时代的发展、为时代最为耀眼和有影响力的专业的起步和成长做一点点贡献，我们甚感欣慰。

感谢每一位读者、作者和编辑。未来，让我们继续携手，不忘初心，砥砺前行。

2020 年末于中国人民大学求是楼

第四版前言

在本教材出版三版后，再次进行修订，我们既充满信心，又感到巨大压力。有信心是因为有稳定的和高水准团队的大力支持，能够把握我国房地产行业运行的命脉，并能够将其客观和准确地提炼到学习使用的教材中。有压力则是面对日新月异的知识大爆炸和传播媒介的多样化，教材的编写和修订要能够承接这些变化，从而满足广大师生的阅读和教学需求。

结合对国内外相关教材的学习，遵循中国人民大学出版社编辑的建议，本次修订主要注重了以下几个方面：第一是更新。更新了法律法规和政策规定的最新的变化，更新了部分章节不适合的案例，更新了部分数据和图表。第二是补充。在部分章节补充了专栏，以便于学习参考。第三是修改。进一步订正书稿中的一些文字、数字方面的偏差。

本次修订各个部分的作者没有变化。依次是：第一章、第二章：吕萍；第三章：张秀智；第四章：姜东升、卢嘉、林莹；第五章、第六章：姜东升、卢嘉；第七章：王学发；第八章：白彦军、林莹；第九章：尚国琲、耿进强；第十章：周滔、姜东升；第十一章：支晓娟、吕萍；第十二章：张帆、甄辉。吕萍负责全书的统稿工作。

在 13 年教材的建设和使用过程中，《房地产开发与经营》能够成功入选普通高等教育“十一五”和“十二五”国家级规划教材，既有团队的努力和付出，也得益于各位老师、同学和业内人士的肯定及建议，并受益于中国人民大学出版社各位编辑和领导的支持，再次致谢！

编著者

2015 年 12 月于中国人民大学求是楼

第三版前言

四年后再次修订这本教材，尽管整个操作已是轻车熟路，但仍然丝毫不敢懈怠。回顾整个修订过程，不变的是维系了既有的框架和基本内容，变化的则是对基本理论和方法的进一步精练，并以更为简要和明了的方式进行展示；不变的是一贯坚持的教材写作风格，变化的则是去粗取精、与时俱进，并以更加丰富和鲜活的实例演示帮助读者理解房地产的基本原理；不变的是对写作者和队伍结构的基本要求，变化的则是吐故纳新，并通过不断充实理论研究者或实践运作者以达到提升写作水平的目的。

参与本书编写和修订的人员为：第一章、第二章：吕萍；第三章：张秀智；第四章：姜东升、卢嘉、林莹；第五章、第六章：姜东升、卢嘉；第七章：王学发；第八章：白彦军、林莹；第九章：尚国琲、耿进强；第十章：周滔、姜东升；第十一章：支晓娟、吕萍；第十二章：张帆、甄辉。吕萍负责全书的统稿工作。

再次完成教材修订工作，除了感谢多位作者的精诚合作、各位主编和编辑的辛勤工作之外，更要感谢几年间陆陆续续收到的读者的各种建议和提示，可以讲，是大家、是各方共同在打造和维护这一成果。

希望我们的努力能够有所收获，也盼望这一成果在更多人的关注下能够发展得更好。

编著者

2011 年 5 月于中国人民大学求是楼

第二版前言

从 2002 年《房地产开发与经营》首次与读者见面到今天，尽管只有五年的时间，但这个领域的确是发生了诸多重大的变化。首先，我国房地产市场迅速发展。虽然我们对房地产市场价格和供求的种种现象，还在不断捕捉和深入分析，有时甚至会看不清楚，但是整体来看，不论是市场规则，还是市场主体的行为，都逐渐趋于完善和理性。其次，我国土地和房地产的制度规定不断完善。不论是土地和房地产供给、流转制度，还是土地和房地产金融、税收制度，都在按照市场实践发展规律的需要，不断调整和不断完善，并逐渐发挥有效规制和调节市场的作用。最后，我国房地产开发经营的理论和方法体系逐渐形成。在经历了对一般开发经营和管理理论的搬用和借鉴，归纳和提出房地产开发经营和管理理论的历练过程后，不论是关于房地产主体、房地产企业组织和管理的理论与方法，还是关于房地产开发经营活动运作的理论与方法，都得到极大的丰富和发展。

重新修订这部教材，不仅要充分考虑和体现房地产市场环境的巨大变化，也要反映房地产开发与经营自身的发展要求，以保持教材的承接性和现实性。综合考虑后，本书的修订宗旨是，第一，在维系原有体系的基础上，适当补充和拓展新的内容，包括房地产市场调查、房地产项目定位、房地产融资等；第二，在各章主干内容保持不变的基础上，适当增加案例或实例分析；第三，及时更新素材、修改错误。

本书的编写和修订小组注意融合理论研究人员和实践一线专家的意见和建议，以便能够在编写过程中充分体现房地产开发经营理论与实践结合的理念和思想。各章编写和修订人员为：第一章、第二章：吕萍；第三章：张秀智；第四章：姜东升、卢嘉、林莹；第五章、第六章：姜东升、卢嘉；第七章：王学发；第八章：白彦军、林莹；第九章：尚国琲、耿进强；第十章：周滔、姜东升；第十一章：支晓娟、吕萍；第十二章：张帆、白彦军。吕萍负责把握全书的编写和修订方向，并完成全书的统稿工作。

在两版书稿编著过程中，严星、路红卫、任虎、向文杰、刘昱等作出了重要贡献。一如既往地感谢业内企业的大力支持：世联地产顾问、北京嘉华四季国际会展有限公司、北京万鸿房地产咨询有限公司、顺驰中国北京集团、上海达润房地产咨询有限公司、华夏银行、中信银行等。你们丰富的房地产实践经验和思想为本书增辉添色。

一如既往地感谢广大同行和读者的认同、理解、提携和指正。你们的参与和互动孕育和成就了本书。

一如既往地感谢中国人民大学出版社领导及诸位编辑的支持和鼓励。你们一丝不苟的工作是本书得以问世的基础。

编著者

2007 年 6 月于中国人民大学静园

第一版前言

房地产开发与经营是房地产业经济活动的重要组成部分，是使房地产商品从开发、建设到生产竣工，并能够顺利进入市场，实现房地产商品价值，满足社会对房地产商品需求的经济活动。房地产开发与经营是一门应用学科，是应用现代经营管理原理讨论房地产业运作规律，并以较小代价取得较好房地产开发利用效益或效果的科学经营方法的学科，属经营管理学科的一个分支。

在我国，房地产开发与经营学还是一门新兴的学科，它是近年来的新生事物，是随着房地产业的复苏和振兴以及房地产市场建立和发展而产生的。房地产开发与经营活动的兴起，使房地产业从传统的劳动密集型行业转向智力密集型行业。现代化的经营意识、新型的管理思想是房地产开发与经营企业确定正确的战略和策略，进行高效优质房地产开发经营及物业管理等经营管理活动的重要保证。

21 世纪的中国房地产业是一个迅速发展的朝阳产业，这就对房地产开发与经营管理理论与方法的研究提出了更高的标准和要求。可持续发展观念的提出，对传统意义上的房地产也提出了挑战，即要求房地产的开发与建设不仅要能够最大限度地满足当前的需求，也要充分考虑满足未来不断增长的需求，“绿色房地产业”正是适应这种要求提出的新观念。它强调在房地产的开发与经营过程中，从设计、建材、公共设施和居室配置到社区管理，要增加科技含量，要遵循节约资源和能源的原则。降低对环境的负荷的理念有利于促进房地产业以及社会经济可持续发展，也是现代房地产业发展的新观念。

中国加入世界贸易组织后，将全面降低关税，更加开放国内市场，这不仅有利于扩大对外出口和进一步吸引外商直接投资，也会直接对我国主要城市特别是上海、广州等沿海中心城市的房地产业及房地产市场产生深刻影响。这种影响不仅表现在房地产的市场需求以及价格的变化上，也表现在房地产开发与经营观念的变化上，即在逐渐与国际接轨，在房地产开发、建设、营销以及物业管理等全程服务过程中，不断借鉴国外的运作机制，实现房地产开发与经营国际化，以利于与外资机构抗衡，参与公平的市场竞争。

充分运用现代经营管理理论，结合新世纪对房地产业发展提出的要求，探讨房地产开发与经营管理的理论与方法，是本书的基本出发点。全书由以下几个部分组成：第一部分，绪论及理论与方法，主要交代有关的概念，全面阐述相关的理论与方法，以及房地产开发与经营管理策略及其制定；第二部分，房地产开发用地取得、可行性分析、项目管理，对各个环节的主要内容进行分析与介绍；第三部分，房地产交易、营销，讨论房地产交易与营销过程中的主要内容和问题；第四部分，房地产企业，从房地产企业活动的角度讨论企业活动对房地产开发与经营的影响，以及房地产开发经营对企业发展的影响；第五部分，物业管理，阐述物业管理的基本内容，探讨我国物业管理的发展。

本书写作人员具有多年的房地产教学、实践经验，在充分吸收和借鉴各家观点的基础上，注重对个人教学和实践经验的总结，特别是通过房地产开发与经营案例的分析，融理论与实务于一体，使本书更具有现实性。

与众多业内人士的交流，以及对成功案例和经验的演示，也为本书增辉添色。在这里，要特别感谢以下单位：北京市国土资源房屋管理局、世联地产顾问（深圳）有限公司、北京建亚房地产展示中心、北京远坤房地产开发公司等。

本书写作人员主要有（按章节顺序排列）：吕萍、严星、王学发、向文杰、路红卫、尚国琲、姜东升、白彦军、任虎。

我们欢迎业内同人与广大读者批评指正，并为本书提出宝贵意见。

编著者

2002 年 3 月

目录

第 4 章　房地产项目及项目定位

第 5 章　房地产项目用地的获取

第 6 章　房地产市场调研

第 7 章　房地产开发项目可行性研究

第 8 章　房地产融资

第 9 章　房地产开发项目管理

第 10 章　房地产市场营销

第 11 章　房地产交易

第 12 章　物业管理

第1章

绪　论

本章内容提要

房地产开发与经营活动是房地产开发建设过程、经营管理过程和产业服务过程等经济活动的有机统一，它不仅包括房地产领域的商品买卖、租赁和管理，还包括房地产的开发、建设、交换、分配及引导和组织消费等活动。本章主要对相关概念进行介绍，并就房地产开发与经营的特点、形式和内容进行分析，对学科的形成和发展、研究内容和研究方法等也进行了探讨。

1.1　房地产开发与经营的基本含义及其特点

1.1.1　房地产开发与经营的基本含义

1.1.1.1　房地产开发

“开发”是生产者或经营者为了实现一定的经济和社会目的，对资源进行合理开发和利用的过程。与房地产有关的开发活动非常广泛，如国土开发、区域开发、城市开发等，其中国土开发与区域开发侧重于宏观意义上对土地的开发和利用，城市开发则包括对土地及地上建筑物的开发，也可以将其视为整体上和宏观意义上的房地产开发。因此，从某种意义上讲，这些开发活动可以视为广义的房地产开发。狭义的房地产开发主要是指在依据国家的法律取得了国有土地使用权的土地上进行基础设施建设和房屋建设行为，是在特定地段上所进行的具体的房地产项目的规划、设计、建设和施工等活动。

房地产开发是房地产企业的生产和再生产过程，也是完成房地产商品的生产和建设过程。房地产本身的特殊性、房地产企业的特点以及房地产业的特殊性等，使房地产开发具有与其他项目不同的特点。

1.1.1.2 房地产经营

“经营”是经营者为了达到企业目标而有意识、有计划地进行活动的总称，是与决定企业经营的最高方针、确定经营目标有关的机能。

伴随商品经济的产生和发展，“企业经营”的内涵和外延不断拓展，涉及生产、技术、组织、销售、财务以及物资供应等领域，成为指导企业以最小的投入获得最大的产出的一种谋划、决策和组织实施行为。企业根据社会需要及市场需求，不断调整产品结构，生产适销对路的产品；企业通过对高新技术和设备的研究，增强竞争能力，提高经济效益；企业通过对协作关系、协作组织和协作方式的研究，提高应变能力；企业通过研究销售市场、改进财务管理以及开发人才智力等，开拓市场，提高经营效益，使自身在市场竞争中立于不败之地。

房地产经营是企业经营活动的重要组成部分，是指房地产企业为实现预期目标，确定实现目标的战略和策略，并有意识、有计划加以实现的经济活动过程。广义的房地产经营不仅包括房地产生产过程的开发环节、流通环节的营销活动和中介服务活动等，还包括消费环节中的物业管理服务活动。狭义的房地产经营仅指流通环节的营销活动和中介服务活动。

房地产经营活动是以房地产市场为背景进行的。随着我国房地产市场的不断规范和不断完善，房地产经营将会起到越来越重要的作用。在激烈的市场竞争中，谁能运筹帷幄，掌握市场的脉搏，制定出科学的战略和策略，并能切实加以实施，谁就能实现既定的目标，从而取得成功。

1.1.1.3 对有关概念的讨论

对于房地产开发与经营的概念，实际中常出现多种解释，或是将开发与经营视为一个概念，或是讨论开发与经营的相互包含问题，或是与其他概念如管理概念相混淆等等。

房地产开发与经营是房地产经济活动中两个相对独立又相互关联的内容。在某些情况下，可以将其视为一个整体来研究，如在讨论房地产开发经营与国民经济的关系时，可以讨论房地产活动与国民经济的相互影响，或是在分析和策划房地产活动时，全面和统一考虑房地产的活动内容等。但是，更多情况下是将二者分开来讨论，特别是在具体实施的过程中，由于各自的内涵和特殊性——如房地产开发有特定的理论和方法，房地产经营也有固有的理念和技巧——分别研究可能会更具有实际意义。

关于对经营和管理的解释，尚没有唯一的定义，不同学科、不同著作看法各异。例如，管理学科或管理科学，是把经营作为管理学的一个部分来讨论的；而经营管理学派的奠基人法约尔把工业企业从事的活动划分为技术、商业、财务、安全、会计、管理六项活动，并总称其为“经营”，管理活动只是经营活动的一部分。由此可见，虽然各学科对这两个概念解释不一，但其共同点在于无论经营还是管理都是企业为达到一定目的，有组织、有计划地进行的经济活动，不同定义的差别只是在于对概念的内涵和外延的界定上。

本书倾向于经营活动与企业“决策方针、确定目标”的机能相联系，而管理则与“执行和实现目标”的机能相联系。因此，企业经营实际上是确定企业的经营方针，制定经营目标，进而通过管理经济活动来执行既定方针，并实现既定目标。当然，从实际运作来看，管理和经营在企业经济活动中是难以严格区分开来的，往往相互交织，并在企业全部经济活动中发挥着重要的作用。

1.1.2 房地产开发与经营的特点

房地产的开发与经营与其他商品的开发与经营相比，具有涉及范围广、经手环节多、形式多等特点，因而在开发与经营过程中会表现出难度大、风险大，以及受政策等因素影响大等特点。认识和研究这些特点，对于取得良好的房地产开发与经营效果具有重要意义。

1.1.2.1 房地产开发与经营难度较大

这主要是由房地产商品本身的特点所决定的。房地产商品不同于一般商品，其价值巨大，形成周期长，需要多次投入，且具有延续性和增值性。同理，由于房地产价值大，不可能一次性实现全部价值，从而有必要采取预售、出租或抵押信托等形式分期实现其价值。房地产价值的巨大性、延续性和增值性，以及价值实现的先期性、多样性和逐步性，大大增加了房地产开发与经营的复杂性和难度。

同样，由于房地产商品本身的空间不可移动性，加之影响房地产价格的因素复杂多样，因此同类商品的可比较性差、个案性强，这无疑也增加了房地产开发与经营的复杂性和难度。

1.1.2.2 房地产开发与经营风险较大

这也是由房地产商品的特殊性所决定的。房地产开发经营活动的运行周期长，少则两三年，多则四五年。较长的运行周期使房地产业资金垫付时间长，与生产周期短的行业相比，房地产开发经营活动无疑要承担更大的时间价值风险。而房地产资金投放量亦大，一个开发项目，动辄就要几百万元甚至几千万元、上亿元，因此房地产开发经营活动要承担的风险也更大。同时，房地产经济运行和资金流转环节较多，每一个环节都影响着整个开发经营活动的正常运转，无形中也增加了房地产经营的风险。除此之外，房地产开发经营还受到社会、政治、经济、消费心理、市政建设等各种外在因素的影响，从而比一般商品经营具有更大的风险性。

1.1.2.3 房地产开发与经营政策性强

房地产业的特点、地位和作用决定了房地产开发与经营的政策性强，或者说受政策的影响比较大。房地产业是国民经济的重要产业，房地产资源的分配、使用，房地产商品的生产、流通与分配，直接关系到国计民生。为了将房地产业纳入社会主义市场经济轨道，除了要强调运用市场机制指导房地产运作以外，还要强调政府宏观调控的作用，并通过立法、制定政策等措施，使房地产企业坚持正确的经营方向，力求在经营活动的各个环节、各个方面都自觉遵守国家现有的政策法令、规章制度。

此外，房地产开发与经营的专业性也很强，只有培育大量高素质的专门人才，塑造一流的开发与经营企业，才能适应房地产市场的需求，实现房地产经济运行的良性循环。

1.2 房地产开发与经营的形式、内容与程序

房地产开发与经营的范围是广泛的，其经营形式及包含的内容也是丰富多样的。

1.2.1 房地产开发的形式与内容

1.2.1.1 按开发的时间不同，可以分为初次开发和再次开发

严格地讲，房地产初次开发是指对尚未利用的土地进行开发和利用的过程。随着人类社会的发展，没有被利用的土地已经非常有限，当然由于受到现有科学技术的限制，仍有一些土地目前无法利用，有待以后进行开发。

房地产再次开发是指对已开发利用的土地或房地产项目追加投资，进行深度开发，或进行替代开发，转变土地用途等的过程。通常所讨论的房地产开发一般是指房地产的再次开发。城市房地产开发包括城市新区开发和城市已建成区的再开发。新区开发是土地用途从“非建设用地”向“建设用地”转化的过程，是按照城市发展和城市总体规划的要求征用土地、进行基础设施建设及房地产建设的活动。已建成区的再开发是对城市原有“建设用地”进行再开发的过程，根据开发改造的程度，可以分为部分改善、部分改建以及重建等。

1.2.1.2 按开发的内容不同，可以分为外延式开发和内涵式开发

房地产外延式开发是指在增加面积的条件下，开发城市近郊和远郊农地或未动用的土地，以满足城市用地规模扩展需求的过程。城市新区的开发就属于这种性质的开发，在城市发展初期或经济快速增长的时期，外延式开发往往是房地产开发的主要形式。房地产内涵式开发是在不增加面积的情况下，仅依靠增加劳动和资金投入，提高土地容积率以及土地利用率，加强土地集约利用的开发过程，城市旧区改建、城市再开发都属于这种性质的开发。

1.2.1.3 按开发的规模不同，可以分为单项开发、综合开发等

房地产项目的单项开发是指开发规模比较小、占地不大、项目功能单一、配套设施

简便的开发形式。城区的部分改善或改建往往属于这种性质的开发。房地产项目的综合开发是指开发规模相对大、占地面积大、开发项目功能齐全的开发形式。城市中的住宅小区、住宅新区的开发等都属于这种性质的开发。

1.2.2 房地产经营的形式与内容

1.2.2.1 按经营对象的相对差异划分,可以分为地产经营和房产经营

1. 地产经营

广义的地产经营是发生在土地的生产过程、流通过程及消费使用过程中的所有经济活动的总称，是指利用各种方式和手段进行土地的开发利用，以获取经济收益的活动。狭义的地产经营主要指流通过程中的经营活动，即地产的出让、转让、出租、抵押等有偿流转过程，其实质是土地产权经营。

在我国，特定的产权制度决定了地产经营的只能是使用权，而不是所有权；地产的经营方式只能采取使用权出让、转让、租赁和抵押等形式，不能采取买卖形式。同时，由于土地资产的特殊重要性，地产的使用性质、利用方向和开发强度都要受到严格的限制。这些都决定了地产经营的特殊性。

城市地产经营，可以分为两个层次：其一是以土地出让为主，其二是以土地转让、出租及抵押为主的土地经营。土地出让是指国家以土地所有者身份，将土地使用权在一定年限内让与土地使用者，土地使用者一次性向国家支付土地出让金的行为。这是土地产权的纵向流通，其实质是土地的所有权与使用权分离，是国家与土地使用者之间发生的土地使用权有偿出让关系。土地出让市场属于一级土地市场，是国家垄断型市场。土地出让采用的主要形式有协议、招标、挂牌和拍卖。

土地转让是指土地使用者将土地使用权再转移的行为，包括出售、交换和赠与。土地出租是指土地使用者作为出租人将土地使用权随同地上建筑物、其他附着物租赁给承租人使用的行为。土地抵押是指土地使用者（抵押人）将其土地使用权向资金持有人（抵押权人）抵押以取得贷款的行为。这三种土地流转方式构成第二层土地经营的主要内容，在土地市场结构中属于二级市场，是垄断竞争型市场，其经营特征是在国家控制和调节下的竞争性经营。

为了搞活一级土地市场，特别是促进“存量”土地进入市场，作为出让经营的补充，土地所有者也可以采取出租方式，即以较短时期多次让渡土地使用权的方式，使那些无力一次性支付巨额土地出让金的土地使用者多一条可行的获取可转让土地使用权的途径，也使土地所有者在经济繁荣时期有可能获得高于一次性出让土地的收益。

城市地产经营可以分为土地一级开发和土地二级开发。土地一级开发是指政府依法对收购、收回、征收的国有土地，组织实施拆迁和市政基础设施建设，以达到土地供应条件的行为。土地二级开发则是指在土地一级开发的基础上进行房地产项目建设的行为。一些城市，如北京市，将两个开发环节分别在市场上进行招拍挂交易。

2. 房产经营

由于房与地的不可分离性，房产与地产的交易通常是同时作为整体发生的，这里强

调房产交易分类是针对房、地产权的特性及实际经营处理中的方式差别而提出的。

房产经营的主要形式有出售、出租及抵押等。房屋作为商品出售是使其进入流通领域从而实现价值的基本形式。房屋出租因房屋价值的不同，可分为普通商品房出租和高档商品房出租。房屋出售因交货时间期限的不同，可分为现房（成屋）经营和预期房经营两种形式。

房屋租赁是指房屋所有者将商品房使用权出租给承租者使用、承租者定期向出租者缴纳租金的行为。由于房屋具有价值大、使用周期长、消费它需要占用的资金量大等特点，因此不论现在还是将来房屋租赁经营都是一种重要的经营形式。

房产抵押类似土地抵押，是指房屋所有人将其房产所有权向资金持有人抵押以取得贷款的行为。

1.2.2.2 按经营规模和经营方式划分，可以分为专项经营、综合经营、集团经营和跨国经营等

1. **专项经营**

专项经营是指房地产企业只从事或主要从事某一方面、某一环节经营业务的形式。这种经营方式的优点在于专业化程度高、经营项目单一、经营要素集中，有利于在专业方面取得较好的效益。

2. **综合经营**

综合经营是指房地产企业从事多项房地产经营业务的形式，其优点是能提供一条龙式的配套服务，回旋余地大。

3. **集团经营**

集团经营是指具有雄厚经济实力的企业集团从事土地及基础设施建设、房屋开发、工程管理、销售、出租、修缮管理等全面服务的经营形式，其优点是具有强大的竞争能力和抵御风险能力，并能取得良好的经营效果。

4. **跨国经营**

房地产跨国经营是当今世界经济发展国际化的必然结果，这种经营包括国与国之间的合资、合作，以及到国外投资与到国外营销等多种形式。

1.2.2.3 按活动发生的不同过程划分，可以分为房地产开发经营、房地产流通经营和房地产消费及使用经营

1. **房地产开发经营**

房地产开发经营是发生在房地产开发过程中的所有经济活动的总称，包括对建筑地段的开发和再开发、对房屋和配套设施的开发和再开发等一系列环节。对建筑地段的开发分为对新征土地（生地）的开发及对旧基地（熟地）的再开发，对基地地上、地下基础设施的开发和再开发等。房屋和配套设施的开发指对各类房屋的新建、设计、工程管理。房屋的再开发则指对旧房的改造或对旧城区的改造和更新，是房地产开发生产过程中的主要经营活动。

2. **房地产流通经营**

房地产流通经营主要指土地使用权的出让、转让、租赁、抵押及房屋的买卖、交换、

抵押等经济活动，是实现房地产价值的重要环节，一般通过借助房地产经纪、代理、估价等机构来进行。因此，从房地产经济的运行来看，房地产咨询服务业的发展水平对房地产营销、房地产价值的实现起着至关重要的作用。

3. **房地产消费及使用经营**

房地产消费及使用经营主要指物业管理服务，包括经租管理、使用管理、修缮装饰、代办服务等。从房地产经济的运行来看，物业管理机构的建立和管理水平的提高，是房地产价值最终实现的重要保证。

1.2.3 房地产开发与经营的程序

1.2.3.1 投资机会选择

投资机会选择是整个房地产开发经营过程的重要环节，房地产项目成功与否主要取决于这一阶段的工作。投资机会的选择由投资机会寻找和筛选两个过程组成，从这两个过程的活动特点来看，不论是寻找投资机会还是对投资机会进行筛选，都与对房地产市场的了解、调查和分析有关，都是在对市场环境和市场供求关系分析的基础上完成的。

1.2.3.2 项目定位

房地产项目定位是指为寻找房地产项目的核心控制力和稳定利润点，使项目具有独特的市场定位，从而进行的科学决策过程。

房地产项目的定位关系复杂，从宏观和微观的市场调研，到消费者分析、商圈分析（商业地产）、竞争对手分析，再到产品分析，无论哪一个步骤出现偏差，都可能导致产品定位不准或者完全错误。

1.2.3.3 前期工作

前期工作主要是指在投资项目确定以后和项目开始施工之前要进行和开展的工作，主要涉及与项目全过程有关的各种合同、条件的谈判与签约等。其主要内容有：完成各种报批手续、获取有关证书、基础设施和市政设施的谈判与协调、安排信贷、确定市场售价和租金、确定施工进度，以及工程项目的招投标等。

前期工作中最为复杂和多变的是各种手续的报批以及许可证的获取，这是由于前期工作环节多、涉及的政府部门多，而且国家的政策变化多，政府部门间存在政策不协调。

1.2.3.4 建设阶段

建设阶段是将开发过程中所涉及的所有原材料聚集在一个空间和时间上从而进行建设施工的过程。由于建设过程是具体和集中的，对有些问题的处理变动性很小，也没有前面的阶段具有的调整弹性，即一旦签署了承包合同，就不会再有变动的机会。

1.2.3.5 租售阶段

当项目建设完成后，除了要办理竣工验收等一些后续的手续以外，主要的任务是将项目投入销售或出租活动，即根据市场的供求状况、开发商收回资金的迫切程度和开发项目的类型等，选择市场，以及确定租或售的方式。

1.2.3.6 物业管理

物业管理是指业主通过选聘物业服务企业，由业主和物业服务企业按照物业服务合同约定，对房屋及配套的设施设备和相关场地进行维修、养护、管理，维护物业管理区域内的环境卫生和相关秩序的活动①。物业管理是集经营、管理、服务于一体的第三产业活动，也是房地产开发与经营活动的最后环节。物业管理不仅是房屋正常使用和运营的重要保障，也是促进房屋保值和增值的重要途径。

1.3 房地产开发与经营学科的建设

1.3.1 房地产开发与经营学科的形成和发展

房地产开发与经营学是一门应用学科，是应用现代经营管理原理讨论房地产业运动规律，并探讨以较小代价取得较好房地产开发利用效益或效果的科学经营方法的学科，是经营管理学科的一个分支。

经营管理成为一门现代科学，是 20 世纪从美国开始的。19 世纪以前，对企业的管理是凭经验和直觉进行的，企业主的着眼点大部分是通过降低人力成本获取利润，缺乏雇主与工人都能接受的管理思想。

随着科学技术的发展以及企业生产的社会化、现代化，原始“经验”与“直觉”不断得到升华、提炼及发展，逐渐形成了一套科学经营管理思想。

经营管理学科是一门综合学科或边缘学科，它涉及社会学、心理学、经济学、政治学、法学等社会科学，也涉及工程、技术、数学、计算机等多门自然科学，是以信息形式表现其原则、原理、策略、计划、方案、程序等研究成果的软科学。科学的经营管理也离不开管理艺术，即在一定程度上要靠经理人员的直觉判断、素质、技巧、魄力等因素，要靠经理人员自身的反复实践和摸索，而不能单靠别人的传授，也不能单靠一些原则、原理、模型和程序。

房地产开发与经营活动的兴起，使房地产业从传统的劳动密集型行业转变为智力密集型行业。现代化的经营意识、新型的管理思想是使房地产开发与经营企业确定正确的战略和策略，进行高效优质的房地产开发、经营销售及物业管理等经营管理活动的重要保证。现代经营理论经过长期的发展，已形成一个非常有价值的理论宝库。

为了适应社会经济不断发展的要求，21 世纪的房地产业不仅要不断完善房地产开发与经营管理的理论与方法，也要注重整体学科的发展，并不断更新观念，不断进行补充、完善和发展。可持续发展观念的提出，对传统意义上的房地产也提出了挑战，即要求房

---

① 参见《物业管理条例》(2018 年修订版)。

地产的开发与建设不仅要能够最大限度地满足当代的需求，也要充分考虑满足未来不断增长的需求。“绿色房地产业”正是适应这种要求而提出的新观念。虽然对此还没有准确的概念界定，但是强调在房地产的开发与经营过程中，从设计、建材、公共设施和居室配置到社区管理，要增加科技含量，要遵循节约资源和能源的原则从而降低环境负荷，要有利于促进房地产以及社会经济的可持续发展，这是现代房地产业发展所要强调的基本观念。

中国加入世界贸易组织，不仅有利于扩大对外出口和进一步吸引外商直接投资，也直接对我国主要城市特别是上海、广州等沿海中心城市的房地产业及房地产市场产生深刻影响。这种影响除了表现在房地产的市场需求以及价格变化上，也会表现在房地产开发与经营观念上。“全球化房地产”就是这种变化的一个高度概括，即在逐渐与国际接轨的过程中，在房地产开发、建设、营销以及物业管理等全程服务过程中，不断吸收和引进国外的成功运作机制，实现房地产开发与经营的跨区域化或国际化。这种转化，不仅便于与外资机构抗衡，有利于进行公平的市场竞争，也有利于更新理念、提升开发经营水平。

1.3.2 房地产开发与经营学科的研究内容和研究方法

1.3.2.1 房地产开发与经营学科的研究内容

房地产开发与经营活动涉及房地产全部生产过程，以及不同性质的房地产开发与经营企业或部门。由于各个生产环节的内容不同，从事各专业生产的房地产企业或部门也各有特点，因此房地产开发与经营学科的研究内容也较广泛。然而由于房地产开发与经营活动的不同阶段、不同内容是密切相关且相互影响的，任一环节的经营失误，都会给总体生产带来不良影响，因此各环节工作又构成一个统一的有机整体。

房地产开发与经营活动可以区分为以下基本内容：房地产开发、房地产营销及中介服务、物业管理。各部分内容又涵盖房地产投资可行性分析、投资风险分析、房地产价格及租金评估、房地产市场调查与分析、房地产营销及管理等。

房地产的开发与经营活动涉及第二产业和第三产业，第二产业部分主要指房屋的生产和建设过程，第三产业部分则指房地产的开发组织、经营管理以及物业管理等过程。不论是在第二产业还是在第三产业中，房地产的开发与经营活动主要都是发挥策划、组织与协调等管理服务的作用，即通过对项目的策划、营销的组织以及物业管理的协调等，发挥润滑剂的作用，使各个环节能够有机联系起来，并使房地产的生产和再生产得以完成，同时使房地产的价值得到实现。

1.3.2.2 房地产开发与经营学科的研究方法

房地产开发与经营学作为一门综合性应用学科，首先应注重以经济学理论和现代经营管理理论为基础和指导思想。应该在充分理解这些理论的基础上，注意吸取各学科精华，并将其灵活应用于房地产开发与经营活动中。如成本效益是经济学强调的基本原理，也是贯穿于房地产开发与经营活动的重要原则，需要特别强调的是在房地产开发与经营活动中既要考虑可以货币化的成本效益，也要考虑难以货币化和量化的成本效益。现代经营管理的社会系统学派强调在企业经营管理中既要注重研究人与社会系统，也要注重研究技术系统，以保证两方面的协调，使经营决策更具整体性和社会性，这一思想使传统的经营管理思想更为完善。同样，经营决策理论对决策过程的分析，对决策过程中个人与集体心理与社会反应的研究，以及对决策所需信息的开发及其价值、决策目标价值的分析研究，使得经营决策的科学性增强。而经营权变理论强调在政治、经济、法律、技术环境变化多端的情况下，企业只有根据所处内部条件和外部环境随机应变或权宜应变才能成功，而不可一成不变地依靠某种普遍适用的管理理论和方法，这也为经营管理开辟了新途径。

其次，作为一门应用学科，房地产开发与经营学也应注重将理论应用于房地产实务中，分析与研究房地产开发与经营过程的特点和运动规律，并逐步建立一套完整的房地产开发与经营理论和方法体系。可行性分析是为工程建设项目前期进行项目决策时提供决策依据的重要方法，房地产开发项目的可行性分析不仅要利用可行性分析的一般原理和方法，也要考虑房地产项目的特点，在指标的选择上、参数的确定上要体现房地产项目的特殊要求，这样才能进行正确的分析，为决策提供准确的依据。同样，房地产广告也不完全与一般商品的广告相同，在媒体的选择、广告诉求等方面都要结合房地产的特点进行策划和运作，这样才能达到事半功倍的效果。

最后，在对房地产开发与经营进行定性研究的同时，还要注重定量分析。正如现代经营管理数量学派强调的，“管理科学”的出发点是：可以用数学模型和程序来表示与解决经营管理中的计划、组织、决策、控制等问题，并以经济效果最优为目的，求得数学解答——问题的答案。随着科学技术和管理水平的不断提高，谋求定量分析结论无疑可使经营管理的技术成分相对提高，这是一个十分吸引人的发展方向。而计算机软硬件、5G 技术和大数据处理技术等的发展、应用及推广，也为房地产经营活动的定量分析与研究提供了很大的利用空间。

关键术语

房地产开发　　房地产经营

复习思考题

1. 房地产开发与经营的基本含义是什么？
2. 房地产开发与经营的特点是什么？
3. 简要叙述房地产开发与经营的程序。

第2章

房地产开发与经营的理论、策略和决策

本章内容提要

房地产开发与经营理论是一般性的经营管理理论在房地产市场中的应用与推广，这一理论体系的建立将为正确指导房地产开发与经营行为提供基本原则和理论指导。本章对收益（利润）最大原理、价格确定理论、消费者市场购买行为理论等进行介绍，并对房地产开发与经营中的财务策略、生产策略、市场开发策略以及价格策略等进行分析，最后讨论房地产开发与经营的决策问题。

2.1 房地产开发与经营理论概述

2.1.1 收益（利润）最大原理

获取项目的最大收益（净收益）是进行房地产开发的主要目的，即房地产开发与经营者总是以其能得到的总收益等于或超过其预期的成本为决策依据，因此准确评价与预测房地产开发项目的收益对于项目决策具有重要意义。成本收益分析是评估资源开发成本和所得的经济收益的重要方法，可以用来评定或排列各种可选项目的优先顺序，也可以用来确定某个项目方案是否经济可行，即是否可以带来净收益。

成本收益分析方法的假设条件为：只有在对某项目的服务存在着需要或愿望的情况下，项目才有经济价值；每个项目都必须在净收益最大的规模上实施；每个项目或项目的各个独立部分，都必须以与项目总目标相符的最小可能成本来实施；每个项目的开发优先顺序应按其经济合理程度排序。

2.1.1.1 收益、成本指标的确定

成本收益分析首先要论证项目的产品和劳务需求或项目需求的必要性，解决项目是否可以立项的问题。要通过对项目市场需求和市场前景的分析，初步确定项目开发的必要性，并确定对项目做进一步研究的必要性和项目研究方案。

正确确定和评价项目的收益和成本是进行成本收益分析的基础。首先，要了解相关成本概念的含义，包括初级成本、附加成本、次级成本等。项目的初级成本包括用于建设、维护和运营项目的全部土地、劳动和材料等成本，以及由项目所导致的负效应。附加成本是指为使项目的产品或服务都能够为人们所利用或销售出去而必须追加的物品和服务的价值，如房地产项目的营销成本等。次级成本则是指由于为增加次级效益而增加的成本。

其次，要了解相关收益概念的含义，包括收益和净收益，以及初级收益、次级收益和初级净收益、次级净收益等。项目的初级收益是指由项目所带来的直接价值，如房地产项目为人们提供的生活、工作及娱乐场所和空间等直接收益。项目的次级收益是指由某个项目的实施所"引起"或"引致"的附加价值，如通过对房地产开发项目进行深度开发或合理调整，可能获得的提高居民生活质量、改善生活环境，以及提高房地产的使用价值和价值等次级效益。净收益则是相应收益和成本的差。

最后，准确分析收益和成本，也要注意采用一致的价格水平、利率、风险等影响因素，以保证分析的正确性。

2.1.1.2 项目最佳规模的确定

项目的成本收益分析，实际上是对项目不同规模的预期收益和成本的分析，所以确定项目的最佳规模与成本收益最大是相一致的，即当项目在某个规模上可以比在其他任何或大或小规模水平上产生更大净收益的时候，该项目的规模就是最佳的。项目最佳规模的确定可以用图 2-1 来说明。

图 2-1 表示随开发项目规模的增大而变化的收益与成本的关系。点 B 表示收益/成本比率最高时的开发规模；点 C 表示扣除成本之后有最大剩余收益的规模水平，这个规模正是项目规模扩大所带来的边际收益等于边际成本时的规模，在这一点上，边际收益与边际成本的比率为 1。点 A 和点 D 表示总效益等于总成本的点，即收益/成本比率为 1 的点。在完全竞争的条件下，一个项目的最佳规模往往是在 C 点的水平上。

2.1.1.3 经济收益分析方法

根据收益、成本等指标进行经济收益分析时，可以根据不同情况选择以下方法：在方法中设总收益为 B，总成本为 C，CO 为经营成本。

(1) 净经济收益或净收益法，即 $B-C$ 法。从每个项目的总收益中减去总成本，按照扣除项目成本之后的收益余额大小，将各个项目进行排序、评价。

(2) 计算期望总成本的净收益率，即 $(B-C)/C$ 法。从总收益中减去总成本，将余

额再除以总成本，按照净收益百分比评价各个项目。

(3) 计算收益/成本比率，即 B/C 法。用期望总收益的现值去除期望总成本的现值，得到收益成本比率，根据比率大小进行经济评价。

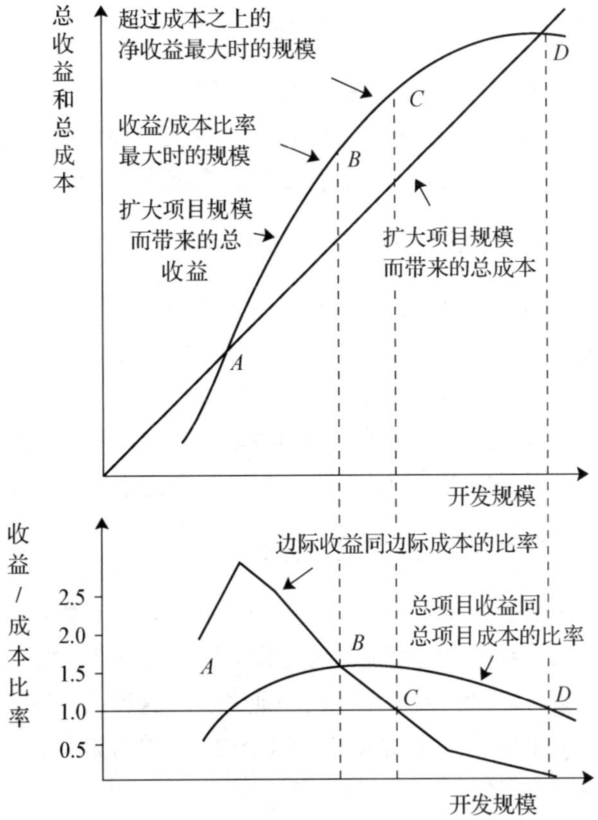

图2-1　不同开发规模项目的收益与成本分析

(4) 计算项目投资成本的收益率，即 $(B-CO)/C$ 法。将项目的建设投资成本与该项目生产经营时支出的经营成本和维修成本区分开来，用总收益和经营成本之差除以总成本，得到投资成本的收益率。这种方法在比较资源投资效率方面，是一种更好和更实用的方法。

2.1.2　价格确定理论

在市场经济条件下，价格是影响市场需求和购买行为的主要因素，企业如能制定适当的价格，就能扩大企业销售，提高市场占有率，增加盈利。

2.1.2.1　完全竞争型市场结构的企业定价

完全竞争的市场应具备以下条件：市场上有许多卖主和买主，他们买卖的商品只占商品总量的一小部分；他们买卖的商品都是相同的；新卖主可以自由进入市场；卖主和买主对市场信息，尤其是市场价格变动的信息完全了解；生产要素在各行业有完全的流动性；所有卖主出售商品的条件都相同。

事实上，在完全竞争的条件下，没有一个卖主或买主对现行市场价格能有很大影响，当然，还应指出的是，在现代世界各国，完全竞争的市场事实上并不存在。

2.1.2.2 垄断竞争型市场结构的企业定价

垄断竞争是一种介于完全竞争和纯粹垄断之间的市场结构，是一种不完全的竞争。

垄断竞争的市场上有许多卖主和买主，但各个卖主所提供的产品有所差异，其需求曲线不是水平的，因此各个卖主对其产品有相当的垄断性，能控制其产品价格。

2.1.2.3 寡头竞争型市场结构的企业定价

寡头竞争是竞争和垄断的混合物，也是一种不完全竞争。在这种竞争条件下，一个行业中有少数几家大公司（大卖主），它们所生产和销售的某种产品占这种产品总产量和市场总销售量的绝大比重，它们有能力影响和控制市场价格。

用一般性价格理论很难解释所有的寡头竞争状况，这使得这种市场结构的定价变得十分不确定。有时，学者提出用一种转折需求曲线来描述寡头竞争条件下的定价。

2.1.2.4 纯粹垄断型市场结构的企业定价

纯粹垄断或完全垄断是指在一个行业中某种产品的生产和销售完全由一个卖主独家经营和控制的市场结构。有两种类型的纯粹垄断：一种是政府垄断，即政府独家经营的业务；另一种是私人垄断，即私人企业控制的业务。在这种条件下，一个行业中只有一个卖主（政府或私营企业），没有别家竞争，这个卖主完全控制了市场价格，它可以在国家法律允许的范围内随意定价。

以上分析了各种市场结构下的企业定价理论，可以看到讨论价格理论在于明确价格与需求、成本之间的关系。同时也应强调的是，在市场营销管理中，定价应与其他营销手段配合运用，以实现企业的营销目标。

2.1.3 消费者市场购买行为理论

所谓消费者市场，是指所有为了个人消费而购买物品或服务的团体和个人所构成的市场。研究消费者市场的购买行为，是市场营销管理的一个重要任务。成功的经营者是那些能够有效地发展出对消费者有价值的产品，并运用富有吸引力和说服力的方法将产品有效呈现的企业和个人。

2.1.3.1 消费者的购买动机

动机是人们因为某种需要而产生并推动和诱发人们进行活动的愿望和需求，是一种内在动力。消费者购买商品的动机是复杂多样的，可以分为本能动机和心理动机两大类。本能动机是原始动机，由于人们的本能需要而产生。心理动机是通过人们的各种心理活动而形成的动机。

消费者的动机是多样的，有时同一种动机还可引起条件消费行为。经营者只有清楚消费者对产品的需求动机，才能使经营策略与消费者购买动机相适应。

2.1.3.2　购买决策过程

分析消费者的购买决策过程，是为了根据不同阶段的特点施加适当的影响，制定最佳营销方案。

引起需求、唤起需求是现代市场营销观念十分注意的环节，企业应不失时机地采取适当的措施，唤起和强化消费者的需求。

需求产生以后，消费者就要寻找和收集有关信息，并将其作为购买依据。认知理论认为，消费者从接受商品信息开始，到最后购买行为结束，始终与信息的加工和处理直接相关。企业一方面应注意广告宣传，为消费者提供更多的信息；另一方面应注重自己的售后服务和公司的信誉，使购买者成为产品的宣传员。

消费者得到各种有关信息，要进行分析、整理，并通过比较，选定最能满足自己需要的产品，企业要抓住时机，针对消费者的心理，强调自己的特色，以获得消费者的青睐。

消费者经过分析比较后进入购买阶段，此时企业应根据消费者的心理，一方面向消费者提供更多详细的资料，改变消费者的心理偏差，使消费者确信此次购买是风险小的购买过程；另一方面，通过增强销售服务方便购买，促使消费者做出购买决定。

购买商品后，消费者通过一段时间的使用，对自己的购买行为进行评判，同时倾听他人评判，形成购后感受。企业应注意和消费者保持联系，以获取产品的“反馈”信息。

2.1.3.3　消费者购买行为分析

消费者购买行为分析主要解决何时购买、何处购买、由谁购买及如何购买等问题。

分析消费者何时购买的问题，就是要注意消费者购买心理和购买心态，在适当时间将产品推向市场。房地产的开发周期长，何时打广告，何时放“楼花”，都是关系重大的问题，应在充分分析消费者心理的前提下做出决定。

研究消费者在何处决定购买与在何处实际购买是制定企业营销计划的重要依据，企业应注意自己的形象，通过各种新闻媒体来影响、吸引消费者，并通过各种关系与消费者建立联系，促使消费者做出购买决定。

分析产品购买者的特点，主要是调整企业产品及制定符合消费者需要的营销计划。房地产市场的购买者主要是企事业单位、机关团体和个人，不同消费者的购买需求和要求不同，同时不同房地产商品所面对的主要消费者也有所不同，经营者要根据不同的消费者需求，制定决策和进行促销。

研究消费者采取何种方式实现购买，影响到产品与价格策略乃至整个营销计划。应针对房地产商品价值大、垫付资金周期长的特点，采取有利于消费者的多种付款方式进行促销。

2.2　房地产开发与经营策略分析

企业的开发与经营策略是在一定的经营思想指导下，在对企业内部条件进行深入调查研究的基础上结合对外部政治、经济、社会、法律、文化等环境因素所作的科学分析与预测，从发展角度提出某一时间跨度内的经营方向、方针、目标，并提出为实现这些目标而应采取的具体步骤。

2.2.1 房地产开发与经营策略的内容

2.2.1.1 财务策略

资金能为房地产企业的发展提供条件，也能限制房地产企业的发展规模。由于房地产开发占用资金量大、占用资金周期长，因此财务策略更具重要意义。如何自筹资金，或依靠贷款资金保证房地产企业的资金需求，如何投资，对何种房地产商品投资，以及资金的使用、盈亏平衡等，都是财务策略的重要内容。

房地产开发项目资金筹措对项目的开发与建设来讲至关重要，也可以讲它是房地产项目运作的基础和前提。房地产开发项目资金筹措不仅依赖企业的财务策略，更依赖房地产市场中健全的金融体系。

在房地产开发项目的资金运作中，金融机构的协作与投资往往是房地产开发建设资金的主要来源。从美国金融机构介入房地产的经验来看，商业银行、人寿保险公司、互助储蓄银行以及储蓄与贷款协会都是投资房地产的主要金融机构。但是各种金融机构的投资对象不同，投资比例不同，贷款比例也有所不同。如互助储蓄银行提供资金的对象主要是联邦住房管理局和退伍军人事务部提供担保的不动产。互助储蓄银行和储蓄与贷款协会投资房地产的比例占总投资的70%～80%，商业银行的投资比例仅为10%～15%。人寿保险公司的贷款比例可以高达100%，而其他金融机构的贷款比例最高为90%。不同金融机构相互配合，形成完整有序的房地产融资机构体系，是房地产资金需求的重要保证。

投资方向的确定是财务策略分析的内容，也是项目策划的主要内容，主要指通过对房地产市场的全面分析与研究，对项目内容和资金运用进行决策，以保证对资金的合理、有效利用。

财务策略中的资金核算渗透于项目的策划之中，是房地产开发可行性研究的重要内容，其结果直接为项目的决策提供依据。

2.2.1.2 生产策略

房地产企业生产或服务的基本出发点是满足社会需要。房地产企业生产策略的主要内容应包括：确定房地产企业的生产规模，明确开发或经营项目，生产量的调节以及生产作业方式的确定等。

房产是具有特殊性的生活耐用品，房地产位置的固定性及价值大、开发周期长等特性，决定了房地产开发结果的难以变更性和巨大的社会影响性。房地产企业的生产决策不仅影响本企业的生存和发展，也影响金融业、建筑业等行业，甚至影响整个国民经济的运行，所以房地产企业生产策略的制定至关重要。

2.2.1.3　市场开发策略

一般来讲，企业的市场开发策略主要有：市场开拓型、市场渗透型、产品开发型及多角型策略等。前两种主要是针对老产品而言的，即为老产品寻求新市场，或使老产品在原有市场上扩大销售量。后两种则主要强调增加新产品或使老产品更新换代，且同时谋求占领新的市场。

从房地产产品的特点来看，房地产业的新产品，是房地产业在原有住房类型系列中增加新类型，或在原有住房基础上经过采用新技术、新材料、新设计而开发建设的房屋。从某种角度来说，房地产产品都具有新产品的性质，可以采用相应的市场策略来开发市场。

从我国房地产市场的现状来看，一方面要采取各种措施将大量结构性积压或滞销的房地产产品“盘活”，使房地产生产进入良性循环状态；另一方面，在处理市场遗留问题的同时，要注意运用市场开发策略，为房地产企业的新产品占有市场、得到市场的认可创造条件。

2.2.1.4　价格策略

价格策略一般包括：高价策略、低价策略、均衡价格策略等。

1. **高价策略**

企业为了使新产品在打入市场时独占市场的有利时机，从而在短期内尽可能收回投资甚至获得较多的利润，常采用较高的定价。在其他情况下，企业通过利用产品优势（质优、信得过的产品等）或同行业的生产能力受到限制等，也可以暂时采取高价策略。

2. **低价策略**

低价策略是以扩大市场份额和提高市场占有率为主要目标而采取的策略，是通过降低单位产品的创利额而增加总创利额的方法。这种策略的理论依据是“量本利分析模型”。只要单位产品的售价略高于单位变动成本且销售量超过保本点就可以获利，销售量越大，获利越多。

3. **均衡价格策略**

均衡价格策略是通过经济学的供给曲线和需求曲线指导商品定价的策略。供给曲线和需求曲线交点处的价格为均衡价格，可以将其看作生产企业与消费者都能接受的价格。

2.2.2　房地产市场开发策略

在经历了兴起、发展和不断完善的历程后，我国房地产市场已经逐渐成熟，房地产市场开发策略也在不断创新，并具有鲜明的时代特点，主要趋势表现为以下几个方面①：

① 黄博华，张娜．理念篇：广州地产开发理念十大创新．南方日报，2004-03-26．

2.2.2.1 开发由本地化向跨区域发展

为寻求更多的机会，房地产“跨区域发展”已经逐渐形成热潮。同时，由于各城市不断深化的开放政策，加上国家的住宅产业化政策减少了地域性项目运作的差异等，进入异地城市开发房地产项目成为趋势。

房地产开发全国化，意义极为重大。第一，落后地区能借鉴和利用先进地区房地产开发的成功经验与有效的开发模式，在整体上迅速提高国内房地产开发水平。第二，跨区域开发将会极大地撼动原有的房地产市场格局，加剧国内房地产市场的“洗牌”。

如大批广州开发商不仅在北京、上海房地产市场显露头角，重庆、成都、武汉、杭州、长沙甚至昆明、贵阳等城市也有广州开发商在“设局布阵”、图谋大局。走出广州、逐鹿全国，从本地化向跨区域发展，不仅凸显了经济效益，扩大了广州房地产企业在全国的影响，也促使广州房地产市场稳健高速发展，保障了广州房地产业在国内的领先地位。

2.2.2.2 开发从品质向品牌跨越

随着市场的不断完善，房地产市场最终将整体实现从卖产品到卖品牌的战略转变，实现从品质向品牌战略的跨越。

品牌竞争的兴起，开始扫去同质化的阴霾。其不再将目光局限在产品品质上，而是以一种趋于成熟和理性的理念，统率产品的研究、开发、营销、管理与服务，其不仅注重产品品质，更重视配套服务、经营手法、企业信誉、企业形象等，注重整个企业未来的发展。这是一种全新的更高层次的“资源整合”，从追求住宅物理性（功能性）价值到追求文化性（社会性）价值，大大延伸了产品的内涵，实现从卖房子到卖家居、卖环境、卖文化与生活方式的提升，从而实现了从实物层面向理念层面的跨越、从战术层面向战略层面的跨越。

品质代表项目的内在含量，品牌则是品质的再深化。品牌是企业的灵魂化身，涵盖了房地产全部基本元素的价值和属性。品牌竞争的兴起，不仅完全舍弃了此前充斥于市场的浅层次的包装与炒作，更超越了传统的产品主义，在开发理念上实现了从产品主义到品牌地产的质的飞跃。

从卖产品到卖品牌，从品质向品牌的跨越，房地产企业不仅有效地凸显了企业的个性形象，摆脱了同质化竞争，更提升了市场竞争的层次。

2.2.2.3 纯住宅开发向商用物业拓展

纯住宅的房地产开发，主要面对普通消费者，靠一次性销售获利，是一种短线投资。而商用物业面向商家，靠长期经营收取租金营利，必须一次建成、悉心培养，是一种长线投资，其不仅考验房地产企业的开发、经营、管理水平，更有助于房地产企业获取长期收益，保障稳健发展，有助于房地产企业打造地产品牌。在目前社会稳定、市场发展成熟稳健、住宅开发利润趋薄、风险加大的市场情况下，加大商用物业投资，走“多元化”开发与经营之路，无疑是房地产企业的一条开拓创新的新路子。

从纯住宅开发向商用物业发展，房地产开发理念的这一创新突破，见证着房地产市场的成熟。

2.2.2.4　诚信开发地产

诚信是生产力，是铸造品牌的基石，“得诚信者得天下”。在房地产市场竞争日趋激烈的情况下，在市场开发中弘扬与建设“诚信”的价值观，全力打造“诚信地产”品牌具有重要意义。这一理念的创新突破，不仅印证了房地产市场的成熟，也更新了房地产开发的理念，使房地产产品更容易得到社会的认可。

2.2.2.5　开发健康住宅成为新的潮流

开发健康住宅不仅赢得了消费者的青睐，也得到了业界甚至有关权威专家的普遍赞誉，是地产开发理念的又一次创新突破。一方面，要充分利用楼盘小区原生的地理环境优势，如利用天然的森林、湖泊与溪流甚至原生植被，配合人工手段打造健康而富有生气的生态环境，成就健康生态型的“新城市”；另一方面，还要在环保建设方面下大功夫，营造绿色环保的健康社区，保证小区的生态平衡，并按照科学的规划设计建造实用、安全、经济、耐用的绿色社区。

2.2.3　房地产价格策略

2.2.3.1　房地产产品的生命周期和市场周期

从房地产项目本身来看，房地产产品从开发建设、建成后出售或出租、使用、邻里关系逐步稳定，到产品因老化而进行更新和再开发等整个过程构成房地产产品的生命周期。整个周期长为 40～50 年，其中房地产产品从开始开发到建成完工后出售或出租的时间为 1～5 年（见图 2－2）。

寻找地段 → 规划设计 → 贷款 → 施工建设 → 建成完工 → 出售或出租 → 使用 → 邻里关系稳定 → 老化 → 更新和再开发

图 2－2　房地产产品的生命周期

同其他产品一样，房地产产品也具有市场生命周期的变化规律。从一个新产品的产生、进入市场、发展直至衰亡、被淘汰，可以划分为进入期、成长期、成熟期与衰退期四个时期。

产品的进入期是指一种新的房地产产品经过设计、施工，以试点形式进入市场的阶段。经过试点阶段，产品得到市场认可后，进行扩大和推广使用的阶段为产品的成长期。当新型的房地产产品被市场普遍认可，且按照同一形式设计的房地产产品数量成倍增长时，产品进入成熟期。随着时间的推移，当人们对房地产产品的性能有新的、更高的要求和认识时，旧的产品将进入衰退期。

房地产产品的生命周期和市场周期具有密切的关系，虽然两种周期所讨论的问题的重点不同，但对于分析房地产投资、房地产市场以及房地产价格问题等都具有重要的意义。

2.2.3.2 不同时期的房地产价格策略

1. 房地产产品进入期

在房地产产品进入期，定价是非常重要的，产品价格是否合理、适当，直接关系到产品的开发与推广。在这一时期，可以根据不同的情况和条件采用高价策略、低价策略与温和定价策略确定价格。采用高价策略的市场条件是：所开发的产品在市场上有很强的竞争力，或者产品在市场上有足够数量的购买者，需求强烈。这种定价策略具有能够尽快收回资金、赚取利润等优点。其缺点是由于产品价位高，可能会不利于迅速打开市场销路。

采取低价策略的市场条件是：新产品尚未被市场接受，市场需求对价格反应敏感，产品以低价出售不会造成企业亏损等。这种定价策略的优点是有利于产品的宣传与推广，可以实现产品的薄利多销，促使产品迅速打开销路，提高市场占有率。其不足是收回投资的时间长，收益慢。

考虑到以上两种定价策略的优缺点，也可以折中采取介于高价策略和低价策略之间的温和定价策略。

2. 房地产产品成长期

在产品成长期可以根据市场的变动情况以及进入期的定价策略，适当调整和确定价格策略。如果产品市场反应好，可以继续维持原高价策略，也可以在原低价策略或温和定价策略的基础上大幅或适当提高价格，以保证企业产品的市场占有率，并不断扩大和开辟新的市场。

3. 房地产产品成熟期

在这一时期，可以通过适当的价格策略，维持产品的市场占有率；也可以通过对产品进行适当的改进，维持产品的价格水平，保证企业的收益。

4. 房地产产品衰退期

处于衰退期的房地产产品，已经面临被市场淘汰的危机，这时的价格策略是要有利于剩余产品的尽快销售，可以采用折扣或让价策略等，即通过降价、让利来推销产品，吸引顾客。

2.3 房地产开发与经营决策

2.3.1 房地产开发与经营决策的类型

2.3.1.1 构成决策问题的基本条件

决策是对需要处理的事务做出策略上的决定。房地产经营决策就是按照事先确定的经营目标，在占有大量信息的基础上，借助于现代化手段与分析方法，通过定性的推理判断和定量的分析计算，对经营方案进行选择的过程。

从决策的含义可看出，构成决策问题要具备以下基本条件：

1. 有明确的目标

所有的决策都是为了解决确定的问题，达到明确的目标。没有目标的决策是盲目决策。因而，确定目标是决策的第一步，是决策的基础。决策的目标应是十分明确、十分具体的，而且应当是可以定量描述的，应当有具体的衡量标准。

2. 有两个以上可供选择比较的方案

决策过程实际上也是一种方案的评价与比较过程。同一决策问题，往往存在多种实施方案，决策的目的正是寻找与发现那些最优的方案。

3. 有评价方案优劣的标准

评价方案的优劣必须用客观的评价标准，而且这些标准应当尽可能被定量描述与计算。

4. 有真实反映客观实际的数据资料

正确的决策不仅有赖于科学的方法，更有赖于原始资料的准确程度，只有从真实、反映实际的数据资料中，才能归纳出科学的、符合客观实际的规律，做出正确的决策。

2.3.1.2　决策类型

决策要有一定的价值标准，或称价值函数。在工程经济领域内，价值函数常用经济效益表示，一般称为损益值。

损益值的大小与决策对象所处的自然状态和决策者提出的策略有关，一般可以表示为：

$$a=f(A_i,Q_i)$$

式中：

A_i——策略，称之为决策变量；

Q_i——自然状态，称之为状态变量；

a——损益值。

不同策略在不同状态条件下的损益值矩阵见表 2-1。

表 2-1　损益值矩阵

	Q_1	Q_2	…	Q_n
A_1	a_{11}	a_{12}	…	a_{1n}
A_2	a_{21}	a_{22}	…	a_{2n}
⋮	⋮	⋮		⋮
A_n	a_{n1}	a_{n2}	…	a_{nn}

根据人们对状态变量变化规律的掌握程度，决策可分为确定型、风险型和不确定型三种。

1. 确定型决策

当只有一种自然状态，或者可以准确地预测未来的状态时，自然状态就不再是随机因素，这时的决策就是确定型决策。确定型决策所面临的客观条件（如开发产品所面临的市场销路等）是肯定的、已知的，也是可以定量描述的。这类决策问题一般按决策目标所确定的定量标准，根据不同的约束条件，采用不同的数学模型和计量指标，进行程序化的决策。

2. 风险型决策

当不知道未来究竟会出现何种自然状态，但知道各种状态出现的概率时，决策者采取任何策略都要承担一定风险，这种决策称为风险型决策。

确定型决策可以视为风险型决策的特例。肯定出现的自然状态可视为必然事件，出现的概率为1。其他自然状态则为不可能事件，出现的概率为0。

风险型决策要以综合考虑各种技术经济指标值及其发生概率的期望值为评价标准。由于决策带有风险，决策者对待风险的态度不同，进行方案比选的标准（决策准则）也就不相同。

3. 不确定型决策

不确定型决策是指当既不知道未来出现何种自然状态，又无法统计或估计各种状态出现的概率时的决策类型。

由于对未来的可能态势完全没有把握，不确定型决策的决策结果完全取决于决策者的经验和对待风险的态度。方案决策的标准（决策准则）也相应有各种不同的表达形式。

2.3.1.3 开发与经营决策原则

房地产经营决策过程所面临的众多复杂的因素和问题迫使决策者除了要按照一定的规范性程序和标准方法进行逻辑思维和分析外，还要以一种普遍的、符合客观实际的、通用的规则进行判断，这就是经营决策中应当遵循的基本原则。

1. 遵守政策法规原则

目前房地产在我国还处在发展阶段，为了促进房地产业的发展，提高房地产市场发育速度，国家及地方政府制定了一系列有关房地产的政策、法规。因此，无论是部门决策还是企业决策，都必须以政策法规为依据，这是房地产市场营销决策的重要制约因素之一。

2. 取得最佳效益原则

房地产企业作为开发经营单位，在运用正确的方法从多个可行性方案中寻求最优方案的过程中，必须把取得良好的经济效益、实现盈利目标作为中心问题来考虑。同时，在进行决策时应把速度和效益、短期效益与长远效益、经济效益与社会效益很好地结合起来，选择综合效益较高的营销决策方案，使企业获得最大的经济效益，同时取得良好的社会效益。

3. 风险意识原则

房地产投资数额大、期限长，不仅受市场因素的影响，而且受政治因素、社会因素的左右。尤其在竞争激烈、市场波动较大时，项目投资将冒一定的风险。房地产投资决策，应当把具备风险意识、进行各类风险因素的分析与判断作为一项基本原则。对于每个具体的投资项目，都应进行风险分析，制定各种应变措施。

4. 定性分析与定量分析相结合原则

定性分析通过对经济现象矛盾的揭示、对其内在联系进行逻辑推理，来认识经济现象发展的内在规律，是一种更为灵活，考虑问题更复杂、更深刻，受人的主观思维影响更多的分析方法。定量分析注重对经济现象的数量描述，采用数学模型，依赖数字计算进行分析。因而，定量分析能更真实、更客观地反映实际情况，是一种更科学、更符合实际的方法。

房地产投资决策分析离不开大量的数据计算，许多技术经济指标唯有依赖定量分析才能求得。这些指标往往是进行投资决策的基础。因而，房地产投资决策必须坚持以定量分析为主的原则。然而定量分析有赖于定性分析，只有建立在正确的定性分析基础上的定量分析，才是最可靠的。同时，房地产投资问题的复杂性，决定了投资决策所面临的许多因素，如政策因素、规划因素、环境因素等，都无法进行定量描述，因而，房地产投资决策问题，必须坚持定量分析与定性分析相结合的原则。

2.3.2　房地产开发与经营决策的准则

决策准则是投资决策时进行分析判断的标准，它既包含决策的方法，也包含决策的具体指标。显然，不同的决策问题有不同的决策准则。

2.3.2.1　确定型决策准则

确定型决策问题是指那些投资项目具备的条件和面临的环境、前景都十分明确的一类决策问题。如：有固定买主的投资项目，未来的销售对象和销售单价均已确定；短期、小型开发项目，投资建设期短，市场变化不大，销路和单价等均事先做出较有把握的估计；等等。这类开发项目的决策问题，前景都十分明确，只需按固定的评价指标进行方案决策即可。

确定型决策问题的决策准则就是选定各类方案的评价指标，如投资总额、投资成本，反映静态投资收益的投资收益率、投资回收期、投资利润率，以及反映动态投资收益的净现值、内部收益率、费用年值等。只需按照事先选定的评价指标，进行计算分析即可。

2.3.2.2　风险型决策准则

1. 基本决策准则

对于风险型决策问题，决策人可有两种基本决策准则：一是最大可能准则，二是期望值准则。

（1）最大可能准则。一个事件，其概率越大，发生的可能性越大，故可以从各个状态中选择一个概率最大的状态，据此进行决策，即为最大可能准则。这实质上是将风险型决策问题当作确定性问题来考虑。

在各组状态中，当某一状态出现的概率比其他状态出现的概率大得多，而相应的损益值却相差不大时，宜采用最大可能准则进行决策。但若在一组状态中，当各状态出现的概率比较接近，而相应的损益值相差较大时，采用这种决策准则效果则不佳，有时会出现严重失误。

（2）期望值准则。将每个策略视作离散随机变量，求出其数学期望值，以之作为比较择优的主要依据，这种决策准则称为期望值准则。求每个策略的数学期望值的公式是：

$$\sum(A_i)=\sum P_j \cdot a_{ij}$$

式中：

$\sum(A_i)$——策略 A_i 的数学期望值；

P_j——状态 Q_i 出现的概率；

a_{ij}——损益值。

当决策目标是使收益最大时，应采取期望值最大的策略；当决策目标是使损失最小时，则采取期望值最小的策略。

在许多情况下，不但要计算每个策略的期望值，还要了解概率分布情况，这就要计算方差。

2. 决策树

决策树是决策过程中的有序图示，通过网络图论中的“树”来模拟决策问题。决策人通过决策树不但能统观决策过程的全局，而且能系统地对决策过程进行分析，求得最优决策。这种方法简明直观，便于分析和集体讨论研究，尤其是对复杂的多级决策，更为方便有效。决策树模型见图 2-3。

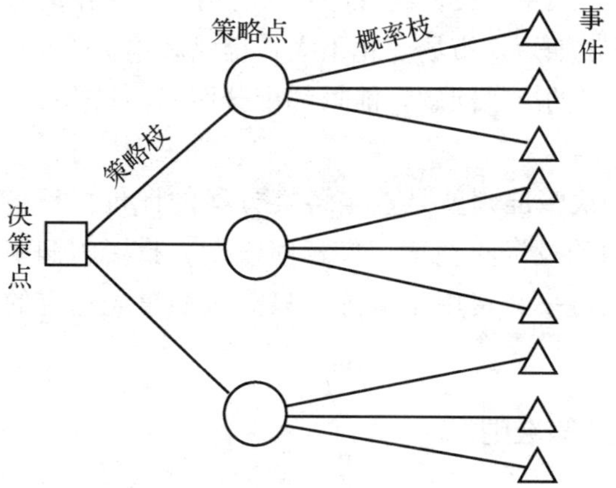

图 2-3 决策树

图中，用“□”符号表示的节点称为决策点。从它引出的分枝称为策略枝。策略枝的数目即可能采取的策略数目。

用“○”符号表示的节点称为策略点。从它引出的分枝称为概率枝。概率枝的数目即可能出现的状态数目。每个枝上要注明该状态出现的概率。

用“△”符号表示事件。在事件旁要注明每个策略在相应状态下的损益值。

在决策点上，决策人可凭主观意志选择策略，故决策点又称主观抉择点。在策略点上出现的状态是随机的，不是决策人能选择的，故策略点又称客观随机点。计算时，在策略点上计算期望值，在决策点上比较各个策略的期望值并进行择优。

当一个决策树只在树的"根部"有一个决策点，称为单级决策，这是比较简单的决策。当一个决策树不但在根部有决策点，而且在树的中间也有决策点时，称为多级决策，这是比较复杂的决策。

决策树的计算是从树的梢部，即事件，到根部依次而行，在树的根部进行最后的决策。

2.3.2.3　不确定型决策准则

不确定型决策问题与风险型决策问题的不同点是，决策人并不可能通过统计计算或估计得出各种自然状态出现的概率，因而只能依靠各策略在不同自然状态下的损益值进行分析比较。

由于不同决策人分析问题的思想方法和所处的环境不同、评价策略所用的准则各异，因此对于同一问题可能有不同的择优结果，这是不确定型决策的特点。

不确定型决策问题的决策准则一般有乐观准则、悲观准则、后悔准则和等可能性准则四种。

1. 乐观准则

乐观准则也称为最大化最高原则，或称为大中取大原则。具体方法为：先找出每种方案在各自状态下的最大损益值，然后通过比较，选择损益值最大的方案，此即决策最优化方案。

乐观准则着眼于在最有利的条件下获得最大收益，决策者在决策时，即使情况不明，但仍不放弃任何一个可能获得最大利益的机会，为此他必须甘冒较大的风险。

例如，某房地产开发项目共设计了三种方案，并大致对不同方案的市场需求量按高、中、低三种情况进行了估计，但对每种情况出现的概率无法预测。根据不同情况的需求量计算出相应的收益值（见表2－2）。

表2－2　不同方案的收益值　　单位：万元

方案状态	方案一	方案二	方案三
需求量高	1 000	450	500
需求量中	400	250	300
需求量低	－400	－100	－80

三个方案的最大收益值分别为1 000万元、450万元、500万元，根据最大化最高原则，应选择方案一为投资方案。

2. 悲观准则

悲观准则也称为最大化最低原则，或称为小中取大原则。具体方法为：先找出每个方案在各自状态下的最小损益值，然后通过比较选择最小损益值的最大值所对应的方案，此即为决策最优化方案。

悲观准则着眼于在最不利条件下尽可能使收益最大，或使损失最小，因而这个准则是建立在稳扎稳打、小心谨慎的思想基础上的。

表2－2所示的案例中，三个方案的最小收益值分别为－400万元、－100万元、－80

万元，应选择方案三为投资方案。

3. **后悔准则**

后悔准则也称为最小化最高原则。当决策人决定选取某一策略后，发现某一自然状态，如发现在该自然状态下采取其他策略更为有利。此时，必产生后悔或遗憾的感觉。这种方法是通过用该状态下各策略损益值中的最大值减去某一策略的损益值，得出该策略的后悔值，计算公式为：

$$b_{ij}=\max(a_{ij})-a_{ij} \qquad (i,j=1,2,\cdots,n)$$

所有后悔值构成的新矩阵称为后悔矩阵。决策在后悔矩阵中进行，按最小化最高原则择优（见表 2-3）。

表 2-3　不同方案的后悔值　　单位：万元

方案状态	方案一	方案二	方案三
需求量高	0	550	500
需求量中	0	150	100
需求量低	320	20	0

三个方案的最大后悔值为 550 万元、150 万元、320 万元，故应选择方案二为投资方案。

若问题是求损失最小，计算后悔矩阵各元素可用下式：

$$b_{ij}=a_{ij}-\min(a_{ij}) \qquad (i,j=1,2,\cdots,n)$$

决策在后悔矩阵中进行，仍按最小化最高原则择优。

4. **等可能性准则**

等可能性准则也称为机会均等原则。这种准则是将各种自然状态出现的概率视作相等，按风险型决策问题的期望值准则进行决策。如果自然状态有 4 种，则每个自然状态出现的概率均取 1/4。

2.3.3 房地产开发与经营决策的程序

经营决策的程序是经营决策过程的规律性表现。正确的决策不仅取决于决策者个人的素质、知识、能力、经验以及审时度势和多谋善断，并且与认识和遵循科学的决策程序有着密切关系。按照科学决策理论，经营决策可分为如下六个基本步骤：

2.3.3.1 发现问题

决策是针对所需要解决的问题而进行的，发现待解决问题的症结并分析其产生的原因是经营决策的起点。一名优秀的经营者要善于根据企业经营环境进行分析和诊断，从蛛丝马迹中找出问题。如果不能经常发现和分析问题，也就难以做出决策。

2.3.3.2 确定目标

目标是经营决策的依据，目标选择错了，就会一错再错，造成整个经营决策的失误。

在发现了经营问题之后，就要进行调查研究，搞清楚问题的性质、特点和范围，尽量以差距的形式把问题的症结表达出来，找到产生差距的真正原因，从而确定解决问题所期望达到的结果，即决策目标。一个好的决策目标应满足以下要求：

1. **针对性**

经营决策目标的提出应当有的放矢，针对所存在的问题，切中要害，选中待解决问题的突破口，或把握住开拓发展的最好机会。

2. **明确性**

确定决策目标是为了实现它，因此决策目标必须明确、具体，使人能够领会执行。经营决策目标的含义要准确，必须有定性与定量的表述。同时，必须严格规定目标的约束条件。

3. **层次性**

当同一经营决策系统同时存在多个目标时，必须分清主次，应从其可能性、可靠性、重要性等方面出发，按照主次进行排序，有取有舍，从而形成一个有机整体。

4. **可行性**

经营决策目标的可行性是指实现目标所必需的物质条件、信息条件和组织条件。只有实现目标的条件具备了，目标才有可能实现。经营决策目标必须建立在扎扎实实的条件基础上，超越现有条件的目标，将导致决策的失败。

2.3.3.3 拟制方案

决策在于选择，没有选择就没有决策。拟制供决策者选择的各种可行动方案是经营决策的基础。在确定目标之后，充分发动企业的智囊团和专业技术人员收集、掌握丰富的信息，集思广益、科学论证、精心设计，拟制实现目标的各种备选方案，供进一步选择。拟制方案时，需要注意以下两点：

1. **整体详尽性**

拟制的备选方案应把通向目标的各种方案包括无遗，以供下一步评价选优。如果有遗漏，那么最后选择的方案就有可能不是最好的方案。

2. **相互排斥性**

各种备选方案之间应是相互排斥的，执行方案一，就不可能执行方案二。只有这样，才可能进行方案的比较选择。

2.3.3.4 分析评价

方案的分析评价就是对每一个备选方案，在进行选择之前对其有关的技术、经济、社会环境等各方面的条件、因素、潜在问题进行可行性分析，并与预先确定的目标进行比较，做出评价。

1. **限制因素分析**

任何一个经营决策和行动方案都有一定的约束条件，因此，必须研究论证方案所有的限制因素，包括资源、人力、物力、财务、时间、技术以及其他有关条件，从而判定方案是否行得通，是否能达到预期的目标。

2. **潜在问题分析**

潜在问题分析是指预测每一个备选方案可能发生的潜在问题是什么，问题发生的原因是什么，研究防止问题发生和之后补救的可能性，准备防范措施和应急措施，以减少潜在问题发生的可能性和危害性。

3. **综合评价**

综合评价即根据经营决策目标全面分析方案的经济效益、环境效益和社会效益。分析评价一般由各方面的专家、学者组成评审团评议，或召开专家论证会进行。评价过程也是进一步完善方案的过程。

2.3.3.5 选择方案

选择方案是整个经营决策的中心环节，也是决策者的重要职责。它集中体现了决策者的经营艺术和素质。要正确有效地进行选择工作，必须掌握方案的选择标准。

选择标准是和经营决策目标紧密相连的，并且能保证更好地实现经营决策目标。如在同样可以实现经营决策目标的前提下，要使得到的利益尽可能大，付出的代价尽可能小；实现经营决策目标的决策正面作用尽可能大，负面作用尽可能小；等等。需要指出的是，所谓最优方案是相对的，要受到许多不确定因素的限制，因此最优标准是很难选定的，在实际选择中，人们多采用“满意标准”来比较各个方案的优劣，淘汰那些不好的方案，留下最好的方案，或者在吸收各个备选方案长处的基础上，形成一个新的综合性方案。

2.3.3.6 实施追踪

决策总要实施，不付诸实施的决策是没有现实意义的。经营决策的实施是一个动态的、依赖于时空变量和环境变量的复杂过程。因此，在实施过程中必然会碰到新问题、引起新矛盾，会出现变化的情况与经营决策目标偏离的现象。这就要求决策者必须重视信息反馈，及时总结经验教训，依据客观情况对方案进行必要的调整和修改，以保证经营决策目标的最终实现。主要应抓好以下两项工作：

1. **反馈控制**

反馈控制是指准确而及时地把决策过程中的主客观矛盾信息输送给决策者，从而使决策者根据经营环境的变化，对决策方案、行为进行不断修正，以保证经营决策目标顺利实现。为保证反馈的及时、有效，应建立信息反馈网络，并保持信息渠道畅通无阻。

2. **追踪决策**

追踪决策是指当原有决策的实施危及经营决策目标的实现时，或原有决策是正确的，但由于客观或主观条件发生重大变化时，对决策目标或决策方案进行的一种根本性修正。它是对原决策的扬弃，并非对原决策的简单重复。

以上是经营决策的基本程序，其中每一步都是经营决策过程必不可少的。它们相互联系、相互制约，构成经营决策的动态过程，可用图 2-4 表示。

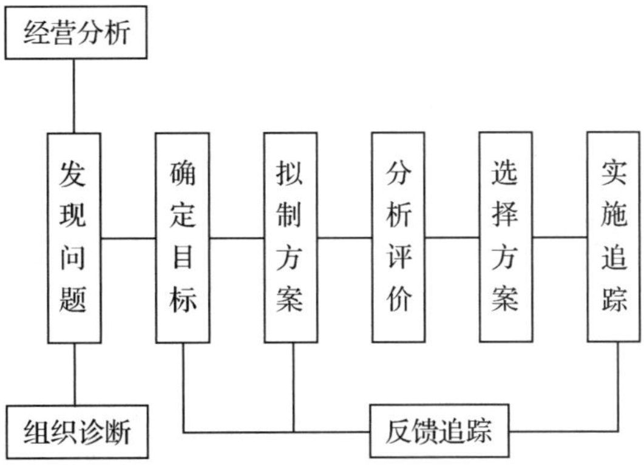

图 2－4 决策过程基本程序图

关键术语

收益（利润）最大原理　　价格确定理论　　消费者市场购买行为理论

复习思考题

1. 简述收益（利润）最大原理及其在房地产开发与经营中的应用。
2. 简述价格确定理论及其在房地产开发与经营中的应用。
3. 简述房地产开发与经营策略的内容。
4. 房地产开发与经营决策的准则是什么？
5. 房地产开发与经营决策的程序是什么？

第3章

房地产企业

本章内容提要

房地产企业是从事土地和房屋开发建设，以及以房地产产品为核心从事房地产中介、咨询、物业服务，从而实现自身价值的经济组织，是房地产经济活动中的主体。房地产企业的发展和完善为房地产经济活动提供了保障。本章主要讨论房地产企业的概念、特征和类型，分析房地产企业的设立条件与资质等级管理、房地产从业人员的职业资格、房地产企业的组织结构和房地产企业的计划管理与战略管理。

3.1 房地产企业概述

3.1.1 房地产企业的概念与特征

企业是在市场竞争环境下，通过有效地整合和利用各种资源，实现自身价值最大化的组织。企业是营利性组织，市场化程度的高低决定了企业的营利能力。企业将各种生产要素组织起来，通过为社会提供产品和服务实现自身价值最大化，这是企业区别于其他组织的关键特征。企业是独立的经济组织，拥有自己的财产权、决策权和经营权。

房地产企业是从事土地和房屋开发建设，以及以房地产产品为核心从事房地产中介、咨询、物业服务，从而实现自身价值的经济组织。房地产企业对输入的土地、原材料、人力资源、资本、技术、信息等资源，开展各种生产、管理、运营、技术投入等经营活动，将各种输入的资源通过转换输出为股东满意的财务结果、客户满意的产品和服务、员工满意的人事结果，以及社区满意的信息结果。房地产企业通过其有效的经营活动，为社会提供各种有形产品和无形产品。有形产品包括各类房屋、构筑物；无形产品包括房地产咨询服务、中介代理服务、估价服务、物业管理服务，以及相关的房地产延伸服务。

房地产企业是房地产经济运行的组成部分之一。房地产企业除具备企业的一般性质外，与其他行业企业相比，还具有三个方面的特征：

首先，房地产产品的地域性、空间固定性和唯一性决定了房地产企业的地域属性。房地产产品的地域性、固定性，使得房地产产品不能像其他产品那样因需要而在生产、消费过程中发生空间位置的移动，或是因空间位置上的移动而改变产品的效用。房地产企业一般以某一区域为企业的生产经营范围，其经营目标、竞争区域也以区域性市场为主。但是，由于互联网的发展，房地产经纪服务业的服务范围从地区性市场辐射到全球性市场，房地产中介企业通过计算机网络可以为全国各地的房屋需求者提供服务，部分房地产中介企业的服务范围是全球性的。房地产产品的唯一性决定了房地产企业不能复制同样的产品，不能在一般意义上的生产流水线上生产产品，因此，房地产企业需要投入更多的研发力量，开发具有新创意、适合不同消费者需求的产品和服务。

其次，土地市场的垄断性决定了房地产企业的不完全竞争性。产生垄断的原因有三个：一是关键资源由一个企业拥有；二是政府给予一个企业排他性地生产某种产品和劳务的权力；三是就生产成本来说，一个生产者比大量生产者更有效率①。房地产企业的主要生产要素是土地和房屋。世界上没有两宗完全一样的土地或房屋，当一家房地产企业购买到一块土地，该企业就拥有这宗土地的排他性所有权，其开发出的房地产产品就是唯一的，并且成为该产品的唯一卖者。这时垄断就可能产生。由于土地利用通常是被政府管制的，房地产开发企业不能任意地根据本企业的战略目标开发房地产项目，必须根据地方政府的土地供应计划和土地规划获得土地。当政府给予某一个房地产开发企业排他性地开发某一宗土地的权力时，这个企业就获得了生产这种房地产产品的权力。同样，由于土地利用受政府管制，土地市场具有垄断性，因此，房地产企业存在不完全竞争性。

最后，房地产企业存在专业化和综合化发展两大趋势。房地产产品的生产和消费过程具有复杂性和系统性。一个房地产产品的生产必须经历取得土地、寻找资金、施工建设、销售管理、售后服务全过程。这是一个漫长、相辅相成、相互串联的过程。一个综合性房地产企业可以独立完成全部环节，向消费者提供房地产产品和服务；也可以每一个环节都由专业化房地产企业完成，如土地开发商（land developer)、房屋建筑商(home builder)、房地产销售商、资金运营商、物业服务提供商等专业化企业，从而共同完成产品的生产和服务。随着房地产业的成长与成熟，我国房地产企业存在专业化和综合化两个发展趋势，一类企业更专业化，从综合房地产企业剥离出来，发展成如房地产数据咨询、房地产估价、房地产经纪、物业服务、房地产投资等专业性企业；另一类企业更综合化，如房地产开发企业从房地产开发向从事房地产投资、开发、建筑、资产运

① 曼昆. 经济学原理：第3版. 北京：机械工业出版社，2003：261.

营、资本运作、物业管理等多业务的综合性企业发展，但多元化的投资项目又需要更加专业化的经营。某大型房地产企业依托房地产主业的优势地位，积极发展大基建、大金融、大消费及新兴产业等关联版块集群，实现“3＋X”的综合产业布局，各版块内又强调建设专业化的团队运营①。

3.1.2 房地产企业的类型

3.1.2.1 房地产开发企业

1. 房地产开发企业的类型

房地产开发企业是依法设立，以营利为目的，从事房地产开发和经营的具有法人资格的经济实体。根据 2020 年修订的《城市房地产开发经营管理条例》，房地产开发企业可以在城市规划区内国有土地上进行基础设施建设、房屋建设，并转让房地产开发项目或者销售、出租商品房。房地产开发企业大致有以下两种类型：一是房地产开发专营公司，这是以房地产开发经营为主要业务的企业；二是房地产开发兼营公司，这是以其他经营项目为主、兼营房地产开发业务的企业。按照开发经营对象的不同，可以对房地产开发企业进行分类：

（1）专门从事土地和城市基础设施开发的企业。这里有两种情况：一种情况是，房地产开发企业通过公开招标、拍卖、挂牌等形式从政府土地部门取得土地后，完成地上物拆迁和基础设施建设，将开发好的土地转让给其他用地者；另一种情况是，房地产开发企业通过公开招标取得土地一级开发项目，按照合同要求进行土地的基础设施建设，并赚取相应的利润，然后将建设好的土地交还给政府，由政府再出让给其他用地者。

（2）专门从事地上建筑物和构筑物建设的房地产企业。这类企业从二级土地市场上买到土地使用权，在土地上建设各类房屋和构筑物，最后将建成的房屋或构筑物出租或出售。

（3）房地产综合开发经营企业。房地产综合开发经营企业是指把土地和房屋作为统一的开发经营对象进行综合开发建设的房地产企业。一般的大型房地产开发企业都是这种类型的企业。

2. 房地产开发企业发展

2020 年，中国房地产业协会发布了《2020 中国房地产开发企业 500 强测评研究报告》。该报告指出，2019 年以来房地产开发企业调整了经营战略，收缩了多元化业务，聚焦主业发展。房地产开发企业过去以兼并收购中小房企为主转为百强企业之间兼并收购，行业集中开始加速②。

3.1.2.2 房地产服务企业

1. 房地产中介服务企业

根据 2001 年修订的《城市房地产中介服务管理规定》第 2 条的规定，房地产中介

---

① 董骁睿．多元化战略下房地产企业财务风险分析．中国经贸导刊，2020（2）．

② 2020 中国房地产 500 强揭晓　行业集中开始加速．2020－03－08．http://www.fangchan.com/industry/22/2020－03－18/6645872528416117398.html.

服务是指房地产咨询、房地产价格评估、房地产经纪等活动的总称。房地产中介服务企业是指在房地产投资、开发、销售、交易、消费等各个环节中，从事服务性经营活动的、具有法人资格的经济实体，包括房地产咨询、房地产价格评估和房地产经纪三类企业。房地产中介服务企业的特点有两个方面：一是企业由具有特定资格的专业人员构成，如房地产估价机构的专业人员都要具有《房地产估价师资格证》，房地产经纪企业的专业人员都要具有《房地产经纪人资格证》。二是企业的经营活动主要是提供委托服务。中介服务企业一般不能主动为委托人提供房地产中介服务，只有当事人根据自身需要并委托中介企业时，房地产中介企业才能在委托范围内提供相应的中介服务，并获得报酬。这一点与房地产开发企业不同，房地产开发企业可以根据企业的战略目标决定是否进行某一个房地产项目的开发活动。

（1）房地产咨询企业。房地产咨询企业主要指依法设立，从事房地产法律、法规、政策、信息、技术等方面咨询服务的经济实体。早期的房地产咨询主要为委托人提供简单的房地产法律条文解读和房地产买卖信息方面的咨询服务。伴随着我国房地产业的繁荣发展，对房地产咨询的需求越来越多，而房地产咨询企业能够提供的房地产咨询服务项目和服务领域也越来越广。咨询服务项目从法律法规政策的解读和房地产价格信息提供，发展到为政府、企业或个人提供战略性、前瞻性、综合性的咨询服务，包括地区市场分析、企业战略和管理服务咨询、区域性开发规划战略与方案咨询、项目开发可行性研究咨询、项目营销策划、企业和个人投资咨询，以及融资咨询等。房地产咨询企业的发展，对于沟通信息、降低交易成本、促进信息资源的有效利用、增强市场的透明度、促进房地产企业发展起到了十分积极的作用。目前，国家对房地产咨询企业的专业人员没有建立执业资格制度。

（2）房地产估价机构。房地产估价机构是指依法设立并取得房地产估价机构资质，从事房地产估价活动的经济实体。根据《房地产估价机构管理办法》（2015 年修正）第 3 条的规定，房地产估价机构可以从事的房地产估价活动包括土地、建筑物、构筑物、在建工程、以房地产为主的企业整体资产、企业整体资产中的房地产等各类房地产评估，以及因转让、抵押、房屋征收、司法鉴定、课税、公司上市、企业改制、企业清算、资产重组、资产处置等需要进行的房地产评估。房地产估价机构从事房地产估价活动，不受行政区域、行业限制。国家对房地产估价机构实行分级动态管理，截至 2019 年底，全国共有房地产估价机构 5 484 家，其中一级机构 709 家，二级机构 2 536 家，三级机构 1 281 家，一级机构分支机构 958 家①。

（3）房地产经纪企业。房地产经纪企业是指依法设立并取得房地产经纪机构资质，以收取佣金为目的，为促成他人房地产交易而从事中介、代理等经纪服务的经济实体。根据 2016 年修正并发布的《房地产经纪管理办法》第 7 条，房地产经纪机构是指依法设立、从事房地产经纪活动的中介服务机构。房地产经纪机构和房地产经纪人员以促成房屋交易委托人的委托事项为目的，向委托人提供房地产中介、代理等服务并收取佣金。一般地，房地产经纪企业提供的服务项目包括新建商品房销售、二手房买卖、二手房租

① 王霞，王欢，等. 2019 年中国房地产中介行业发展现状及展望. 房地产蓝皮书，2020-09-29.

赁、房地产拍卖，以及其他房地产产权、抵押登记代办业务等经纪业务。

房地产经纪服务对于提高市场效率、促进房屋资源的有效配置起着十分重要的作用。房地产经纪企业提供高质量的房地产经纪服务，可以降低房屋交易双方的信息收集成本，提高房源信息利用效率，使市场参与者的决策行为更理性和更科学，从而促进房地产市场健康发展。截至 2019 年底，全国共有房地产经纪机构 26.7 万家，分支机构（门店）9.2 万家①。

2. 物业服务企业

物业服务企业是依法成立，依据物业服务合同在物业服务区域内，为业主提供建筑物及其附属设施的维修养护、环境卫生和相关秩序的管理维护等物业服务的经济实体。物业服务企业属于服务性企业，通过对物业进行管理和经营，提供可靠的、安全的、增值的服务活动，使物业正常使用，从而为业主和物业使用人创造一个舒适、方便、安全的工作和生活环境。物业服务企业提供的服务要依据与业主的约定，对物业服务区域内业主共有部分和共用设备进行维修、养护、清洁、绿化和经营管理。服务项目既有常规性的公共服务，也有根据业主的需求提供延伸性的专项服务、随机性的特约服务、委托性的代办服务和创造性的经营服务项目，通过为业主提供这些服务达到物业的保值和增值，并延长建筑物的使用寿命。同时，物业服务企业还承担着维护物业服务区域内的基本秩序，采取合理措施保护业主的人身财产安全。物业服务企业按照物业服务合同的约定已经向业主提供了服务，业主应该足额向物业服务企业支付服务费。2007 年建设部将原颁布的《物业管理企业资质管理办法》修改为《物业服务企业资质管理办法》，并规定物业服务企业资质等级分为一、二、三级。2018 年 3 月，住房城乡建设部发布了《关于废止〈物业服务企业资质管理办法〉的决定》。至此，物业服务企业的资质被取消。2019 年，全国共有物业服务企业大约 24.1 万家，从业人员 740 万人，管理房屋面积达到 330 亿平方米②。

3.1.2.3 房地产上市企业

房地产上市企业是房地产企业类型中的一类。房地产企业上市的主要动因是从更广阔的市场上融资，用于企业购买土地、同业兼并、扩大土地储备、支持企业多元化发展等战略发展目标。截至 2020 年 10 月，在深圳和上海的 A 股市场上，企业一共有 131 家房地产上市企业。中国房地产业协会、上海易居房地产研究院中国房地产测评中心发布的《2020 中国房地产上市公司测评研究报告》显示，通过对 2019 年 202 家房地产上市企业（在沪深两地上市的房地产企业有 117 家，在香港上市的房地产企业有 83 家，在国外上市的房地产企业有 2 家）进行综合实力测评，中国前十名房地产上市企业包括：万科、中国恒大、碧桂园、融创中国、中国海外发展、保利地产、华润置业、龙湖集团、新城控股和富力地产③。

---

① 王霞，王欢，等. 2019 年中国房地产中介行业发展现状及展望. 房地产蓝皮书，2020-09-29.

② 参见《2020 中国物业管理行业发展指数报告》。

③ 2020 中国房地产 500 强揭晓　行业集中开始加速. 2020-03-08. http://www.fangchan.com/industry/22/2020-03-18/6645872528416117398.html.

根据主营业务的单一性和多元化，可以将房地产上市企业划分为单一型房地产上市企业和多元化房地产上市企业。前者仅指以房地产为单一经营业务的企业，且从 2014 年以来持续减少；后者聚焦于房地产主导业务并围绕房地产上下游业务构建"1＋X"的多元业务协同发展经营战略。多元业务包括酒店经营、装修设计、文旅城市和园区开发运营，甚至发散到医疗、健康、娱乐等关联产业。目前，越来越多的房地产上市企业选择多元化经营，但以房地产为单一业务的房地产上市企业的绩效要高于多元化房地产上市企业的绩效，当企业规模扩大后，企业的财务风险显著增加①。

针对房地产上市企业的研究非常多。从土地储备与房地产企业经营绩效的相关性来看，企业拿地增加土地储备，既增加了企业的生产资料，也成为企业必需的融资手段。随着房价上涨，土地储备的价值将增加，从而提升了增加的可持续发展能力和预期收益，有利于房地产上市企业绩效水平的提高。但是当年房地产上市企业过多的土地储备会给企业的资金链带来压力，增加存货负担，降低企业绩效②。针对的治理结构，研究显示总经理、董事长的政治关联对企业绩效的影响具有差异性，民营房地产上市企业董事长的政治关联对企业绩效有显著的促进作用，总经理的政治关联对企业绩效有显著的抑制作用；股权集中度与企业绩效存在显著的正相关③。进一步，从股权结构、董事会治理、高管激励与企业绩效的相关性来看，第一大股东持股占比，董事、高管及监事前三名薪酬总额及企业规模都与企业绩效有显著的正向关系；实际控制人的性质、董事长和总经理两职合一、股东大会会议次数和资产负债率对企业绩效有显著的负影响。

房地产上市企业凭借其经营规模和综合实力，在房地产领域居于领先地位，就中国而言，中国房地产企业 500 强与中国房地产上市百强企业中排位前十的企业重合。房地产上市标杆企业是引导中国房地产业健康发展、稳定房地产市场的主力军。在坚持"房子是用来住的，不是用来炒的"的定位下，房地产上市企业需要更加重视改善产品的性能和功能，不断适应中国家庭的人口结构变化，设计的房地产产品应做到户型合理，同时要开发适应老龄化社会的适老产品，从而提高住房的健康保障性能，改善居民的居住品质并提升社区的发展质量④。以"高杠杆、高负债、高周转"为特征的快速发展时期已渐行渐远，房地产上市企业应坚持现代化的治理方式，坚持做到信息透明，坚持承担社会责任，除了持续回报股东外，保护消费者的权益也是企业义不容辞的社会责任。

---

① 陈凤莲，许世英．多元化业务类型对企业绩效影响的实证分析：以房地产业上市公司为例．商业会计，2019（23）：34－37.

② 赵伟，尹礼汇．增加土地储备能提升房地产开发企业的绩效吗?：基于 114 家房地产上市公司面板数据的实证分析．经济与管理评论，2019，35（2）：56－68.

③ 杨孝安，等．政治关联、股权集中度与企业绩效：基于民营房地产 A 股上市公司的实证分析．西安工程大学学报，2019，35（5）：588－594.

④ 冯俊．房地产上市公司要"领跑"，必须要做到三点．2020－05－26．http://www.fangchan.com/industry/23/2020-05-26/6670875045449240739.html.

专栏 3-1

建设超低能耗住房是房地产企业产品创新的方向之一

在中国，每年的煤炭消耗量达 37 亿吨，大量消耗能源所导致的污染问题十分严重，在未来，城市化要走绿色、低碳、可持续发展之路已成各界共识。发展超低能耗建筑符合中国国情，是建筑节能发展的必经之路。深入推广超低能耗建筑，营造健康、舒适、宜居的环境，能够有效地服务于“健康中国”战略部署，对于提升建筑节能水平、推动行业转型升级、促进环境保护等方面具有十分重要的意义。

超低能耗建筑的整个结构体系都处在保护层中，免受风、霜、雨、雪的侵蚀，一年四季基本处于 20～26℃，可以在极大程度上减少建筑损耗。超低能耗建筑可在没有采暖设施的条件下，在冬季为居民提供温暖的室内环境，将室内温度维持在 20℃。超低能耗建筑不会产生城市热岛效应。如果把能产生热岛效应的普通建筑改造成超低能耗建筑，将会消除热岛效应，在夏季城市的温度也会降下来。

2020 年 9 月 28 日，由北京市保障性住房建设投资中心投资、北京市城乡建设集团承建的焦化厂公租房项目 3 栋高层超低能耗“被动房”正式交付，560 套房源陆续配租。项目中的两栋建筑高达 77.4 米，这是北京市第一批超低能耗示范项目，也是国内首批一类高层超低能耗建筑。

资料来源：国家为何如此重视超低能耗建筑发展?. 被动房之家，2020-09-01；国内首批超低能耗公租房正式交付. 被动房之家，2020-10-13.

3.2 房地产企业的设立条件与资质等级管理

根据相关法律规定，我国对房地产企业的设立和资质实行严格的许可管理。设立房地产企业除了要符合企业工商登记的一般规定外，还要符合房地产企业设立的特殊要求。

3.2.1 房地产开发企业的设立与资质等级管理

3.2.1.1 企业设立条件

房地产开发企业的设立必须符合国家有关法律规定，设立为有限责任公司或股份有限公司，还应当执行《公司法》的有关规定。2019 年修订通过的《城市房地产管理法》的第 3 章第 30 条对设立房地产开发企业做了原则性规定：

（1）有自己的名称和组织机构；

（2）有固定的服务场所；

（3）有必要的财产和经费；

（4）有足够数量的专业人员；

（5）法律、行政法规规定的其他条件。

2020年修订的《城市房地产开发经营管理条例》的第2章第5条对房地产开发企业的设立做了更为具体的规定。设立房地产开发企业，除应当符合有关法律、行政法规规定的企业设立条件外，还应当具备下列一些条件：

(1) 有100万元以上的注册资本；

(2) 有4名以上持有资格证书的房地产专业、建筑工程专业的专职技术人员，2名以上持有资格证书的专职会计人员。

省、自治区、直辖市人民政府可以根据本地方的实际情况，对设立房地产开发企业的注册资本和专业技术人员的条件做出高于前款的规定。

3.2.1.2 企业设立程序

房地产开发企业的设立程序包括两方面，一是工商登记，二是资质审查。

对于设立房地产开发企业所需要的工商登记，新修订的《城市房地产管理法》第3章第30条同时规定：设立房地产开发企业，应当向工商行政管理部门申请设立登记。工商行政管理部门对符合本法规定条件的，应当予以登记，发给营业执照；对不符合本法规定条件的，不予登记。

工商行政管理部门在对设立房地产开发企业申请登记进行审查时，应当听取同级房地产开发主管部门的意见。房地产企业工商登记的程序如下：

(1) 拟订房地产开发企业章程；

(2) 向当地政府或房地产主管部门提出成立房地产开发企业的申请报告；

(3) 办理银行开户手续，存入注册资金；

(4) 办理资金信用证明；

(5) 办理服务场所的使用证明；

(6) 向工商行政管理部门申请注册登记。

新设立的房地产开发企业在领取营业执照之日起30日内，到登记机关所在地的房地产开发主管部门备案，备案时需要提交的文件有：

(1) 营业执照复印件；

(2) 企业章程；

(3) 验资证明；

(4) 企业法定代表人的身份证明；

(5) 专业人员的资格证书和聘用合同。

3.2.1.3 企业资质等级管理

根据2015年住房城乡建设部修订并发布的《房地产开发企业资质管理规定》，我国实行房地产开发企业资质等级管理制度。一般根据房地产开发企业从事房地产开发经营的年限、开发经营业绩、专业人员和工程合格情况核定房地产开发企业的资质等级。未取得房地产开发资质等级证书的企业，不得从事房地产开发经营业务。国务院建设行政主管部门负责全国房地产开发企业的资质管理工作；县级以上地方人民政府房地产开发主管部门负责本行政区域内房地产开发企业的资质管理工作。

房地产开发企业按照企业条件分为四个资质等级，并实行分级审批制度。一级资质由省（区、市）人民政府建设行政主管部门初审，报国务院建设行政主管部门审批。二级资质及以下企业的审批办法由省（区、市）人民政府建设行政主管部门制定。经资质审查合格的企业，由资质审批部门发给相应等级的资质证书。申请核定资质等级的房地产开发企业应当提交的证明文件有：

（1）企业资质等级申报表；

（2）房地产开发企业资质证书（正、副本）；

（3）企业资产负债表；

（4）企业法定代表人和经济、技术、财务负责人的职称证件；

（5）已开发经营项目的有关证明材料；

（6）房地产开发项目手册及《住宅质量保证书》《住宅使用说明书》执行情况报告；

（7）其他有关文件、证明。

一级资质的房地产开发企业承担的房地产项目的建设规模不受限制，可以在全国范围内承揽房地产开发项目。二级资质及以下的房地产开发企业可以承担建筑面积 25 万平方米以下的开发建设项目，承担业务的具体范围由省（区、市）人民政府建设行政主管部门确定。各资质等级企业应当在规定的业务范围内从事房地产开发经营业务，不得越级承担任务。具备一级资质的房地产开发企业应具备的条件（二级及以下房地产开发企业应具备的条件相应降低）包括：

（1）注册资本不低于 5 000 万元；

（2）从事房地产开发经营 5 年以上；

（3）近 3 年房屋建筑面积累计竣工 30 万平方米以上，或者累计完成与此相当的房地产开发投资额；

（4）连续 5 年建筑工程质量合格率达 100％；

（5）上一年房屋建筑施工面积 15 万平方米以上，或者完成与此相当的房地产开发投资额；

（6）有职称的建筑、结构、财务、房地产及有关经济类的专业管理人员不少于 40 人，其中具有中级以上职称的管理人员不少于 20 人，持有资格证书的专职会计人员不少于 4 人；

（7）工程技术、财务、统计等业务负责人具有相应专业中级以上职称；

（8）具有完善的质量保证体系，商品住宅销售中实行了《住宅质量保证书》和《住宅使用说明书》制度；

（9）未发生过重大工程质量事故。

国家对房地产开发企业资质实行年检制度。对于不符合原定资质条件或者有不良经营行为的企业，由原资质审批部门予以降级或者注销资质证书。一级资质房地产开发企业的资质年检由国务院建设行政主管部门或者其委托的机构负责。二级资质及以下房地产开发企业的资质年检由省（区、市）人民政府建设行政主管部门制定办法。

在年检过程中，有下列行为之一的房地产开发企业会受到相应的行政处罚：

（1）企业未取得资质证书从事房地产开发经营；

（2）企业超越资质等级从事房地产开发经营；

（3）隐瞒真实情况、弄虚作假骗取资质证书；

（4）涂改、出租、出借、转让、出卖资质证书；

（5）企业开发建设的项目工程质量低劣，发生重大工程质量事故；

（6）企业在商品住宅销售中不按照规定发放《住宅质量保证书》和《住宅使用说明书》；

（7）企业不按照规定办理变更手续。

3.2.2　房地产中介服务企业和物业服务企业的设立条件与资质等级管理

3.2.2.1　房地产估价机构的设立条件与资质等级管理

2015 年修正发布的《房地产估价机构管理办法》规定，从事房地产估价活动，需要组建房地产估价机构并申请房地产估价机构资质。房地产估价机构应具备的基本条件包括：

（1）有自己的名称、组织机构和章程；

（2）有固定的服务场所；

（3）注册资金达到规定的要求金额；

（4）机构内专职房地产估价师和专职房地产估价员的人员数量达到所设房地产估价机构资质等级规定的要求。

房地产估价机构的设立程序包括两个环节，一是工商登记，二是资质审查。

新设立的房地产估价机构首先要办理工商登记，公司名称里必须有“房地产估价”或者“房地产评估”字样，出资人应当是自然人，组织形式可以是有限责任公司或者合伙企业，注册资本或者出资额要符合规定，有固定的经营场所，等等。具体办理程序可遵照一般企业的工商登记手续。

我国实行房地产估价机构资质管理制度。《房地产估价机构管理办法》对房地产估价机构资质做出了详细规定。房地产估价机构资质等级分为一、二、三级。省、自治区人民政府住房城乡建设主管部门、直辖市人民政府房地产主管部门负责房地产估价机构资质许可。设区的市人民政府房地产主管部门自受理申请之日起 20 日内，完成对房地产估价机构申报的资质申请材料的审核，并将初审意见和全部申请材料报送省级人民政府住房城乡建设主管部门；省级人民政府住房城乡主管部门在受理申请材料之日起 20 内做出决定，同时在做出许可决定之日起 10 日内，将准予资质许可的决定报国务院住房城乡建设主管部门备案。房地产估价机构资质证书分为正本和副本，由国务院建设行政主管部门统一印制，正、副本具有同等法律效力。

申请核定房地产估价机构资质等级，应向资质许可机关提交的材料包括：

（1）房地产估价机构资质等级申请表；

（2）房地产估价机构原资质证书正本复印件、副本原件；

（3）营业执照正、副本复印件；

（4）法定代表人或者执行合伙人的任职文件复印件；

（5）专职注册房地产估价师证明；

（6）固定经营服务场所的证明；

（7）经工商行政管理部门备案的公司章程或者合伙协议复印件及有关估价质量管理、估价档案管理、财务管理等企业内部管理制度的文件、申报机构信用档案信息；

（8）随机抽查的在申请核定资质等级之日前 3 年内申报机构所完成的 1 份房地产估价报告复印件。

新设立的机构必须达到房地产估价机构三级资质所规定的条件，达到条件后可以申请房地产估价机构三级资质，并设一年的暂定期。申请时应提供上述材料中的除第二项和第八项之外的材料。

一级房地产估价机构是等级最高的机构，对其要求和条件也更高，包括以下 11 项条件：

（1）机构名称有房地产估价或者房地产评估字样；

（2）从事房地产估价活动连续 6 年以上，且取得二级房地产估价机构资质 3 年以上；

（3）有 15 名以上专职注册房地产估价师；

（4）在申请核定资质等级之日前 3 年平均每年完成估价标的物建筑面积 50 万平方米以上或者土地面积 25 万平方米以上；

（5）法定代表人或者执行合伙人是注册后从事房地产估价工作 3 年以上的专职注册房地产估价师；

（6）有限责任公司的股东中有 3 名以上、合伙企业的合伙人中有 2 名以上专职注册房地产估价师，股东或者合伙人中有一半以上是注册后从事房地产估价工作 3 年以上的专职注册房地产估价师；

（7）有限责任公司的股份或者合伙企业的出资额中专职注册房地产估价师的股份或者出资额合计不低于 60%；

（8）有固定的经营服务场所；

（9）估价质量管理、估价档案管理、财务管理等各项企业内部管理制度健全；

（10）随机抽查的 1 份房地产估价报告符合《房地产估价规范》的要求；

（11）在申请核定资质等级之日前 3 年内无《房地产估价机构管理办法》第 33 条禁止的行为。

国家对房地产估价机构实行资质动态管理制度。房地产估价机构资质有效期为 3 年。资质有效期届满，房地产估价机构需要继续从事房地产估价活动的，应当在资质有效期届满 30 日前向资质许可机关提出资质延续申请。资质许可机关应当根据申请做出是否准予延续的决定。准予延续的，有效期延续 3 年。所谓资质动态管理，主要是主管部门根据房地产估价机构的执业情况，依据相应的评定标准和评定程序及时对其资质进行重新评定。也就是说，房地产估价机构的资质可上可下，是一个动态的过程。房地产估价机构作为经济鉴证类社会中介机构，必须保持较高的社会认可度。国家只有实行规范的准入制度和严格的清退机制，才可以保证房地产估价机构有较高的执业水准。

3.2.2.2 房地产经纪机构的设立与备案

根据《房地产经纪管理办法》的相关规定，房地产经纪机构及其分支机构应当自领取营业执照之日起30日内，到所在直辖市、市、县人民政府建设（房地产）主管部门备案。直辖市、市、县人民政府建设（房地产）主管部门应当将房地产经纪机构及其分支机构的名称、住所、法定代表人（执行合伙人）或者负责人、注册资本、房地产经纪人员等备案信息向社会公示。经备案的房地产经纪机构可以取得网上签约资格。

3.2.2.3　物业服务企业的设立

2007年修订并实施的《物业管理条例》对物业服务企业的设立没做专门的规定，只是原则性规定"从事物业管理活动的企业应当具有独立的法人资格。国家对从事物业管理活动的企业实行资质管理制度。"2007年建设部修改并发布了《物业服务企业资质管理办法》，规定物业服务企业资质等级分为一、二、三级，同时对各个等级物业服务企业应达到的条件进行了约定。例如，要求一级资质物业服务企业注册资本人民币500万元以上，物业管理专业人员以及工程、管理、经济等相关专业类的专职管理和技术人员不少于30人，物业管理类型和面积要达到一定标准，企业应建立关于服务质量和收费标准的管理制度。

2013年以来，国务院深化简政放权，减少行政审批事项。在此背景下，住房和城乡建设部贯彻落实《国务院关于第三批取消中央指定地方实施行政许可事项》（国发〔2017〕7号）和《国务院关于取消一批行政许可事项的决定》（国发〔2017〕46号），于2018年3月废止了《物业管理企业资质管理办法》，取消了核定物业服务企业资质的行政许可事项。

3.3　房地产从业人员的职业资格

3.3.1　建筑与房地产经济师

房地产业是一个高度专业化的产业，集聚了建筑、土木、土地资源管理、城市规划、市政、投资、金融、房地产营销、财务、项目管理、人力资源等各类专业人才。2020年人力资源和社会保障部发布了《经济专业技术资格规定》，对经济专业技术资格做出了改革，将房地产经济与建筑经济整合为建筑与房地产经济，设立了建筑与房地产经济师技术职称，取代了原来的房地产经济师和建筑经济师两个技术职称。由此，建筑与房地产经济师成为从事建筑行业和房地产行业相关职业的专业人员。

建筑与房地产经济师分为初级、中级和高级，考试报名条件各不相同。在考试科目上，初级、中级经济专业技术资格考试均设立《经济基础知识》和《专业知识和实务》两个科目，前者为公共科目，后者为专业科目。就中级建筑与房地产经济师考试而言，专业知识和实务考试内容主要包括建筑与房地产市场、投资项目经济分析与评价方法、项目策划与可行性研究、建设工程造价构成及计价、工程网络计划技术、建设工程招投标、建设工程合同管理、建设工程监理、建设工程风险管理与保险、建筑信息模型

(BIM) 与建筑智能化、绿色建筑、装配式建筑。这些内容涵盖了房地产开发领域的各个环节。

3.3.2 房地产估价师

根据《城市房地产管理法》，中国实行房地产价格评估制度和房地产价格评估人员资格认证制度。注册房地产估价师是指通过全国房地产估价师执业资格考试或者通过资格认定、资格互认，取得《房地产估价师执业资格证书》，并按照《注册房地产估价师管理办法》注册，取得《房地产估价师执业资格证书》，从事房地产估价活动的人员。

取得执业资格的房地产估价师，要向国务院住房城乡建设主管部门申请初始注册，注册经行政许可后，方可在全国执业。房地产估价师的初始注册、变更注册、延续注册和注销注册，以及执业活动，均由国务院住房城乡建设主管部门统一实施监督管理，并逐步实行网上申报、受理和审批。取得执业资格的房地产估价师，需要受聘于一个具有房地产估价机构资质的单位，经注册后方可在全国范围内从事房地产估价执业活动。

房地产估价是一项专业性、技术性很强的活动，房地产估价理论和方法在不断地发展与成熟，与房地产估价相关的法律、法规和政策也在逐步完善和配套，因此，房地产估价师除了通过自学和估价实践来弥补不足和不断提高专业能力外，还需要通过继续教育来提高自身的理论水平，完善知识结构，提升估价技能和职业道德水平，并促进房地产估价业整体水平的提高。注册房地产估价师在每一注册有效期内应当达到国务院建设主管部门规定的继续教育要求。注册房地产估价师继续教育分为必修课和选修课，每一注册有效期各为 60 学时。经继续教育达到合格标准的，颁发继续教育合格证书。注册房地产估价师的继续教育工作，由中国房地产估价师与房地产经纪人学会负责组织。

3.3.3 房地产经纪专业人员

根据 2015 年 6 月 25 日人力资源和社会保障部、住房和城乡建设部联合发布的《房地产经纪专业人员职业资格制度暂行规定》，房地产经纪专业人员是在房地产交易活动中，为促成房地产公平交易，从事存量房和新建商品房居间、代理等房地产经纪活动的专业人员。房地产经纪专业人员职业资格分为房地产经纪人协理、房地产经纪人和高级房地产经纪人 3 个级别。

房地产经纪专业人员中的房地产经纪人协理和房地产经纪人需要通过参加全国统一考试方能获得职业资格。中国房地产估价师与房地产经纪人学会负责房地产经纪专业人员职业资格评价的管理和实施工作，组织成立考试专家委员会，研究拟定考试科目、考试大纲、考试试题和考核合格标准。根据 2020 年人力资源和社会保障部发布的《经济专业技术资格规定》，房地产经纪人协理职业资格相当于初级专业技术职称，房地产经纪人相当于中级专业技术职称。房地产经纪人协理考试设两个科目：《房地产经纪综合能力》《房地产经纪操作实务》；房地产经纪人考试设四个科目：《房地产交易制度政策》《房地产经纪职业导论》《房地产经纪专业基础》《房地产经纪业务操作》。

对考核合格的房地产经纪专业人员，由中国房地产估价师与房地产经纪人学会颁发由人力资源和社会保障部、住房和城乡建设部监制，中国房地产估价师与房地产经纪人学会用印的《房地产经纪专业人员职业资格证书》，证书在全国范围内有效。同时，中国房地产估价师与房地产经纪人学会对房地产经纪专业人员职业资格证书实行登记服务制度，建立持证人员诚信档案，并定期向社会公布房地产经纪专业人员资格证书的登记情况。

3.3.4 土地登记代理专业人员

土地和房屋的不动产登记是房地产开发经营过程中的一个重要环节。根据2015年7月6日人力资源和社会保障部、国土资源部印发的《土地登记代理专业人员职业资格制度暂行规定》第2条的相关规定，土地登记代理专业人员是在土地登记代理机构中，从事土地及地上房屋、林木等不动产登记代理业务的专业人员。土地登记代理专业人员职业资格分为土地登记代理人、高级土地登记代理人两个级别。中国土地估价师与土地登记代理人协会具体负担土地登记代理专业人员职业资格的评价与管理工作。

国家对从事土地登记代理业务的专业人员实行职业资格制度，纳入全国专业技术人员职业资格证书制度统一规划。土地登记代理人职业资格实行全国统一大纲、统一命题、统一组织的考试制度，原则上每年举行一次。土地登记代理人职业资格考试设《土地登记相关法律》《土地权利理论与方法》《地籍调查》《土地登记代理实务》4个科目。高级土地登记代理人可以面试《土地权利理论与方法》和《地籍调查》，只参加《土地登记相关法律》和《土地登记代理实务》两个科目的考试。

对考核合格的人员，由中国土地估价师与土地登记代理人协会颁发由人力资源和社会保障部、自然资源部监制，由中国土地估价师与土地登记代理人协会用印的《土地登记代理人职业资格证书》，证书在全国范围内有效。同时，中国土地估价师与土地登记代理人协会对土地登记代理人职业资格证书实行登记服务制度，为用人单位提供取得土地登记代理人职业资格证书人员信息的查询服务。中国土地估价师与土地登记代理人协会建立持证人员诚信档案。

3.4 房地产企业的组织结构

3.4.1 组织结构设计的一般原理

组织结构就是在组织中正式确定的使工作任务得以分解、组合和协调的框架体系，是企业有效实施管理职能的重要前提。组织结构的纵向关系决定了正式的上级领导和下级员工、上级部门和下级部门之间的报告关系；横向关系决定了如何保证部门间的沟通合作。进行组织结构设计的基本原则是要保证企业目标的一致性，重视分工与协作，建立有效的管理跨度，保证权责对等，合理布局集权与分权，强调组织结构精干高效，同时要有一定的稳定性和适应性。如果组织结构设计得不合理，就会存在无效性现象，表现在三个方面：一是会导致决策迟缓或质量不高，二是组织不能创造性地对正在变化的外部环境做出敏锐的反应，三是会明显出现很多部门间的冲突。

组织结构设计涉及的六个关键要素，分别是工作专门化、部门化、指挥链、管理跨度、集权与分权、正规化。(1）工作专门化是指将工作分解为若干个很小的单一化、标准化及专业化的操作内容与操作程序，目的是提高生产效率。但过度的专门化会造成厌倦工作、疲劳、压力、低效率等问题。(2）部门化是指将若干职位组合成一些相互依存的基本管理单位，可以采用职能、区域、产品、流程或顾客群体来组建部门。(3）指挥链界定了从组织高层延伸到基层的一条持续的职权线，每个下属应当且只能向一个上级主管直接负责并报告工作。(4）管理跨度确定了一个管理人员能有效直接领导和控制的实际人员数。通常，管理层次少的组织，管理跨度越宽；管理层次多的组织，管理跨度越窄。宽管理跨度和窄管理跨度，各有优势和劣势。以知识员工为主的企业的管理跨度相对更宽。(5）集权与分权确定了决策集中在组织高层的程度。给予员工多大程度的授权，则反映了企业的分权程度。环境、组织规模、公司文化、外部风险、管理者经验等决定了组织是否采用更加集权或者更加分权的方式进行组织决策。(6）正规化是指组织中各项工作的标准化程度以及员工行为受规则和程序指导的程度。高正规化的组织，通常会有明确的组织描述、大量详细的规章制度、工作流程、绩效评价标准；相反，低正规化的组织内的员工有更多的工作自主权。

不同规模的房地产企业的组织结构设计一般是不同的。设计良好的组织结构有助于员工有效地完成企业任务。房地产企业通常遵循组织结构设计的一般原理，并结合房地产企业的行业特点设计本企业的组织结构，其目的在于有效地实现企业愿景和战略目标。

3.4.2 房地产企业的组织结构设计

3.4.2.1 常见的组织结构设计形式

房地产企业一般采用以下五种常见的组织结构设计形式：直线制组织结构、职能制组织结构、直线职能制组织结构、事业部制组织结构和矩阵型组织结构。有些房地产企业也会采用新型的组织结构设计形式：团队型组织结构、虚拟型组织结构和无边界型组织结构。

1. 直线制组织结构

直线制组织结构的特点是低度部门化、宽管理跨度，职权集中于领导者一人，是一种简单的组织结构，适合30人以下的房地产企业。例如，小型的房地产评估公司、房地产经纪公司、物业服务公司。其优点是命令统一，责权分明，管理成本低，快速灵活；缺点是不利于企业成长，过分依赖领导者的才能和技能（见图3-1）。

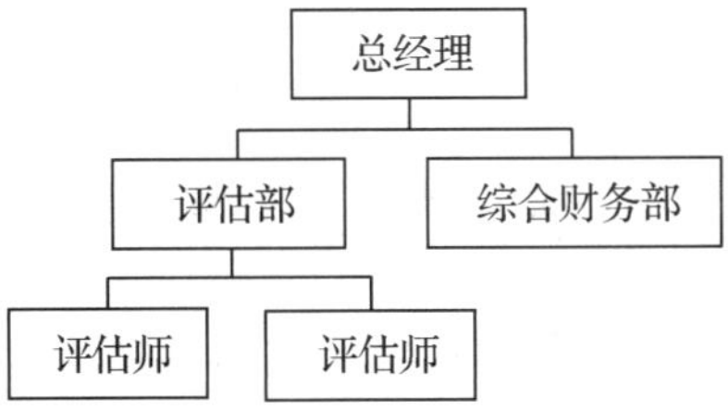

图3-1 某小型房地产评估公司的直线制组织结构

2. 职能制组织结构

职能制组织结构是在主管人员的领导下，按专业分工将员工组合在同一职能部门的组织结构设计，是典型的官僚组织结构。其优点是利用专门化、规模化带来了成本节约，减少了资源浪费；缺点是由于部门分割，单个部门不了解其他部门的工作，只追求各自的职能利益，且由于要负责管理部门内的多个项目，管理者不能了解整体组织的最佳利益（见图3-2）。

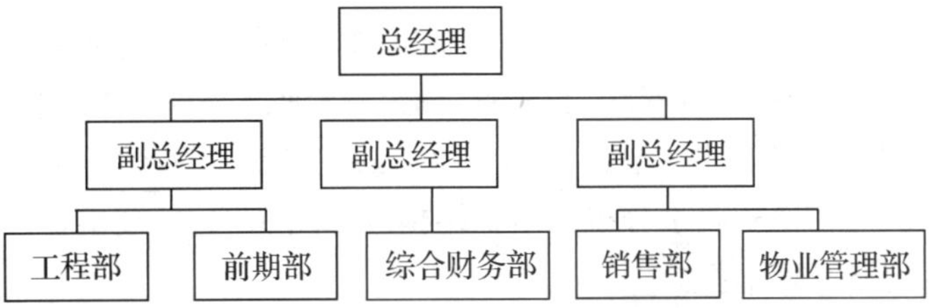

图3-2 某中型房地产开发公司的职能制组织结构

3. 直线职能制组织结构

直线职能制组织结构综合了直线制组织结构和职能制组织结构，建立了集中决策的职能部门，同时还设立了分散经营的项目部门，是典型的官僚组织结构。职能部门是直接主管的参谋，提出组织的政策和管理规定，不能对直线部门进行直接指挥和命令。直线部门独立负责本部门的运营，可以按照产品、地区、顾客群体等建立直线部门。因此，直线职能制组织结构管理系统中的管理人员可以分两类：一类是直线管理者（领导者），从上到下实行直线领导，从而保证指挥的统一性；另一类是职能管理者（领导者），他们是直线管理者在业务领域的参谋和助手。直线职能制组织结构的优点是统一指挥与专业分工相结合，强调了专业管理，管理权力高度集中，有利于高层管理人员对整个企业实施严格的管理和控制；缺点是横向协调难度大，人员多，效率低，行政事务多，管理成本高（见图3-3）。这种组织结构属于集权式的组织结构。一些大型的物业服务企业、房地产经纪企业多采用这种组织结构。

4. 事业部制组织结构

事业部制组织结构是一种相对独立的由部门或事业部组成的组织结构，公司总部负责扮演业务管理者的角色，提供财务、法律、培训、技术等方面的支持服务，而事业部则是独立经营、自负盈亏的利润中心，对本部门的绩效负责。这种组织结构对事业部经理人员的素质要求很高。通常超大型、产品种类多、产品差别大、分公司多的房地产企业多采用这种组织结构，每个事业部都有自己的产品和特定的市场，解决了企业规模扩

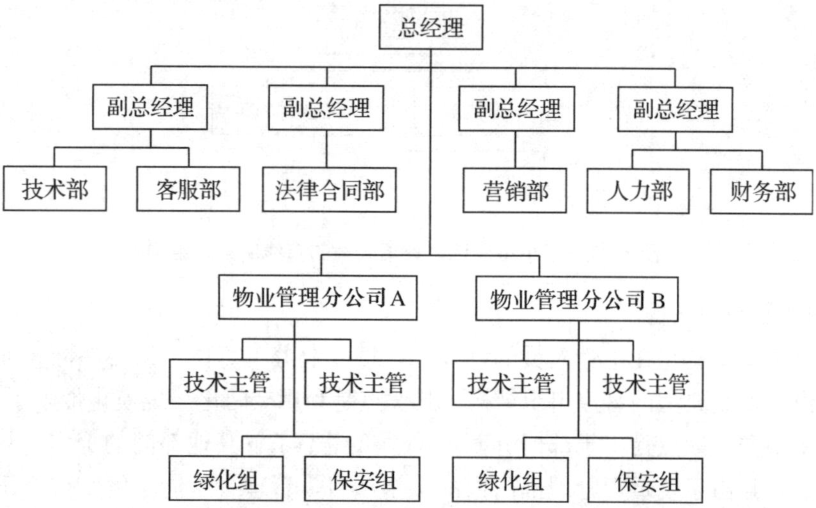

图 3-3　某大型房地产物业管理公司的直线职能制组织结构

大和多元化经营的需求。其优点是强化了决策机制，公司总部领导着重研究政策和战略发展，提供各种服务，调动事业部的积极性，强调事业部经理对本部门产品和服务的经营责任，从而有利于培养人才，增强内部竞争；缺点是活动和资源的重复配置导致成本上升，效率降低。这种模式属于分权制组织结构（见图 3-4）。在事业部内部，仍按职能结构设置职能部门和管理部门。

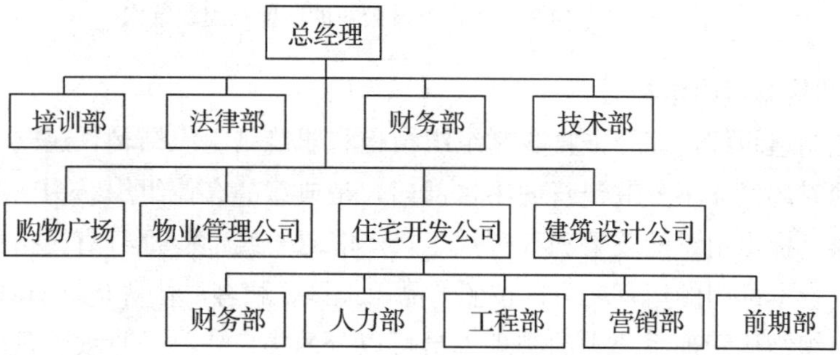

图 3-4　某大型综合房地产企业集团的事业部制组织结构

5. 矩阵型组织结构

矩阵型组织结构是一种基于职能部门化和产品部门化的组织结构（见表 3-1），在这种结构中，既有按照工程部、财务部、营销部、设计部、前期部、物业部等划分的职能单位，也有按照别墅、公寓、写字楼、商场、娱乐项目、餐饮等公司产品划分的项目部门。矩阵型组织结构中的员工受双重领导，即横向的产品部门领导和纵向的职能部门领导，同时员工也有双重任务。一般来说，专业人员在完成产品项目后，要回到职能部门中。矩阵型组织结构的优势在于公司可以很好地协调复杂又相互依存的组织活动，不同的专业人员可以很好地沟通和交流，并借助矩阵型组织结构很好地发挥资源作用，有利于各种人才的培养，克服了纵向和横向信息沟通中的困难，能够提升工作效率。这种结构的不足在于消除了统一指挥后，可能造成一些混乱，出现扯皮和产生矛盾；项目组内的员工缺乏安全感，有一种从事临时工作的感觉；产品部门经理会为了得到优秀的专业人员展开争斗，容易引起组织矛盾。

表3-1　某大型综合房地产企业集团的矩阵型组织结构

项目 部门	别墅A项目	公寓B项目	写字楼C项目	停车场D项目	餐饮娱乐F项目	商场E项目
前期部						
财务部						
工程部						
物业部						
营销部						
设计部						

3.4.2.2　现代组织结构设计形式

上面介绍的几种组织结构设计形式属于传统的组织结构设计，这种类型的组织结构使企业常常不能适应越来越复杂和动态的环境，企业有时需要更为简单、灵活和创新的组织结构，从而安排和构建组织的任务，使组织能够对顾客、员工以及其他利益相关者的要求做出快速反应①。新型的组织结构设计形式有团队型组织结构、虚拟型组织结构和无边界型组织结构三种。

1. 团队型组织结构

以团队为基础而设计的现代组织结构，其好处在于整个组织是由执行组织的各项任务的工作小组或团队组成的。这种组织结构下的团队不存在从高层至基层的管理职权链，每一个团队是一个自治的管理中心，以利润或任务为中心，团队有一名领导人，分成若干个小组，小组可以解决顾客提出的问题，避免了踢皮球现象。大型房地产经纪机构可以采用团队型组织结构进行组织结构设计。例如，某房地产经纪机构有100个经营店铺，分布在10个区域。每个店铺是一个工作团队，任命一个团队领导；每个区域的店铺经理再构成一个团队，任命一个区域经理；10个区域经理再组成一个团队。

2. 虚拟型组织结构

伴随着信息技术的发展，虚拟公司出现了。虚拟型组织结构的主要职能，如生产、销售、设计，是通过外包、租用完成的。虚拟型组织结构是高度集权化的，部门化程度很低，甚至没有部门②。虚拟型组织结构建立在企业关系网络基础上，追求最大程度的灵活性。高级管理层通过契约关系来维持与其他职能组织之间的关系，见图3-5中的虚线部分。因此，企业仅保留最关键的职能，其他职能都是通过网络系统在内的各种方式借用外力进行整合的，管理者的大量时间用于协调和控制外部关系。这种组织结构的优势在于在获得新业务、应对竞争对手、开发新产品方面具备高度的灵活性，可以大大扩展企业的经营范围和企业的地理范围。

---

① 罗宾斯，库尔特．管理学：第7版．北京：中国人民大学出版社，2004：279.

② 罗宾斯．组织行为学：第10版．北京：中国人民大学出版社，2005：477.

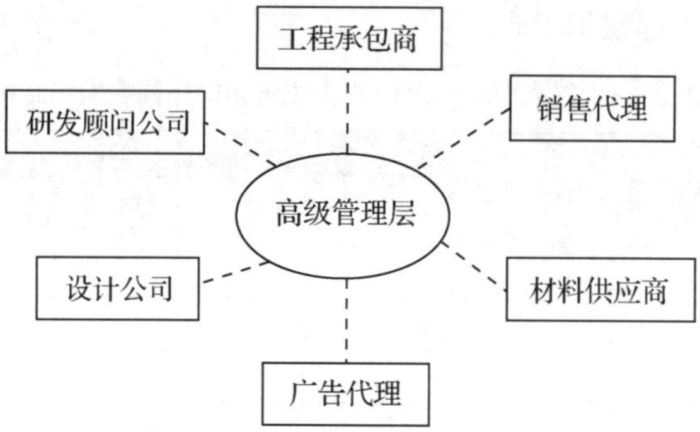

图 3-5　某大型综合房地产企业的虚拟型组织结构

3. 无边界型组织结构

无边界型组织结构是通用电气公司的前总裁杰克·韦尔奇创造的。这种组织结构取消了与外界的横向、纵向的边界，取消了指挥链和职能部门，取消了组织的垂直跨度，取而代之的是跨层级的工作团队。工作团队由上至高层管理者下至普通员工组成，企业结构更加扁平化。另外，由于电子网络技术的发展，一些专业人员可以在家办公，可以为多个企业老板服务，而他们却在公司的管辖地域范围之外。无边界型组织结构在房地产经纪企业中应用得比较多，如北美地区的房地产经纪信息（MLS）系统，房地产经纪人通过网络为顾客提供房屋交易服务，顾客通过网络寻找房地产经纪人为其提供服务。MLS 系统的管理者可以拥有无限多个取得经纪人注册资格的房地产经纪人①。

3.5　房地产企业的计划管理与战略管理

早期的房地产企业重视“人脉关系”，期望通过“关系”获得利润，并不十分重视对企业的组织战略、组织结构、人力资源、绩效等进行研究和管理。随着社会主义市场经济的建立和发展，政府加强了对自身和社会的管理，开始着手培育公平竞争的市场环境，企业只有通过诚信竞争才能赢得消费者的认可和政府的信任。在改革开放的大环境下，房地产企业逐步认识到加强自身管理、建立现代企业制度的重要性。早期，国有房地产开发企业一般由政府部门直接进行管理和经营，其机构设置和人事管理带有强烈的计划经济体制色彩，主要是按照上级下达的计划完成建房任务，并按照计划定向销售给使用者。伴随着政企分开，国有房地产开发企业按照现代企业管理模式进行改革和创新，转型为独立经营、自负盈亏、公平竞争的市场主体。

现代房地产企业应注重研究企业发展战略，树立房地产企业的企业品牌和产品品牌，营造企业文化，设计能够支持和促进员工有效完成企业任务的组织结构，把人力资源管理作为房地产企业发展的重要战略，通过规范而科学的管理，提升企业自身形象和社会形象，为社会提供品质更高、服务更好的房地产产品和服务。

---

① 张秀智，刘平．我国房地产经纪信息 MLS 系统体制创新．中国房地产研究，2006（1）．

3.5.1　房地产企业计划管理

任何企业在经营管理中首要和最重要的任务就是制定企业短期和长期的工作计划。计划的主要内容包括确定组织发展目标、制定全局战略、开发广泛的运营计划，制定战略实施方案和资源分配方案[①]。企业制定计划是一项非常复杂而重要的工作，通过计划工作可以为企业的发展指明方向，减少内外界环境变化对企业的冲击，最小化资源浪费，建立绩效控制指标，而且通过制定企业计划，可以带来较高的绩效并获得较高的资产回报率。

房地产企业在制定计划时，通常要考虑两个问题：一是企业的目标是什么，二是如何围绕实现企业的目标而编制企业计划书。目标是企业期望的产出，它是企业管理决策的方向和起点，构成了企业绩效评估标准。计划书规定了实现目标的措施和手段、资源分配方案、进度等。房地产企业的目标通常是多重的，除了为企业创造经济效益外，还包括为客户提供高质量的产品，为股东创造价值，为社会创造财富。房地产企业的目标可以分解为财务目标和战略目标。财务目标包括对企业的收入增长、收益增长、企业红利、毛利润、投资回报率、债券和信用等级、现金流、股票价格、多元化的收入来源等设定较高的目标；战略目标包括对企业的市场份额、同行业/产业排名、产品质量、成本约束、产品线、顾客声誉、产品的创新领导者、增长机会等设定较高的目标。这些目标可以从房地产企业的公开网站、年度报告、财务报告等公开陈述中找到。

房地产企业的计划可以分为战略计划和运营计划两类。战略计划具有长期性和方向性，是应用于整个组织的计划，确定组织的全局目标和组织在环境中的定位。运营计划一般是短期的、具体的、持续性的，是对战略计划的细化和实施战略计划的细节方案。目前，中国房地产业经过40多年的发展，制定中长期战略计划已经成为很多房地产企业计划工作的必选项。

房地产产品的生产和消费过程受国家法律法规的约束较多，房地产开发和服务项目具有一定的时间性和程序性，因此，在制定房地产企业运营计划时，企业管理者要考虑计划的时间性、可操作性和方向性。企业可以采用预算、排程、盈亏分析、线性规划等技术对资源进行分配，包括财务资源、人力资源和无形资源，通过在运营计划中合理安排企业的各种资源，来实现房地产企业的发展目标。例如，2020年8月20日，中国人民银行及住房和城乡建设部联合宣布，对房地产企业设立新的融资规则，即剔除预收款后的资产负债率上限为70%，净负债与股本之比的上限为100%，现金与短期债务比的上限为1[②]。一家房地产开发企业如果打算扩大建设规模，但其财务报表中显示的资产和资金状况不能满足上述三个条件，则不能获得银行融资，其开发计划将被限制。

3.5.2　房地产企业战略管理

越来越多的证据表明，企业战略管理对提高组织绩效具有十分重要的作用。企业战

① 罗宾斯，库尔特. 管理学：第7版. 北京：中国人民大学出版社，2004：182.

② 详细解读："三条红线"对房地产公司意味着什么?. 2020-10-09. https://new.qq.com/rain/a/20201009A0H4IC00.

略是企业以未来为基点，为寻求和维持持久竞争优势而做出的有关全局的重大筹划和谋略。企业战略管理包含了许多重要的管理决策，决定了企业的发展方向，为管理人员提供了特定的目标，使管理人员具有一致的愿景，因此具有正式战略管理体系的企业，其财务回报要高于没有战略管理体系的企业。

3.5.2.1 房地产企业战略管理的 SWOT 分析法

制定战略的方法有很多，本书主要介绍 SWOT 分析法。该方法包括八个步骤（见图 3－6）。

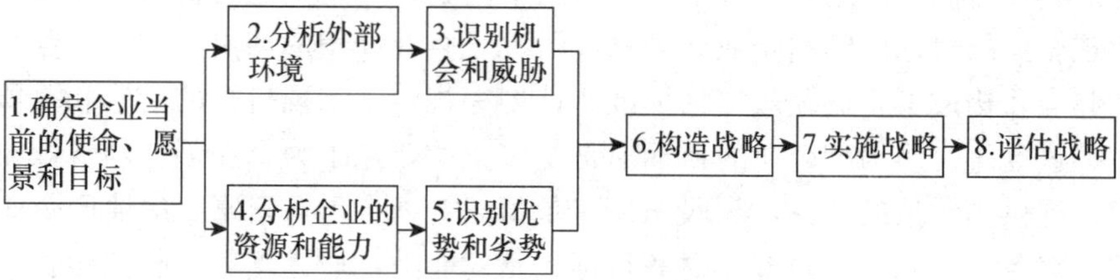

图 3－6 SWOT 分析法战略管理过程

资料来源：罗宾斯，库尔特．管理学：第 7 版．北京：中国人民大学出版社，2004：205.

第 1 步，确定企业当前的使命、愿景和目标。

每一个企业都要陈述自己的使命，也就是企业存在的理由和价值是什么。定义了企业的使命，管理者才能够按照使命确定企业的产品和服务范围。例如，万科的使命是成为"城市建设与生活服务商"；链家的愿景是"做行业的领导者——让不动产服务业走进殿堂"；世联行的企业发展核心价值是"挖掘物业价值、降低交易成本、规避专业风险、促进资产流通"。

第 2～5 步，SWOT 战略分析。

（1）外部环境分析。

分析外部环境对房地产企业的管理者至关重要，这主要是由于房地产业的产业链非常长，它通过直接、间接、前向、后向等多种关联方式影响其他产业①，同时，房地产业又是一个受到政府管制和政策影响强的行业。因此，管理者通常应从宏观环境和任务环境两个角度分析和判断外部环境的变化趋势，识别出可能对企业发展产生影响的因素。宏观环境一般包括政治、经济、社会文化和技术四个方面的因素；任务环境一般包括利益相关者、竞争者、政府、媒体、供应商等方面的因素。这部分内容通常被称作市场分析。通过外部环境分析，管理者需要评估企业面临的机会与威胁。机会是外部环境因素中的积极趋势，威胁就是负面趋势。同样的环境对同一产业内的不同企业意味着机会或者威胁②。例如，国家提出生态文明发展战略，对于有能力设计和建设绿色住宅的房地产开发企业就是一个机会，而对于研发能力弱、资金实力差的房地产开发企业来说，就面临了一个生存危机。

① 刘水杏．房地产业关联特性及带动效应研究．北京：中国人民大学出版社，2006：158.
② 罗宾斯，库尔特．管理学：第 7 版．北京：中国人民大学出版社，2004：207.

(2) 内部资源和能力分析。

企业的发展与成功不仅受外部环境的约束，同时受到企业内部资源和能力的限制。企业与众不同的内部资源和能力就是企业的核心能力，决定了企业的竞争能力。内部资源包括财务资本、技术知识、有技能的员工、有经验的管理者、财务融资、企业文化等；能力包括企业在组织各种功能方面的能力，如市场营销、产品研发、生产制造、信息系统、人力资源管理、客户管理等。通过对内部资源和能力的分析，房地产企业能够判断和把握企业的优势和劣势。企业的优势是指相较于其他企业而言企业在内部资源和能力方面所擅长的，相反则是企业的劣势。房地产企业进行企业外部环境分析，可以理解为企业寻找未来发展中可能遇到的风险因素。以房地产开发战略风险为例，它是企业在战略管理层面所涉及的负面变化的结果及其可能性，将会影响整个企业的发展方向、文化、生存能力和业绩表现①。房地产企业进行内部资源和能力分析的目的是识别出企业的核心竞争力。就大型综合性房地产企业而言，最关键的核心竞争力是自有资金和土地资源，其他核心竞争力包括市场营销能力（品牌、营销网络及渠道、市场策划）、人力资源水平（管理人才、技术人才、员工素质、员工忠诚度）、创新能力（产品创新、市场创新、管理创新和技术创新）和管理能力（组织管理能力、战略管理能力）②。

第6～8步，构造战略、实施战略和评估战略。

房地产企业在分析了企业外部环境和内部资源及能力后，就要确定能够发挥自身优势和充分利用环境机会的战略。房地产企业管理者选择企业战略时，必须要选择并实施那些可以使企业可持续发展的战略。例如，在人口资源和环境压力下，以住宅为主导产品的房地产开发企业，其发展方向要与环境相和谐，只有把开发节能、省地、环保的绿色住宅项目作为企业的发展方向，才能与整个国家的可持续发展战略相协调，并实现本企业的可持续发展。同时，成功的战略既取决于战略的有效性，也取决于战略的成功实施。在战略实施的过程中，需要根据内外部环境的变化，不断评估和调整初始战略。

3.5.2.2 房地产企业的战略类型

房地产企业的战略类型可以分为公司层战略、事业层战略和职能层战略。公司层战略是整个组织的方向性战略，决定企业从事什么事业，并决定事业部将在公司战略中扮演的角色，公司层战略决定了整个组织的发展方向。

1. 公司层战略

总体上看，企业在SWOT战略分析法的基础上，可以采用以下三种战略：增长战略、稳定战略和收缩战略（见图3-7）。

对于任何企业，增长战略通常都是其首选战略，特别是当企业经过多年的积累形成了企业核心竞争力，又存在有利于企业发展的外部环境时。房地产企业采用增长战略，其特征是企业寻求扩大经营规模，此时可以采用集中成长战略或多元化战略。采用集中成长战略，房地产企业既可以在一个产业，也可以在一类产品上拓展企业的经营范围和

① 黄世国，陈立文，尹志军. 房地产开发企业战略风险系统性识别研究. 商业时代，2012 (3)：90-91.

② 何正林，程元军，何跃. 新形势下房地产企业核心竞争力评估. 技术经济与管理研究，2005 (6)：79-81.

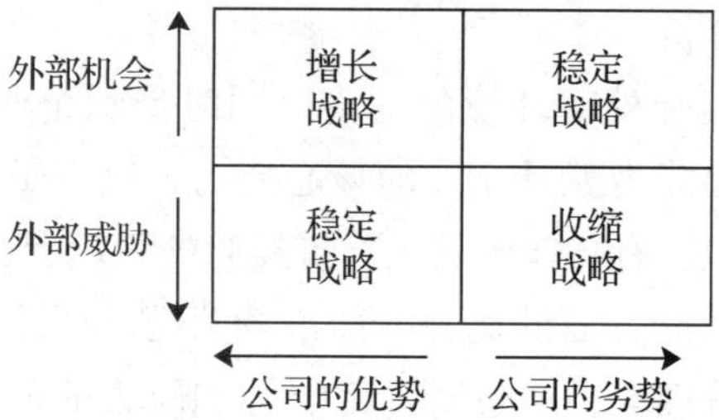

图 3-7　基于 SWOT 分析法的公司层战略选择

经营业绩。集中成长战略可以分为直接扩张、纵向一体化和横向一体化。直接扩张一般是从企业内部提高企业的销售额、扩大企业产量或员工数量从而实现扩张原有业务。房地产经纪企业可以通过授予特许经营权来实现企业经营规模的扩张。这是一种典型的直接扩张战略。

企业采用纵向一体化也可以实现增长。纵向一体化可以是前向一体化，也可以是后向一体化或者二者同时进行。前向一体化是从企业输出产品和服务的方向进行扩张，如房地产开发企业可以通过建立销售公司、物业服务公司对其生产的房地产产品进行销售、提供物业服务。后向一体化是从资源（原材料）输入的方向实现企业扩张，如房地产开发企业通过建立原材料生产基地，在房地产开发项目中部分采用自己企业生产的原材料，可以降低资源采购成本并最小化低效率运营，同时能更好地控制质量，从而维持和提高竞争地位。但是，采用后向一体化的房地产开发企业，相对于采用前向一体化的企业，企业经营的灵活性降低了。

专栏 3-2

揭秘万科"5+2"工业化建造体系

2019 年 1 月 11 日，由住房和城乡建设部科技与产业化发展中心、装配式建筑产业技术创新联盟主办，万科企业股份有限公司、佛山市万科置业有限公司、全国装配式建筑网承办的装配式建筑品质效率提升现场交流会在佛山成功举办，住建部相关负责人、行业专家、全国各地的住建部门代表、各行业协会代表以及企业代表约 300 人参会。参会人员在会议上交流、研讨装配式建筑的实践情况与未来发展。会后大家集中前往万科集团的装配式建筑示范项目——佛山万科城市花园进行现场观摩交流，深入了解万科"5+2"工业化建造体系。

万科是中国住宅产业化的积极推动者，引领行业绿色节能建筑的技术研发、标准制定和推广。自 2004 年开始进行标准化、工业化和产业化研究以来，万科在住宅产业化的道路上坚定前行了十数年，逐渐摸索出一条符合行业发展、具备行业领先地位的建筑产业化之路，形成了以"5+2"即"全混凝土外墙、装配式内隔墙、系统模板、爬架、穿插提效"五大体系+"装配式装修、适度预制"为主流产品的工业化建造体系。

资料来源：https://www.sohu.com/a/290327661_720570.

房地产企业采用横向一体化实现企业增长，主要通过合并同一产业的其他企业，也就是合并竞争对手的业务，把产品扩展到其他地方或者向当前市场提供更多、更广泛的产品和服务，从而实现增长。由于受到金融市场的影响，2014年5月到6月11日，房地产上市企业进行的并购交易达到28宗，总交易额超过500亿元。例如，融创以62.98亿港元收购绿城24.31%的股权。

房地产企业也可以通过多元化战略实现增长。多元化包括同心多元化（相关多元化）和离心多元化（不相关多元化）两种。企业采用多元化战略，一般是当企业在产业内具有很强的竞争地位，而该产业吸引力低时，这是一个合适的策略。同心多元化是指企业通过成立收购或兼并相关产业不同业务的企业而实现增长，是企业实现进入其他相关产业的好方法。例如，房地产开发企业通过建立百货公司、广告公司等，可以在本企业建设的商场里经营百货业，为本企业房地产项目开发广告策划产品。离心多元化是指企业通过成立、收购或兼并不同产业、不同业务的公司实现增长。当管理层意识到当前产业没有吸引力，同时企业也没有超长的能力与技能可以很方便地转移到其他产业的相关产品或服务上时，最可能的战略选择就是离心多元化——进入与当前产业不相关的产业。根据对A股72家房地产上市企业2008年年报业绩的分析，房地产企业从事多元化经营的行业有：餐饮酒店业、旅游服务业、典当行、化工新材料、矿产、工业、服务业、物资贸易、公用事业（水电）、建筑设计、建筑施工、装修装潢等领域①。近年来，房地产开发企业从"重资产＋高周转"模式，重视运营过程中的企业品牌价值等企业增值环节，强调"专业化和金融化"的轻资产专业化过程，转型为精细化的行业企业②。轻资产化，尽管对企业来说具有投入小、杠杆率高、专业化程度高、风险小的特点③，但过度的轻资产化会使企业在遇到外部环境巨变时，有可能遭遇较大的经营风险，甚至将风险转嫁给社会。

稳定战略是企业或面对不断恶化的外部环境，或企业资源出现危机时的首选战略。房地产企业采用稳定战略的特征一般是，企业基本不做重大变革，保持既有的产品结构和服务，维持市场份额和投资回报率。例如，某城市以二手房中介服务为主的房地产经纪企业，在企业现有经营状况和人力资源条件下，在一段时间内，继续以二手房中介服务为主，没有向房地产开发、物业管理等相关行业拓展的计划。

收缩战略是企业不愿意选择的战略。只有当外部环境出现了不利于企业发展的条件，同时企业自身资金链断裂、高级管理人员离职、经营业绩下滑时，企业才不得不采用收缩战略，以帮助企业稳定经营、激活组织的资源潜力或使组织重新恢复竞争力。具体来说，管理层根据企业的具体情况和经营业绩可以采用以下四种战略之一：扭转、成为俘虏公司、出售或剥离、破产或清算。例如，顺驰地产由于无限扩张引发了资金链断裂，到2007年1月不得不将94.74%的股权售出。

2. 事业层战略

房地产企业确定了公司层战略后，需要决定在每项事业上展开竞争，获得竞争优势。竞争优势是使组织别具一格和与众不同的特色，来自企业的核心竞争力，如服务、技术、

---

① 张璋，潘志文．房地产企业多元化经营战略研究．城市开发，2009（20）：59-61.

②③ 沈奇，鲍一鸣．新形势下房地产企业轻资产转型举措研究：基于凯德与万达的实例．建筑经济，2020，41（4）：13-16.

质量、价格、性能等。企业要通过产业分析和采用适当的竞争策略来建立企业的竞争优势。可以采用的三种竞争战略是：成本领先战略、差异化战略和聚焦战略①。

当房地产企业选择成本领先战略时，需要在提供的产品和服务质量不低于竞争对手的情况下，降低企业的各项成本费用，包括人工成本、销售成本、建造成本等。成本领先战略对房地产企业的组织体系要求很高，企业需要建立严格的成本控制体系，出具频繁而详细的成本控制报告，制定以定量目标为基础的奖励机制和设计职责清晰的功能性组织结构。实际上，成本领先战略，也就是低成本战略，要求企业比竞争对手更有效率地设计、生产和营销同类产品和服务，使成本最小化。

差异化战略也是房地产企业选择的重要战略之一。房地产需求者的个性化要求导致对房地产产品的需求存在差异性，房地产企业应寻求为消费者提供与众不同的房地产产品和服务。差异化战略来源于优秀的产品质量、优质的服务、创新的设计、超前的技术、优秀的品牌形象。企业通过提供在产品质量、服务、性能、价格等方面超过竞争对手的产品，实现产品溢价超过差异化所增加的成本，从而获得利润。房地产企业采用差异化战略要想取得成功，需要提高消费者忠诚度，因为顾客对与众不同的产品的关注点是产品的质量、性能和服务，对价格不是很敏感。差异化战略对房地产企业的产品研发能力、市场营销能力要求很高，企业要建立富于创新和创造力的企业文化，鼓励员工参与创新活动。由于差异化战略可以为企业带来更多的利润，因此，房地产企业建立自己的产品研发中心、设计中心、营销中心已屡见不鲜。

聚焦战略是针对某一产品、某一区域市场、某一类型消费者而提供产品和服务的战略。聚焦战略可以分为两种，一种是低成本聚焦战略，一种是差异化聚焦战略。房地产企业采用这种战略也可以获得成功，但要考虑市场占有率与盈利率之间的平衡。企业采用差异化聚焦战略，需要在目标细分市场上寻求差异化，比如，房地产开发企业针对经济富裕的老年人建造高档养老公寓，针对高级单身年轻白领建造小户型高级公寓等。采用聚焦战略，房地产企业就需要在很窄的市场区域或消费群体中提供产品和服务，这对房地产企业的战略远见提出了很高的要求，研究表明，这种战略比较适合于小型企业。

3. 职能层战略

职能层战略是指传统上各职能部门，如财务、计划、营销、人力资源等部门采取何种战略来支持事业层战略。房地产企业的职能层战略是整个公司战略的组成部分，是以公司层战略和事业层战略为核心展开的。

3.6 房地产行业自律管理

3.6.1 房地产行业自律管理的主要内容

行业自律组织主要是指基于相关法律法规，工商企业为了协调企业之间的经营活动，

---

① 罗宾斯，库尔特. 管理学：第7版. 北京：中国人民大学出版社，2004：207.

便于沟通信息而自发组织起来的社会中介机构。其成立旨在建立行业规范和标准，引导和维持行业的有序、健康和可持续发展。其基本内容包括职业道德指引和行业标准制定、信息公开与资源共享、内部治理与关系协作等①。行业组织是介于政府组织和经济组织之间的非政治性组织，具有组织性、非政党性、民间性、非营利性、志愿性、自治性的特点②。2016 年 8 月，中共中央办公厅和国务院办公厅印发了《关于改革社会组织管理制度促进社会组织健康有序发展的意见》，明确了行业组织在企业自律发展中应发挥的作用："支持社会组织尤其是行业协会商会在服务企业发展、规范市场秩序、开展行业自律、制定团体标准、维护会员权益、调节贸易纠纷等方面发挥作用，使之成为推动经济发展的重要力量。"房地产行业组织是由房地产企业和房地产从业人员组成的自律性组织，其主要职责是开展行业自律监督和管理，建立行业规则，约束行业内经营企业和从业人员的经营行为和执业行为；同时，行业组织还是政府与行业间的桥梁纽带，通过向政府反映行业发展诉求，研究行业运行规则和行业发展状况，为政府制定行业发展规划、出台政策法规等提供可行性建议。

房地产行业组织对行业管理的主要内容包括：

一是建立行业运行规则。政府部门颁布的法律法规是面向整个社会的行为准则，为了约束行业内企业和从业人员的行为准则，行业组织承担起研究和发布行业技术标准、职业道德、行业准则的职能，目的是促进行业内各成员间的公平竞争，制止低价竞争和价格垄断行为，对违反行业规则的从业单位和从业人员进行处罚，处理房地产投诉与纠纷。例如，中国物业管理协会 2017 年制定了《中国物业管理协会会员诚信自律公约》，提出中国物业管理协会会员单位自觉遵守国家的法律法规、政策和中国物协发布的团体标准，依法经营，诚实守信，不从事违法违规活动其目的在于通过自律性管理，维护正常的市场秩序，提高物业服务质量和效率。

二是开展从业人员自律性管理活动。房地产行业专业性很强，从业人员和机构需要具备专门的知识和技术开展经营活动。房地产行业自律组织通过对从业人员进行执业资格管理、个人诚信评价、开展从业人员继续教育等活动，强化对行业内房地产从业人员的自律性管理和服务。例如，房地产经纪人学会有权吊销违规操作的房地产经纪专业人员的职业资格证书，处罚公示执行过程中出现的侵犯消费者权益的从业人员。

三是研究行业发展规划，开展学术研究与国际交流。行业协会通过实施业内企业评价、研究行业发展规划，编制继续教育和职业发展教材，提升行业从业人员的专业能力。

四是为会员提供服务，提高行业竞争力。例如房地产经纪行业组织通过建立全国性的房地产经纪信息系统，为房地产经纪人提供有效的房源资源，从而提高了房地产经纪业全行业的信用程度，为房地产需求者提供了低价而优质的服务。

目前，我国国家级的房地产行业组织主要有中国房地产业协会、中国房地产估价师与房地产经纪人学会、中国物业管理协会、中国土地估价师与土地登记代理人协会。

---

① 卢磊，杨光. 行业协会在行业自律中的实践经验及其启示：以国际及港台社工行业协会为例. 社会福利（理论版），2015（6）：57-61.

② 崔云开. 近年来我国非政府组织研究述评. 东南学术，2003（3）：149-155.

3.6.2 房地产企业信用档案

房地产企业信用档案是指利用计算机信息系统，依托现有网络资源和信息资源，将房地产企业及执（从）业人员的基本情况、经营业绩、良好行为、不良行为、公众投诉等情况按照规定格式统一记录，并向社会公示，接受各级政府部门和社会公众的监督。建设房地产企业信用档案系统有利于规范房地产企业及执（从）业人员的市场行为，增强信用意识，促进诚信、守法经营，也为各级政府部门监管房地产市场、社会公众进行房地产信用信息查询和投诉违法违纪行为提供了有效途径，促进了整个房地产行业诚信度和服务水平的提高。

根据《建设部关于建立房地产企业及执（从）业人员信用档案系统的通知》，住房和城乡建设部统一负责房地产企业信用档案系统的建设工作，各级房地产行政主管部门负责组织建立本行政区内所有房地产企业及执（从）业人员的信用档案，住房和城乡建设部组织建立一级资质房地产企业及执（从）业人员的信用档案。住房和城乡建设部信息中心负责信用档案系统建设的技术支持和系统运行与维护管理工作。信用档案信息通过多种途径采集，包括政府部门、行业组织、房地产企业、执（从）业人员、其他中介机构和社会公众等信息来源。为了保证房地产企业信用档案信息的全面性与准确性，房地产企业信用档案记录信息每季度至少要自行上报一次，以便及时更新信息。

房地产企业信用档案系统的信息分为公示信息和授权查询信息两大类。其中公示信息可以在公开的政府网站、行业协会网站上查询。授权查询信息需要按照房地产企业信用档案规定的条件和程序进行查询。

房地产开发企业信用档案包括七项内容：企业基本情况、企业主要管理人员情况、企业良好行为记录、企业不良行为记录、企业已完成和在建项目情况、企业在建项目预售许可证情况、资格年检情况。

房地产估价机构及执（从）业人员信用档案的主要内容包括：机构基本情况、法定代表人基本情况、机构良好行为记录、机构不良行为记录、估价项目汇总、估价项目基本情况、其他股东（合伙人）情况、注册房地产估价师基本情况、机构资质年审情况、投诉情况。向公众公示的估价机构信息包括机构名称、所在省份、备案等级、备案有效期、法定代表人、专职估价师人数。注册房地产估价师信用档案的主要内容包括：个人基本情况、个人从业及汇总、估价项目、继续教育情况、科研能力表现、良好行为记录、不良行为记录、投诉情况等。向公众公示的注册房地产估价师的个人信息包括个人基本信息、执业单位名称、注册号、注册状态、是否专职、在执业机构担任的职务、初始注册日、最新注册日、证书到期日、初始注册单位、估价年限、继续教育信息等。社会公众可在中国房地产估价师网站信用档案系统查询到相关信息。

房地产经纪机构及执（从）业人员信用档案中的机构信息的主要内容包括：机构基本情况、机构成长信息、经营业绩信息、信用保障信息、机构良好记录、机构不良记录；人员信息包括法定代表人信息、总经理信息、登记房地产经纪人信息、登记房地产经纪人协理信息。社会公众可在中国房地产经纪人网站信用档案系统查询到相关信息。

房地产物业服务企业信用档案包括七项内容：企业基本情况、企业主要管理人员情况、企业良好行为记录、企业不良行为记录、物业管理项目情况、项目主要管理人员情况、资质年审情况。

关键术语

房地产企业　房地产开发企业　房地产中介服务企业　物业服务企业　房地产企业战略管理　房地产行业组织　房地产企业信用档案

复习思考题

1. 房地产企业的特征有哪些？近年来，房地产企业存在哪两大发展趋势？
2. 房地产开发企业可以分为哪两种类型？
3. 房地产中介服务企业包括哪三种经营内容不同的企业？
4. 物业服务企业的主要经营内容有哪些？
5. 利用所学管理学知识，分析多元化房地产上市企业的绩效低于单一型房地产上市企业的绩效的原因。
6. 简述房地产开发企业的设立条件、设立程序以及企业资质等级管理等内容。
7. 简述房地产估价机构的设立条件、一级房地产估价机构的资质等级条件。
8. 简述建筑与房地产经济师、房地产估价师、房地产经纪专业人员、土地登记代理专业人员等职业资格考试的考试科目。
9. 常见的房地产企业组织结构设计有哪几种形式？
10. 你认为哪种现代组织结构设计形式最适合综合型的房地产开发企业？
11. 房地产企业制定房地产计划时，主要考虑哪两个问题？为什么？
12. 房地产企业的核心竞争力一般包括哪些？
13. 举例说明房地产企业如何通过采用纵向一体化方式实现企业增长。
14. 举例说明房地产企业如何通过采用横向一体化方式实现企业增长。
15. 举例说明房地产企业如何实施差异化战略建立企业优势。
16. 举例说明房地产企业如何实施聚焦战略建立企业优势。
17. 房地产行业组织对行业管理的主要内容有哪些？
18. 为什么要建立房地产企业信用档案系统？

第 4 章
房地产项目及项目定位

本章内容提要

随着我国土地使用制度的逐步完善，以及土地使用实践的不断丰富，我国房地产项目的类型逐渐增多，实践的发展对房地产项目定位的要求也在提高。本章将对我国房地产开发项目的类型及房地产项目定位等进行详细的阐述。

4.1 土地储备和一级开发项目

4.1.1 土地储备和一级开发项目概述

4.1.1.1 土地储备和一级开发项目的含义

土地储备和一级开发（简称土地储备开发），是指政府依法通过收购、收回、征收等方式储备国有建设用地，并组织实施征地、拆迁和市政基础设施建设，以达到土地供应条件的行为。由于实施土地储备和一级开发而产生的房地产项目即为土地储备项目。

4.1.1.2 土地储备和一级开发项目的类别及含义

（1）按照进入储备开发程序的土地来源的不同，土地储备开发项目可以分为地方土地储备开发项目、央产土地储备开发项目、军产土地储备开发项目（具体含义详见下文）。

（2）按照土地储备开发实施主体的不同，土地储备开发项目可以分为土地一级开发商实施的土地储备开发项目、政府直接实施的土地储备开发项目。

（3）按照原土地使用方意愿的不同，土地储备开发项目可以分为原土地使用方主动申请的土地储备开发项目、原土地使用方被动接受政府对其实施的土地储备开发项目。

4.1.1.3 土地储备和一级开发项目的成本

土地储备和一级开发项目的成本主要包括以下方面：

1. 征地、拆迁补偿费及有关税费

在依法对征收的集体土地进行土地储备开发时，必须对农村的集体土地进行补偿，包括土地补偿费、安置补助费、青苗及附着物补偿费等。如果征收的是集体建设用地且地上现存各种建筑物，那么就必然涉及对这些建筑物的拆迁补偿。

如果实施土地储备和一级开发的土地是央产地或军产地，还要向国务院机关事务管理局或解放军总后勤部支付一定的土地收益分成数额，作为对它们批准土地流出管辖系统的补偿。

在实施征地和拆迁的过程中，政府要征收土地征收管理费、拆迁管理费、新菜地开发建设基金、土地复垦费、契税、增值税、城市维护建设税、教育费附加等多项税费，这些都构成了土地一级开发的成本项目。

2. 收购、收回和置换过程中发生的有关补偿费用

收购、收回和置换是土地储备和一级开发中经常遇到的形式。无论是对原土地使用方的土地使用权进行收购，还是对闲置土地的收回，或是在实施土地储备过程中为了平衡与原土地使用方的土地利用需求而发生的土地置换，都会涉及对放弃利益的补偿或是对置换差价的结算，从而发生各种补偿费用。

3. 市政基础设施建设有关费用

土地储备开发实施后，项目用地必须达到一定的建设条件，如“三通一平”“六通一平”“七通一平”等。各种市政基础设施的管线应接到用地的红线边缘。这些建设必然涉及各种管线的报批和铺设费用等成本支出。

4. 招标、拍卖或挂牌交易中发生的费用

在土地一级开发项目推向土地市场时，无论是采用招标、拍卖还是挂牌的交易形式，政府都要按照交易总额的一定比例收取交易服务费，同时交易双方还必须在交易完成时缴纳一定的税费，这也构成了土地储备开发成本的一部分。

5. 贷款利息

土地储备开发过程中往往涉及大量的征地、拆迁、市政基础设施建设和场地平整等工作，必然发生巨额的资金流量，单个房地产开发企业或其他类型的开发主体往往难以靠自有资金维系，必须借助于银行的贷款资金支持，而资金是有时间价值的，贷款利息就自然成为土地开发的成本构成项目。若采取银行贷款方式融资，应按照实际发生原则计取财务费用；若通过委托贷款、信托等其他方式融资，原则上应按照中国人民银行同期同类贷款基准利率计算财务费用；若确需提高的，须报请土地储备开发项目成本预审会研判其合理性。

6. 其他费用

土地储备开发过程中经常会发生审计、律师、工程监理、市政咨询、交通评估、土地或房产价格评估等各项费用，此外还有不可预见费以及经同级财政和土地主管部门核准的其他费用支出等。这些支出项目都是为了完成土地一级开发项目所必需的各种费用。

土地储备开发完成后依法以出让方式供应的，由政府与受让人签订土地出让合同，同时由土地储备开发实施单位与受让人签订土地储备开发补偿协议，收回土地储备开发成本。土地储备开发完成后依法以划拨方式供应的，土地储备开发成本由土地使用权人承担。

4.1.2 一般土地储备和一级开发项目

4.1.2.1 地方土地储备和一级开发项目概述

地方土地是指处于当地行政管辖地域范围内，且当地政府或集体组织为该土地所有者代表的土地。它既不属于中央在当地的机构用地，也不属于军队在当地的军事管理用地。

地方土地储备开发按照土地权属的进一步细化又可以划分为城市建设用地的土地储备开发、集体土地的储备开发。

地方的土地储备开发都是由当地政府负责组织实施的，并制定相应的规范制度对其加以约束。通行的做法是当地政府按照土地储备计划制定土地储备开发实施方案①，然后组织相应的力量具体实施。一般情况下，当地政府确定的重点区域、重点建设项目用地的土地储备开发，由市一级土地储备机构负责组织编制土地储备开发实施方案；其他土地的储备开发实施方案由区县土地储备机构组织编制。

在土地储备开发的具体组织实施中，由土地储备机构负责实施土地开发的，该机构应负责筹措资金、办理规划、核准项目、征地拆迁及大市政建设等手续并组织实施。

通过招标方式选择开发企业来负责土地开发具体管理的，开发企业的管理费用不高于土地储备开发成本的 2%。以招标方式确定开发企业后，土地储备机构应与中标开发企业签订土地一级开发管理委托协议。

4.1.2.2 地方土地储备和一级开发项目的一般程序

以北京市为例，地方土地储备开发项目的程序一般包括以下步骤：

（1）编制一套符合当地发展情况的土地利用总体规划。

（2）制定土地供应计划、土地开发计划和土地利用计划。

（3）原土地所有者或使用者在征得主管部门的同意后，向市国土局提出申请。土地一级开发中包括国有土地和集体土地，属于集体土地一级开发的项目大部分在郊区，由所在地的村民委员会向所在地的乡镇政府提出申请，乡镇政府再向所在地的区县政府提出申请，区县政府同意后通过分局再向市国土局提出一级开发申请。

（4）市国土局受理申请并进行土地预审。符合土地预审条件的，由申请单位委托专

① 土地储备开发实施方案主要包括待储备开发地块的范围、土地面积、控规条件、地上物状况、储备开发成本、土地收益、开发计划、实施方式等。

业咨询机构编制土地一级开发实施方案。实施方案提交后，由委、办、局召集联审会进行初步审查，并提出一些原则性意见。

（5）市国土局会同相关部门确定土地一级开发主体，明确是由土地储备机构来做一级开发主体还是由招标企业来做一级开发主体，是通过招标委托还是通过授权委托等。确定后就下达土地一级开发的授权批复，如果是通过招标委托，还要签订一级开发的委托合同，明确开发土地的范围、成本、期限以及条件。

（6）一级开发主体拿到授权批复后就要办理具体事项，如土地储备开发实施单位应向市规划部门办理规划意见，向市国土部门办理用地手续，向市发展和改革委员会办理核准手续，涉及交通、园林、文物、环保和市政专业部门的，应按照有关规定办理相应手续。

（7）市发展和改革部门办理立项核准批复，如属于新征土地要报市政府办理征地手续。属于存量土地的，要报市政府批准收回国有土地使用权。获得批准后再到相关的委、办、局办理征地、拆迁等有关手续。

（8）由土地一级开发实施单位组织实施拆迁及市政建设等，按照市场化的运作方式进行管理。

（9）土地储备开发完成后，由市国土局、市财政局、市发展改革委等部门共同审核土地开发成本。按照招标的条件组织有关专业部门对土地储备开发工作进行验收，判断其是否达到“几通一平”的条件、是否按合同开发等。

实际上，土地在成为开发的“熟地”以后，一般情况下，不可能长期储备不动，因为储备土地的财务成本是很大的，所以绝大部分土地均以出让方式入市交易。

4.1.2.3 地方土地储备和一级开发项目的管理机构

一般情况下，地方土地储备开发行为往往涉及当地国土部门、建设部门、规划部门、发展和改革部门、财政部门、交通部门、环境保护部门、消防部门等多个政府机构，由它们来决定土地进入市场准入与否、土地规划方案的现实可行性、土地入市价格的审核和评价等诸多问题。

4.1.3 特殊土地储备和一级开发项目

4.1.3.1 央产土地储备和一级开发项目

1. 央产土地储备和一级开发项目概述

央产土地是指虽处于当地行政管辖区域范围内，但土地使用主体为中央单位，如中央在京单位①，且其使用不受当地政府影响的土地。本书中所提及的央产土地主要是指由中央在京企业使用，并归口于国务院机关事务管理局管理的土地，这也是目前中央在

① 根据《关于印发中央在京单位已购公有住房上市出售管理办法的通知》（国管房改〔2003〕165 号），中央在京单位包括中央各部门，全国人大机关，全国政协机关，最高人民法院，最高人民检察院，国务院各部委、各直属机构，各人民团体及其所属单位。住房制度改革归口国管局、中直管理局管理的中央在京企业及其所属单位按本办法的规定执行。

京单位使用的土地中真正能够在土地所属辖区内由当地政府组织走向市场化的唯一一部分土地。

由于央产土地绝大多数都处于城市市区范围内，因此央产土地储备开发主要是指城市建设用地的土地一级开发。

央产土地储备开发由国务院机关事务管理局的相关职能部门（房地产业司，具体是土地管理处）负责审批，并制定相应的规范制度对该项行为加以约束。通行的做法是由央产土地的原土地使用方根据自己对土地的使用需要或使用经济状况，向国务院机关事务管理局提出土地置换或土地入市申请。国务院机关事务管理局根据央产系统内的土地使用平衡状况，对这些申请做出准予与否的函复。对于国务院机关事务管理局来说，这种准许是一种相对被动的举措。

2. 央产土地储备和一级开发项目的一般程序

（1）国务院机关事务管理局要求所属的土地使用单位，根据土地所在地的土地利用总体规划和各自的土地使用状况，上报下一年度的土地使用计划，并将这些计划在系统内平衡后，制定土地利用计划与当地政府进行信息交换。

（2）原土地使用方根据自己对土地的使用需要或使用经济状况，将符合央产土地开发建设、转让要求的土地向国务院机关事务管理局提出土地置换或土地入市申请。

（3）国务院机关事务管理局根据央产系统内的土地使用平衡状况，对这些申请做出函复。

（4）征得国务院机关事务管理局的同意后，原土地使用方向市国土局提出土地入市申请。

（5）市国土局受理申请并进行土地预审。

（6）国务院机关事务管理局或市国土局或二者共同确定土地一级开发实施主体。

（7）一级开发实施主体办理各委、办、局要求的具体事项，如向市规划部门办理规划意见，向市国土部门办理用地手续，向市发展和改革委员会办理核准手续，涉及交通、园林、文物、环保和市政专业部门的，应按照有关规定办理相应手续。

（8）发展和改革部门办理立项核准批复。

（9）土地一级开发实施主体具体再组织进行评估、拆迁及市政专业公司招标等，由具体开发企业按照市场化的运作方式进行管理。

（10）土地储备开发完成后，由市国土局、市财政局、市发展和改革委员会等部门共同审核土地开发成本，并报国务院机关事务管理局备案。按照招标的条件组织有关专业部门对土地储备开发工作进行验收，如是否达到“几通一平”的条件、是否按合同开发等。

3. 央产土地储备和一级开发项目的管理机构

央产土地储备和一级开发项目除了接受土地所在地的地方政府及当地国土部门、建设部门、规划部门、发展和改革部门、财政部门、交通部门、环境保护部门、消防部门等多个政府机构的综合管理外，更重要的是整个过程融入了国务院机关事务管理局大量的行政性事务工作，国务院机关事务管理局对土地能否走向一级开发，以及一级开发成本最后的确认起到决定性的作用，它直接关系到土地是否可以从央产系统流向地方管辖范围。

4.2　房地产综合开发项目

4.2.1　房地产综合开发项目的含义与类型

4.2.1.1　房地产综合开发的含义

房地产综合开发是指房地产开发企业在城市规划区国有土地（简称国有土地）范围内取得房地产开发用地的土地使用权，从事基础设施建设、房屋开发，并转让房地产开发项目或者销售、出租商品房的行为。

商品房是指经政府有关部门批准，由房地产开发企业开发的，建成后用于向市场出售出租的房屋，包括住宅、商业用房以及其他建筑物。商品房可分为内资内销商品房、外资内销商品房、高标准内销商品房、外销商品房和经济适用房。凡是自建、参建、委托建造，又是自用的住宅或其他建筑物，均不属于商品房范围。

4.2.1.2　房地产综合开发项目的类型

（1）按照开发物业类型的不同，可以分为住宅地产开发项目、商用房地产开发项目、工业地产开发项目等。

（2）按照房地产开发企业在开发过程中所承担的责任不同，可以分为自主开发和房地产合作开发。

自主开发是指房地产开发企业在从获取土地到完成开发建设的全过程中，从资金筹集、使用到整个项目运作的全过程中均是独立完成的。

房地产合作开发是指具有房地产开发资质的一方，与提供建设用地使用权或提供资金、技术、劳务的一方或多方，在共担风险、共享收益条件下合作开发房地产项目。

由于房地产开发需要的资金量巨大，合作开发的出现在很大程度上缓解了合作双方在房地产项目开发前期面临的资金压力。

4.2.1.3　房地产综合开发项目的含义

在房地产开发的过程中，对从获取土地到整个物业建设全过程实施管理的项目即房地产综合开发项目。

4.2.2　住宅房地产开发项目

住宅房地产按照住宅的建设标准、销售对象、销售价格、受政府限制等标准的不同，可以分为普通商品住房、限价商品房、经济适用房、廉租房、保障性住房、别墅及旅游住宅地产等多种不同的类型。

4.2.2.1 普通商品住房项目

按照《建设部关于贯彻〈国务院办公厅转发建设部等部门关于做好稳定住房价格工作意见的通知〉的通知》（建住房电〔2005〕33号）的界定标准，普通商品住房是指户型最大面积不超过140平方米，住房容积率在1.0以上，房屋销售价格在同地段平均交易价格的1.44倍以内的商品住房。以普通商品住房为开发对象的房地产开发项目即普通商品住房开发项目。

4.2.2.2 限价商品房项目

根据规定，限价商品房是指政府通过组织监管、市场化运作，以直接定价招标方式出让国有土地使用权，并限定房屋销售价格、建设标准和销售对象的普通商品房。限价商品房也称“四限”商品房，“四限”是指限地价、限房价、限套型、限对象。

限价商品房还是商品房性质，只不过和完全公开的由市场供需决定价格的商品房相比，政府控制得多一些。对于限价商品房建设项目，政府在地价上给予扶持，按照以房价定地价的原则，根据限价商品房基准价格，确定土地出让价格。限价商品房的基准价格，原则上比同期同地段商品房的评估市场价格低20%，利润率和管理费分别控制在10%和4%。限价商品房价格会比经济适用房贵，但又比一般的商品住房便宜。

就城市住房体系而言，限价商品房的出现有利于满足社会不同阶层的住房需求。

4.2.2.3 经济适用房项目

经济适用房是指政府提供政策优惠，限定建设标准、供应对象和销售价格，并根据国家经济适用住房建设计划安排建设的具有保障性质的政策性商品住房。其用地一般实行行政划拨的方式，免收土地出让金，对各种经批准的收费实行减半征收，出售价格实行政府指导价，按保本微利的原则确定。经济适用房相对于商品房具有三个显著特征：经济性、保障性、适用性。

4.2.2.4 廉租房项目

廉租房是指政府以租金补贴或实物配租的方式，向符合城镇居民最低生活保障标准且住房困难的家庭提供社会保障性质的住房。简言之，廉租房是解决低收入家庭住房问题的一种制度。我国的廉租房只租不售，出租给城镇居民中最低收入者。廉租房的来源主要是腾退的旧公房。

4.2.2.5 保障性住房项目

保障性住房是指纳入城镇住房保障规划和年度计划，限定面积标准、租售价格等，向符合条件的保障对象提供的住房。

保障性住房通过建设、收购、租赁、受赠等多种方式筹集，可以由政府投资，也可以由政府提供政策支持、由社会力量投资。承购人购买保障性住房未满5年的，不得转让保障性住房；确需转让的，由直辖市、市、县人民政府按照原购房价格并考虑折旧和物价水平等因素予以回购。承购人购买保障性住房已满5年的，可以转让保障性住房，并按照配售合同约定的产权份额向直辖市、市、县人民政府补缴相应价款，直辖市、市、县人民政府在同等条件下享有优先购买的权利；承购人也可以按照配售合同约定的产权份额补缴相应价款，取得完全产权。但是，直辖市、市、县人民政府规定不得转让或者不得补缴相应价款取得完全产权的除外。

4.2.2.6 别墅项目

传统意义上的别墅是指位于郊区或风景秀丽地区的一幢功能较为齐全、带有花园或院落的两层或多层房屋，通常是作为住宅或度假休息的场所①。具体又可分为独立别墅、双拼别墅和联排别墅等建筑类型。

独立别墅是指独门独院、私密性极强的单体别墅。而双拼别墅是处于联排别墅与独栋别墅之间的中间产品，是由两个单元的别墅拼联组成的单栋别墅。

花园别墅是别墅的一种重要形态。花园别墅一般都是带有花园草坪和车库的独院式平房或二三层小楼，建筑密度很低，内部居住功能完备，装修豪华并富有变化，水、电、暖供给一应俱全，户外道路、通信、购物、绿化也都有较高的标准，一般由高收入者购买。

4.2.2.7 旅游住宅地产项目

旅游住宅地产主要是指与旅游区高度关联的各类住宅建筑物空间，多指分布于各个旅游景区内的住宅项目。因其相对低廉的价格、不可复制的自然资源、未来市场的升值空间等，备受市场的青睐。还有一些项目虽然远离风景区，但本身拥有一些主题类的旅游商业项目，附带大规模的住宅，如在全国都比较有名的华侨城等，这些项目也受到市场的欢迎。

4.2.3 商用房地产开发项目

从广义上讲，商用房地产是指各种非生产性、非居住性物业，包括写字楼、公寓、会议中心以及商业服务业经营场所等；而狭义的商用房地产是专指用于商业服务业经营用途的物业形式，包括零售、餐饮、娱乐、健身服务、休闲设施等，其开发模式、融资模式、经营模式以及功能用途都有别于住宅、公寓、写字楼等房地产形式。下面的介绍偏向于广义的商用房地产概念。

4.2.3.1 写字楼房地产项目

写字楼是指供政府机构行政管理人员或企事业单位的职员办理行政事务和从事业务活动的楼宇。“写字楼”一词是由境外传入的，按照国内的习惯，通常称为“办公楼”。

① 当前有关部门对别墅的定义是：独门独户独院、2～3层楼形式、占地面积相当大、容积率非常低的住宅类别。

随着第三产业的发展，人们对写字楼的需求逐年增加，写字楼的内涵、外延也更加丰富。一般来说，写字楼大多建于城市中心的繁华地带，建筑规模大，办公单位集中，人口密度大，建筑、设备现代化，功能齐全，自成体系，经营管理要求高，时效性强。

写字楼按功能可以分为单纯型写字楼、商住型写字楼和综合型写字楼。单纯型写字楼只有办公一种功能；商住型写字楼集办公和居住功能于一体；综合型写字楼以办公为主，同时又具备其他多种功能，如公寓、商场、展厅、餐厅等。

按照现代化程度划分，写字楼可以分为非智能型写字楼和智能型写字楼。非智能型写字楼指一般的写字楼；智能型写字楼指具有高度自动化功能的写字楼，通常包括通信自动化、办公自动化、建筑设备自动化和大楼关系自动化等功能。

按照国际惯例，写字楼又可以分为甲级写字楼、乙级写字楼、丙级写字楼。甲级写字楼具有优越的地理位置和交通环境，建筑物自然状况良好，其收益能力与新落成的同类建筑物相等，有完善的物业管理，包括 24 小时的维护维修与安保服务；乙级写字楼具有良好的地理位置，建筑物自然状况良好，但建筑物功能不是最先进的，有自然磨损存在，收益能力低于新建成的同类建筑物；丙级写字楼的使用年限较长，建筑物在某些方面不能满足新的建筑条例或规范要求，建筑物存在较明显的磨损，功能陈旧，但仍能满足低收入承租者的需要，租金较低，尚可以保持合理出租率。

4.2.3.2 酒店式公寓类开发项目

1994 年以后，酒店式公寓从公寓类住宅中脱颖而出，由于它多位于大型商圈内，保持统一的装修模式，配置了一整套高标准的硬件设施和酒店服务系统，聘请专业酒店物业管理公司或酒店式公寓管理公司进行统一经营和管理，区别于纯酒店式的单间公寓，酒店式公寓提供“酒店式的服务，公寓式的管理”，集住宅、酒店、会所等多功能于一体，市场定位很高，因此，它具有“自用”和“投资”两大功效。酒店式公寓除了提供传统酒店的各项服务外，更重要的是向住客提供家庭式的居住布局、家居式的服务。

酒店式公寓本身应具备足够的品质，最重要的是其能够提供持之以恒的个性化服务。个性化有两方面的含义：一是满足使用者的个性化需求。因为租住酒店式商务公寓的大多数是高学历、高素质，甚至是国际化人士，他们对居住文化、办公环境有独特的理解与需求。二是项目本身也应个性化。这包括楼型、装修装饰、环境、配套等，不能随大流。这一点是酒店式公寓的生命力，是酒店式公寓实现投资回报的核心因素。

4.2.3.3 旅游房地产项目

旅游房地产是以旅游市场、生态环境与土地资源为基础，以富裕社会中的中产阶层以上人士及家庭对度假、养生和旅游住宿业的投资需求为导向，采取房地产业商品房建设和出售模式，通过配备相应的旅游服务设施和提供专业化的运营管理服务，满足社会各类群体对度假、养生和投资等多元化旅游产品的需求的综合型房地产开发。

一般而言，旅游房地产包括以下几种形式：

(1) 5＋2 生活度假物业。

5＋2 生活度假物业指地处区域中心城市 1～3 小时车程生活圈内，周边环境优美、空气清新的度假住宿物业，能满足中高端消费群体对周末和节假日期间远离城市喧嚣的休闲度假居住需求，以及此类家庭中的健康老人常年对养生和养老居住的需求。

（2）“候鸟型”度假物业。

“候鸟型”度假物业指地处具备较强气候差异性的宜居型旅游城市，如适合冬季避寒、夏季避暑、春秋季养生度假的“候鸟型”度假物业，能满足中（健康）老年人对生态养生、度假式养老、“候鸟式”过冬或避暑等季节性度假居住的需求。

（3）中短期度假物业。

中短期度假物业指地处著名旅游城市、旅游景区周边、国家或省级旅游度假区等区域的度假物业，能满足中高端消费群体对节假日或带薪度假时的中短期居住需求。

（4）产权式酒店。

产权式酒店指各类地处城市中心城区、商务区的旅游星级酒店及商务型酒店，以及地处著名旅游风景区、国家或省级旅游度假区的度假酒店等，酒店客房以产权分割方式销售，投资者购买客房产权，再将其返租或委托给管理公司统一经营。产权式酒店能满足中产消费群体通过酒店经营获取经营收益和物业保值增值的需求。

（5）服务式公寓。

服务式公寓指各类地处城市中心城区、商务区的适合中长期商务人士居住的各类高端酒店式服务公寓产品，以产权分割方式销售，投资者获得公寓产权，再将其返租或委托给管理公司统一经营。服务式公寓能满足中产消费群体通过公寓出租获取经营收益和物业保值增值的需求。

4.2.3.4　商业用房项目

商业用房是指各类商场、临街房、门面房、餐馆、宾馆等从事商业的房屋和为居民生活服务而使用的房屋，业主可以从运营中获得长期的投资回报。由于商业用房可带来高额的经营收益，因此备受投资者青睐。近年来，商用房地产需求量进一步加大，对地理位置较好的商业房产地项目的争夺日益激烈。

4.2.4　工业房地产开发项目

工业房地产是指工业类使用性质的毛地、熟地，以及该类土地上的建筑物和附属物。作为有别于住宅、商业服务业和综合类用地以外的第四种性质用地，工业土地上的可建建筑物的用途有较大的范围，其中包括工业制造厂房、物流仓库及工业研发楼宇等。根据工业物业的特性和租户类型，可以将工业厂房分为重工业厂房、阁楼式厂房、现代单层标准厂房、孵化器式厂房等。根据工业场所的适用性，可以将工业物业分为普通型工业物业、特殊型工业物业和单一型工业物业。

工业房地产项目大都位于中心城市的郊区和边缘地带，土地价格比中心区便宜。更为重要的是，工业房地产的出发点是将房地产资源与其他资源整合，通过带动人流、物流、信息流、资金流的全面汇集，实现资源价值的最大化。工业房地产作为一个产业，有其独有的商业模式，包括工业房地产开发企业筹措资金、建设基础设施、开发经营项目并提供工业房地产产业与服务等一系列活动。根据国内外工业房地产开发建设的经验，工业房地产开发常见的模式有四种，即工业园区开发模式、主体企业引导模式、工业房地产商模式和综合运作模式①。

4.2.4.1 工业园区开发模式

工业园区开发模式是目前中国各级地方政府最常使用的工业房地产开发模式，同样也是我国目前工业房地产市场的主要开发模式。因为工业园区开发并不属于简单意义上的工业房地产开发，而更多的是基于区域经济建设、社会发展、百姓就业等各种综合因素考虑而进行的。各类工业园区作为本地区国内外经济的交汇点，是我国价值链中能够发挥良好辐射、示范和带动作用的重要环节，是促进区域经济发展强有力的推动器。

该模式主要特性表现为此类工业房地产开发都是在政府主导下进行的，通过创造相关产业政策支持、税收优惠条件等营造园区与其他工业地产项目所具备的独特优势，以招商引资、土地出让等方式引进符合相关条件的工业发展项目。

4.2.4.2 主体企业引导模式

主体企业引导模式一般是指在某个产业领域具有强大综合实力的企业，为实现企业自身更好的发展并获取更大的利益价值，通过获取大量的工业土地，以营建一个相对独立的工业园区，在自身企业入驻且占主导的前提下，借助企业在产业中强大的凝聚力与号召力，通过土地出让、项目租售等方式引进其他同类企业并促进同类企业的聚集，实现整个产业链的打造及完善。

如上海金山的上海石化工业园区，即在上海石化这一龙头企业的带动下，做大做强石化企业，同时进行相关行业的延伸及细化，进而达到整个产业链的完善与发展，为实现整个金山“大石化战略”发展目标奠定了坚实的基础。

4.2.4.3 工业房地产商模式

工业房地产商模式是指房地产开发企业在工业园区内或其他地方获取工业项目用地后，进行用地范围内的道路绿化等基础设施建设乃至厂房、仓库、研发等各类用房的营建，然后以租赁、转让或合资、合作经营的方式进行项目相关设施的经营、管理，最后获取合理的房地产开发利润。

例如普洛斯，作为全球最大的工业房地产开发商，开发及管理超过 140 亿美元的资产，管理的物业面积已超过 2 700 万平方米。普洛斯专注于物流房产租赁服务，在同类上市公司中，普洛斯的规模为行业第一。

4.2.4.4 综合运作模式

综合运作模式是指对工业园区开发模式、主体企业引导模式和工业房地产商模式进行混合运用的工业房地产开发模式。

---

① 参见《从地产开发模式看工业地产前景》，见阿力士招商网“工业地产 2006”。

由于工业房地产项目一般具有较大的建设规模，涉及经营范围较广，既要求在土地、税收等政策上获得有力支持，也需要在投资方面跟上开发建设的步伐，还要求具备经营运作工业项目的能力，因此，单纯采用一种开发模式，往往很难达到使工业项目建设顺利推进的目的，必须对工业园区开发模式、主体企业引导模式、工业房地产商模式等进行综合使用。

4.3　房地产转让项目

4.3.1　房地产转让项目概况

4.3.1.1　房地产转让项目的含义

《城市房地产管理法》规定，房地产转让，是指房地产权利人通过买卖、赠与或者其他合法方式将其房地产转移给他人的行为。房地产转让的实质是房地产权属发生转移变更。《城市房地产管理法》规定，房地产转让时，房屋所有权和该房屋所占用范围的土地使用权同时转让。

这一含义表明，房地产转让的主体是房地产权利人，包括房产所有权人和土地使用权人。房地产转让的客体是城市中被转让房屋的所有权和该房屋占有范围内的土地使用权。房地产转让的主要形式是买卖和赠与。同时，也包括其他合法形式，如以房地产作价入股与他人组成企业法人，以土地使用权与他人合资、合作开发经营房地产等，也属于房地产转让行为。

4.3.1.2　房地产转让项目的基本类型

根据房地产转让对象的不同，房地产转让可以分为地面上有建筑物的转让和地面上无建筑物的转让。地面上无建筑物的转让，习惯上又称为土地使用权转让。《城市房地产管理法》将土地使用权转让与房屋所有权转让合为一个整体，称为房地产转让，这对于规范房地产市场行为、加强市场统一管理，具有积极的作用。

根据土地使用权的获取方式，房地产转让可以分为出让方式取得土地使用权的转让和划拨方式取得土地使用权的转让。

根据转让的方式，房地产转让可以分为有偿转让和无偿转让两种形式。有偿转让主要包括房地产买卖、互换等行为，无偿转让主要包括房地产赠与、继承等行为。

4.3.1.3　房地产项目转让的政策规定

房地产属于特殊财产，由于其自身的特殊性及其在人们生产生活中的极端重要性，国家对房地产的转让尤其是土地使用权的转让，通常有较多的限制和特定的要求。根据《城市房地产管理法》的规定，以出让方式取得土地使用权的，转让房地产时，应符合下列条件：

（1）按照出让合同约定已经支付全部土地使用权出让金，并取得土地使用权证书；

（2）按照出让合同约定进行投资开发，属于房屋建设工程的，完成开发投资总额的25%以上，属于成片开发土地的，形成工业用地或者其他建设用地条件。

转让房地产时房屋已建成的，还应持有房屋所有权证书。

以划拨方式取得土地使用权的，转让房地产时，应符合以下条件：

（1）按照国务院规定，报有批准权的人民政府批准。

（2）有批准权的人民政府准予转让的，应当由受让方办理土地使用权出让手续，并依照国家有关规定缴纳土地使用权出让金。

以划拨方式取得土地使用权的，转让房地产报批时，有批准权的人民政府按照国务院规定决定可以不办理土地使用权出让手续的，转让方应当按照国务院规定将转让房地产所获收益中的土地收益上缴国家或者做其他处理。

4.3.2 土地使用权转让项目

土地开发阶段转让的项目属于地面上无建筑物的房地产转让，主要是土地一级开发过程中的土地使用权转让。土地使用权转让是指土地的使用者将其享有的土地使用权转移给他人的行为。

4.3.2.1 土地使用权转让项目的基本特点

首先，转让的土地使用权必须是出让土地使用权。行政划拨土地使用权可以进入转让市场，但在进入前，必须办理土地使用权出让手续，将划拨土地使用权转换为出让土地使用权后方可进入转让市场。

其次，土地使用权转让必须符合出让合同或法律规定的转让条件。《城镇国有土地使用权出让和转让暂行条例》第19条规定，未按土地使用权出让合同规定的期限和条件投资开发、利用土地的，土地使用权不得转让。

最后，土地使用权转让后也有限定条件。一是新的受让人不得改变出让合同所载明的权利和义务。《城镇国有土地使用权出让和转让暂行条例》第21条规定，土地使用权转让时，土地使用权出让合同和登记文件中所载明的权利、义务随之转移。二是土地使用权转让时，地上建筑物、其他附着物所有权随之转让。三是转让的土地使用权的使用年限为土地使用权出让合同规定的使用年限减去原土地使用者已使用年限的剩余年限。

4.3.2.2 土地使用权转让的基本流程

以北京市国有土地使用权转让为例，以出让方式取得国有土地使用权后，转让国有土地使用权的，按下列程序办理：

1. 土地转让申请

申请人向市规划和自然资源委员会提出土地转让申请，并准备以下文件报送市规划和自然资源委员会：北京市国有建设用地使用权转让申请（原件，由转让方和转受让方共同提出）；申请人身份材料；转让方为国有企业、国有参股企业、部队、行政事业单位等涉及国有资产的，提交主管部门批准同意文件；转让双方签订的转让协议（原件）；出让合同契税票；项目立项批复；建筑工程施工许可证；投资情况说明书［包括项目计划投资总额、实际投资总额（包括具体细项及每项的投资额，不含政府土地出让价款及相关税费），其中：开发建设投资（不含政府土地出让价款）不少于项目总投资额的25%；属成片开发土地的，必须形成工业用地或其他建设用地条件］；项目形象进度说明材料（说明开工情况、地上现状、工程现状等，已竣工的，到建设主管部门完善房产登记手续后办理交易过户，不再按在建工程办理国有建设用地使用权转让批准）；有资质的评估单位出具的房地产评估报告；对于转让宗地内的房地产已办理抵押登记的，提交抵押权人同意此次变更的书面意见；对于已预（销）售的，提交商品房预售许可证或商品房销售许可证。

2. **初审**

市规划和自然资源委员会受理申请后，向申请人出具《受理单》，并在一个工作日内将文件转自然资源开发利用处。自然资源开发利用处对转让文件进行初审，具备转让条件的，在两个工作日内将文件批转到土地利用事务中心；不具备转让条件的，告知申请人。申请人应按《受理单》规定的时间办理相关手续、领取回复文件或意见。

3. **填写表格**

申请人在市国土资源局受理申请后，除接到退件通知外，在3个工作日后到土地利用事务中心领取《北京市国有土地使用权转让登记表》，在土地利用事务中心的指导下进行填写，并组织安排进行用地现场的勘察。申请人填写完《北京市国有土地使用权转让登记表》（一式三份）并加盖公章后，由土地利用事务中心在5个工作日内将文件装订成册并签署意见后报送自然资源开发利用处审查。

4. **审查、呈报**

自然资源开发利用处对土地利用事务中心报送的材料进行审查，并报请局领导审批《北京市国有土地使用权转让登记表》，加盖印章后移送土地利用事务中心。审查、呈报的周期为10个工作日。

5. **缴款、取件**

《北京市国有土地使用权转让登记表》批准后，由土地利用事务中心通知申请人，在转受让方缴纳转让契税后，申请人领取《北京市国有土地使用权转让登记表》。

4.3.2.3 土地使用权转让项目发生的主要税费

土地使用权转让过程中的税费主要包括：

1. **土地转让的出让方缴纳的税费**

增值税：转让土地使用权、销售不动产的单位和个人为增值税的纳税义务人，应纳税额为转让土地使用权、销售不动产及其他附着物营业额的5%。

城市维护建设税：以纳税人实际缴纳的增值税税额为计税依据，与增值税同时缴纳，纳税人所在地在市区的，税率为增值税税额的7%。

教育费附加：是国家为发展教育事业、筹集教育经费而征收的一种附加费，以增值税税额为计费依据，费率为3%。

印花税：买卖双方要缴纳印花税，印花税要贴在房地产买卖契约正本上，按照买卖成交价的0.5‰交纳。

土地增值税：转让国有土地使用权、地上建筑物及其附着物并取得收入的单位和个人都要缴纳土地增值税，土地增值税实行四级超额累进税率。

应纳税额＝增值额×适用税率

增值额＝转让收入－扣除项目金额

此外，还包括交易手续费、交易成本（如评估、勘测、公证、场地等费用）。

2. 土地转让的受让方缴纳的税费

契税：根据国家契税条例的规定，房屋买卖要向国家缴纳契税，征收的标准是按房屋买卖成交价的3%～5%收取，全部由买方负担。

此外，还包括印花税、交易手续费、土地证工本费、交易成本（如评估、勘测、公证、场地等费用）。

当前，为了防范土地投机行为，对土地使用权的转让控制得较为严格。

4.3.3 房地产在产品阶段转让项目

房地产在产品阶段转让项目，也称在建工程转让或在建项目转让，一般是指已经批准立项，且取得完备的土地使用权证，并在土地上做了一定投资，完成了土地的通平和勘探、设计等基础工作，经过报建批准，已取得施工许可证，且具备开工条件的建设工程项目。房地产在产品阶段转让项目是指权利人将其拥有的建设工程项目出卖给受让人，双方就转让该建设项目确立权利、义务关系的民事行为。

4.3.3.1 房地产在产品阶段转让项目的基本特点

首先，法律关系的主体是特定的。根据我国现行有关法规，房地产开发项目转受让双方的主体资格要合法，即转让方和受让方应具备法律法规规定的房地产开发经营资格，应具有相应的资质等级证书，但受让方在受让项目后完全留作自用的除外。以出让方式取得土地使用权的，房地产项目转让时，应当符合《城市房地产管理法》第39条及相关法律法规规定的转让条件：

（1）出让方具备房地产开发经营资格。

（2）出让方按照出让合同约定已经支付全部土地使用权出让金，并取得土地使用权证书。

（3）出让方已取得项目所在地块的建设用地批准证书或房地产权证。

（4）出让方持有建设工程规划许可证和建设工程施工许可证。

（5）出让方按照出让合同约定进行投资开发，并完成一定的开发规模。

其次，转让的标的是正在建设中的项目，拥有土地使用权证而没有房屋所有权证。其实质仍是土地使用权的转让，但又与土地使用权的直接转让有所不同，主要体现在转让范围、转让价值及转让的权利和义务等方面，最主要的不同在于项目转让不仅转让了土地使用权，而且转让了与使用土地有关的各项政府批准文件所产生的各种权利和相关义务。

4.3.3.2　房地产在产品阶段转让的基本流程

（1）项目土地使用权为划拨方式取得的，应办理土地使用权出让手续。

（2）项目土地使用权的变更登记手续。

（3）房地产开发项目转让的备案手续，具体向房地产开发主管部门办理。

（4）建设工程规划许可证及建设工程施工许可证的更名手续，具体向规划管理部门和建设管理部门办理。

（5）其他根据有关政府部门要求需要办理更名或备案手续。

《城市房地产开发经营管理条例》第 20 条规定：转让房地产开发项目，转让人和受让人应当自土地使用权变更登记手续办理完毕之日起 30 日内，持房地产开发项目转让合同到房地产开发主管部门备案。

房地产项目转让涉及房地产项目建设单位的转移，涉及项目转让方已经签订的合同的效力。为了保护已经与房地产开发项目转让人签订合同的当事人的权利，要求房地产项目转让的双方当事人在办完土地使用权变更登记后 30 日内，到房地产开发主管部门办理备案手续。在办理备案手续时，房地产开发主管部门要审核项目转让是否符合有关法律法规的规定，房地产开发项目转让人已经签订的拆迁、设计、施工、监理、材料采购等合同是否做了变更，相关的权利、义务是否已经转移，新的项目开发建设单位是否具备开发受让项目的条件，同时要变更开发建设单位的名称。如上述各项均满足规定条件，转让行为有效。如有违反规定或不符合条件的，房地产开发主管部门有权责令补办有关手续或者认定该转让行为无效，并可对违规的房地产开发企业进行处罚。

对于备案应当提供的文件，《城市房地产开发经营管理条例》中只提到了房地产开发项目转让合同，各地在制定具体办法时应当进一步明确需要提供的证明材料，如受让房地产开发企业的资质条件、拆迁的落实情况、土地使用权的变更手续以及其他证明材料。房地产开发企业应当在办理完土地使用权登记手续后 30 日内，到市、县人民政府的房地产行政主管部门办理项目转让备案手续。

未经备案或未按规定期限办理备案手续的房地产转让行为无效。房地产开发企业转让房地产开发项目时，尚未完成拆迁安置补偿的，原拆迁安置补偿合同中有关的权利、义务随之转移给受让人，项目转让人应当书面通知被拆迁人。房屋拆迁补偿安置是房地产开发的重要环节之一。项目转让之后能否保证被拆迁人的利益不受损害，是政府部门审查房地产项目是否允许转让的重要指标。这样规定的目的是保障被拆迁人的合法权益，防止在项目转让过程中或者转让后，转让方、受让方互相推诿扯皮，使被拆迁人的权益受到损害。

4.3.3.3　房地产在产品阶段转让项目发生的主要税费

在建项目转让过程中的税费主要包括：

（1）转让的出让方缴纳：增值税（成交额的 5%）、城市维护建设税（增值税税额的 7%）、教育费附加（增值税税额的 3%）、土地增值税、交易手续费等。

（2）转让的受让方缴纳：契税（成交额的 3%～5%）、交易手续费等。

4.3.4 房地产产成品阶段转让项目

房地产产成品阶段转让项目，是房地产开发项目建设完成后，土地使用权证书和房屋所有权证书齐全的项目。

4.3.4.1 房地产产成品阶段转让项目的基本特点

首先，转让、受让双方必须具有合法资格。自然人作为房地产转让行为主体时，必须具备民事权利能力及民事行为能力。法人或其他社会组织作为房地产转让主体时应具备法人资格或符合法定条件。

其次，转让的标的是已经竣工验收的房地产产成品，房地产转让以房屋所有权和房屋占有范围内的土地使用权为客体。它是房地产交易的主要形式，必须符合我国有关法律法规的规定。根据《城市房地产管理法》第 38 条的规定，下列房地产不得转让：

（1）以出让方式取得土地使用权的，不符合本法第 39 条规定的条件的；

（2）司法机关和行政机关依法裁定、决定查封或者以其他形式限制房地产权利的；

（3）依法收回土地使用权的；

（4）共有房地产，未经其他共有人书面同意的；

（5）权属有争议的；

（6）未依法登记领取权属证书的；

（7）法律、行政法规规定禁止转让的其他情形。

最后，房地产转让属于要式法律行为。当事人双方要签订书面合同，合同中应载明土地使用权取得方式，并依法到有关管理机关进行权属变更登记，换领房地产权利证书。

4.3.4.2 房地产产成品阶段转让的基本流程

（1）房地产转让当事人签订书面转让合同；

（2）房地产转让当事人在房地产转让合同签订后 30 日内持房地产权属证书、当事人的合法证明、转让合同等有关文件向房地产所在地的房地产管理部门提出申请，并申报成交价格；

（3）房地产管理部门对提供的有关文件进行审查；

（4）房地产管理部门核实成交价格，并根据需要对转让的房地产进行现场查勘和评估；

（5）房地产转让当事人按照规定缴纳有关税费；

（6）房地产管理部门核发过户单；

（7）当事人办理产权过户手续，领取房地产权属证书。

4.3.4.3 房地产产成品阶段转让项目发生的主要税费

（1）转让的出让方缴纳：增值税（成交额的 5%）、印花税（成交额的 0.5‰）、城市维护建设税（增值税税额的 7%）、教育费附加（增值税税额的 3%）、土地增值税、所得税、交易手续费、交易成本（如评估、勘测、公证、场地等费用）。

（2）转让的受让方缴纳：契税（成交额的3%）、印花税（成交额的0.5‰）、交易手续费、权属证书工本费、交易成本（如评估、勘测、公证、场地等费用）。

4.4　房地产项目定位

4.4.1　房地产项目定位概述

4.4.1.1　房地产项目定位的含义

房地产项目定位是指在房地产相关法律法规和城市规划的指导下，根据宏观发展背景、项目地段价值以及市场空间判断，结合项目自身特有的其他制约因素，找到适合于项目的客户群体，并在客户群体消费特征的基础上，进一步进行产品市场定位的过程。房地产项目定位是为寻找房地产项目的核心控制力和稳定利润点，使项目具有独特的市场定位而进行分析和科学决策的过程。

房地产项目的定位关系复杂，从宏观和微观的市场调研，再到消费者分析、商圈分析（商业地产）、竞争对手分析，最后到产品分析，无论哪一步出现偏差，都可能导致产品定位不准或者完全错误。

居住物业的定位是基于城市宏观发展背景、城市地理特征、市场竞争形势研究，结合城市或区域居民的消费习惯和居住特征以及项目自身条件，确定项目总体开发策略和产品类型。

商业物业的定位是基于城市宏观发展背景、城市商业结构、市场竞争形势研究，结合城市或区域居民的购物、休闲和娱乐等消费习惯以及项目自身条件，确定项目总体开发策略和产品类型。

工业物业的定位是基于城市宏观发展背景、城市产业结构、市场竞争形势研究，结合城市或区域产业发展情况以及项目自身条件，确定项目总体开发策略和产品类型。

4.4.1.2　房地产项目定位的重要性

房地产项目的投资者进行投资的根本目的是获取预期经济利润，而能否获利及获利程度取决于房地产未来的实际变现率。只有对预期的市场景气情况、市场竞争情况和消费者偏好等有准确的把握，才能做出适宜的投资决策，确保投资目标的实现，而这些都可以归为对市场项目类型的准确判断。

首先，通过项目定位分析，可以掌握房地产市场的需求变化态势，预见拟投资开发项目是否可行、房地产产品的变现能力如何、市场竞争力如何、预期获利程度如何等等，从而减少投资的盲目性，增加投资成功的机会，增强经营管理的主动性。

其次，项目市场定位有利于建立企业及产品的市场特色，是参与现代市场竞争的有力武器。在现代社会中，许多市场都存在严重的供大于求现象，市场竞争异常激烈。房地产市场也不例外。为了使产品获得稳定销路，防止被其他产品替代，企业必须从各方面树立一定的市场形象，以期顾客对其形成一定的偏爱。

最后，市场定位决策是企业制定市场营销组合策略的基础。企业的市场营销组合要受到企业市场定位的制约，企业的市场定位决定了企业必须设计和发展与之相适应的市场营销组合。

4.4.1.3 房地产项目定位的发展趋势

随着金融、土地等各种政策的不断完善，房地产行业的门槛不断抬高，房地产产品和消费者日益成熟，竞争越来越激烈，加上土地资源的稀缺和国家对房地产业的宏观调控，房地产项目开发要求品质更加精良、更适合不同阶层客户的需求。目前，住宅市场中小户型低造价住宅得到鼓励，大户型高造价住宅受到抑制，节能型、精细化住宅得到发展。中小户型、多层楼房、小型居住区、方便的交通将是未来房地产开发应重点关注的内容。商业地产市场中购物中心、写字楼、酒店成为迅速发展的三种房地产产品。在住宅和商业房地产市场受到国家较强的宏观调控的背景下，有着高额利润的工业地产项目越来越受到青睐。此外，其他房地产项目类型，如科技园区与各类经济开发区，旅游/酒店业（风景旅游区、度假村、产权酒店、海岛等）综合开发，智能化大厦、酒店式公寓、私立学校、私立医院等办公物业，主题公园（体育休闲公园、现代农庄、军事公园、科技公园）等大型娱乐项目，也不断出现。

4.4.2 房地产项目定位的原则

4.4.2.1 符合城市规划原则

城市规划是城市建设和发展的蓝图，是调控城乡建设保护与管制各类空间资源的法定依据，是国家宏观调控的重要手段之一。城市规划对房地产开发起指导和调控作用。城市规划与房地产开发是宏观与微观、整体与局部、长期与短期的关系，后者应服从前者，前者应兼顾后者。目前，城市规划与房地产开发充满矛盾，出现了城市规划滞后于项目开发、一些大型基础设施建设缺乏远景规划、居住人口结构不均衡等问题。以城市规划引导房地产开发，发挥土地供应规划对房地产市场的调控作用，有利于房地产项目更好地适应经济社会发展的需要。

4.4.2.2 协调发展原则

协调发展原则是指房地产项目建设与发展的规模和速度要充分考虑城市的可持续发展，考虑环境与资源的长期承载能力，既能使房地产项目满足经济建设和社会发展目标的需要，又能使环境保持在满足当代人和后代人对环境质量的要求水平上，使环境保护与经济建设和社会发展相互促进、共同发展。

4.4.2.3 符合市场需求原则

市场需求是房地产市场发展的根源。不同的消费者需要不同的产品，不同地域的消费者的消费习惯、生活习惯也不相同，只有满足消费者需求的产品才能在市场中取得成功。房地产产品也是如此。只有房地产开发企业提供更符合市场需求的产品，才能在竞争中获利，才能更好地使供需趋于平衡，推动房地产行业持续发展。

4.4.2.4 效益最大化原则

市场定位的效益最大化是指：第一，产品定位应具有较高的性价比，在满足必要建筑功能的前提下，租售价格合理；第二，从企业角度出发，在成本控制的基础上，做到效益最大化；第三，在成本和费用测算、效益测算基础上计算的各项经济评价指标达到社会平均水平，确定项目盈利预期的可能性和风险性，明确项目经济利益实施的可行性。

4.4.2.5 与企业发展战略相一致原则

企业发展战略包括品牌战略、经营战略和管理战略等。在企业发展战略的框架下进行的项目定位，才能体现企业的竞争优势、发挥企业的核心竞争力、构建企业品牌和产品品牌，才能使企业的产品具有延续性和创新性，实现企业的发展目标。

4.4.3 房地产项目定位的基本流程与主要内容

4.4.3.1 房地产项目定位的基本流程

房地产项目定位包含项目区位的分析与选择、开发内容和规模的分析与选择、开发项目租售价格的分析与选择等。具体来说，主要按图 4-1 的流程进行。

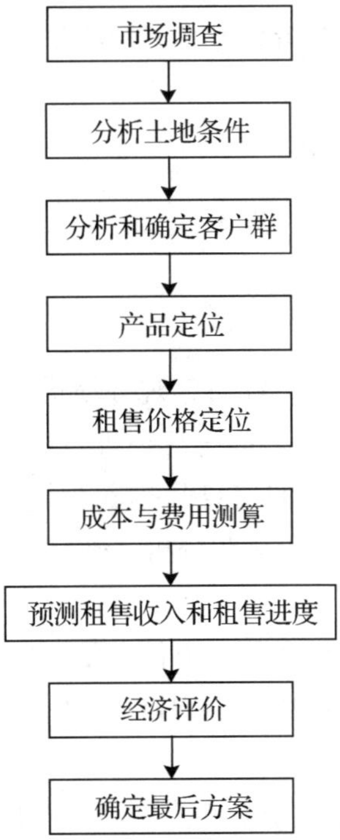

图 4-1 房地产项目定位的基本流程

4.4.3.2 房地产项目定位的主要内容

房地产项目定位的内容主要包括以下几个方面：

1. **确立开发理念**

要基于企业的价值观，确定开发的指导思想和经营模式，使项目定位有利于企业的长久发展，有利于品牌建设。

2. **明确用途功能**

在进行市场定位时应根据城市规划限制条件，按照最佳最优利用原则确定开发类型，对土地资源进行综合利用，充分挖掘土地潜能。

3. **筛选目标客户**

在市场调查的基础上，以有效需求为导向，初步确定项目的目标客户，分析其消费能力，为产品定位和价格定位做好基础工作。

4. **进行项目初步设计**

在掌握的市场资料的基础上，根据土地和目标客户的具体情况，编制初步设计任务书，委托规划设计部门进行项目的初步设计，进一步确定建筑风格、结构形式、房型、面积和建筑标准等内容。

5. **测算租售价格**

参照类似房地产的市场价格，运用适当的方法，综合考虑房地产价格的影响因素，确定本项目的租售价格。

6. **确定方案**

根据企业经济实力和项目投资流量，分析和选择适当的入市时机，充分考虑风险和利益的辩证关系，提出可行的营销策划方案，保证项目的顺利进行。

4.4.4 房地产项目定位的方法

4.4.4.1 市场调研法

1. **市场调研的定义**

市场调研的基础是调查，调查是针对客观环境进行的数据收集和情报汇总，而调研是在调查的基础上对收集的数据和汇总的情报进行分析、判断。调研是为目标服务的，市场调研就是为了实现目标而进行的信息收集和数据分析。房地产项目定位市场调研，就是通过对房地产市场的信息进行收集和分析来确定项目的定位。

2. **市场调研的流程**

市场调研的重要环节主要体现在两个方面：信息收集、调研分析。信息收集为调研分析提供数据；调研分析是对信息数据的剖析，同时要写出调研报告。房地产项目定位方案就是根据调研报告来制定的。

信息收集就是对房地产市场环境进行信息资料采集，采集资料的真实性和有效性对调研分析的科学性有直接的影响，而采集资料的真实性和有效性直接取决于信息资料采集的调研方法。最有效的信息采集方式是深入市场，现实性管理称之为深入调研法。

调研分析是对调研信息资料的汇总和解析，并需要根据分析结论写出调研报告。调研报告是针对调研课题在分析基础上拟订的总结性汇报书，可以根据调研分析提出一些看法和观点。调研报告是调研资料对调研实效价值的具体体现。

调研是科学管理的基本要求，但科学管理对调研的要求不在于一个企业是否有调研行为，而在于能否确保管理者根据调研报告对管理行为做出正确的选择。如果说信息收集是调研质量的安全线，那么调研分析就是调研质量的生命线，因为分析、提炼调研的价值成分，能更深刻地表现为对市场的一种审视和剖析。很多企业信息采集的资料都很标准，但由于缺乏审视和剖析能力，调研的价值也就无从估计，甚至误导了企业、牵制了管理。

调研分析方法包括定性分析和定量分析两种，在此基础上，现实性管理增加了理性分析法，即运用管理思想和专业眼光，在通过对远景市场进行展望的基础上对调研信息资料进行剖析和思考，从而制定出对企业有实效价值的调研报告。通常调研分析应该由专家级的人物进行。

4.4.4.2 头脑风暴法

1. 头脑风暴法的含义

在群体决策中，群体成员的心理相互作用和影响，个人易屈于权威或大多数人的意见，形成所谓的“群体思维”。群体思维削弱了群体的批判精神和创造力，损害了决策的质量。为了保证群体决策的创造性、提高决策质量，管理上发展出了一系列改善群体决策的方法，头脑风暴法是较为典型的一个。头脑风暴法又可分为直接头脑风暴法（通常简称头脑风暴法）和质疑头脑风暴法（也称反头脑风暴法）。前者是指专家群体决策以尽可能激发创造性，从而产生尽可能多的设想的方法；后者则是对前者提出的设想、方案逐一质疑，分析其现实可行性的方法。房地产项目定位使用头脑风暴法，就是针对项目定位这一主题，促进集体集中注意力与思想进行创造性沟通，从而确定项目的定位。

2. 头脑风暴法的原则

（1）“庭外判决”。对各种意见、方案的评判必须放到最后阶段，此前不能对别人的意见提出批评和评价。认真对待任何一种设想，而不管其是否适当和可行。

（2）欢迎各抒己见，自由鸣放。创造一种自由的气氛，激发参加者提出各种想法。

（3）追求数量。意见越多，产生好意见的可能性越大。

（4）探索取长补短和改进办法。除提出自己的意见外，鼓励参加者对他人已经提出的设想进行补充、改进和综合。

3. 头脑风暴法的基本程序

头脑风暴法力图通过一定的讨论程序与规则来保证创造性讨论的有效性，由此，讨论程序构成了头脑风暴法能否有效实施的关键因素。从程序来说，组织头脑风暴法关键在于以下几个环节：

（1）确定议题。一个好的头脑风暴法从对问题的准确阐明开始。在会前要确定房地产项目定位这一目标，使与会者明确通过这次会议需要解决什么问题，同时不要限制可能的解决方案的范围。

（2）会前准备。为了使头脑风暴畅谈会的效率较高、效果较好，可在会前做一点准备工作。如收集一些资料预先给大家参考，以便与会者了解与议题有关的背景材料和外界动态。就参与者而言，在开会之前，对于要解决的问题一定要有所了解。

（3）确定人选。一般以 8～12 人为宜，也可略有增减（5～15 人）。与会者人数太少不利于交流信息、激发思维；而人数太多则不容易掌握，并且每个人发言的机会相对减少，还会影响会场气氛。只有在特殊情况下，与会者的人数才不受上述限制。

（4）明确分工。要推定 1 名主持人，1～2 名记录员（秘书）。主持人的作用是在头脑风暴畅谈会开始时重申讨论的议题和纪律，在会议进程中启发与引导，掌握进程。记录员应将与会者的所有设想都及时编号，简要记录。

（5）规定纪律。根据头脑风暴法的原则，可规定几条纪律要求与会者遵守，如要集中注意力、积极投入、不消极旁观；不要私下议论，以免影响他人思考；发言要针对目标，开门见山；与会者之间相互尊重，平等相待，切忌相互褒贬等。

（6）掌握时间。会议时间由主持人掌握，不宜在会前定死。一般来说，以几十分钟为宜。时间太短，与会者难以畅所欲言，太长则容易产生疲劳感，影响会议效果。经验表明，创造性较强的设想一般会在会议开始 10～15 分钟后逐渐产生。

4.4.4.3 经验分析法

经验分析法，又称因素分析法。这种方法是组织有经验的人员对已经收集和掌握的信息资料做详细而充分的分析和讨论，在此基础上选择分析对象。因此，它是一种定性分析方法。其优点是简便易行、节省时间，缺点是缺乏定量数据、不够精确；但是，用于初选阶段是可行的。

运用这种方法选择对象时，可以从多方面进行综合分析。任何产品的定位都是由多方面的因素构成的，关键是要找出主要因素，抓住重点。这种方法要求抓住主要矛盾，选择房地产项目定位的重点分析对象。

4.4.4.4 其他方法

对房地产项目定位分析还可以使用的方法有很多，如 SWOT 分析法、层次分析法等。

SWOT 分析法又称态势分析法，SWOT 四个英文字母分别代表：优势、劣势、机会、威胁。从整体上看，SWOT 可以分为两部分：第一部分为 SW，主要用来分析内部条件；第二部分为 OT，主要用来分析外部条件。利用这种方法可以从中找出对自己有利的、值得发扬的因素，以及对自己不利的、要避开的东西，从而发现存在的问题，找出解决办法，并明确以后的发展方向。

层次分析法是将定位决策中有关的元素分解成目标、准则、方案等层次，在此基础上进行定性和定量分析的决策方法。这种方法的特点是在对复杂的决策问题的本质、影响因素及其内在关系等进行深入分析的基础上，利用较少的定量信息使决策的思维过程数学化，从而为多目标、多准则或无结构特性的复杂决策问题提供简便的决策方法，尤其适合于对决策结果难以进行直接准确计量的场合。

4.4.5　房地产项目定位的修正

4.4.5.1　房地产项目定位修正的必要性

通过项目定位方法得到的房地产项目类型，代表的是该区域市场中存在需求的房地产，主要是从宏观和中观环境角度分析得到的。但这是一种动态变化的复杂环境，因此必须及时、准确地把握发展变化的目标、信息，预测事物可能发展变化的方向、轨迹，并以此为依据来调整项目定位的目标和执行方案。这就需要结合房地产项目定位的具有重要影响或发生变化的个别因素进行修正。

房地产项目定位始终应以产品为中心、以市场为导向。没有一成不变的定位，只有一成不变的项目发展目标。

4.4.5.2　房地产项目定位修正的方法

（1）随时监测房地产项目定位各影响因素发生的变化及定位方案执行中产生的偏差情况。这就要求增强动态意识和随机应变观念，时刻掌握定位各影响因素的变化信息。各影响因素的变化信息是定位的基础材料和客观依据，这个基础和依据变化了，定位也应该随之变化，否则，项目定位就失去了准确性、科学性和有效性。所以，必须不停地广泛了解、全面收集、及时分析并加工处理这些信息，为定位及其修正提供具有真实性、时效性、系统性和可靠性的信息资料。

（2）正确预测各影响因素的变化趋势，以掌握定位修正的主动性。要根据各影响因素的变化动态，采用适当的方法进行分析，以掌握变化的趋势。

（3）根据各影响因素的变化情况及发展趋势，及时调整定位目标，修正定位方案，对各修正因素（如主体建筑类型、建筑外观、产品细节设置、配套设施、景观及绿化、管理及服务等）提出建议，并将新方案及时付诸实施，指导和调整下一步将要进行的工作。

循环以上三个步骤，直至项目实施结束。在此基础上，对整个项目定位实现的目标与原定目标进行比对，分析产生偏差的原因，为其他项目的发展和定位总结经验。

4.5　房地产项目定位案例分析

本节将以北京朝青某一实操楼盘为例对项目定位所涵盖的内容、采用的分析思路和方法进行介绍。

4.5.1 宏观市场环境分析

4.5.1.1 北京市宏观经济环境分析

当时北京的宏观经济呈现以下特征：

（1）北京的宏观经济环境运行稳定，呈现良性发展趋势，为房地产市场提供了一个良好的发展空间。

（2）随着北京城镇居民人均可支配收入的不断提高，人们对高价值产品的消费和投资欲望得到提升。

（3）房地产产品作为具有消费和投资双重性质的产品，吸引了众多高收入群体目光，促进房地产市场更加活跃。

4.5.1.2 产业政策对房地产市场的影响

与房地产市场联系比较紧密的金融政策、税收政策以及国家各种关于调控和稳定房价的政策措施对房地产市场有着很大的影响。

2006 年 5 月 30 日，九部委联合印发《关于调整住房供应结构稳定住房价格的意见》，意见明确提出，“十一五”期间，要重点发展满足当地居民自住需求的中低价位、中小套型普通商品住房；普通商品住房、经济适用住房和廉租住房的建设目标要纳入各级城市“十一五”发展规划和近期建设规划。市建委、规划委、国土局、统计局、发改委等部门联合召开新闻发布会，北京市将采取限价商品房等措施调控房地产市场。

2010 年 1 月 7 日，国务院颁布了《关于促进房地产市场平稳健康发展的通知》，即“国十一条”，拉开了首轮调控大幕；2 月 21 日，北京市住建委等 11 个部门联合出台了《关于贯彻国办发〔2010〕4 号文件精神促进本市房地产市场平稳健康发展的实施意见》，即“京十一条”，与国务院的“国十一条”相对应，但其中二套房贷开始强调以“家庭”为单位，比以往的以个人为单位更加严格，同时成为后续调控的有利基础。在首轮调控之后，4 月 17 日，国务院出台《关于坚决遏制部分城市房价过快上涨的通知》，即“新国十条”，成为二轮调控的开始；4 月 30 日，北京市政府快速反应，颁布了《北京市人民政府贯彻落实国务院关于坚决遏制部分城市房价过快上涨文件的通知》，即“新京十二条”，该通知属于反应较快、落地比较严格的地方版细则，尤其是在对二套房的认定上不同于以往的以贷为准，而是以购房者的持有数为准，即所谓的“认贷又认房”，并叫停了三套房贷款，这成为 9 月底第三轮调控的重要借鉴样本。9 月 29 日，国家有关部委下发通知，推出五条措施进一步推进房地产调控，称作“九月新政”。三轮调控之后，各地纷纷执行“限购”，而这是北京市早在 2010 年 4 月底就已经率先落地的政策。2011 年 1 月 26 日，按照国务院部署，国务院办公厅发布《关于进一步做好房地产市场调控工作有关问题的通知》，被称为“新国八条”。再如，在公积金个人住房贷款政策规范方面，北京市早在 2010 年 5 月 5 日就已收紧，而住建部、财政部、中国人民银行和银监会则在 11 月 2 日才颁布《关于规范住房公积金个人住房贷款政策有关问题的通知》，在全国范围内推广。

2013年2月20日，国务院常务会议确定了五项加强房地产市场调控的政策措施。会议要求各直辖市、计划单列市和除拉萨外的省会城市要按照保持房价基本稳定的原则，制定并公布年度新建商品住房价格控制目标，建立健全稳定房价工作的考核问责制度。严格执行商品住房限购措施，已实施限购措施的直辖市、计划单列市和省会城市要在限购区域、限购住房类型、购房资格审查等方面，按统一要求完善限购措施。

2015年3月30日，中国人民银行、住房和城乡建设部、中国银行业监督管理委员会联合发布《关于个人住房贷款政策有关问题的通知》，对商业贷款和公积金贷款的首付比例进行下调，对缴存职工家庭使用住房公积金委托贷款购买首套普通自住房，最低首付款比例为20%；对拥有1套住房并已结清相应购房贷款的缴存职工家庭，为改善居住条件再次申请住房公积金委托贷款购买普通自住房，最低首付款比例为30%；对拥有1套住房且相应购房贷款未结清的居民家庭，为改善居住条件再次申请商业性个人住房贷款购买普通自住房，最低首付款比例调整为不低于40%，以进一步完善个人住房信贷政策，支持居民自住和改善性住房需求，促进房地产市场平稳健康发展。

2016年2月1日，中国人民银行、中国银行业监督管理委员会《关于调整个人住房贷款政策有关问题的通知》规定，在不实施"限购"措施的城市，居民家庭首次购买普通住房的商业性个人住房贷款，原则上最低首付款比例为25%，各地可向下浮动5个百分点；对拥有1套住房且相应购房贷款未结清的居民家庭，为改善居住条件再次申请商业性个人住房贷款购买普通住房，最低首付款比例调整为不低于30%。

经国务院批准，自2016年5月1日起，在全国范围内全面推开营业税改征增值税（以下称营改增）试点，金融、建筑、房地产和生活服务业等全部营业税纳税人纳入营改增试点。2016年3月31日，国家税务总局发布了关于《房地产开发企业销售自行开发的房地产项目增值税征收管理暂行办法》的公告，对房地产开发企业销售自行开发的房地产项目，房地产开发企业以接盘等形式购入未完工的房地产项目继续开发后以自己的名义立项销售的房地产项目，进行了征收管理规定。

这些具体的产业调控措施对朝青楼盘房地产市场的运营状况有非常大的影响。

4.5.2 区域市场分析

4.5.2.1 区域环境分析

本次区域市场界定为以本项目为中心，北至崔各庄，南至石各庄，西至东五环，东至北小河。东坝因其优越的自然生态景观吸引着关注生态景区置业人群的注意力。本案紧邻东五环，良好的交通网络将东坝与CBD、东二环、燕莎、望京丽都及首都机场临空经济示范区五大商圈有机连接在一起，且东坝位于五大商圈中心，是东部产业带重要居住功能区的核心区域之一，北侧未来将建成高端商务休闲区，有很大的市场潜力（见图4-2）。

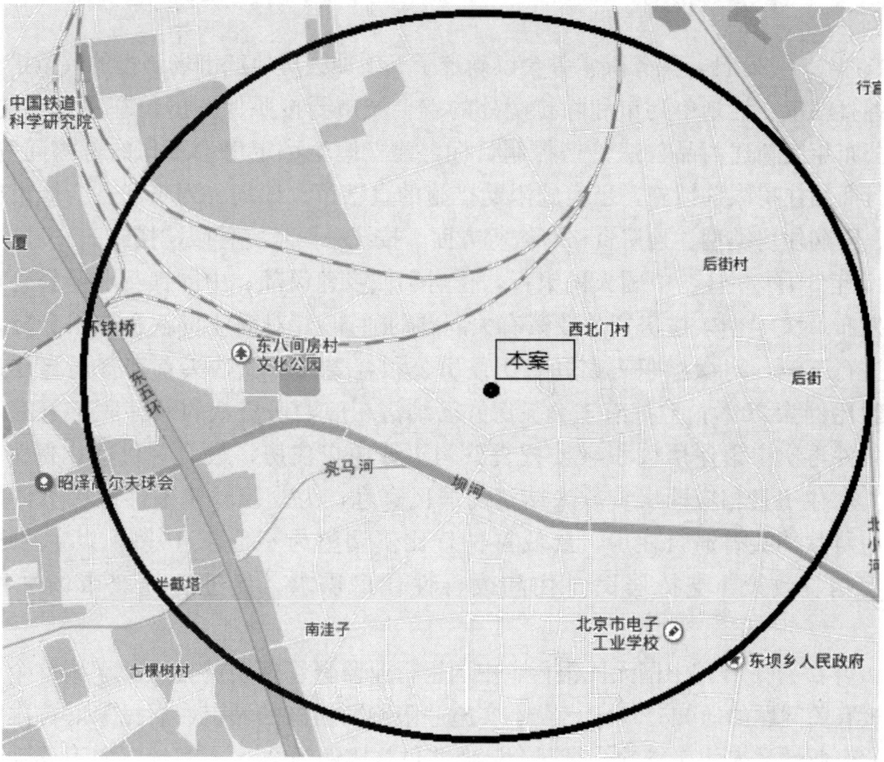

图 4-2　朝青楼盘区位图

从居住环境来看，项目周边拥有极其丰富的自然景观，邻近有朝阳公园、红领巾公园、朝阳体育中心、庄园高尔夫球场、七棵树高尔夫球场以及东五环绿化带，从而为项目营造了一个绿色、惬意的居住环境。随着北京城市中心的外移和 CBD 的不断东扩，项目附近区域的居住规划将成为北京东部最具含金量和开发潜力的区域，未来具有巨大的发展空间和潜力。

4.5.2.2　区域项目特征分析

通过对区域市场内同档次项目、产品形态相似的项目及客户群体相同的项目进行分析，汇总得出以下主要内容（见表 4-1、表 4-2 和表 4-3）。

表 4-1　区域内相似项目

项目名称	发展商	地理位置
北京奥林匹克花园	北京奥林匹克置业投资有限公司	朝阳区姚家园路与东坝中路交叉口路北
保利东郡	保利（北京）房地产开发有限公司	朝阳区石佛营
小悦城	北京元邑房地产开发有限责任公司	朝阳区青年路 88 号
龙湖·长楹天街	北京龙湖置业有限公司	朝阳区朝阳北路与管庄路交叉口往东 200 米
公园 1872	招商局地产（北京）有限公司	朝阳区东四环红领巾公园湖畔
首开常青藤	北京首开天成房地产开发有限公司	朝阳区东坝东五环七棵树出口向东 200 米

表 4-2　区域内各项目供应分析　　单位：平方米

项目名称	总建筑面积	已售面积	可售面积
北京奥林匹克花园	100 000	34 475	14 088
保利东郡	172 689	8 269	2 851
小悦城	63 691	1 600	188
龙湖·长楹天街	65 000	12 202	6 422
公园 1872	310 000	59 668	10 973
首开常青藤	446 200	54 513	1 269

该区域除几个楼盘属于新开盘项目外，其余楼盘均为盘踞市场多年的产品。

表 4-3　区域内各项目基本技术指标分析

项目名称	占地面积（平方米）	总建筑面积（平方米）	容积率
北京奥林匹克花园	140 000	100 000	2.1
保利东郡	47 987	172 689	2.8
小悦城	14 500	63 691	2.5
龙湖·长楹天街	175 000	650 000	3.5
公园 1872	127 000	310 000	2.6
首开常青藤	376 200	446 200	1.2

从表 4-3 可以看出，该区域的项目楼盘容积率大多数在 2～2.8，产品形态与品质有很大差异。

该区域项目在绿化率上的差异性不大，集中在 30%～35%，在规划理念上，多以尊重自然、保护生态环境为卖点（见图 4-3）。

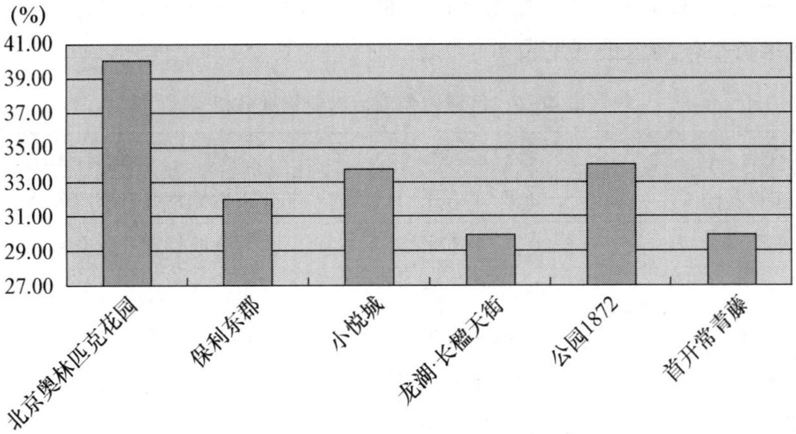

图 4-3　区域内各项目绿化率分析

区域内项目均以两居以上大户型为主，面积以 120 平方米以上为主，其中小悦城以 30～60 平方米的开间为主（见表 4-4）。

表 4-4 户型分析

竞争项目	主力户型	户型面积（平方米）			
		一居	二居	三居	四居
奥林匹克花园	两居、三居	—	112.66～120.99	121.80～130.81	129.94～131.04
保利东郡	两居、三居	—	76～104	136～165	175～190
小悦城	一居 LOFT	35.67～67.85	—	—	—
龙湖·长楹天街	三居、四居	—	—	140	180
公园 1872	两居、三居	92～112	120～190	145～260	270～312
首开常青藤	一居、两居	62～88	84～86	130～150	160～220

区域内各项目销售均价为房地产交易网实际成交登记的均价，奥林匹克花园、首开常青藤的实际成交均价低于 40 000 元/平方米，其他项目的实际成交均价均高于 40 000 元/平方米，保利东郡及小悦城的实际成交均价已接近 60 000 元/平方米（见表 4-5）。

表 4-5 区域内各项目销售情况分析

项目名称	报价（元）	均价（元）	销售周期（月）	销售速度		总签约率（%）
				总销售套数	套/月	
奥林匹克花园	40 000	36 816	6	249	42	72
保利东郡	63 000	59 040	28	28	1	75
小悦城	58 000	57 000	4	30	8	90
龙湖·长楹天街	42 000	40 511	10	78	8	65
公园 1872	53 000	46 179	23	232	10	56
首开常青藤	41 000	35 715	12	478	40	98

区域内项目的住宅物业管理费除部分为 2.5 元的较低水平外，基本维持在接近 6 元的水平，大多数项目的物业为开发商自有物业，管理水平在市场上具有较高知名度，其物业管理费维持在较高水平（见表 4-6）。

表 4-6 区域内各项目物业管理分析

项目名称	物业管理费	物业管理公司
北京奥林匹克花园	2.50 元/平方米/月	北京奥元物业管理有限公司
保利东郡	6.90 元/平方米/月	保利物业管理（北京）有限公司
小悦城	5.93 元/平方米/月	北京元邑房地产开发有限公司
龙湖·长楹天街	5.90 元/平方米/月	北京龙湖物业服务有限公司
公园 1872	5.48 元/平方米/月	北京招商局物业管理有限公司
首开常青藤	2.58 元/平方米/月	嘉宝物业

除小悦城车位略显不足外，其他项目的车位基本能满足业主的需要，从收费标准来看，地上车位收费为 100～300 元/月，地下为 300～500 元/月，地下车位出售价格在 10 万～20 万元（见表 4-7）。

表 4-7 区域内各项目车位分析

项目名称	车位配比	停车方式	收费标准
北京奥林匹克花园	1∶1	地下、地上停车相结合	地上：150元/月 地下：300元/月 售12万元/位
保利东郡	1∶0.8	地下、地上停车相结合	未定
小悦城	1∶0.65	地下、地上停车相结合	地上：300元/月 地下：450元/月
龙湖·长楹天街	1∶1	地下、地上停车相结合	地上：300元/月 地下：450元/月 售23万元/位
公园1872	未定	地下、地上停车相结合	未定
首开常青藤	1∶1	地下、地上停车相结合	未定

4.5.2.3 新政对区域的影响

《国务院关于坚决遏制部分城市房价过快上涨的通知》的发布，对新的调控政策进一步地细化、完善，再出组合重拳部署遏制高房价，房地产新政的实施将对房地产市场产生重大的影响。新政在强调加大住房保障力度、增加住房供给、改善供应结构和加强市场监管的同时，把重点放在了加强住房需求管理，尤其是坚决抑制不合理住房需求，对炒房投机行为进行精确严厉打击。这对整个区域的销售产生了巨大影响，但对以自住为主的业主群体影响不大。

4.5.3 产品定位

4.5.3.1 项目 SWOT 分析

通过找出本项目客观存在的主要内部优势因素、劣势因素以及外部市场中的机会因素、威胁因素，运用SWOT分析法，提出相应的市场对策，其目的是能够提出更具针对性的物业市场定位，以及相对适合于此市场定位的产品营销方法、手段。具体分析见表4-8。

表 4-8 朝青楼盘 SWOT 分析结果

优势分析	劣势分析
S1. 良好的地理位置 S2. 便利的交通体系 S3. 紧邻东五环绿化带 S4. 生活配套齐全 S5. 发展升值空间巨大	W1. 距城中心较远 W2. 地处商业中心，噪声污染严重 W3. 上下班时间交通可能拥堵
机会分析	**威胁分析**
O1. 城市及经济发展对房地产的带动效应 O2. CBD东扩带来良机 O3. 北京房地产市场空间较大，有足够的消费群体支撑 O4. 区域内消费群体购买力强	T1. 国家对房地产的调控力度 T2. 城市远期规划带来的影响 T3. 项目开发周期带来的一系列影响

1. **优势分析**

良好的地理位置、便利的交通使得区位优势得天独厚。东坝与 CBD、东二环（国家支柱产业经济带）、燕莎、望京丽都及首都机场临空经济示范区五大商圈有机连接，处于五大商圈的中心，是东部产业带重要居住功能区的核心区域之一，地块北侧为政府规划的“东坝北区”高端商务休闲区。周边拥有丰富的自然景观，邻近有北京最大的城市公园朝阳公园以及红领巾公园、朝阳体育中心、庄园高尔夫球场、七棵树高尔夫球场、骐骥马术俱乐部以及东五环绿化带，充分体现了绿色、环保的生活理念。随着 CBD 的不断东扩，该区域未来具有巨大的发展空间和潜力。

2. **劣势分析**

项目距城市中心较远，地处繁华的商业中心，噪声污染严重，影响了项目的品质，而商业中心面临庞大的交通压力，对于生活在此的业主，早晚高峰时段将不可避免地出现车辆拥堵状况，影响出行效率。

3. **机会分析**

北京城市及经济发展对房地产市场的带动效应：整体上北京的经济呈现良性发展，城市化进程加速（旧城区改造、棚户区改造），房地产开发在一定时间内存在广阔的发展空间。CBD 强大的商业效应带来的物流、人流都为东部地区的房地产项目，尤其是中高档项目的开发带来很大的带动效应。北京的房地产市场空间巨大，因为有足够的消费群体可以支撑。

4. **威胁分析**

目前，该区域楼盘供应量很大，未来一段时间内还将陆续有新的楼盘上市。政府关于房地产大力调控政策的出台，将逐步使市场走向规范、平稳的发展道路。政府对于保障房项目的重视也将给房地产行业带来深远影响，会给项目的开发周期带来一系列的连带性反应。

4.5.3.2 市场定位

市场定位是勾画企业形象及其所提供产品、价值的行为，它需要向客户说明本企业的产品与现有竞争者和潜在竞争者的产品有什么区别。市场定位的基础在于对本产品与竞争产品的深入分析和对客户需求的准确判断，并由此提出或确定：

（1）本产品是什么、给谁用等基本内容。

（2）本产品与竞争产品的不同之处。这种不同之处应当对消费者具有巨大的吸引力，是其他竞争者所无法模仿的。

（3）本产品在消费者心中与众不同的感觉、地位。通过一系列的营销努力把产品的与众不同之处有效地传达给目标客户群，从而使产品在市场中占据有利的地位。

产品的市场定位将会指导我们完成以下房地产开发前期的具体工作：

（1）生产什么样的产品（产品的特征和个性，这种个性应具有巨大的吸引力，是其他竞争者无法模仿的）。

（2）为什么人生产（产品所面对的目标客户群）。

（3）如何生产本产品（在产品的规划设计过程中，通过寻求利润与成本的合理结合点，实现利润最大化）。

4.5.3.3 客群定位

项目注重精英人群的生活需求与时代背景，将现代简约的艺术风格融入建筑设计理念，体现年轻、时尚、国际化的社区特点。主力产品是规划合理的90平方米小三居。宜人的居住环境，小院、露台、地下空间等丰富灵动的空间充分满足了各阶段人群的品质需求。洋溢小镇风情的园林景观，错落中映出情趣，朴素中体现精致，形成了融洽和谐的社区氛围。

另外，还必须考虑需求者对价格的敏感度，目标群体是否接受产品的新技术、新概念，购房消费趋于理性化，人们对物业品质及周边配套更为关注等因素。

4.5.3.4 产品设计建议

为了丰富本项目的产品，并提升本项目的品质，本方案对板楼户型的设计提出如下建议：

（1）双开门电梯设计。

（2）充分利用楼体的折线型，设计为户户明卫。

（3）充分利用双开门电梯将公共过道变为私属空间，形成板楼户户花厅入口的设计特点。

（4）引入平层三居与错层三居不同的产品形态。

楼层设计分别为5层院景花墅、6层情景花墅、9层观景花墅。户型主要包括65平方米一居、83～92平方米两居、88～99平方米三居、149～180平方米底跃。社区会所、独立商业、社区底商为本项目提供运动健康、餐饮购物、娱乐休闲配套设施，小学、幼儿园为本项目提供教育配套设施。

4.5.3.5 价格定位

在房地产营销过程中，定价是极其敏感、极其重要的环节，开发商对此也十分关注。

首先，选择与本项目具有可比性的项目，罗列其基本资料，确定各项基本资料的权重，根据实际情况给予相应的分数。其次，将每个项目的各项基本资料的加权值与其得分相乘，得到该项目的最后得分。通过相应的公式，计算出可比项目的基准满分均价。最后，用基准满分均价计算本项目的初步参考价格。

综合考虑，结合区域购买能力及市场空白点，项目定位于区域的高端项目。

考虑项目的主要销售时段是在2013年、2014年，应充分考虑随着时间的推移整体市场价格的自然增长幅度以及区域本身的价值提升。应当充分利用房地产开发企业的强大实力、良好的口碑效应塑造项目良好的市场形象。

4.5.4 销售推广建议

4.5.4.1 推广阶段建议

具体的推广时间段安排如下（见表4-9）。

表 4－9　销售进度安排表

推广阶段	2013 年									2014 年			
月份	4	5	6	7	8	9	10	11	12	1	2	3	4
预热期													
开盘亮相期													
第一强销期													
稳定销售期													
第二强销期（尾盘促销）													

各阶段分别有不同的推广计划。

4.5.4.2　案名及平面表现

1. 案名①

案名：首开·常青藤。

常青藤作为副案名，其意义在于："常青藤"本身是一种观赏植物，是非常好的绿化植物，有积极向上的蓬勃之感，代表积极向上、有顽强生命力的生活信念。

另外，该案系列中 5 层院景洋房的英文"IVY YARD"本身就是常青藤的英文表达，正好和这个产品相呼应。

从客户角度出发，项目的整体产品是 90 平方米花园洋房，项目的目标客户是积极向上和富有朝气的年轻客群，他们具有国际化的视野和前瞻态度，对生活品质和居住环境都有自己的要求。故此，以常青藤代表该群体的生活形态。

2. 平面表现

4.5.4.3　营销推广建议

总体思路是在营销期间以最小的风险获得最大的利润，并在营销过程中塑造品牌形象。在 3 个月至半年的积蓄期，主打营销理念，树立自身高端的形象，形成品牌知名度，价格上对外不具体报价，制造市场负压，开盘以低价入市，形成市场抢购，以赢得社会认同，形成品牌美誉度。而后迅速提价，保证开发商获得最大的利润，并提高客户对品牌的忠诚度。

项目整体的高端形象对项目的销售进度及价格都有着非常重要的影响，虽然本项目

① 本案摘自搜房网对首开天成销售总监胡静女士的访谈。

整体是以中小户型产品为主，但不应在客群中形成小户型社区的印象，从而使客户对整体的居住品质产生疑问。

鉴于本案在区域内较为高端的定位，以及项目的自身特点并考虑到开发企业对回款的要求，建议以户外媒体为主力媒体，以报纸和网络媒体为辅助媒体。报纸只进行市场上的项目信息告知，比如开盘等重大项目进度节点；网络媒体应配合房地产权威网站，及中高阶层群体较为集中的门户网站；对于户外媒体，由于本案中的客户地缘性强，建议在周边主要路段选择优良的户外媒体进行投放。项目主要选取以上三种媒体，从而进行整合、立体式推广。

4.5.5　案例评述

房地产项目定位是一项复杂的系统工程。一般情况下，该项工作应先从项目所处的宏观政策、市场和区域市场环境分析入手，通过对项目自身特点及优劣势的分析、总结和判断，得出包括市场定位、客户群定位、产品设计定位和价格定位在内的房地产产品定位思路，并根据定位结果提出该项目产品的具体推广建议和方案，以使项目定位具有切实可行性，使项目实施达到预期的经济和社会效益。

关键术语

土地储备和一级开发　　房地产综合开发　　房地产转让项目　　房地产项目定位

复习思考题

1. 什么是土地储备和一级开发？
2. 房地产综合开发项目的类型有哪些？
3. 住宅房地产开发项目包括哪几类？
4. 土地使用权转让必须符合哪些条件？
5. 我国《城市房地产管理法》规定哪些房地产不得转让？
6. 如何进行房地产项目定位？

第5章

房地产项目用地的获取

本章内容提要

房地产开发企业获取建设项目用地主要有三种方式，即划拨、出让和转让。其中划拨和出让属于土地一级市场行为，转让属于土地二级市场行为。房地产开发企业在获得房地产开发项目用地，并取得相应土地使用权之后，要进行项目的前期工作，其中包括项目核准、获取三种许可证等。本章将对这三种土地取得方式和三种许可证的获取过程进行介绍与讨论。

5.1　划拨土地使用权的获取

5.1.1　划拨土地使用权概述

5.1.1.1　划拨土地使用权的含义

划拨土地使用权，即通过行政划拨方式取得的土地使用权。土地使用权划拨，是指经县级以上人民政府依法批准，在土地使用者缴纳补偿、安置等费用后将该幅土地交付其使用，或者将土地使用权无偿交付给土地使用者的行为①。

5.1.1.2　划拨土地使用权的基本特征

土地使用者通过划拨方式取得的土地使用权，即划拨土地使用权，其具有以下几个

① 参见《城市房地产管理法》第23条第1款。

基本特征：

1. 划拨土地使用权的取得具有行政性

土地使用权的划拨实则是行政划拨，国家在对土地使用权进行划拨时，行使的是行政权力。国家行政主管机关与用地申请人在法律地位和权利义务上是不对等的。

2. 划拨土地使用权具有无偿性

通过划拨方式取得的土地使用权，虽然土地使用者要缴纳补偿、安置等费用，但不必向国家支付地租性质的费用，也无须支付土地使用权出让金。补偿、安置等费用不是取得土地使用权的代价，而只是对原先土地使用者的损失和重新安置的补偿。

3. 划拨土地使用权具有无期限性

《城市房地产管理法》第 23 条规定："依照本法规定以划拨方式取得土地使用权的，除法律、行政法规另有规定外，没有使用期限的限制。"但是，划拨土地使用权没有使用期限限制并不等于永续存在，土地所有权人可以根据需要收回土地使用权。

4. 划拨土地使用权的流转具有限制性

通过划拨方式取得的土地使用权，除符合法律规定的条件外，不得转让、出租和抵押。法律规定的条件主要是指《城市房地产管理法》规定的条件，即首先要经过市、县人民政府土地管理部门和房产管理部门的批准，其次要与土地管理部门签订土地使用权出让合同，补交土地使用权出让金。

5.1.1.3　划拨土地使用权的基本类型

根据划拨土地使用权人的不同，可以将划拨土地使用权区分为两种类型①：

（1）国家机关、军事机关等公法人享有的划拨土地使用权。这些机关属于国家机构的组成部分，其本身是国家的代表，使用划拨土地是为了实现国家的公法职能。根据国家法人说，这种划拨土地使用权应当认为是土地所有人自己占有、使用，在性质上属于未分离出去的所有权的使用权能。

（2）企业、事业单位等私法人、自然人或其他组织享有的划拨土地使用权。这些划拨土地使用权人属于私法上的主体，不是国家的代表，其对划拨土地的占有、使用是非所有人的占有、使用。

5.1.2　划拨土地使用权的适用范围

5.1.2.1　中央政府对土地划拨使用的政策规定

根据《土地管理法》第 54 条的规定，下列建设用地，经县级以上人民政府依法批准，可以以划拨方式取得：国家机关用地和军事用地，城市基础设施用地和公益事业用地，国家重点扶持的能源、交通、水利等基础设施用地，法律、行政法规规定的其他用地。从以上列举可以看出，划拨土地一般只用于有关公共利益和国计民生的项目。

---

① 符启林. 房地产法教程. 北京：首都经济贸易大学出版社，2002.

国土资源部发布的《划拨用地目录》（〔2001〕9号）的范围是在原国家土地管理局颁布的《划拨用地项目目录》的基础上，根据《土地管理法》和《城市房地产管理法》的规定制定的。《划拨用地目录》删除了煤炭等用地项目，增补了国家机关和人民团体、军事、城市基础设施、公益事业（教育、体育、科研、医疗卫生、社会福利、殡葬设施）等用地项目。《划拨用地目录》还强调，对国家重点扶持的能源、交通、水利等基础设施用地项目，可以以划拨方式提供土地使用权。对以营利为目的，非国家重点扶持的能源、交通、水利等基础设施用地项目，应当以有偿方式提供土地使用权。此外，以划拨方式取得的土地使用权，因企业改制、土地使用权转让或者改变土地用途等不再符合《划拨用地目录》的，应当实行有偿使用。

5.1.2.2 地方政府对土地划拨使用的管理情况

目前，我国实行土地供应制度上的“双轨制”，即实行国有土地有偿、有期限使用制度，同时也允许在法定范围内划拨土地使用权。由于划拨土地使用权不包括土地处分权，因而不能进入市场流转。但划拨土地未经批准程序而非法流入土地二级市场的现象十分普遍。土地使用者在隐形交易中取得大量土地收益，造成国有土地资产流失。针对这些问题，各级地方政府均出台了划拨土地使用权的管理办法，这涉及对划拨土地使用权的一般性管理和国有企业改制过程中的划拨土地管理。

一般性管理主要是为了防止国有土地资产流失、规范土地市场交易行为，根据国家相关法律，结合地方实际情况，明确划拨土地使用权的范围，规定划拨土地使用权的转让、出租、抵押、收回等的条件和程序。

国有企业改制过程中的划拨土地管理，是为了支持国有企业改革，进一步推行土地有偿使用制度，明晰土地产权关系，主要包括国有企业实行公司制改造、组建企业集团、股份合作制改组、租赁经营和出售、兼并、破产等改革涉及的划拨土地使用权管理。

5.1.3 划拨土地使用权获取的主要流程

5.1.3.1 划拨土地使用权获取的主要步骤

根据《土地管理法》及《土地管理法实施条例》的规定，具体建设项目需要占用土地利用总体规划确定的城市建设用地范围内的国有建设用地的，其取得划拨土地使用权须经过以下几个步骤：

1. 预审

用地申请前，在建设项目可行性研究论证时，应由土地管理部门对建设项目用地有关事项进行审查，提出建设项目用地预审意见；可行性研究报告报批时，必须附土地管理部门出具的建设项目用地预审意见。

2. 申请

具体建设项目需要使用土地的，由建设单位持建设项目的有关批准文件，向市、县人民政府土地管理部门提出建设用地申请。建设单位应当根据建设项目的总体设计一次申请，办理建设用地审批手续；分期建设的项目，可以根据可行性研究报告确定的方案分期申请建设用地，分期办理建设用地有关审批手续。

3. **审查**

建设单位的用地申请由市、县人民政府土地管理部门审查，拟订供地方案，即划定用地范围，并组织建设单位与被征地单位及有关单位商定补偿、安置方案。然后，报市、县人民政府批准；需要上级人民政府批准的，应当报上级人民政府批准。

4. **批准**

供地方案等经批准后，由市、县人民政府向建设单位颁发建设用地批准书。划拨使用国有土地的，由市、县人民政府土地管理部门向土地使用者核发国有土地划拨决定书。

5. **登记发证**

用地申请批准后，建设单位应当依法向市、县人民政府土地管理部门申请土地登记，并由市、县人民政府颁发《国有土地使用证》。土地登记是划拨土地使用权的公示方法，《国有土地使用证》是取得划拨土地使用权的唯一证明。

5.1.3.2　划拨土地使用权获取过程中涉及的各主要利益主体及相互关系

划拨土地使用权获取过程中，主要涉及三方的利益关系：政府、划拨土地使用者和原土地使用者。

各级地方政府代表国家作为土地的所有者是土地使用权的划出方，将符合条件的建设用地划拨给土地使用者使用，而不收取任何地租性质的收益。土地使用者作为土地使用权的划入方，是土地划拨后的真正使用人，拥有划拨土地的占有、使用、部分收益和处分权，而不需要向政府缴纳地租性质的土地使用权出让金。二者之间主要是行政关系而非利益关系。

原土地使用者是土地划拨前该幅土地的实际占有者和使用者。划拨土地为城市建设用地的，应对土地上原有的建筑物和其他附着物给予原使用者补偿；划拨土地需要征收农地的，要办理农用地转用审批手续，同时对征收土地进行征地补偿。对划拨土地原使用者的生产生活造成影响的，应当进行安置，补偿、安置费用由划拨土地使用者承担。二者之间主要是利益关系。

划拨土地使用权过程中的三个主体是密切联系的。政府要依据法律法规的规定行使行政权力，保证有关公共利益和国计民生的建设项目能够顺利实施。划拨土地使用者要合法有效地利用划拨土地，并对划拨土地原使用者给予合理的补偿和安置，保证原土地使用者的利益不受侵害。原土地使用者应当服从国家建设大局，在获得合理补偿后配合土地划拨工作。

5.1.4　划拨土地使用权获取过程中的主要成本和税费

划拨土地使用权获取过程中的主要成本和税费，主要是指划拨土地使用者给予原土地使用者的补偿和安置费用。《土地管理法》规定，建设占用土地，涉及农用地转为建设用地的，应当办理农用地转用审批手续。其中，经国务院批准，或经省、自治区、直辖市人民政府在征地批准权限内批准农用地转用的，同时办理征地审批手续。征收土地的，按照被征收土地的原用途给予补偿。征收耕地的补偿费用包括土地补偿费、安置补助费以及地上附着物和青苗的补偿费。土地上有建筑物的，还要承担拆迁补偿费。

5.1.4.1 土地补偿费

土地补偿费是指国家征收集体所有的土地时直接对土地支付的补偿费用，其实质是对土地收益的补偿。土地收益是农业集体经济组织通过占有、经营土地而获得的经济利益。国家征用集体所有的土地时，必须对农业集体经济组织失去土地后所损失的土地收益给予补偿。

5.1.4.2 安置补助费

土地补偿费和安置补助费，尚不能使需要安置的农民保持原有生活水平的，经省、自治区、直辖市人民政府批准，可以增加安置补助费。征收农民集体所有土地应给予公平补偿，保证被征收农民原有生活有改善，长远生计有保障，维护被征地农民的合法权益。

国务院根据社会、经济发展水平，在特殊情况下，可以提高征收耕地的土地补偿费和安置补助费的标准。

在城市建设用地上取得划拨土地，也需要对原土地使用者，如国有企业职工进行一定的安置。

5.1.4.3 地上附着物及青苗补偿费

地上附着物补偿费包括地上的各种建筑物、构筑物（如房屋、水井、道路、管线、水渠等）的拆迁和恢复费用及被征用土地上林木的补偿或砍伐费等。其具体标准由各省、自治区、直辖市规定。

青苗补偿费是指农作物正处于生长期未能收获，因征用土地需要及时让出土地，致使农作物不能收获而给农民造成损失，所给予土地承包经营者或土地使用者的经济补偿。青苗补偿费的标准一般农作物最高按一季产值计算，如果是播种不久或投入较少，也可以按一季产值的一定比例计算。

5.1.4.4 拆迁补偿费

拆迁补偿费是拆建单位依照规定标准向被拆迁房屋的所有权人或使用人支付的各种补偿金。一般有：房屋补偿费，用于补偿被拆迁房屋所有权人的损失，以被拆迁房屋的结构和折旧程度划档，按平方米单价计算；周转补偿费，用于补偿被拆迁房屋住户临时居住房或自找临时住处的不便，以临时居住条件划档，按被拆迁房屋住户的人口每月予以补贴；奖励性补偿费，用于鼓励被拆迁房屋住户积极协助房屋拆迁或主动放弃一些权利，如自愿迁往郊区或不要求拆迁单位安置住房。在原有三项补偿的基础上把住宅从地上附着物中单独列出，增加社会保障补偿，规定征地补偿包括土地补偿、被征地农民的安置补助与社会保障费用、农民村民住宅补偿，以及其他地上附着物补偿和青苗补偿。

拆迁补偿费的各项标准由当地人民政府根据本地的实际情况和国家有关法律政策加以确定，拆建单位必须严格执行，不得任意更改；补偿资金不落实，不得批准和实施征地。

5.1.4.5　其他费用

征收集体土地过程中发生的税费还包括耕地占用税、新增建设用地有偿使用费、耕地开垦费、征地管理费等，征收城市郊区的菜地，用地单位还应当按照国家有关规定缴纳新菜地开发建设基金。对地面建筑物进行拆迁的，应缴纳房屋拆迁管理费。

5.2　出让土地使用权的获取

5.2.1　土地使用权出让概述

5.2.1.1　土地使用权出让的含义

土地使用权出让（简称土地出让）是指国家将国有土地使用权在一定年限内出让给土地使用者，由土地使用者向国家支付土地使用权出让金的行为①。

5.2.1.2　出让土地使用权的基本特征

出让土地使用权具有以下法律特征：

1. 土地出让的主体

土地使用权的出让方是土地的所有者——国家，土地使用权的受让方是中华人民共和国境内外的公司、企业、其他组织和个人。由于国家是一个抽象主体，因而在具体行使出让权时，一般由土地所在地政府作具体代表。

2. 土地出让的客体

土地出让的客体是城镇国有土地，即城市、县城、建制镇、工矿区、开发区范围内属于全民所有的土地。城镇规划区内的集体土地征为国有后方可出让。

3. 土地出让的内容

土地出让的内容是土地出让方将一定年限的国有土地使用权转让给受让方，而受让方支付相应的出让金。受让方取得的是具有独立意义的土地使用权，具有占有、使用、收益和一定程度的处分权，具体表现为对土地的使用权、转让权、出租权、抵押权等。

5.2.1.3　出让土地使用权的基本类型

根据《城市房地产管理法》的规定，土地使用权的出让方式包括双方协议、招标和拍卖，出让时具体采取哪种方式，由出让土地的具体情况和土地用途来确定。《城市房地产管理法》第 13 条第 2 款规定，“商业、旅游、娱乐和豪华住宅用地，有条件的，必须

① 参见《城市房地产管理法》第 8 条。

采取拍卖、招标方式；没有条件，不能采取拍卖、招标方式的，可以采取双方协议的方式”。同时《城镇国有土地使用权出让和转让暂行条例》第 12 条规定了各类土地使用权出让的最高年限：居住用地为 70 年，工业用地为 50 年，教育、科技、文化、卫生、体育用地为 50 年，商业、旅游、娱乐用地为 40 年，综合或者其他用地为 50 年。

下面对四种出让方式做具体的分析：

1. 协议

协议出让是指土地使用权的有意受让方向土地管理部门提出有偿使用土地的愿望，并与土地管理部门就有关出让事宜进行协商，达成一致后出让土地的行为。采用这种方式，在议定合同条款时具有较大的灵活性。基于这个特点，该方式一般适用于以公益事业或福利事业为目的的用地出让，如经济适用住房用地。

2. 招标

所谓招标，是指土地管理部门向不特定的多数人发出邀约，邀请他人投标，然后根据特定的要求从投标者中确定最佳土地使用权受让人的土地出让行为。这种方式一般适用于对开发有较高要求的建设性用地。采取这种方式可以引进竞争机制，有助于政府部门选择最合适的受让人。招标方法具体来说有两种：（1）公开招标，即由土地部门发出招标公告，吸引房地产开发企业投标；（2）邀请招标，即土地部门向符合条件的开发企业发出招标文件，吸引它们来竞标。

3. 挂牌

挂牌实际上是介于拍卖和招标之间的一种形式，先由市、县人民政府土地行政主管部门（简称出让人）发布挂牌公告，按公告规定的期限将拟出让宗地的交易条件在指定的土地交易场所挂牌公布，接受竞买人的报价申请并更新挂牌价格，最后，根据挂牌期限截止时的出价结果确定土地使用者。挂牌更多地体现为一种公示制度，挂牌之后、公示期间，谁都可以竞投。

4. 拍卖

拍卖是指在指定的时间和公开场所，由政府主持土地使用权拍卖，主持人宣布底价，竞投者按规定方式应价，竞投土地使用权价最高者得到一定年期限的土地使用权的行为。拍卖适用于经济条件好、交通便利、区位优异的地段以及利用上有较多灵活性的土地。房地产开发企业一般通过这种方式获得开发成熟的商业性用地的使用权。拍卖的特点是公平、公正、简便易行。

5.2.2 出让土地使用权的政策规定

5.2.2.1 土地协议出让使用的政策规定

随着我国经济体制改革的深入，各地在推行国有土地有偿使用、建立和发展土地市场方面取得了显著成绩。但是，在相关法规出台前，各地出让国有土地使用权采用招标、拍卖方式的比例很小，经营性房地产开发用地的出让仍主要以协议方式进行，不利于建设公开、公平、公正的土地市场，不利于国有土地资产价值的实现，也不利于集约用地、节省土地资源。

1999年，《国土资源部关于进一步推行招标拍卖出让国有土地使用权的通知》指出，要严格限制协议出让国有土地使用权的范围，除划拨土地使用权转让、国有企业改革中处置划拨土地使用权以及特殊用途等用地外，都不得协议出让国有土地使用权，从而将协议出让土地限定在划拨土地使用权转让、国有企业改革中处置划拨土地使用权及特殊用途等用地的范围之内，其他用地都不得以协议方式出让国有土地使用权。

2002年的《招标拍卖挂牌出让国有土地使用权规定》叫停了已沿用多年的土地协议出让方式，要求从2002年7月1日起，商业、旅游、娱乐和商品住宅等各类经营性用地，必须以招标、拍卖或者挂牌方式出让。2003年的《协议出让国有土地使用权规定》第9条规定，在公布的地段上，同一地块只有一个意向用地者的，市、县人民政府国土资源行政主管部门方可按照本规定采取协议方式出让；但商业、旅游、娱乐和商品住宅等经营性用地除外。同一地块有两个或者两个以上意向用地者的，市、县人民政府国土资源行政主管部门应当按照《招标拍卖挂牌出让国有土地使用权规定》，采取招标、拍卖或者挂牌方式出让。

2006年8月1日，《协议出让国有土地使用权规范（试行）》（简称《规范（试行）》）开始实施。《规范（试行）》的主要内容包括：适用范围，引用的标准和文件，依据，总则，供地环节的协议出让，原划拨、承租土地使用权人申请办理协议出让，划拨土地使用权转让中的协议出让，出让土地改变用途等土地使用条件的处理等八项内容。《规范（试行）》的附录部分列示了国有土地使用权出让意向书和划拨土地使用权准予转让通知书两个示范文本格式。《规范（试行）》明确了协议出让国有土地的范围，主要包括五个方面的内容：（1）供应商业、旅游、娱乐和商品住宅等各类经营性用地以外用途的土地，其供地计划公布后同一宗地只有一个意向用地者的；（2）原划拨、承租土地使用权人申请办理协议出让，经依法批准，可以采取协议方式，但《国有土地划拨决定书》、《国有土地租赁合同》、法律、法规、行政规定等明确应当收回土地使用权重新公开出让的除外；（3）划拨土地使用权转让申请办理协议出让，经依法批准，可以采取协议方式，但《国有土地划拨决定书》、法律、法规、行政规定等明确应当收回土地使用权重新公开出让的除外；（4）出让土地使用权人申请续期，经审查批准的；（5）法律、法规、行政规定明确可以协议出让的其他情形。同时，国家将强化对协议出让土地的监管，建立协议出让土地公示制度，统一公布各地协议出让土地最低价标准，禁止非法压低地价招商引资。

2007年1月1日起，《全国工业用地出让最低价标准》在全国统一实施。根据这一通知要求，工业用地必须采用招标拍卖挂牌方式出让，其出让底价和成交价格均不得低于所在地土地等别相对应的最低价标准。从此，工业用地低价协议出让亦受到限制。

5.2.2.2 土地招拍挂出让使用的政策规定

2002年，国土资源部发布的《招标拍卖挂牌出让国有土地使用权规定》明确，商业、旅游、娱乐和商品住宅等各类经营性用地，必须以招标、拍卖或者挂牌方式出让。

2006 年 8 月 1 日，《招标拍卖挂牌出让国有土地使用权规范（试行）》开始实施。该规范在国有土地招标拍卖挂牌出让的范围确定上，秉承三个基本原则：一是国家法规政策明确规定必须招标拍卖挂牌；二是地方法规规定划拨土地改变用途或转让必须招标拍卖挂牌；三是出让合同约定改变土地使用条件必须收回土地使用权实行招标拍卖挂牌。不符合上述原则的国有土地出让，方可采用协议方式。纳入招标拍卖挂牌的土地范围包括六类情形：（1）供应商业、旅游、娱乐和商品住宅等各类经营性用地以及有竞争要求的工业用地；（2）其他土地供地计划公布后同一宗地有两个或者两个以上意向用地者的；（3）划拨土地使用权改变用途，《国有土地划拨决定书》或法律、法规、行政规定等明确应当收回土地使用权，实行招标拍卖挂牌出让的；（4）划拨土地使用权转让，《国有土地划拨决定书》或法律、法规、行政规定等明确应当收回土地使用权，实行招标拍卖挂牌出让的；（5）出让土地使用权改变用途，《国有土地使用权出让合同》约定或法律、法规、行政规定等明确应当收回土地使用权，实行招标拍卖挂牌出让的；（6）依法应当招标拍卖挂牌出让的其他情形。

2011 年 5 月，《国土资源部关于坚持和完善土地招标拍卖挂牌出让制度的意见》指出：限定房价或地价，以挂牌或拍卖方式出让政策性住房用地；限定配建保障性住房建设面积，以挂牌或拍卖方式出让商品住房用地；对土地开发利用条件和出让地价进行综合评定，以招标方式确定土地使用权人；大力推进土地使用权出让网上运行；完善土地招拍挂出让合同。

5.2.3 出让土地使用权获取过程中涉及的各主要利益主体及相互关系

5.2.3.1 协议出让土地使用权获取过程中涉及的各主要利益主体及相互关系

与土地有关的利益主体大体上有六个：中央政府、地方政府、农民、开发商、城市居民、工商企业。工商企业要获得工业厂房或商业楼宇，开发商要开发房地产，就需要从地方政府手中获得土地。在目前的制度下，工业与城市住宅用地由地方政府通常是县市级政府供应。地方政府获得土地的途径则有两个：拆迁旧城区、向农民征收农地[①]。

不同的主体在土地上的利益是不同的，甚至是对立的：农民和城市拆迁户希望政府大幅提高补偿标准；开发商和企业希望压低买地价格；地方政府高度依赖土地财政，所以一方面它希望压低征地和拆迁补偿标准，另一方面又乐于抬高土地出让价格；中央政府则希望控制工业化与城镇化用地规模，提高土地利用效率，同时确保社会稳定，缓解农民和城市居民的不满。在这一利益格局中，地方政府往往是利益纠葛的集中点。地方政府为发展地方经济普遍给予工商企业用地优惠，为确保土地财政与开发商站在一起，农民和城市居民则经常成为利益受损者。

在协议出让土地使用权的过程中，地方政府为出让方，土地使用者如工商企业和开

① 参见《让出让土地相关利益主体公平博弈》，见中房网。

发商为受让方。据估计，1998 年后，仅协议出让与招标拍卖挂牌出让土地价差一项，国库每年损失逾千亿元。

5.2.3.2　招拍挂出让土地使用权获取过程中涉及的各主要利益主体及相互关系

土地招标过程中涉及的利益主体也是方方面面的，其中直接利益主体是出让土地的地方政府和受让土地的土地使用者。在任何时候，土地使用者如开发商，都希望以更低的价格取得土地。通过公平竞争的方式，土地招拍挂抬高了土地使用者获得土地的成本，压缩了土地使用者的利润空间。招拍挂出让方式的本质是通过市场来配置土地资源，约束和规范土地审批行政权力，杜绝土地交易的随意性。土地的经济价值只有通过市场竞争才能充分体现，在市场经济的环境下，土地招拍挂是自由竞价的有效方法，是买卖双方公开竞争、理性博弈的过程。地方政府从土地招拍挂出让方式中获得合理的土地财政，并有利于土地交易市场的规范和发展。

5.2.4　出让土地使用权获取过程中的主要成本和税费

土地出让是一种有偿有期限的行为，除了获取土地过程中发生的各项补偿和税费外，土地使用者必须向国家缴纳地租性质的土地使用权出让金。

5.2.4.1　土地使用权出让金

土地使用权出让金是我国政府在土地出让过程中，作为国有土地所有者的代表向土地使用者收取的一定期限的使用费，主要用于各项城市建设和土地开垦、复垦等方面。由于在各种土地出让形式中，协议出让的透明度最差，最容易产生寻租行为，容易给国家和社会造成很大的损失，因此国家对协议出让的适用范围和出让金标准有严格的规定。

《协议出让国有土地使用权规定》第 4 条明确规定，以协议方式出让国有土地使用权的出让金不得低于按国家规定所确定的最低价。第 5 条明确规定，协议出让最低价不得低于新增建设用地的土地有偿使用费、征地（拆迁）补偿费用以及按照国家规定应当缴纳的有关税费之和。有基准地价的地区，协议出让最低价不得低于出让地块所在级别基准地价的 70%。低于最低价时国有土地使用权不得出让。

5.2.4.2　其他费用

土地使用权出让金是国家作为土地所有者所享有的土地所有权经济权利的实现，除此以外，土地使用者还要对取得土地使用权过程中发生的实际费用负责，即契税、征地补偿费、房屋拆迁费、耕地占用税、新增建设用地土地有偿使用费、耕地开垦费及各项管理费用等。

5.3 协议出让土地使用权的获取

5.3.1 协议出让土地使用权概述

5.3.1.1 协议出让土地使用权的含义

《协议出让国有土地使用权规定》第2条规定，协议出让土地使用权是指国家以协议方式将国有土地使用权在一定年限内出让给土地使用者，由土地使用者向国家支付土地使用权出让金的行为。以协议方式出让土地使用权是指市、县人民政府土地管理部门根据土地用途、建设规划要求、土地开发程度等情况，与受让申请人协商用地条件和土地使用权出让金，双方经过协商达成协议后，受让方便依据协议取得土地使用权。

5.3.1.2 协议出让土地使用权的基本特征

协议出让是一种特殊的出让方式。它既有行政审批要素，也有市场交易成分，其基本特征是：

1. 非市场出让，没有竞争者

协议出让方式的基本特点是在没有第三者参与竞争的条件下，通过双方协商，达到出让土地使用权的目的。因此，该方式缺乏竞争机制，市场透明度不高，主观随意性较大。

2. 政府对地价较易控制，灵活性较大

这种方式有利于政府对土地价格的掌握，适用于公共福利事业和非营利性的社会团体、机关单位用地和某些特殊用地。

3. 价格和使用范围受到限制

以协议方式出让土地使用权的出让金不得低于按国家规定所确定的最低价。在公布的地段上，同一地块只有一个意向用地者的，市、县人民政府国土资源行政主管部门方可按照规定采取协议方式出让，但商业、旅游、娱乐和商品住宅等经营性用地除外。

5.3.2 协议出让土地使用权的管理情况

一直以来，国土资源部认真贯彻落实国务院、中纪委要求，认真执行《招标拍卖挂牌出让国有土地使用权规定》和《协议出让国有土地使用权规定》，狠抓出让制度建设，严格纪律规定，加强专项执法监察，严肃查处违法违纪行为，国有土地出让工作取得明显进展。经营性土地招拍挂制度在全国基本确立，协议出让行为逐步规范，土地市场信息公开力度进一步加大，市场在土地资源配置中的基础性作用进一步得到发挥。

在各省市制定协议出让国有土地最低价格标准方面，包括广西、重庆、郑州、贵州等多个省、自治区、直辖市已相继公布了协议出让土地的最低价标准。此前，已有深圳、江苏、浙江、郑州等少数几个省市试行了协议出让土地公示制度。

当前，国有土地出让中仍然存在一些问题，主要是：一些地方国有土地出让信息公开程度不够，操作行为和操作程序不规范。这些问题不解决，不利于规范国有土地出让行为，不利于国有土地出让制度的进一步落实，不利于更大程度地发挥市场配置土地资源的基础性作用。解决这些问题，需要进一步统一出让程序和标准，明确操作规范。

5.3.3　获取协议出让土地使用权的主要流程

5.3.3.1　协议出让土地使用权的一般程序①

（1）公开出让信息，接受用地申请，确定供地方式。市、县国土资源管理部门应当将经批准的国有土地使用权出让计划向社会公布。有条件的地方可以根据供地进度安排，分阶段将国有土地使用权出让计划细化落实到地段、地块，并将相关信息及时向社会公布。国有土地使用权出让计划以及细化的地段、地块信息应当同时通过中国土地市场网（www. landchina. com）公布。

（2）编制协议出让方案。市、县国土资源管理部门应当会同规划等部门，依据国有土地使用权出让计划、城市规划和意向用地者申请的用地类型、规模等，编制国有土地使用权协议出让方案。

（3）地价评估，确定底价。市、县国土资源管理部门应当根据拟出让地块的条件和土地市场情况，按照《城镇土地估价规程》，组织对拟出让地块的正常土地市场价格进行评估。市、县国土资源管理部门或国有土地使用权出让协调决策机构应当根据土地估价结果、产业政策和土地市场情况等，集体决策，综合确定协议出让底价。

（4）协议出让方案、底价报批。市、县国土资源管理部门应当按规定将协议出让方案、底价报有批准权的人民政府批准。

（5）协商，签订意向书。市、县国土资源管理部门依据经批准的协议出让方案和底价，与意向用地者就土地出让价格等进行充分协商、谈判。双方协商、谈判达成一致，并且议定的出让价格不低于底价的，市、县国土资源管理部门应当与意向用地者签订《国有土地使用权出让意向书》。

（6）公示。《国有土地使用权出让意向书》签订后，市、县国土资源管理部门将意向出让地块的位置、用途、面积、出让年限、土地使用条件、意向用地者、拟出让价格等内容在当地土地有形市场等指定场所以及中国土地市场网进行公示，并注明意见反馈途径和方式。公示时间不得少于 5 日。

（7）签订出让合同，公布出让结果。公示期满，无异议或虽有异议但经市、县国土资源管理部门审查没有发现存在违反法律法规行为的，市、县国土资源管理部门应

---

① 参见《协议出让国有土地使用权规范（试行）》。

当按照《国有土地使用权出让意向书》的约定，与意向用地者签订《国有土地使用权出让合同》。

（8）核发《建设用地批准书》，交付土地。市、县国土资源管理部门向受让人核发《建设用地批准书》，并按照《国有土地使用权出让合同》《建设用地批准书》约定的时间和条件将出让土地交付给受让人。

（9）办理土地登记。受让人按照《国有土地使用权出让合同》的约定付清全部国有土地使用权出让金，依法申请办理土地登记手续，领取《国有土地使用证》，取得土地使用权。

（10）资料归档。协议出让手续全部办结后，市、县国土资源管理部门应当对宗地出让过程中的各环节的相关资料、文件进行整理，并按规定归档。

5.3.3.2 北京市以协议方式出让土地使用权程序

1. 受理

业务受理中心、土地利用事务中心受理土地协议出让申请。申请人需要提交如下材料：

（1）办理协议出让新建项目国有土地使用权的申请。内容包括：

1）申请出让的宗地位置及面积，即坐落、四至、土地面积。

2）申请出让宗地的权属现状（现土地使用权人）及地上物现状。

3）申请出让宗地的规划条件，包括文件依据及规划总建筑面积、地上建筑面积、地下建筑面积、规划用途等。

4）已取得的有关行政主管部门的批准文件，主要有计划行政主管部门、规划行政主管部门批准的征地、划拨文件等。

5）地价评估及审定地价水平情况。

6）开发建设计划情况，包括投资总额、投资进度、计划开工竣工日期等。

7）申请建设项目的特殊情况。

8）申请出让的用地红线范围内是否有须按划拨方式供应的土地，并明确划拨用地面积、建筑面积、土地用途等。

9）提出申请出让的请求以及申请人的具体联系人及联系电话。需要加快合同签订的，可申请按照北京市地价办公室确定的暂定地价先签订合同，并做出按照最终审定的地价调整的承诺。

（2）北京市国有土地使用权出让申请表（原件、填写齐全明确、加盖公章）。

（3）土地评估报告（原件）。已审定地价水平的提交地价水平通知单和 1 份土地评估报告；未审定地价水平的提交土地评估报告 3 份及北京市地价审定表 1 份、宗地位置示意图 10 份。

（4）建设项目用地预审文件及落实预审意见的书面材料。

（5）计划部门立项批文，即项目建议书批复和可行性研究报告批复（复印件）。

（6）规划批准文件，规划意见书及钉桩成果通知单、建设用地规划许可证。

（7）土地权属文件或土地权属来源文件、与权属单位的协议（复印件）及权属单位同意申请人办理协议出让的证明文件（近期出具的原件）。土地权属文件或土地权属来源文件主要有国有土地使用证、征地批复及国家建设用地批准书（新征集体土地）、划拨批复及城镇建设用地批准书等。

（8）出让合同附件：

1）合同附图一式五份（要求用红线标明出让土地的用地范围，并加盖公章）。

2）申请出让的建筑物有两种以上用途或地下含经营性用途的，提供各类用途的部位分布表及附图各五份（原件，加盖公章）。

3）申请预签合同的，提交同意按最终审定的地价水平调整出让合同地价款的书面承诺五份（原件，加盖公章）。

（9）营业执照（复印件）。如申请人为中外合资、合作或外商独资企业，需要提供经贸委对中外合资、合作或外商独资企业核发的外商投资企业批准证书及对中外合资、合作企业合同、章程的批复（复印件）。

（10）若不按规划文件确定的用地范围整体办理出让手续的，需要提供本次申请出让土地的面积说明。如为共用宗地分摊的，提供出让用地分摊说明，内容包括：规划确定的宗地总面积、建设用地面积、代征地面积，本次拟办理出让土地的宗地总面积、建设用地面积，代征地面积及建设用地面积的分摊计算方法。如为分块出让的，提供本次拟办理出让土地的桩点及测绘面积。

（11）如建筑物内有地下人防的，提供市人防办的批文及有关图纸。

（12）合作建设项目需要提交合作建设各方的协议书（复印件），及除申请人外的其他各方同意由申请人办理土地出让的证明文件（原件）。

（13）军用土地办理出让手续的，需要提交总后勤部的批准文件。

（14）中央单位办理出让手续的，需要提交上级主管部门的同意意见。

（15）规划的配套学校、医院等要求办理出让手续的，需要提交市（区）主管部门的同意意见。

（16）设计单位出具的设计说明（原件）。

2. 审查

土地利用事务中心应按照审查标准进行审查。签署审查意见和理由，报中心领导审核、局领导审定最终决定是否许可。不予许可的，由经办人制发《不予行政许可决定书》，报中心领导审核，审核后加盖局章，同有关材料一并转受理中心。依法需要听证的，按有关规定执行。

3. 地价评审

按照技术规范进行审核，审定地价水平。若地价水平尚未审定的，先转入地价审核环节。土地利用事务中心经办人制作书面告知书，经领导同意转受理中心，受理中心应及时通知申请人，并暂停审批。土地利用事务中心受国土资源局委托，负责对评估报告进行技术审查，组织勘查现场，审查合格后，由土地利用事务处与土地利用事务中心商定组织安排上最近一次地价评审办公室会和专家委员会。

4. 审核

按照审核标准进行审核，并签署审核意见。土地利用事务处经办人进行审核，认为符合审核标准的，应在两个工作日内在审批表上签署审核意见，然后报处长进行复审。经审核不符合审核标准的，应在两个工作日内与土地利用事务中心主管主任沟通情况，交换意见后，提出审核意见。

5. **复审**

按照复审标准对审核意见进行复审。主管局长同意审核意见的，在出让审批表上签署同意复审意见，报局长批准。不同意审核意见的，应与主办处室沟通情况，交换意见后，填写在审批表上，提出复审意见及理由，报局长审定是否许可。

6. **审定**

按照审定标准决定是否许可。局长同意复审意见的，在出让审批表上签署同意审定意见，在土地出让合同上签字；或在签署出让合同的授权委托书上签字，转主管局长签订土地出让合同。不同意复审意见的，应与复审人员沟通情况，交换意见后，提出审定意见及理由，决定是否许可。

7. **签约**

根据签约标准在土地出让合同上签字（含签字日期），转局办公室。

8. **告知**

（1）经办人按照工作标准告知，制发许可文件。

1）准予许可的，经办人将《北京市国有土地使用权出让合同》授权书送局办公室加盖局章。制作《行政许可决定书》及缴费单据等文书、证件，送交受理中心。

局办公室接到签署的土地出让合同及授权书等文件后，应在 0.5 个工作日内在土地出让合同（含附图、附件）及授权书上加盖局章，并将文件转土地利用事务中心。

2）不予许可的，由经办人制作《不予行政许可决定书》，加盖局章，同有关材料一并转受理中心。

审批工作结束后，经办人将审批过程中形成的文书材料按要求扫描、归档。

（2）受理中心按照工作标准通知、送达。受理中心通知并准确告知申请人按照土地出让合同约定缴纳土地出让合同定金，领取土地出让合同。在土地利用事务中心开具《缴款通知单》后收取地价款，为申请人开具有关票据（时间不计入办事时限）。

通知申请人领取《行政许可决定书》《北京市国有土地使用权出让合同》2 本（另 1 本出让合同，在收取土地出让合同定金后，转出让土地所在区县的国土资源分局）或《不予行政许可决定书》等文书材料。

申请人凭《材料接收单》和缴费凭据领取有关文书、证件和资料。

办理结果通过计算机网络等形式予以公示。

土地协议出让流程见图 5-1。

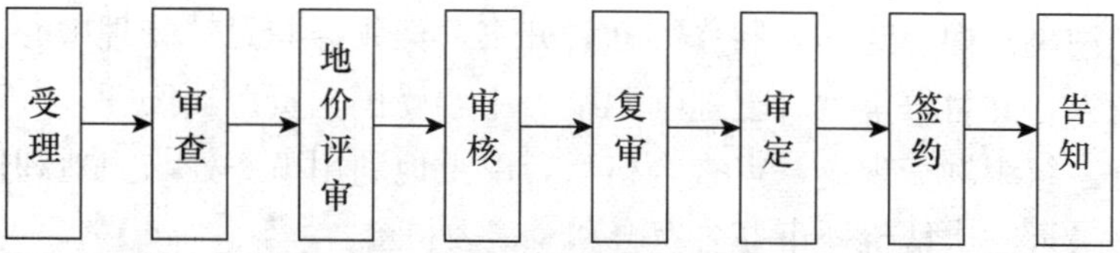

图 5-1 土地协议出让流程

5.4　招标拍卖挂牌出让土地使用权的获取

5.4.1　招标拍卖挂牌出让土地使用权概述

5.4.1.1　招标出让土地使用权

招标出让国有土地使用权是指市、县人民政府土地行政主管部门发布招标公告，邀请特定或者不特定的公民、法人和其他组织参加国有土地使用权投标，根据投标结果确定土地使用者的行为①。

招标出让土地使用权可以分为公开招标和邀请招标两类。公开招标，又称无限制竞争性招标，是指招标人以招标公告的方式邀请不特定的法人或者其他组织投标。邀请招标，又称定向招标，是指招标人以投标邀请书的方式邀请特定的法人或其他组织投标。

5.4.1.2　拍卖出让土地使用权

拍卖出让国有土地使用权是指市、县人民政府土地行政主管部门发布拍卖公告，由竞买人在指定时间、地点进行公开竞价，根据出价结果确定土地使用者的行为②。

5.4.1.3　挂牌出让土地使用权

挂牌出让国有土地使用权是指市、县人民政府土地行政主管部门发布挂牌公告，按公告规定的期限将拟出让宗地的交易条件在指定的土地交易场所挂牌公布，接受竞买人的报价申请并更新挂牌价格，根据挂牌期限截止时的出价结果确定土地使用者的行为③。

5.4.2　招标拍卖挂牌出让土地使用权的基本特征

招标拍卖挂牌都是土地市场中公开、公平、公正的交易方式，具体来说又有其各自的基本特征。

5.4.2.1　招标出让土地使用权的基本特征

一般来说，招标具有以下几个基本特征：

1. **程序规范**

按照目前各国做法及国际惯例，招标投标程序和条件由招标机构事先拟订，在招标投标双方之间具有法律效力，一般不能随意改变。当事人双方必须严格按既定程序和条件进行招投标活动。招投标程序由固定的招标机构组织实施。

---

① 参见《招标拍卖挂牌出让国有土地使用权规定》第 2 条第 2 款。
② 参见《招标拍卖挂牌出让国有土地使用权规定》第 2 条第 3 款。
③ 参见《招标拍卖挂牌出让国有土地使用权规定》第 2 条第 4 款。

2. **全方位开放，透明度高**

招标的目的是在尽可能大的范围内寻找合乎要求的中标者，招标投标整个程序都在公开情况下进行：公开发布投标邀请，公开开标，公开公布中标结果，投标商资格审查标准和最佳投标商评选标准要事先公布。活动置于公开的社会监督之下，可以防止不正当的交易行为。

3. **公平、客观**

招投标全过程自始至终按照事先规定的程序和条件，本着公平竞争的原则进行。在招标公告或投标邀请书发出后，任何有能力或有资格的投标者均可参加投标。招标方不得有任何歧视某个投标者的行为。同样，评标委员会在组织评标时也必须公平客观地对待每个投标者。招标的竞争性充分体现了现代竞争的平等、信誉、正当和合法等基本原则。

4. **交易双方一次成交**

一般交易往往在进行多次谈判之后才能成交，招标则不同，禁止交易双方面对面地讨价还价。主动权掌握在招标人手中，投标者只能应邀进行一次性递价，并以合理的价格定标。招标出让与挂牌、拍卖出让相比，最大的差别在于价格不是唯一的评判标准，而是多个指标综合比较的结果。实践证明，住宅用地采用招标出让，使得开发商在交易过程中只有一次背对背的报价机会，避免了土地公开竞价过程中因竞争激烈导致的不理性报价行为，在一定程度上有助于开发商理性报价，防止地价过快上涨。

5.4.2.2 拍卖出让土地使用权的基本特征

拍卖是一种带有典型市场经济色彩的特殊的商品交易方式，主要有以下特点：

（1）拍卖必须有两个以上的买主，即表现为只有一个卖主（由市、县国土资源管理部门充任）而有许多可能的买主，从而后者相互之间能够就所拍卖的土地使用权展开价格竞争。

（2）拍卖必须有不断变动的价格，即凡拍卖皆非卖主对拍卖土地使用权固定标价待售，或买卖双方就土地使用权讨价还价成交，而是由买主以卖主当场公布的起始价为基准另行报价，直至最后确定最高价为止。

（3）拍卖必须有公开竞争行为，即凡拍卖都是不同的买主在公开场合针对同一拍卖土地竞相出价，倘若所有买主对拍卖土地均无意思表示，没有任何竞争行为发生，拍卖就失去意义。

5.4.2.3 挂牌出让土地使用权的基本特征

挂牌出让综合体现了招标、拍卖和协议方式的优点，同样是具有公开、公平、公正特点的国有土地使用权出让的重要方式，尤其适用于当前的土地市场现状，具有招标、拍卖不具备的优势：

（1）挂牌时间长，且允许多次报价，有利于投资者理性决策和竞争；

（2）操作简便，便于开展；

（3）有利于土地有形市场的形成和运作。

5.4.3 招标拍卖挂牌出让土地使用权的基本流程

5.4.3.1 招标基本流程

1. **招标**

首先由出让人（市、县人民政府土地行政主管部门）在投标截止日前20日向社会发出招标公告或邀请招标通知，由要求使用土地者向其提出申领招标文件，投标人按招标文件的规定报名并提供有关资料；然后由评标小组按照招标文件的要求对投标人的投标资格进行审查，经审核合格的，确认其投标资格，并由其缴纳投标保证金。

2. **投标**

投标者在规定的投标截止日期前，到出让方指定的地点，将密封后的投标书投入指定的专用标箱。投标书一经投入标箱，即不得从标箱中取出。投标者在招标截止日期前如须修改标书，可以另投修改标书，原标书无效。

3. **开标、评标和决标**

招标方邀请建设、规划、法律等方面的专家或专业人员组成评标委员会。开标、评标和决标工作由评标委员会主持。评标委员会对投标书实行公开评标，决定中标者。

4. **签约**

中标者持中标通知书在规定的日期内与土地行政主管部门签订《国有土地使用权出让合同》，实行净地出让的，中标人还应与土地储备机构签订《土地开发补偿协议书》。签订协议时中标人应向土地行政主管部门支付不低于成交价总额20%的定金，其缴纳的保证金可以抵作定金。

5. **领证**

中标人按《国有土地使用权出让合同》和《土地开发协议书》的约定全部缴付土地使用权出让金和土地开发补偿费后，依法办理土地登记手续，领取《国有土地使用证》。

5.4.3.2 拍卖基本流程

（1）市、县国土资源管理部门应当按照出让公告规定的时间、地点组织拍卖活动。拍卖活动应当由土地招标拍卖挂牌主持人主持进行。

（2）拍卖会按下列程序进行：

1）拍卖主持人宣布拍卖会开始。

2）拍卖主持人宣布竞买人到场情况。设有底价的，出让人应当现场将密封的拍卖底价交给拍卖主持人，拍卖主持人现场开启密封件。

3）拍卖主持人介绍拍卖地块的位置、面积、用途、使用年限、规划指标要求、建设时间等。

4）拍卖主持人宣布竞价规则。拍卖主持人宣布拍卖宗地的起叫价、增价规则和增价幅度，并明确提示是否设有底价。在拍卖过程中，拍卖主持人可根据现场情况调整增价幅度。

5）拍卖主持人报出起叫价，宣布竞价开始。

6）竞买人举牌应价或者报价。

7）拍卖主持人确认该竞买人应价或者报价后继续竞价。

8）拍卖主持人连续三次宣布同一应价或报价而没有人再应价或出价，且该价格不低于底价的，拍卖主持人落槌表示拍卖成交，拍卖主持人宣布最高应价者为竞得人。成交结果对拍卖人、竞得人和出让人均具有法律效力。最高应价或报价低于底价的，拍卖主持人宣布拍卖终止。

（3）签订《成交确认书》。确定竞得人后，拍卖人与竞得人当场签订《成交确认书》。拍卖人或竞得人不按规定签订《成交确认书》的，应当承担法律责任。竞得人拒绝签订《成交确认书》也不能对抗拍卖成交结果的法律效力。

5.4.3.3 挂牌基本流程[①]

市、县国土资源管理部门应当按照出让公告规定的时间、地点组织挂牌活动。挂牌活动应当由土地招标拍卖挂牌主持人主持进行。

（1）公布挂牌信息。在挂牌公告规定的挂牌起始日，挂牌人将挂牌宗地的位置、面积、用途、使用年期、规划指标要求、起始价、增价规则及增价幅度等，在挂牌公告规定的土地交易地点挂牌公布。挂牌时间不得少于10个工作日。

（2）竞买人报价。符合条件的竞买人应当填写报价单报价。有条件的地方，可以采用计算机系统报价。

（3）确认报价。挂牌主持人确认该报价后，更新显示挂牌价格，继续接受新的报价。有两个或两个以上竞买人报价相同的，先提交报价单者为该挂牌价格的出价人。

（4）挂牌截止。挂牌截止应当由挂牌主持人主持确定。设有底价的，出让人应当在挂牌截止前将密封的挂牌底价交给挂牌主持人，挂牌主持人现场打开密封件。在公告规定的挂牌截止时间，竞买人应当出席挂牌现场，挂牌主持人宣布最高报价及其报价者，并询问竞买人是否愿意继续竞价。

（5）现场竞价。现场竞价应当由挂牌主持人主持进行，取得该宗地挂牌竞买资格的竞买人均可参加现场竞价。

（6）签订《成交确认书》。确定竞得人后，挂牌人与竞得人当场签订《成交确认书》。挂牌人或竞得人不按规定签订《成交确认书》的，应当承担法律责任。竞得人拒绝签订《成交确认书》也不能对抗挂牌成交结果的法律效力。

（7）竞得人支付的保证金可抵作土地使用权出让金。其他竞买人缴纳的保证金在挂牌活动结束后3个工作日内全额退还（不计息）。

（8）竞得人有下列行为之一的，竞得结果无效，所收保证金不予退还。给当事人造成损失的，依法承担赔偿责任：

1）竞得人反悔，拒绝签订《成交确认书》或《国有土地使用权出让合同》的。

2）竞买人、竞得人提供虚假文件隐瞒事实的。

---

① 参见《招标拍卖挂牌出让国有土地使用权规范（试行）》。

3）竞买人、竞得人采取行贿、恶意串通等非法手段竞得的。

4）法律、法规规定的其他违约情形。

5.4.3.4　北京市土地招标拍卖挂牌出让基本流程

北京市土地招标拍卖挂牌出让基本流程见图 5－2。

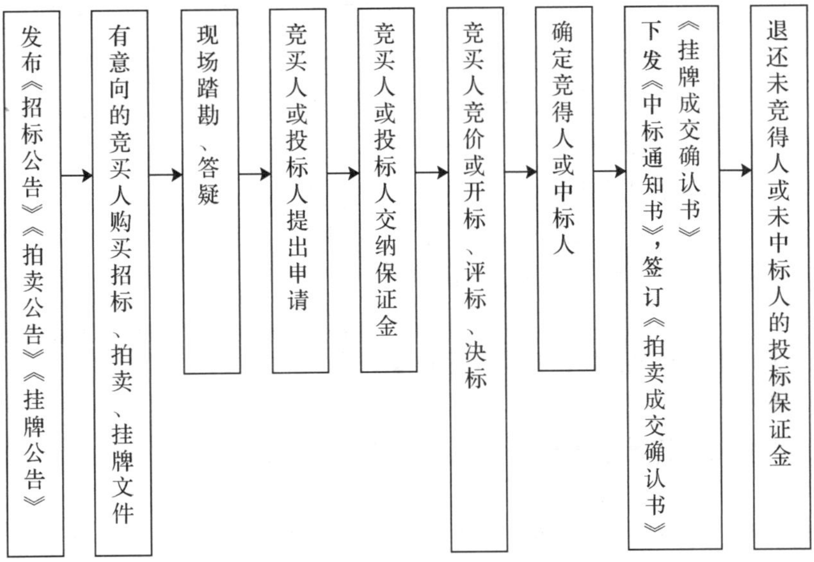

图 5－2　北京市土地招标拍卖挂牌出让基本流程

5.5　土地使用权的转让

5.5.1　土地使用权转让的概念

房地产开发企业获取建设项目开发用地的第二种途径便是土地使用权的转让这种方式。广义的土地使用权转让是指土地使用权发生转移的所有行为，包括土地使用权的出让。狭义的土地使用权转让是指通过出让方式获得土地使用权的土地使用者，通过买卖、赠与或其他合法方式将土地使用权再转移的行为。本节所说的土地使用权转让是就狭义方面而言的。

通常，人们把由土地使用权出让而形成的土地市场称为一级市场，由国家垄断经营；把允许土地使用权转让而形成的土地市场称为二级市场。要建立完善的土地市场体系，就需要一级市场和二级市场的融合，只有这样才能使土地使用权真正作为商品进行流通，推动整个房地产业的健康发展。

5.5.2　土地使用权转让的法律条件

《城镇国有土地使用权出让和转让暂行条例》对土地使用权转让做了原则性的规定。

该条例第 19 条第 2 款规定，未按土地使用权出让合同规定的期限和条件投资开发、利用土地的，土地使用权不得转让。这意味着转让的具体条件由地方政府确定。实际上，各地方政府都针对土地出让和转让做了不同的规定。

《城市房地产管理法》第 39 条对土地使用权的转让规定了具体的条件。该法规定，以出让方式取得土地使用权的，转让房地产时，应当符合下列条件：

（1）按照出让合同约定已经支付全部土地使用权出让金，并取得土地使用权证书。

（2）按照出让合同约定进行投资开发，属于房屋建设工程的，完成开发投资总额的 25％以上，属于成片开发土地的，形成工业用地或者其他建设用地条件。转让房地产时房屋已经建成的，还应当持有房屋所有权证书。

《城市房地产管理法》还规定了土地使用权不得转让的条件。

土地使用权转让时，土地使用权出让合同载明的权利和义务随之转移，转让人不能保留一部分权利而只转让其他权利。国家虽然不参与土地使用权转让双方之间的法律关系，但新的受让人使用土地必须按照国家与原受让人之间订立的合同进行，不得随意变更土地使用权的使用年限、用途及其他限定规则。

5.5.3 土地使用权转让的类型

土地使用权转让的类型有三种，即出售、交换和赠与。

土地使用权出售是指土地使用者将土地使用权转移给其他公民、法人，并获得土地使用权出让金的行为。这种出售行为与一般意义上的买卖不同，一般买卖行为涉及所有权的转移，而土地使用权的出售只转移使用权，所有权仍属于国家。

土地使用权交换是指双方当事人约定互相转移土地使用权，其本质是一种权利交易。交换的双方在很多情况下，都是为了更好更合适地满足自己的经济需要。

土地使用权赠与是指赠与人把所占有的土地使用权无偿转移给受赠人的行为。土地使用权作为一种财产，其权利人可以将其赠与任何公民、法人，其法律关系与一般赠与关系一致。

在实际经济生活中，土地使用权还存在其他的转让方式，如土地入股联建联营、企业兼并等经营性土地使用权转移方式，以及土地使用权继承、用地单位合并/分立等非经营性土地使用权转移方式。

5.5.4 土地使用权转让的程序

根据我国土地使用权转让的实践，一般采取如下转让程序：

5.5.4.1 转让申请

由原受让人向出让人提出转让土地使用权的申请，出让人（土地管理部门）就转让情况对再受让人的资信、转让合同草案、转让金标准进行审查。如果审查无异议，则向原受让人发放同意转让的通知书，若不同意转让，则应指出原因和改进建议。再审查申请时，土地管理部门应对拟转让地价进行评审，若发现转让价过低，政府可优先收购。价格过高的，可采取必要调控措施。对于转让土地使用权是否需要经过申请，各地规定不一，事实上只有少数地方规定转让须经过申请。如天津和广州两市规定，受让人应向出让人即国土资源管理局提出申请，经批准同意后，才能进行土地使用权转让。一般情况下，当事人只要符合规定的转让条件，就可自行决定转让土地使用权。

5.5.4.2 签订转让合同

原受让人通过招标、拍卖或协议方式确定新的受让人后，要与新受让人签订转让合同，明确双方当事人的权利和义务，另外转让合同的内容必须符合转让合同的要求。《城市房地产管理法》第41条规定：房地产转让，应当签订书面转让合同，合同中应当载明土地使用权取得的方式。

5.5.4.3 转让合同公证

转让合同公证就是由公证机关证明转让合同的真实性与合法性的非诉讼活动。由于转让合同属经济合同的性质，虽然《城镇国有土地使用权出让和转让暂行条例》并没有作出转让合同要进行公证的规定，但是各地方政府法规基本上都规定了土地使用权转让合同必须进行公证。有些地方规定，公证是转让合同生效的必要条件，而转让合同经过公证后具有强制执行的效力。

5.5.4.4 缴纳土地转让费和土地增值税

转让合同签订后，再受让人应按合同要求及时向转让人支付土地转让费，同时转让人要在合同签订后的7日内到税务部门缴纳土地增值税。由于国家建设投资等原因而使土地增值，使得转让方在转让时获得增值收益，国家要对这部分收益征税，这就是土地增值税。征收土地增值税是防止土地投机和规范房地产交易市场的有效措施之一。

5.5.4.5 土地使用权变更登记

双方当事人共同到所在地市、县人民政府土地管理部门办理土地变更登记手续，换领土地使用证。办理变更登记时，须提交转让登记申请书、土地使用证和房产证、土地转让合同、付款凭证、受让人资信证明、法人代表证书等。同时，也应就地上建筑物所有权转让合同向房地产管理部门办理过户登记。

（1）如为协助法院执行转让土地使用权，应依据法院提供的裁定书（判决书），协助执行通知书及其中所载明的宗地四至、面积等办理转让过户手续，可以不经被执行人同意。

（2）划拨土地使用权转让，应在补办土地使用权出让手续，并经审查批准，补交出让金后方可转让；或收回国有后出让国有土地使用权。党政机关、公益事业单位划拨土地转让须经上级主管部门批准。

（3）转让合同应经过公证。

（4）有关资料采用复印件时，应与原件核实并予注明。

(5) 分立、更名等涉及土地使用权变更的，当事人应提供有效的证明材料。分立者应为原同一单位或家庭成员，且单位所有权性质不变；更名者应为同一使用权人。继承的须提交继承文书或公证文书等。缴纳有关费用后，继承、分立、更名土地使用权的可填写变更登记审批表直接进行变更登记。夫妇共同购置的房地产，可以设定为共有财产，经申请可参照更名办理。

5.5.5 土地使用权出让与转让的比较

土地使用权的出让与转让是土地市场中的两个层次。在行为主体上，出让的主体是政府及土地管理部门，转让的主体是市场中的经济实体及个人；在法律关系上，出让形成的法律关系不是完全平等的，出让方占据垄断地位，转让形成的法律关系则是平等的；在市场层次，出让属于土地一级市场行为，转让属于土地二级市场行为；在年限上，出让年限按照合同约定，但不得超过国家法定年限，转让年限为转让合同年限减去已使用年限后剩余的使用年限；在土地转移方式上，出让方式包括协议、招标、挂牌、拍卖，转让方式包括出售、交换、赠与等。土地使用权出让与转让的区别可见表 5-1。

表 5-1　土地使用权出让与转让的区别

比较因素	出让	转让
行为主体	政府及土地管理部门	市场中的经济实体及个人
法律关系	法律关系不平等，形成土地一级市场，具有垄断地位	法律关系平等，是二级市场的重要组成和体现
市场层次	一级市场，受让土地可以转让	二级市场，未经出让方式取得及未按出让合同投资开发不得进行转让
年限	应按合同规定，但不得超过国家规定	转让合同年限－已使用年限＝剩余使用年限
土地转移方式	协议、招标、挂牌、拍卖	出售、交换、赠与

关键术语

划拨土地使用权　出让土地使用权　招标　拍卖　挂牌

复习思考题

1. 房地产项目用地的获取方式有哪些？
2. 简述划拨土地使用权的基本特征。
3. 简述出让土地使用权的含义、类型。
4. 简述协议出让土地使用权的基本含义。
5. 简述招标、拍卖、挂牌、出让土地使用权的含义。
6. 土地使用权出让与转让的区别是什么？

第6章

房地产市场调研

本章内容提要

房地产市场调研不仅是房地产开发企业进行项目定位、修正项目开发方案的基础，也是政府对房地产业进行调控的重要依据，对于了解和掌控房地产开发经营活动具有重要意义。本章将对房地产市场调研的含义、内容、方法、操作流程，以及房地产市场调研报告等内容进行详细的阐述，并辅以相关案例进行分析。

6.1 房地产市场调研概述

6.1.1 房地产市场调研的含义和特点

6.1.1.1 房地产市场调研的含义

市场调研是指运用科学的方法，有目的、有计划地收集、整理与企业市场营销有关的各种情报、信息和资料，在调查的基础上对收集的数据和汇总的情报进行分析、判断，为企业营销决策提供依据的信息管理活动。市场调研是一种管理工具，其基本任务就是为管理层提供解决营销问题的信息。市场调研也是确定顾客和潜在顾客需要的关键管理工具，是企业用来建立长期关系的手段，好的市场调研有助于保证企业未来的生存和发展。

房地产市场调研就是以房地产为特定的商品对象，对相关的市场信息进行系统的收集、整理、记录和分析，不仅是对房地产市场进行研究和预测的基础，也是为房地产项目定位和营销决策服务的专业方法。

6.1.1.2 房地产市场调研的特点

房地产市场调研既具有市场调研的共同特征，又具有自身的一些特点。

(1) 专业性强。房地产市场调研不仅包括对不同产品的市场需求调查，也涉及对房地产企业竞争力的了解，这些内容涉及较多的专业知识，要求调查双方特别是调查者具有基本的专业知识储备。

(2) 针对性强。房地产市场调研侧重于对消费者的生活模式、行为模式等的研究分析，针对不同的房地产产品，调查的具体对象和内容不同，且在营销的不同阶段，调查的内容也不相同。如在房地产定位阶段，市场调研主要调查竞争项目的基本数据和消费者的生活模式。

(3) 技术性强。这主要体现在调查分析的方法和手段选择上。房地产市场调查的方法是多样的，除了可以采用实地调查、座谈会、面访、电话访谈或邮寄调查等传统方法外，还可以采用网络调查，以及借助 GIS 和 GPS 等手段，使调查具有可视性和操作性。

6.1.2 房地产市场调研的类型

1. 按范围分类

(1) 专题性市场调查。专题性市场调查，简称专题调研，是指市场调研主体为解决某个具体问题而进行的对市场中某个方面的调研，如房地产价格调查、广告调查等。这种市场调研具有组织实施灵活方便、所需人力物力有限、对调研人员的要求相对较低的优点。但是，它提供的信息具有某种局限性，市场调研主体无法仅凭此类信息对市场进行全面了解。在许多情况下，当企业或其他市场调研主体面临某些涉及面有限的具体问题需要做出决策时，只要所提供的信息满足决策所需，专题调研就是合理的选择。事实上，大多数市场调研是专题调研。

(2) 综合性市场调查。综合性市场调查，简称综合调研，是指市场调研主体为全面了解市场状况而对市场的各个方面进行的全面调研。相对于专题调研，综合调研涉及市场的各个方面，提供的信息能较为全面地反映市场的全貌，有助于市场调研主体正确了解和把握市场的基本状况。但是，由于这种市场调研涉及面广，组织实施比较困难，不但需要投入相当多的人力物力，费时费钱，而且对调研人员的要求也相对较高。一般而言，这种市场调研只有在必要时才组织实施，在实践中比较少见。

2. 按功能分类

(1) 探测性调查。探测性又称非正式调查。当企业对需要研究的问题和范围不明确，无法确定应该调查哪些内容时，可以采用探测性调查来找出症结所在，然后再做进一步研究，以明确调查对象，确定调查重点，选择调查方法，寻找调查时机。例如：某房地产公司近几个月来销售量下滑，公司一时弄不清楚是什么原因导致的：究竟是宏观经济形势不好，广告支出减少，销售代理效率降低，消费者偏好转移，市场上有新的替代品出现，还是产品有其他设计与质量上的缺陷？在这种情况下，可以采用探测性调查，从中介公司、消费者那里收集资料，以便找出最有可能的原因。

由此可见，探测性调查只是收集一些相关资料，以确定问题所在，至于问题应该如何解决，则有待进一步调查研究。探测性调查回答的是“可以做什么”，也即“投石问路”。

探测性调查一般采用简便易行的调查方法，如第二手资料的搜集、小规模的试点调查、专家或相关人员的意见集合，或参照以往发生的类似实例来进行。

（2）描述性调查。所谓描述性调查，是指对确定调查的问题通过收集资料并经甄别、审核、记录、整理、汇总，做更深入、更全面的分析，确认问题真相，并对问题的性质、形式、存在、变化等具体情况做出现象性的描述，并不涉及事物的本质及影响事物发展变化的内在原因。例如：某房地产公司欲弄清购买本公司产品的是哪些消费者，他们的具体分布如何，什么时候进行购买，如何购买等；通过调查，把市场活动的面貌如实地描述出来，不必做出结论。描述性调查是一种最基本、最一般的市场调查。

描述性调查回答的是“是什么”，一般可用于房地产市场占有率的调查、销售渠道的调查、消费者行为的调查和市场潜在需求量的调查等。

描述性调查常用的方法有二手资料分析法、抽样调查法、固定样本连续调查法、观察法等。

（3）因果性调查。因果性调查是对导致研究对象存在或变化的内在原因和外部因素的相互联系和制约关系做出说明，并对诸因素之间的因果关系、主从关系、自变量与因变量的关系进行定量与定性分析，指出调查对象产生的原因及其形成的结果。例如：价格和销售之间的因果关系如何，降价是否可以使销售量增加，广告与销售之间的因果关系如何，现场广告是否可以促进购买冲动等。这些问题和假的有效性可以通过正式的因果关系研究来检验。由此可见，因果性调查就是在描述性调查的基础上，找出房地产市场上出现的各种现象之间、各种问题之间的相互关系的原因和结果，它回答的是“为什么”，常用方法有实验法。

6.1.3　房地产市场调研的重要性

6.1.3.1　房地产项目定位的需要

房地产开发企业要在竞争中立于不败之地，就需要寻找自己的目标市场，通过房地产开发项目产品的差异化，即通过准确地提供满足市场需求的产品类型，提供质量好、价格低、产权安全、物业管理完善、设计新、功能齐全的产品，这样才能为房地产开发企业创造价值。而准确的产品定位需要大量的市场数据和信息作为基础，而房地产市场调研正是收集和分析数据信息的有力手段。

6.1.3.2　制定正确营销策略的需要

通过了解、分析市场信息，可以避免企业在制定营销策略时发生错误，或可以帮助营销决策者了解当前营销策略以及营销活动的得失，以提出适当建议。只有在实际了解市场的情况下才能有针对性地制定市场营销策略和企业经营发展策略。在企业管理部门和有关人员要针对某些问题进行决策时——如进行产品策略、价格策略、分销策略、广告和促销策略的制定时——通常要了解的情况和考虑的问题是多方面的，主要有：本企业产品在什么市场上销售较好、有发展潜力；在哪个具体的市场上预期可销售的数量是多少；如何才能扩大企业产品的销售量；如何掌握产品的销售价格；如何制定产品价格才能保证销售和利润两方面都能上去；怎样组织产品推销；销售费用又将是多少；等等。这些问题都只有通过具体的市场调研才可以得到答案，并作为企业决策的依据。否则，就会形成盲目、脱离实际的决策。

6.1.3.3 企业健全决策机制的需要

当今世界，科技发展迅速，新发明、新创造、新技术和新产品层出不穷、日新月异。技术的进步自然会在商品市场上以产品的形式反映出来。进行市场调研，有助于我们及时地了解市场经济动态和科技信息，为企业提供最新的市场情报和技术生产情报，以便更好地学习和吸取同行业的先进经验和最新技术，改进企业的生产技术，提高人员的技术水平，提高企业的管理水平，从而提高产品的质量，加速产品的更新换代，增强产品和企业的竞争力，保障企业的生存和发展。

6.1.3.4 企业发现新的市场机会的需要

通过正确的市场信息，企业可以了解市场可能的变化趋势以及消费者潜在的购买动机和需求，有助于营销者识别最有利的市场机会，为企业提供发展新契机。当前，市场竞争日益激烈，市场情况不断发生变化，而促使市场发生变化的原因有很多，有产品、价格、分销、广告、推销等市场因素和政治、经济、文化、地理条件等市场环境因素。这两类因素往往又是相互联系和相互影响的，而且不断地发生变化。企业为适应这种变化，只有通过广泛的市场调研，及时地了解各种市场因素和市场环境因素的变化，才能有针对性地采取措施，通过对市场因素，如价格、产品结构、广告等的调整，回应市场竞争。对于企业来说，能否及时了解市场变化情况，并适时适当地采取应变措施，是能否取胜的关键。

6.1.4 房地产市场调研的内容

6.1.4.1 市场宏观环境状况

市场宏观环境总是处在不断的变化之中，总是在产生新的机遇和危机，对市场敏感的企业家们往往能够从不同角度看待这些变化，将这些变化看成企业发展的新机遇。而房地产市场调研最重要的任务，就是摸清企业当前所处的宏观环境，为科学决策提供宏观依据。房地产市场宏观环境主要包括：

1. **政治环境**

政治环境主要包括政府思想观念、办事效率、政策法规等。其中政策主要包括与房地产市场有关的财政政策、货币政策、产业政策、土地政策、住房政策、户籍政策等。一个国家、地区和城市的政治环境如何，将直接影响房地产企业生产经营活动的开展。

2. **经济环境**

经济环境主要包括国民经济发展、国民收入发展状况；能源和资源状况；城市发展总体规划、城市基础设施建设、城市人口分布、区域划分状况；社会固定资产投资状况，金融、证券市场状况；商业零售与贸易状况；居民消费结构；居民储蓄和信贷状况；等等。

3. **社会文化环境**

社会文化环境主要包括居民的受教育程度、文化水平、职业构成、民族分布、宗教信仰、风俗习惯、审美观念等。文化往往对整个社会有深刻的影响，尽管文化有相对稳定性，但不是固定不变的，特别是生活习惯、审美观念，往往随着社会生产力的发展而发生一定程度的变化。

另外，宏观环境还包括行业环境、技术环境以及对城市发展概况的描述等。在房地产市场调研中，对于同一城市的同一类项目而言，其内容在接近的时点上基本是一致的，可参考以往类似的调查研究成果。若项目在一个陌生的城市进行，则对该部分内容的调研是不可或缺的①。

6.1.4.2　城市房地产市场概况

市场概况指的是项目所在城市的房地产市场状况，包括以下方面：

（1）市场整体情况，包括城市房地产开发投资量、房地产新开工面积、竣工面积、商品房供销量、销售额、商品房房价等。

（2）土地市场情况，包括城市土地供应数量及规划用途、土地供应方式、土地供应类型及其比重、土地成交量、土地价格、土地出让金收缴情况等。

（3）商品房市场情况，包括商品房施工面积、竣工面积、销售面积、销售金额、空置面积及结构、市场区域分布、不同住宅供应比例、商品住宅平均价格等。

（4）区域内房地产价格走势、不同区域和物业类型的价格变化情况。

（5）区域内主要开发商开发销售情况，包括开发量、竣工量、销售面积及销售金额。

（6）二手房市场交易情况。

此外，还包括当地房地产业相关政策法规等。房地产市场概况是城市宏观环境下的行业发展和竞争情况，有助于企业判断未来的市场发展前景和市场定位。

6.1.4.3　消费者行为与市场需求容量调研

1. **消费者行为调研**

消费者包括房地产产品的现实购买者与潜在购买者。房地产产品的销售要满足目标消费者的需要和欲望。具体来说，对消费者行为的调研，包括以下几个方面：

（1）消费者的购买力水平。消费者的购买力水平是影响住房消费最重要的因素，它

---

①　潘蜀健，陈琳．房地产市场营销．北京：中国建筑工业出版社，2003.

直接决定了消费者的购房承受能力。消费者购买力水平主要的衡量指标是家庭年收入。

（2）消费者的购买倾向。消费者的购买倾向主要包括房地产类别、品牌、户型、面积、位置、预期价格、物业管理、环境景观等。

（3）消费者的共同特征。消费者的共同特征主要包括消费者的年龄、文化程度、家庭结构、职业、原居住地等。

2. 市场需求容量调研

市场需求容量是指有支付能力的市场需求容量。只有有支付能力的需求，才是现实的市场容量。商品住宅市场需求容量调研主要包括以下几方面：

（1）城市人口、家庭数量及变化趋势。

（2）购买力，包括居民收入水平、储蓄余额、财产状况。

（3）居民居住现状及改善目标，包括自有住房成套率、居住房型、人均居住面积等。

（4）居民日常消费支出水平与消费结构。

（5）不同社会阶层和收入水平的居民数量及其对不同类型房地产产品的数量、品质、功能、价格的需求特点。

通过对消费者行为和市场容量的调查研究，有利于进行市场细分和选择目标市场，同时描述目标市场的特征和规模，可以为项目市场定位、产品设计、营销策略的制定提供全面准确的决策信息，是建筑设计和营销策略成功的基石。

6.1.4.4 项目所在区域环境状况调研

区域环境调研是对项目所在区域的城市规划、景观、交通、人口构成、就业中心、商圈、公建配套与生活服务设施等区位条件进行分析，对项目地块所具有的区位价值进行判断。具体包括：

（1）结合项目所在城市的总体规划，分析项目的区域规划、功能定位、开发现状及未来定位。

（2）进行区域的交通条件研究。

（3）对影响区域发展的其他因素和条件进行研究，如历史因素、文化因素、发展水平等。

（4）对区域内楼盘的总体价格水平与供求关系进行分析。

（5）竞争对手调研，包括调查竞争对手的经营管理水平、资源状况、市场竞争地位、产品地理位置、种类、开发规模、产品品质、成本、价格、营销水平、销售状况、物业管理水平、创新能力与发展新产品的动向等。

6.1.4.5 项目基本情况调研

项目的基本情况即项目所处的微观环境，项目的微观环境调研又称项目开发条件分析，其目的是分析项目自身的开发条件及发展状况，对项目自身价值提升的可能性与途径进行分析，同时为以后的市场定位做准备。具体包括：

（1）对项目的用地现状及开发条件进行分析。宗地基本状况资料包括宗地界址、面积、土地附着物分布、权属、地形、地貌、水文地质条件、项目历史与现状资料、项目合作开发条件、土地获得成本、用地规划条件、与项目有关的投资及开发经营税费政策等。

（2）对项目所在地的周边环境进行分析。项目所在地的周边环境主要指地块周围的物质和非物质的生活配套情况，包括：水、电、气等市政配套，公园、学校、医院、邮局、银行、超市、体育场馆、集贸市场等生活配套情况，以及空气、卫生、景观等生态环境，还包括由人口数量和素质所折射出来的人文环境等。

通过对以上数据和信息进行收集，对当前整体市场状况进行描述，对未来行业趋势进行定性预测，对具体项目影响进行分析评估，从而协助制定开发决策。

6.1.4.6　项目竞争状况调查

1. 竞争对手的调查

对竞争对手的调查包括竞争对手的单位数，竞争对手的产品市场占有率、生产能力、技术水平、地理位置，产品的质量、数量、品种、规格、成本、价格，服务项目、销售渠道、推广方式、营销组合策略以及销售绩效，开发新项目的动向，以及潜在竞争对手出现的可能性。

2. 竞争楼盘的调查

对竞争楼盘的调查包括产品区位（地理位置、交通条件、区域特征、发展规划、周边环境）、产品特征（建筑参数、面积户型、装修标准、配套设施、绿化率）、公司组成（开发商、设计单位、承建商、物业服务企业）、交房时间、价格［单价（起价、平均价、主力单价）、总价］、付款方式（一次性付款、按照工程进度付款的建筑期付款、按照约定时间付款、利用商业贷款或公积金贷款付款等）、广告与促销手段、销售情况与销售渠道、物业管理等。

6.1.5　房地产市场调研的原则

6.1.5.1　真实性原则

真实、准确是调查研究的生命。科学的决策应建立在准确的预测基础之上，而准确的预测又依据真实的市场调研资料。只有在真实的市场调研资料的基础上尊重客观事实，实事求是地进行分析，才能看准市场、看清问题，做出正确的决策。数据的真实性取决于市场调研人员的水平、市场调研人员的敬业态度、资料提供者的客观态度等。市场调研的真实性还强调了职业道德的重要性。应当采用科学的方法去设计方案、定义问题、采集数据和分析数据，并从中提取有效的、相关的、准确的、可靠的、有代表性的、近期的信息资料。

6.1.5.2　时效性原则

一份好的调研资料应该是最新的，因为只有最新的调研资料，才能反映市场的现实状况，并成为企业制定市场经营策略的客观依据。在市场调研工作开始后，要充分利用有限的时间，尽可能在较短的时间里收集更多的所需资料和信息，避免调研工作的拖延。否则不但会增加费用支出，而且会使决策滞后，贻误时机。因此，市场调研应反映瞬息万变的市场形势，及时反馈信息，以满足各方面的需要。

6.1.5.3 全面性原则

这一原则是指要根据调研目的，全面系统地收集有关市场的资料。市场环境的影响因素有很多，各因素之间的变动互为因果，如果单纯就事论事调查，而不考虑周围环境等因素的影响，就难以抓住关键因素得出正确结论。这一点在房地产市场调研中显得尤为突出。房地产开发不可能脱离一个城市的社会、经济发展状况，因此一个全面的房地产市场调研应该包括房地产的宏观环境、区域环境和微观环境等内容。

6.1.5.4 计划性原则

在调研前要列出详细计划，有针对性地对目标进行调查，做到有的放矢。在调研方案的设计或策划过程中，要制定整个调研工作完成的期限以及各个阶段的进程，即必须有详细的进度计划安排，以便督促或检查各个阶段的工作，保证按时完成调研工作。进度安排一般包括如下几个方面：（1）总体方案的论证、设计；（2）抽样方案的设计，调研实施的各种具体细节的制定；（3）问卷的设计、测试、修改和最后的定稿；（4）问卷的印制，调查员的挑选和培训；（5）调研实施；（6）调研数据的计算机录入和统计分析；（7）调研报告的撰写。可以详细地列出完成每一步所需的天数以及起止时间。计划要稍稍留有余地，但也不能把时间拖得太长。

6.1.6 房地产市场调研的方法

6.1.6.1 按照调研内容划分的调查方法

房地产市场调研可以采用多种方法，房地产开发企业必须依据自身的实际情况，正确地选择市场调查的类型和方法。调查方法是科学研究中最常用的方法之一。它是有目的、有计划、系统地搜集有关研究对象现实状况材料或历史状况材料的方法。通过综合运用历史法、观察法等方法以及谈话、问卷、个案研究等科学方式，对调查对象进行有计划的、周密的和系统的了解，并对调查搜集到的大量资料进行分析、综合、比较、归纳，从而得出规律性的知识。按照调查范围和对象划分，调查方法可以分为全面调查法、重点调查法和抽样调查法。

1. 全面调查法

全面调查法是指对调查对象总体所包含的全部单位无一例外地逐个进行调查。对市场进行全面普查，可获得全面的数据，正确地反映客观实际。如果对一个城市的人口、年龄、家庭结构、职业、收入分布情况进行全面系统的调查了解，对房地产开发是十分有利的。普查工作量很大，要耗费大量人力、物力、财力，调查周期较长，一般只在较小范围内采用。另外，有些资料可参考国家权威部门的普查结果。

2. **重点调查法**

重点调查法是进行市场调研时所采用的传统方法之一。它是在调查对象中选择一部分对全局具有决定性作用的重点单位所进行的调查。这部分重点单位虽然数目不多，但就调查的标志值来说，它们在总体中占有很大的比重，调查这一部分单位的情况能够大致反映被调查现象的基本情况。重点调查法常用于产品需求调查，如调查高档住宅需求情况，可选择一些购买大户作为调查对象，往往这些大户对高档住宅的需求量占到整个市场需求量的绝大多数，同时其对高档住宅功能的要求也具有较强的代表性。此外，市场调研中有关竞争楼盘、竞争对手问题的调查，也可以运用重点调查法。

3. **抽样调查法**

抽样调查法就是从调查对象全体（总体）中选择若干个具有代表性的个体组成样本，对样本进行调查，然后根据调查结果推断出总体情况的调查方法。抽样调查法大体上可以分为两类：一是随机抽样，二是非随机抽样。

随机抽样最主要的特征是从母体中任意抽取样本，每一个样本有相等的机会，这样的事件发生的概率是相等的，可以根据调研的样本空间的结果来推断母体的情况。它又可以分为三种：(1) 随机抽样，即整体中所有个体都有同样的机会被选作样本。(2) 分层随机抽样，即对总体按某种特征（如年龄、性别、职业等）分组（分层），然后从各组中随机抽取一定数量的样本。(3) 分群随机抽样，即将总体按一定特征分成若干群体，随机抽取其中一部分作为样本。分群抽样与分层抽样的区别是：分群抽样是将样本总体划分为若干不同群体，这些群体间的性质相同，之后再对每个群体进行随机抽样，这样每个群体内部存在性质不同的样本；而分层抽样是将样本总体划分为几大类，这几大类之间是有差别的，而每一类则是由性质相同的样本构成的。

非随机抽样是指市场调查人员在选取样本时并不是随机抽取，而是先确定某个标准，然后再选取样本数，因而每个样本被选择的机会并不是相等的。非随机抽样也分为三种具体方法：(1) 就便抽样，也称随意抽样调查法，即市场调查人员根据最方便的时间、地点任意选择样本。这在商圈调查中是常用的方法。(2) 判断抽样，即市场调查人员根据自己以往的调查经验来判断由哪些个体来做样本的一种方法。当样本数目不多，样本之间的差异又较为明显时，采用此法能起到一定效果。(3) 配额抽样，即市场调查人员通过确定一些控制特征，对样本空间进行分类，然后由调查人员从各组中任意抽取一定数量的样本①。

6.1.6.2 按照调研形式划分的调查方法

1. **询问调查法**

询问调查法是以询问的方式作为收集资料的手段，以被询问人的答复为调查资料依据的调查方法。它是市场调查的一种基本方法，又称直接调查法。

询问调查法一般是将事先准备好的调查事项，以不同的方式向被调查者提出询问。它包括如下三项内容：其一，意见询问。希望被调查者对所询问的事项提出自己的意见

① 孔凡文，张沈生．房地产开发与管理．大连：大连理工大学出版社，2006.

和评论性的见解。其二，事实询问。只要求被调查者据实回答。其三，阐述询问。这是想要深入了解被调查者的购买行为、购买动机等内在心理活动。询问调查法按其内容传递方式的不同，又可分为访谈调查法、电话调查法、邮寄调查法、留置问卷调查法等具体方法。

（1）访谈调查法。访谈调查法是调查者面对面地向被调查者询问有关问题，可以当场记录应答者的回答。调查方式可以采用请进来、走出去、召开座谈会等形式进行一次或多次调查。

这种调查法的优点是：面对面调查可以直接了解被调查者的态度；对调查提纲进行及时的修改和补充，具有较大的灵活性；被调查者回答准确且较详细。因此，它适合于调查比较复杂的问题。

访谈调查法的主要缺点是：费用高；调查结果受制于调查者的业务水平和态度；如果调查地区广，则信息反馈不易及时；如果被调查者不在家难以见面，则影响访谈效果。

（2）电话调查法。电话调查法是由调查者根据事先确定的抽样要求，用电话向被调查者询问，借以收集资料。此法的优点是成本低，资料收集快，不受地区限制，可按拟定的统一询问表询问，便于统一处理，适宜访问不易接触到的被调查者。随着电话通信在我国迅速普及，此调查法具有一定的发展前途。

电话调查法的缺点在于，调查对象只限于有电话的用户；不易取得被调查者的合作；谈话的时间不能太长，仅限于询问较简单的问题，不能用于较为复杂的问题调查；无法显示照片、图表等背景材料。

（3）邮寄调查法。邮寄调查法又称通信调查法，是将设计好的调查表寄给被调查者，由被调查者按调查表的要求填写并寄回。

邮寄调查法的优点是：调查成本低，调查区域广；被调查者可以自由、充分地回答问题，使答案较为真实可靠，可以避免调查者的主观偏见。但这种调查法的缺点是：调查表回收率低，若回收时间长则影响调查效果；被调查者可能误解问卷中某些问题的含义；答卷可能由别人代答，丧失调查对象的代表性。

（4）留置问卷调查法。留置问卷调查法是访谈调查法与邮寄调查法的结合，调查者将设计好的问卷交给被调查者，并说明填写要求，被调查者填好后，再由调查者定期收回。留置问卷调查法的优点是：回收率高，被调查者有较充裕时间作答，可避免误解，提高作答的质量。其缺点是所需费用较多，时间较长。

2. 观察调查法

观察调查法是指调查者通过直接观察和记录被调查者的言行来收集资料的一种方法。通常使用以下两种方式进行直接观察：

（1）调查者直接观察。调查者在现场观察和统计，耳闻目睹被调查者对市场的反应和公开的言行。

（2）利用设备间接观察。调查者利用录音机、录像机、照相机、监测器、测录器等现代化设备，间接对市场中人们的行为进行观察，以收集资料。

观察调查法是指现场实地观察消费者的行为，并以某种动作的积累、统计为调查结果的方法。它从侧面观察被调查者的反应，而不直接向调查者提出问题，所以被调查者往往是在不知不觉中被调查的。如在房地产交易场所、房地产建筑工地记录参观人数、咨询人数、咨询内容、停留的时间、关心的热点等。所得的资料真实性强，较为客观，所收集资料的可靠性要比访谈调查法强；调查者不易介入偏见，调查资料更加深入详细；观察的结果有较高的准确性，可以减少调查中的工作误差。

观察调查法的缺点为，所需时间长、费用大；易受时间和空间条件限制，只能观察到正在发生的现象和一些表面情况，难以发现事物的内在联系与矛盾；尤其是无法探知被调查者的动机、偏好等内在心理活动。

3. 实验调查法

实验调查法是从影响调查对象的若干因素中，选出一个或几个因素作为实验因素，在其余因素不变的条件下，了解实验因素变化对调查对象的影响。在复杂的社会经济现象中，调查对象往往受到多种因素的影响。在许多情况下，调查者不需要对各种因素全部了解，只想集中了解其中一个或几个因素，这就需要使用实验调查法。针对房地产市场的实验调查法通常可采用以下两种方式：

（1）实验求证法。实验求证法是从自然科学中引进的。它的工作原理是衡量一个变量（原因）对另一个变量的作用效果。它的运行机制是先在小范围内实验，然后根据结果来分析该种方法能否在大范围内推广。使用这种方法，可以为企业提供十分有用的数据。但由于房地产市场具有地区性、个案性特点，市场条件千差万别；加之市场环境中一些不可控制和不可量化的因素，如国家有关房地产政策大幅调整、消费者的购买动机和购买心理的复杂变化等，使得实验求证法不可能如自然科学那样十分精确。

为了能取得比较准确的实验数据，除设置小规模的实验市场外，还可以同时建立模拟不同地区市场条件的比较市场。如住宅开发中的商品住宅样品间、样品楼乃至实验开发小区。经过反复比较、分析，可以达到预期的调查目的。

（2）随机尝试实验法。随机尝试实验法又称盲目测试法，主要用来测试产品的功能和适用性。如在户型设计中，企业为了准确掌握消费者的需求和偏好，往往通过竞赛和评奖的方式征集各种不同风格、不同功能的住宅设计方案；或者把已建成的样品按比例缩小成实体模型，请消费者和设计者比较、评判，从中产生最佳设计，再组织大范围建设和推销。

实验调查法所得数据，比其他方法要精确一些。但由于实验调查法投资较大、实验周期较长，往往容易丧失市场时机，因此该法有一定的风险性。

6.1.7 房地产市场调研的资料收集方法

资料收集是房地产市场调研的主要工作，也是房地产开发投资决策依据的基础。房地产市场调查资料的收集包括原始资料的收集和二手资料的收集①。研究策划人员在考虑是否有必要耗用资源进行原始资料收集前，应先评估是否有现成的二手资料可利用，

---

① 市场调研可按照不同标准分类，根据资料来源可以分为原始资料调研和二手资料调研，相应进行原始资料的收集和二手资料的收集。参见《市场调研概述与定性调研》，华文报刊网。

并尽可能优先利用二手资料，因为利用二手资料有成本低廉、容易取得的特点。

1. 原始资料的收集方法

原始资料的收集是依据特定目的，遵循完整的研究设计及调研设计，并通过调研执行、资料处理与分析，得到所需的资料。原始资料的收集方法包括访问法、观察法和试验法等。

（1）访问法。访问法是最常用的市场调查方法。访问法成功的关键是科学地设计调查问卷和有效地运用个人访问技巧。

（2）观察法。观察法是指调查人员不与被调查者正面接触，而是在旁边观察的调查方法。这样被调查者无压力，表现自然，因而调查效果也更理想。观察法可以包括直接观察法、实际痕迹测量法和行为记录法。直接观察法是派人到现场对调查对象进行观察；实际痕迹测量法是调查者不亲自观察购买者的行为，而是观察行为发生后的痕迹；行为记录法是在取得被调查者同意之后，用一定装置记录调查对象的某一行为。

（3）试验法。实验法是指将调查范围缩小到一个比较小的规模上，进行试验后得出一定结果，然后再推断出样本总体的可能结果的调查方法。

2. 二手资料的收集方法

二手资料是公司内部或外部现成的资料。二手资料的来源包括：

（1）内部来源。本人资料库、企业档案（会计记录、销售报告、其他数据资料）、企业内部专家。

（2）外部来源。组织机构，包括图书馆、外国使团、国际组织、本国政府机构、商会或贸易促进机构、行业公会、出版社、研究所、银行、消费者组织、其他公司；文献资料，包括文献目录、工商行名录、贸易统计资料、报纸和期刊、综合性工具书；电脑数据库、互联网；企业外部专家；营销调研公司；等等。

二手资料的收集程序如下：第一步应确定需要什么资料；第二步是从企业内部搜寻二手资料；第三步是从企业外部进行搜寻；第四步是对拟收集或已收集的二手资料进行评估，即评估资料的可用程度；第五步是确定需要收集的原始资料。只有决策所必需，但又无法从二手资料中获取信息时，才有必要去收集原始资料。

3. 商业资料获取方法

房地产市场上存在专业市场调研公司，它们作为中间商，具有促进交易行为的作用，在房地产市场上十分活跃。一般而言，它们对于地方市场相当了解，具备专业的市场调研知识，能够提供资料给买卖双方参考，以促进交易成功。因此，企业市场调研人员可以向市场调研公司购买资料，增加市场调研的深度和广度。

6.2 房地产市场调研的操作流程

房地产市场调研的流程是指从调研准备到调研结束全过程工作的先后次序。在房地产市场调研中，建立一套系统的科学程序，有助于提高调研工作的效率和质量。房地产市场调研的流程可以分为 4 个阶段（13 个方面的内容）：准备阶段、调查阶段、分析研究阶段、整理归档阶段（见图 6-1）。

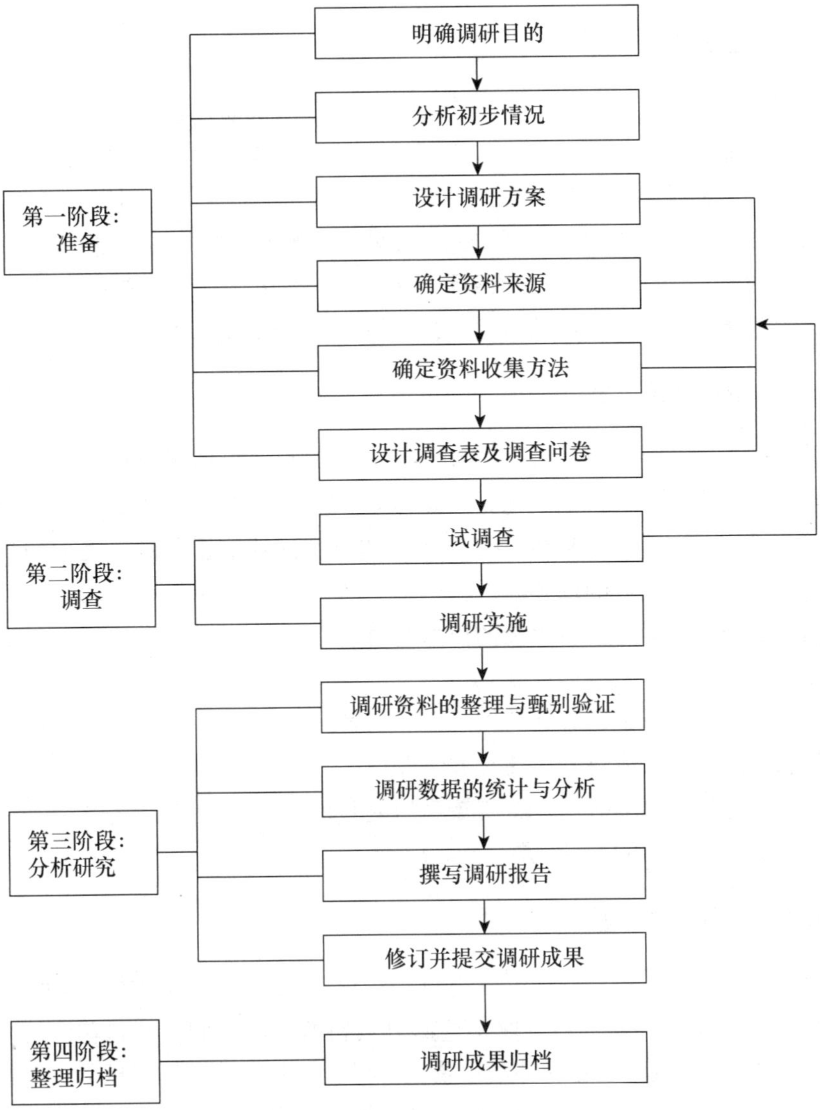

图 6-1　市场调研程序框图

6.2.1　准备阶段

准备阶段主要包括明确调研目的、分析初步情况、设计调研方案、确定资料来源、确定资料收集方法、设计调查表及调查问卷。

6.2.1.1　明确调研目的

市场调研首先应确定调研目的，即调查人员应明确为什么进行市场调查，通过调查要解决哪些问题，有关调查结果对企业来说有什么作用等。只有当研究的问题被仔细、准确地定义后，才能设计研究计划，获取切合实际的信息。每一项目应有一个或多个目标，在这些目标未被明确建立之前，是无法进行下一步研究的。

6.2.1.2　分析初步情况

调研人员对初步提出来需要调查的课题，要收集有关资料以做进一步分析研究，必要时还可以组织非正式的探测性调查，以判明问题的症结所在，弄清究竟应当调查什么。初步情况调查的目的是了解产生问题的一些原因，通常有如下三个过程：

（1）研究收集的信息材料，包括研究企业外部材料和分析企业内部材料；

（2）与企业有关领导进行非正式谈话，从领导谈话中寻找市场占有率变化的原因；

（3）了解市场情况，分析消费者对本公司所开发经营的房地产产品的态度等。

6.2.1.3　设计调研方案

根据前面收集的信息资料以及上面初步调查的结果，可以提出调研的命题，以确定调研方法，制定并实施调研计划。房地产市场调研方案是对某项调研本身的设计，目的是促进调研有秩序、有目的地进行，它是指导调查实施的依据，对于大型的市场调研显得更为重要。调研方案设计的内容如下：

（1）为完成调研课题所需要收集的信息资料；

（2）怎样运用数据分析问题；

（3）明确获得答案及证实答案的做法；

（4）信息资料从哪里取得，用什么方法取得；

（5）评价方案设计的可行性及费用核算的说明；

（6）进一步实施方案的准备工作。

6.2.1.4　确定资料来源

房地产市场调研所需的资料，可分为原始资料和二手资料两大类。原始资料是指需要通过实地调查才能取得的资料。取得这部分资料所花的时间较长，花费较多。二手资料是指企业的内部记录或已出版的外部记录。取得这部分资料比较容易，花费较少。在实际调查中，应当根据调查方案提出的内容，尽可能组织调查人员收集二手资料。同时，为解决问题所需的资料并不能完全从二手资料中获得，研究必须以原始资料为基础。原始资料是专门为项目研究而收集的。收集资料，必须保证资料的时效性、准确性和可靠性。

6.2.1.5　确定资料收集方法

原始资料的收集方法包括访问法、观察法和实验法等。在原始资料的收集过程中，必然涉及对调查样本的设计和样本的采集。在房地产市场调研中，广泛采用抽样调查法获得原始资料。研究人员在样本设计过程中必须考虑调研总体、样本单位、抽样框、抽样设计和样本规模等。二手资料的收集可以由调查人员从企业内部或从企业外部搜集或购买。

6.2.1.6　设计调查表及调查问卷

调查表是市场调查的一种常用的调查工具。调查表也称问卷，是根据调查目的所设计的反映具体调查内容的问卷。调查表设计得是否科学、合理，直接关系到调查结果的质量，决定着市场调查的成效。调查表应当主题突出，紧凑关联；形式多样，易读易懂；设计严谨，用语准确；编码规范，便于整理。问题是调查表的核心。在设计调查表时，必须对问题进行精心的设计。提问和作答方式的设计，关系到调查者与被调查者之间信息的相互传递是否明确。设计调查表时应注意，提问要具体、客观、准确，备选答案要完整并互斥。

6.2.2　调查阶段

调查阶段主要包括试调查和调研实施。

6.2.2.1　试调查

试调查是任何一类实质性研究的一个至关重要的部分，是一个真正调查项目的缩影。试调查常采用小规模问卷调查的形式进行，用来检验问卷设计中始料未及的缺漏，以便修正，同时与客户讨论再次修改后，才可定下正式问卷。有时，为了设计一个适用于大范围调查的问卷，需要进行好几次试调查。试调查的另一个意义是训练没有经验的调查人员，使调查人员对实际调查工作有一个初步的准备（包括心理上的），有一个熟悉的过程。

一项研究课题的试调查能回答这样几个问题：研究是否已经涵盖了所有检验研究假设所必需的问题？这些问题能诱导出的答案的种类是否已经被完全预料到了？研究者的目的是否已充分传达给了被访者？如果不是，是否应该采取一些调整措施或代之以一些新的问题？问卷的语言是否能被被访者完全理解？问题的表述是否与当地或者被访者所属的亚文化中的表述一致？在没有进一步解释或者重述的情况下，问题是否能被清楚地理解和回答？问题有没有其他不妥之处？比如，在一个单独的问题中是否有歧义，或者是否暗示了多个主题。最后，访谈的导言是否有助于激发被访者参与这项研究？

6.2.2.2　调研实施

调研实施阶段是市场调研工作的主要阶段，是市场调研的中心工作。这一阶段的任务是实施调研计划，即通过对市场信息的收集和分析，得出调研结论。首先，在进行现场实施工作之前，要在人员、文件、物品上有充分的准备。实施进行是现场实施中最难控制也是最容易出问题的阶段，这就需要实施人员在充分准备的同时具备处理各种突发问题的能力。其次，监控调查活动的整个过程，把握项目进度，给予访问员自始至终的指导和鼓励。这一阶段不仅需要项目人员和访问员精诚合作，还需要项目人员有丰富的实践经验和足够的调控全局的能力。最后，实施后工作，主要包括数据（比如问卷）的回收，访问工作的复核及总结，访问员工作记录单、卡片、抽样图、入户情况登记表等各种文件及测试样品的收回，访问员劳务单的制作，项目经验总结，等等。

6.2.3　分析研究阶段

分析研究阶段主要包括调研资料的整理与甄别验证、调研数据的统计与分析、撰写调研报告，以及修订并提交调研成果。

6.2.3.1 调研资料的整理与甄别验证

对市场调研的两类资料进行整理分析，有助于了解整个市场的宏观信息。其中一手资料的整理相对更为烦冗。要将一大堆原始数据变成有条理的信息，需要经过整理和甄别验证。资料的校验即调查表回收后，可先进行检查，确定其是否可作为有效的资料。这是第一道程序，具体包括三项内容：（1）检验所有问卷的完整性；（2）检验访问工作的质量；（3）检验有效问卷的份数是否符合调研方案要求达到的比例。对于有遗漏的资料，如果遗漏项太多或漏选关键项太多，可做废卷处理；还可用时，一般将漏项用空白表示或以其他代号表示；对含义模糊的答复，根据情况，要么作废问卷，要么参考前后几个问题的回答来判断。

6.2.3.2 调研数据的统计与分析

进行资料分析，可以使用的方法有很多，从现有的分析方法来看，数据分布的领域是宽广的。调查研究人员须先选择分析方法，才能对调查结果做出正确的分析和解释。数据分析包括对采用的抽样方法进行统计检验，以及对数据的编辑、编码和制表。编辑就是对问卷进行纵览，以保证问卷的完整、连续；编码就是对问卷加以编号，以使资料更好地发挥分析作用；制表就是根据某种指标对观察得到的数据进行交叉分类。大多数研究过程都要涉及编辑、编码和制表程序。而统计检验作为一种独特的抽样过程和数据收集工具，往往仅应用于某些特殊的研究。在可能的情况下，统计检验一般都在数据搜集和分析前就进行了，以保证所得到的数据与意欲研究的问题密切相关。

6.2.3.3 撰写调研报告

调研报告是对整个调查工作，包括计划、实施、收集、整理等一系列过程的总结，是调研人员劳动与智慧的结晶，也是最重要的书面成果之一。它是一种沟通、交流形式，其目的是将调查结果、战略性的建议以及其他结果传递给管理人员或其他担任专门职务的人员。因此，认真撰写调研报告、准确分析调研结果、明确给出调研结论，是报告撰写者的责任。调研报告的主要内容包括：

（1）调研目的、方法、步骤、时间等说明；

（2）调研对象的基本情况；

（3）所调研问题的实际材料与分析说明；

（4）对调研对象的基本认识，并给出结论；

（5）提出建设性的意见和建议；

（6）统计资料、图表等必要附件。

房地产市场调研报告的结构多样，没有固定格式，一般由导言、主体、建议与附件组成。导言部分介绍调研课题的基本情况，是对调研目的简单而基本的说明；主体部分应概述调研的目的，说明调研所运用的方法及必要性，对调研结果进行分析并做详细说明；建议部分是根据市场调研分析，提出建设性意见；附件部分用来验证、说明主体部分有关情况的资料[1]。

6.2.3.4 修订并提交调研成果

调研报告要如实反映市场情况和问题，对报告中引用的事例和数据资料，要反复核实，必须确凿可靠。调研结论切忌模棱两可、不着边际，要善于发现问题，敢于提出建议，以供决策参考，结论和建议可归纳为要点。调研报告经过修订和完善后印刷、装订整齐，方可提交。

6.2.4 整理归档阶段

房地产市场调研全过程结束后，应该对调研过程中形成的各种原始资料、二手资料、整理资料和调研报告等调研成果进行归档，为以后的调研工作总结经验，同时完善同一类型市场的资料库，方便以后的信息查找。

6.3 房地产市场调研数据的分析方法

6.3.1 数据分析方法概述

根据研究方向（定性还是定量）的不同，分析调研数据的方法也不尽相同。一份设计合理的调查问卷，通常包含着各式各样的问题及答案，这些问题有的适合采用定性分析方法，而有的宜用定量分析方法。怎样选择合适的数据分析方法，是每个市场调研人员都会面临的问题。一般来说，数据类型主要有数值型、序号型和文字型三种。数值型数据是问卷中最常见也是最适于做量化分析的数据，如价格、数量、使用期限、消费者年龄、性别比例等。这类问题及答案可以直接录入计算机进行处理。而且这类数据是量化数据，可以进行数学运算，如加权平均等，因此，可以采用任何一种数理统计方法进行分析。常用的有描述性统计、估计与假设检验、相关与回归分析、判别与聚类、因子分析等。序号型数据一般是用序号表示的。根据应用软件的不同，序号对应类别亦不同。如对满意度的调查便可用序号型数据表示，即1、2、3分别代表满意、一般、不满意。文字型数据则更多地应用定性分析方法进行分析。

6.3.2 定性分析方法

6.3.2.1 德尔菲法

德尔菲法（Delphi Method）是以一系列问卷向各类专家征询意见，依据所有专家对原问卷的答复再拟订下一份问卷，再次向各类专家征询意见，直到大多数专家的意见和

---

① 刘西民．市场调查操作方法：下．销售与市场，1997（4）．

看法趋于一致才得出结论的方法。此法通常较适合做长期预测。其主要步骤如下：

（1）成立一个团体委员会确定问题及设计研究问卷；

（2）选择专家匿名质问预测；

（3）把问题作答内容收回做成结果；

（4）反复再预测，把问题重新修整再做预测，如此反复预测至少两次。

德尔菲法本质上是一种反馈匿名函询法。其做法是，在对所要预测的问题征得专家的意见之后，进行整理、归纳、统计，再匿名反馈给各专家，再次征求意见，再集中，再反馈，直至得到稳定的意见。其过程如下：匿名征求专家意见—归纳、统计—匿名反馈—归纳、统计……若干轮后，停止。总之，它是一种利用函询形式的集体匿名思想交流的过程。

在德尔菲法过程中，始终有两方面的人在活动：一是预测的组织者；二是被选出来的专家。

德尔菲法的程序是以轮来说明的。在每一轮中，组织者与专家都有各自不同的任务。

第一轮：1）组织者发给专家的第一轮调查表是开放式的，不带任何框框，只提出预测问题。请专家围绕预测问题提出预测事件。如果限制太多，会漏掉一些重要事件。2）组织者要对专家填好的调查表进行汇总整理，归并同类事件，排除次要事件，用准确术语提出一个预测事件一览表，并作为第二轮调查表发给专家。

第二轮：1）专家对第二轮调查表所列的每个事件做出评价。例如，说明事件发生的时间、叙述争论问题和事件或迟或早发生的理由。2）组织者收到第二轮专家意见后，对专家意见做统计处理，整理出第三轮调查表。第三轮调查表包括：事件、事件发生的中位数和上下四分点，以及事件发生时间在四分点外侧的理由。

第三轮：1）把第三轮调查表发下去后，请专家做以下事情：重审争论；对上下四分点外的对立意见做一个评价；给出自己新的评价（尤其是在上下四分点外的专家，应重述自己的理由）；如果修正自己的观点，也请叙述为何改变，原来的理由错在哪里，或者说明哪里不完善。2）待专家的新评论和新争论返回到组织者手中后，组织者的工作与第二轮十分类似：统计中位数和上下四分点；总结专家观点，关注重点在争论双方的意见；形成第四轮调查表。

第四轮：1）请专家对第四轮调查表再次进行评价和权衡，做出新的预测。是否要求做出新的论证与评价，取决于组织者的要求。2）当第四轮调查表返回后，组织者的任务与上一轮的任务相同：计算每个事件的中位数和上下四分点，归纳总结各种意见的理由以及争论点。

6.3.2.2 层次分析法

层次分析法是美国运筹学家萨蒂（T. L. Saaty）于20世纪80年代提出的一种实用的多方案或多目标的决策方法。其主要特征是，能够合理地将定性与定量决策结合起来，按照思维规律、心理规律把决策过程层次化、数量化。该方法以定性与定量相结合地处理各种决策因素的特点，以及系统灵活、简捷的优点，迅速地在社会经济各个领域（能源系统分析、城市规划、经济管理、科研评价）得到了广泛的重视和应用。

层次分析法的基本思路是先分解后综合的系统思想，通过整理和综合人们的主观判断，使定性分析与定量分析有机结合，实现定量化决策。首先将所要分析的问题层次化，根据问题的性质和要达到的总目标，将问题分解成不同的组成因素，按照因素间的相互关系及隶属关系，将因素按不同层次聚集组合，形成一个多层分析结构模型，最终归结为最低层（方案、措施、指标等）相对于最高层（总目标）相对重要程度的权值或相对优劣次序的问题。

运用层次分析法进行决策时，需要经历以下几个步骤：

（1）建立系统的递阶层次结构；

（2）构造两两比较的判断矩阵（正互反矩阵）；

（3）针对某一个标准，计算各备选元素的权重；

（4）计算当前一层元素关于总目标的排序权重；

（5）进行一致性检验。

此外，应用层次分析法应该注意，如果所选的要素不合理，其含义混淆不清，或要素间的关系不正确，都会降低层次分析法的结果质量，甚至导致层次分析法决策失败。为保证递阶层次结构的合理性，需要把握以下原则：分解简化问题时把握主要因素；注意比较要素之间的强度关系，相差太悬殊的要素不能在同一层次比较。

6.3.2.3 其他常用方法

1. 归纳分析法

常用的归纳分析法又分为完全归纳法和不完全归纳法。完全归纳法是指根据调查中的每一个对象都有或都不具有的某种属性，归纳出该类事物的全部对象都具有或都不具有这种属性。简单列举法是不完全归纳法中的一种常用方法，是指根据所要调查产品中部分对象具有或不具有某种属性，且没有发现反例，从而推论出该类事物都具有或都不具有某种属性。归纳分析法建立在经验基础上，具有一定的可靠性，简单易行，但可能具有偶然性。为了克服这种问题，需要扩大考察对象的范围。

2. 演绎分析法

演绎分析法就是把调查资料的整体分解为多个部分，形成分类资料，并通过对这些资料的研究分别把握特征和本质，然后将这些分类研究得到的认识综合起来，形成对调查资料整体认识的逻辑方法。

3. 比较分析法

比较分析法是把两个或两类事物的调查资料进行对比，从而确定它们之间的相同点和不同点的逻辑方法。比如对市场上的便携式计算机做市场调查，市场上较为知名的便携式计算机有 IBM、戴尔、东芝、联想等几种品牌，把所得的这几种品牌的资料逐一比较，然后根据采购的实际情况来判断哪种类型的产品适合用户的需要。

4. 结构分析法

任何事物都可以分解成几个部分、方面和因素，构成事物的这些部分之间都有一种相对稳定的联系，称为结构。通过分析某一现象的结构和各组成部分的功能来进一步认识这一现象的方法叫结构分析法①。

---

① 参见《市场调查的定性分析方法有哪些?》，陕西经济信息网。

6.3.3 定量分析方法

定量分析方法是运用现代数学方法，将决策所涉及的变量与决策目标之间的关系以数学公式表达出来，然后通过求解得出决策目标所要求的最佳方案。使用 Excel 和 SPSS 等统计软件可以完成很多的数据统计、分析工作，比如：直方图、相关系数、协方差、各种概率分布、抽样与动态模拟、总体均值判断、均值推断、线性回归分析、非线性回归分析、多元回归分析、时间序列等。

6.3.3.1 线性回归分析

线性回归分析的基本步骤如下：

（1）确定回归中的自变量和因变量；

（2）从收集到的样本资料出发确定自变量和因变量之间的数学关系，即建立回归方程；

（3）对回归方程进行各种统计检验；

（4）利用回归方程进行预测。

线性回归方程从样本资料出发，一般利用最小二乘法，根据回归直线与样本数据点在垂直方向上的偏离程度最低的原则，进行回归方程的参数求解。线性回归分析考察变量之间的数量关系变化规律，它通过一定的数学表达式——回归方程，来描述这种关系，以确定一个或几个变量的变化对另一个变量的影响程度，为预测提供数学依据。

线性回归方程的统计检验包括：回归方程拟合优度检验、回归方程的显著性检验、回归系数显著性检验。回归分析假设条件的检验包括残差分析、多重共线性、误差项的序列相关分析。

6.3.3.2 判别和聚类分析

1. 判别分析

判别分析的基本思想是，分析和解释各类指标之间存在的差异，并建立判别函数；以第一步的分析结果为依据，对那些未知分类属性的案例进行判别分类。

判别分析的假设条件是，每一个类别都取自一个多元正态总体的样本，所有正态总体的协方差矩阵或相关矩阵都相等。

判别分析的基本模型包括先验概率、后验概率、判别系数、结构系数、分组的矩心、判别力指数、残余判别力。

判别分析一般都是通过现成的统计软件进行分析的。一般而言，利用统计软件进行的判别分析具体包括以下步骤：确定研究目的；获取判别分析数据；进行判别分析；评价和解释分析结果。

2. 聚类分析

聚类分析（又称数字分类学）是新近发展起来的一种研究分类问题的多元统计分析方法。聚类分析的基本思想是，样品聚类是对事件进行聚类，或是说是对观测量进行聚类，是对反映被观测对象特征的变量值进行分类。变量聚类则是当反映事物特点的变量很多时，根据所研究的问题选择部分变量对事物的某一方面进行研究的聚类方法。聚类方法包括层次聚类法和迭代聚类法。

聚类分析的主要步骤是：确定研究的问题、计算相似性、聚类、对聚类结果的解释和证实。

6.3.3.3　其他常用方法

1. **因子分析**

因子分析是一项多元统计分析技术，其主要目的就是简化数据。它通过研究众多变量之间的内部依赖关系，探求观测数据中的基本结构，并用少数几个假设变量来表示基本的数据结果。这些假设变量是不可观测的，通常称为因子。它们反映了原来众多的观测变量所代表的主要信息，并能解释这些观测变量之间的相互依存关系。

因子分析的基本步骤是：确定研究变量、计算所有变量的相关矩阵、构造因子变量、因子旋转、计算因子得分。

2. **对应分析**

对应分析，又称相应分析，是在 *R* 型和 *Q* 型因子分析基础上发展起来的一种多元相依的变量统计分析技术。它通过分析由定性变量构成的交互汇总表来揭示变量间的关系。当以变量的一系列类别以及这些类别的分布图来描述变量之间的联系时，使用这一分析技术可以揭示同一变量的各个类别之间的差异以及不同变量各个类别之间的对应关系。

对应分析的基本步骤是：确定研究的内容、获取分析资料、对列联表作对应分析、解释结果意义、评价分析结果。

3. **多维偏好分析**

多维偏好分析又称主成分分析，主成分分析就是将原来众多具有一定相关性的指标，重新组合成一组新的相互无关的综合指标，来代替原来的指标。

多维偏好分析的基本步骤是：确定研究的问题、收集资料、主成分分析、绘制偏好图并解释结果意义。

4. **联合分析**

联合分析的基本思想是，通过提供给消费者以不同属性组合形成的产品，请消费者做出心理判断，按其意愿程度给产品组合打分、排序，然后采用数理分析方法对每个属性水平赋值，使评价结果与消费者的给分尽量保持一致，以此来分析研究消费者的选择行为。

联合分析的基本步骤是：确定研究对象、确定属性及水平、设计实验、收集资料、计算属性分值、评价分析的结果、解释结果、模拟市场占有率。

6.4　房地产市场调研报告

6.4.1　房地产市场调研报告的内容

6.4.1.1　报告主要内容

1. **导言**

导言主要包括标题和前言。导言一般要说明调研的背景、目的和意义，调研的计划和安排，调研的时间、地点，以及主要采用的方式、方法等。

2. 正文

正文是报告的主体部分。一般包括情况概述、重要问题阐述、问题和原因分析、发展形势展望、结论和建议等内容。

3. 结尾

结尾是报告的结束部分。一般是对调研报告主要结论的总结和说明，以强调重要性。

4. 附件

附件主要包括图表和附录部分，是调研报告不可缺少的重要内容。

6.4.1.2 正文主要内容

1. 基本情况概述

概述部分是对具体调研的简明介绍，这部分应该包括：

(1) 说明该项调查的目的和范围。

(2) 简要介绍调查对象和调查内容，包括调查时间、地点、对象及所要解答的问题，样本特征及容量等。

(3) 对于调查方法，例如在市场调查中，收集资料的方法，是用询问法还是观察法或试验法。另外，对在资料分析中使用的方法如回归分析等方法做简要说明，并对选用该方法的原因做说明。

2. 房地产市场环境概况

房地产市场环境概况包括调研地区的人口概况、经济发展概况、居民生活水平、城市规划及政府相关政策等。这些内容是进行调研结论判断和决策的依据。

3. 房地产市场供给特征

房地产市场供给特征包括房地产市场供给总体状况、区域供给特征、相同产品开发企业的特征和竞争力等，是进行房地产项目策划、市场定位分析以及制定营销策略的重要基础。

4. 房地产市场需求特征

房地产市场需求特征包括房地产市场需求总体状况、区域需求特征及消费群体特征与购房行为等，它为项目市场定位、产品设计、营销策略提供全面准确的决策信息，是建筑设计和营销策略成功的基石。

5. 房地产市场形势及发展趋势

通过对房地产市场环境和市场供求特征的调查分析，判断房地产市场形势和房地产未来发展趋势，为房地产项目定位提供依据。

6. 结论和建议

提出结论和建议是撰写调查报告的主要目的。调查人员必须花费大量的时间和精力来分析、解释调查资料，并使用结构严谨和有效的方法得出调查结论。结论是调查人员在仔细研究和分析所有资料后得出的判断。

在准备建议时，调查人员应有明确的态度，秉持实事求是的观点，以调查结果为基础，不能被感情或预感支配，尽可能简洁、准确地说明建议，使之易于被决策者理解。

6.4.2　房地产市场调研报告撰写的原则

6.4.2.1　以调研目的为核心原则

市场调研要明确调研目的，不同目的的调研其内容不一样，得到的结论也不一样，因此，应以调研目的为核心撰写调研报告。

6.4.2.2　前后逻辑合理原则

房地产市场调研是对相关的市场信息进行系统的收集、整理、记录和分析，进而对房地产市场进行研究和预测的过程。这要求调研报告前后应当互相承接、逻辑合理，结论是基于调研基础上的判断和预测。若前后矛盾、逻辑错误，结论也就不可信，对企业决策就没有参考价值。

6.4.2.3　层次鲜明原则

房地产调研涉及的信息量巨大，需要在报告中表现出来的内容繁多，若不对其加以整理分层，会使内容混乱，不利于报告使用者抓住重点。这就需要调研报告层次鲜明，让报告使用者对整个调研过程和相关信息一目了然，从而增强调研结论的可信度。

6.4.2.4　图文并茂原则

市场调研过程会涉及大量数据信息，仅以文字的形式表示往往不能表现数据的全貌和规律。图文并茂强调调研中获得的各种数据信息不但要以文字形式表示出来，还应当配合一定的图表，使数据的整理和分析显现得更加清晰。尤其是进行定量分析的信息，更应该通过图表表现结果。

6.5　房地产市场调研案例

6.5.1　房地产项目市场调研方案制定

6.5.1.1　调查目的

通过把握××市房地产市场，为××项目的开发和产品及市场定位提供真实数据。

6.5.1.2　调查方法

由于即将开发的项目非常大，需要采用不同的调查方法从市场上取得足量的调查样本以供参考，本次采用的调查方法分为：

（1）街头访问问卷调查。相对入户调查，街头访问对样本的控制较弱，但这里我们采用增加样本量的方法弥补，并在现场安排督导控制调查质量，定为 1 200 份。

（2）集团留置问卷调查。选取6～10家员工收入较高的大公司或单位、机构（200人以上），每家发放50份左右的问卷，共300～500份。

（3）入户访问问卷调查。选定10个小区，每个小区发放30～50份问卷，共300～500份。

6.5.1.3 调查内容

1. 街头访问问卷调查

（1）调查对象：××市20～65岁居民。

（2）样本的确定：首先依据调查目的，由抽样人员选取出15个平均分布于××市几个经济、文化相对发达的行政区的样点；调查实施时，由访问员在所选样点随机抽选行人为调查对象，每日调查结束后督导统计当日调查样本的性别、年龄、收入和职业分布，填写督导质量控制表，以掌握调查进度，控制数据质量。随后的1～2天查漏补缺，以保证最终的样本分布能满足调查目的和要求。

（3）样本量：依据简单随机抽样原则，为了以95%的概率保证度把抽样误差控制在5%以内，样本容量约为400份。由于采用的是街头访问形式，不满足简单随机抽样原则，为增强样本代表性，取样本容量调整因子（DEFF）为3，则有效样本容量应为400×3=1 200份。因此，计划调查样本总量约为1 200份。

（4）调查人员：本次街头访问问卷调查分为4个调查小组，每个调查小组包括4名访问员（委托方公司提供）和1名督导（委托方公司提供），且调查前都要经过培训。

（5）调查实施：督导带领4名访问员，平均每天走访2个样点，每个样点共调查30份问卷，即每天共调查约60份问卷。访问员调查前都要填写访问登记表，不成功的调查也要记录，而且每天的工作结果都要汇总，交给督导。督导要监控访问员的工作质量，随时解答疑难问题。此外，总督导每日要检查每个样点的工作情况。计划5天完成1 200份调查问卷，若问卷不足，可考虑增加1～2天有针对性的补充调查。

2. 集团留置问卷调查

（1）调查对象：××市20～65岁居民。

（2）样本的确定：首先依据调查目的，由抽样人员选取出10个平均分布于××市几个经济、文化相对发达的行政区的样点公司；调查实施时，由访问员在所选样点，将问卷发放到公司，并负责样本的回收。各调查组督导负责回收问卷的审查整理。

（3）样本量：依据简单随机抽样原则，为了以95%的概率保证度把抽样误差控制在5%以内，样本容量约为200户。考虑到集团留置问卷调查属于便利抽样形式，我们增加留置样本量，因此计划调查样本总量为300～500份。

（4）调查人员：本次集团留置问卷调查分为2个调查小组，每个调查小组包括3名访问员（委托方公司提供）和1名督导（委托方公司提供），且调查前都要经过培训。

（5）调查实施：督导带领3名访问员，平均每天走访2个样点，每个样点共调查约50份问卷，即每天共调查约100份问卷。访问员每天的工作结果都要汇总，交给督导。督导要监控访问员的工作质量，随时解答疑难问题。总督导每日要检查每个样点的工作情况。计划3天完成300～500份调查任务，若访问量不够，可考虑增加1～2天有针对性的补充调查。

3. **入户访问问卷调查**

(1) 调查对象：××市 20～65 岁居民。

(2) 样本的确定：首先依据调查目的，由抽样人员选取出 10 个平均分布于××市几个经济、文化相对发达的行政区的样点。调查实施时，由访问员在所选样点随机抽选小区住户为调查对象，每日调查结束后督导都要统计当日调查样本的性别、年龄、收入和职业分布，填写督导质量控制表，以掌握调查进度，控制数据质量。随后的 1～2 天查漏补缺，以保证最终的样本分布能满足调查目的和要求。

(3) 样本量：依据简单随机抽样原则，为了以 95%的概率保证度把抽样误差控制在 5%以内，样本容量约为 200 份。因此计划调查样本总量为 300～500 份。

(4) 调查人员：本次入户调查分为 4 个调查小组，每个调查小组包括 4 名访问员（委托方公司提供）和 1 名督导（委托方公司提供），且调查前都要经过培训。

(5) 调查实施：督导带领 4 名访问员，平均每天走访 2 个样点，每个样点共调查 30 份问卷，即每天共调查约 60 份问卷。访问员调查前都要填写访问登记表，不成功的调查也要记录，而且每天的工作结果都要汇总，交给督导。督导要监控访问员的工作质量，随时解答疑难问题。总督导每日要检查每个样点的工作情况。计划 5 天完成 300～500 份调查任务，若访问量不够，可考虑增加 1～2 天有针对性的补充调查。

6.5.1.4　进度安排

调查方案设计、问卷设计以及先期预调查从 2006 年 7 月 30 日起至 2006 年 8 月 3 日；实施工作于 2006 年 8 月 4 日至 8 月 29 日全部完成。

6.5.1.5　调查结果（略）

6.5.2　房地产市场需求调研

6.5.2.1　概述

应××省 B 集团的要求，为其正在开发的 A 小区项目包装和整体形象定位等策划提供依据，××不动产研究所在 C 市进行了此次专项市场调研。

6.5.2.2　主要内容简介

本次调研针对 C 市房地产市场普通消费者的消费行为、消费特点等方面进行，目的是为××省 B 集团正在开发的 A 小区项目包装和整体形象定位提供及时、系统、真实的市场反馈数据和决策依据，同时根据 C 市房地产市场的发展情况为 B 集团确定企业发展策略。

6.5.2.3　调查方法介绍

本次调研以问卷调查形式，采取街头访问问卷、留置及入户访问问卷的调查方式，所有调研人员根据“C 市居民购房及媒体选择意向调查系列问卷”进行访问，访问内容一致，模式一致。调查报告中的所有数据依据调查人员的采访获得。

6.5.2.4 样本结构介绍

本次调查所取样本数量共 1 250 份，回收问卷 1 203 份，回收率 96%，其中街头访问问卷 894 份，经严格筛选，取有效问卷 888 份，有效率 99%；留置问卷及入户访问问卷 330 份，取有效问卷 315 份，有效率 95%，有效率符合本次调查模式的要求。

本次调查中街头访问所取样本区域为 10 个平均分布于 C 市几个行政区的样点；留置及入户访问调查选取 15 个平均分布于 C 市几个经济、文化相对发达的行政区的样点公司。调查实施时，访问员在所选样点发放问卷，并负责样本的回收。

6.5.2.5 数据分析结果

本次调查问卷包括街头访问问卷和留置问卷及入户访问问卷，调查数据处理采用 SPSS 软件，分析结果略。

关键术语

市场需求　　调查问卷　　调研报告

复习思考题

1. 房地产市场调研的含义是什么？
2. 房地产市场调研的内容包括哪些？
3. 房地产市场调研的方法包括哪些？
4. 如何撰写房地产市场调研报告？

第7章

房地产开发项目可行性研究

本章内容提要

本章在介绍房地产开发项目可行性研究概述的基础上，对房地产开发项目的财务状况、风险承受能力、国民经济评价、环境影响评价等内容进行了详细的介绍，并通过具体案例深化对上述几方面内容的认识。

7.1 房地产开发项目可行性研究概述

房地产开发项目具有投资额巨大、项目周期长、不确定因素多等特征，其成功的关键取决于决策正确与否。决策的依据是根据可行性研究对项目所做的科学分析与预测，所以做好可行性研究工作是项目成败的先决条件。

7.1.1 房地产开发项目可行性研究的概念、分类和作用

7.1.1.1 房地产开发项目可行性研究的概念

房地产开发项目可行性研究是指在房地产开发项目投资决策前，通过对与项目有关的市场、资源、工程技术、经济、社会等方面进行全面的分析、论证和评价，从而判断项目在法律上是否合规、在技术上是否可行、在经济上是否合理，进而对多个方案进行优选的过程。可行性研究的目的是使决策科学化、程序化，以提高决策的可靠性，并为项目的实施控制提供依据或参考。

可行性研究方法的最早应用是在20世纪30年代美国开发田纳西河流域时，并从那时开始为人们所接受。20世纪50年代，由于当时新技术的不断涌现，企业开始将可行性研究用于技术的可行性论证。20世纪60年代，人们越来越重视可行性研究的作用，它成为在投资决策前必须认真完成的工作。随着可行性研究的应用和推广，可行性研究已经具有了一套完整的方法体系。

我国在20世纪70年代开始引进可行性研究方法并以政府主导的方式进行了推广。当时进行可行性研究的主要参考文献有联合国工业发展组织（UNIDO）在1978年、1980年分别编写的《工业可行性研究手册》和《工业项目评价手册》。1981年，国家计委明确“把可行性研究作为建设前期工作中一个重要的技术经济论证阶段，纳入基本建设程序”。1983年2月，国家计委正式颁发了《关于建设项目进行可行性研究的试行管理办法》，其中对可行性研究的原则、编制程序、编制内容、审查办法等都做了详细规定，并开始指导我国的可行性研究工作。国家计委、建设部随后于1987年颁发《建设项目经济评价方法与参数》，进一步提高了我国可行性研究工作的科学化、程序化水平。

7.1.1.2 房地产开发项目可行性研究的分类

根据不同的分类方法，可以将房地产开发项目可行性研究划分成不同的类型。

按照房地产可行性研究所处的阶段和研究的详细程度不同，可以分为投资机会研究、初步可行性研究和详细可行性研究。

按照房地产可行性研究对象提供的现状条件不同，可以分为土地以及开发项目的可行性研究、房地产综合开发的可行性研究、续建房地产开发项目的可行性研究和房地产可行性研究。

根据房地产项目的用途不同，可以分为居住房地产项目可行性研究、商用房地产项目可行性研究、办公房地产项目可行性研究、旅馆房地产项目可行性研究、餐饮房地产项目可行性研究、娱乐用途房地产项目可行性研究、工业用途房地产项目可行性研究、特殊用途房地产项目可行性研究、土地开发项目可行性研究等。

根据房地产项目未来获取收益的方式，可以分为出售型房地产项目可行性研究、出租型房地产项目可行性研究和混合型房地产项目可行性研究。

7.1.1.3 房地产开发项目可行性研究的作用

房地产开发项目的特点和我国房地产开发的实践表明，开发项目的关键是决策，房地产开发商应该高度重视可行性研究工作的开展。随着房地产市场的逐步规范，房地产投机机会越来越少。投资房地产只有依靠合法经营，不断提高决策水平，才能获得开发收益。可行性研究在项目投资实践中具有的重要作用具体体现在以下几个方面：

（1）可行性研究是投资决策的重要依据。投资项目，尤其是大型房地产项目投资决策，必须建立在根据详细可靠的市场预测、成本分析和效益估算所进行的对项目的评价和分析基础上，对项目的合法性、技术可行性和收益性进行判断评价。其中，可行性研究完成的经济分析和评价是投资决策的重要依据。

（2）可行性研究是项目审批的依据。在我国，投资项目必须列入国家的投资计划。

房地产项目要经过政府相关职能部门立项、审批，而立项审批的依据之一就是提供可行性研究报告或项目建议书。

（3）可行性研究是项目资金筹措的依据。房地产开发项目可行性研究对房地产项目的经济、财务指标进行了分析，企业从中可以了解项目的筹资能力、还本付息能力和经营效益获取能力。商业银行等金融机构根据可行性研究报告（或项目评估报告），可了解项目的流动性、收益性和安全性，结合国家的信贷政策，做出能否提供房地产开发贷款的决策。因此，这也是企业筹集资金和信贷方提供资金的依据。

（4）可行性研究是编制设计任务书的依据。可行性研究对开发项目的建设规模、建设项目的内容及建设标准等都做出了安排，这些正是项目设计任务书的内容。

（5）可行性研究是开发商与各方签订合同的依据。开发商在可行性研究确定的项目实施方案的框架内，按部就班地落实项目的前期工作，指导开发商与设计、供应、资金融通等部门商签有关协议。因此，可行性研究也是开发商与各方签订合同的依据。

7.1.2　房地产开发项目可行性研究的内容和步骤

7.1.2.1　房地产开发项目可行性研究的基本内容

房地产开发项目可行性研究的内容因项目的复杂程度、环境状况和具体情况不同而有所不同，但一般包括三个方面的必要内容，即项目的必要性分析、项目实施的可能性分析及项目的技术和经济评价。就具体内容而言，房地产开发项目可行性研究包含的内容有以下几个方面：

（1）项目概况。项目概况主要包括项目名称及其背景，开发项目所具备的自然、经济、水文地质等基本条件，开发对象的社会经济发展前景以及项目开发的宗旨、规模、功能和主要技术经济指标等。

（2）市场分析和需求预测。在深入市场调查和充分掌握各类资料的基础上，对拟开发项目的市场需求及市场供给状况进行科学的分析并做出客观的预测，包括开发成本、市场售价、销售对象及开发周期、销售期等。

（3）规划方案的优选。在对可供选择的规划方案进行分析、比较的基础上优选最为合理、可行的方案作为最后方案，并对其进行详细描述，包括选定方案的建筑物布局、功能分区、市政基础设施分布、建筑物及项目的主要技术参数、技术经济指标和控制性规划技术指标等。

（4）开发进度安排。这里主要指对开发的进度进行合理的时间安排。可以按照前期工程、主体工程、附属工程、交工验收等阶段安排好开发项目的进度。对于大型开发项目，由于建设期长、投资额大，一般需要进行分期开发，这就需要对各期的开发内容同时做出统筹安排。

（5）项目投资估算。项目投资估算就是要对开发项目所涉及的成本费用进行分析估计。房地产开发项目涉及的成本费用主要有土地费用、前期工程费、建筑安装工程费、市政基础设施费用、公共配套设施费用、期间费用及各种税费。需要说明费用估算依据和估算范围。就估算的精度而言，没有必要像预算那样要求精确，但应充分注意到各项费用在不同建设期的变化情况，力争和未来事实相符，提高评价的准确性。

（6）资金筹集方案和筹资成本估算。根据项目的投资估算和投资进度安排，合理估算资金需求量，拟订筹资方案，并对筹资成本进行计算和分析。房地产开发项目投资巨大，开发商务必在投资前做好对资金的安排，通过不同的方式筹措资金，保证项目的正常运行。

（7）财务评价。财务评价是依据国家现行的财税制度、现行价格和有关法规，从项目角度对项目的盈利能力、偿债能力和外汇平衡等项目财务状况进行分析，并借以考察项目财务可行性的一种方法。具体包括在项目的销售预测、成本预测基础上进行预计损益表、预计资产负债表、预计现金流量表、预计债务偿还表、预计资金来源与运用表的编制，以及进行财务评价指标和偿债指标的计算，如财务净现值、财务内部收益率、投资回收期、债务偿还期、资产负债率等，据此分析投资的效果。

（8）风险分析。风险分析是可行性研究的一项重要内容，包括盈亏平衡分析、敏感性分析和概率分析等内容。风险分析通过对影响投资效果的社会、经济、环境、政策、市场等因素的分析，了解各因素对项目的影响性质和影响程度，为项目在运作过程中对关键因素进行控制提供可靠依据。同时根据风险的可能性为投资者了解项目的风险大小及风险来源提供参考。

（9）国民经济评价。国民经济评价是指按照资源合理配置的原则，从国民经济的角度出发，用一套参数（包括影子价格、影子公司、影子汇率和社会折现率等）计算、分析项目对国民经济的净贡献，以评价项目经济合理性的经济评价方法。国民经济评价是项目评价的重要组成部分，也是投资决策的重要依据。国民经济评价包括社会效益评价和环境效益评价。社会效益是指项目投资为满足社会需求所做贡献的大小，如对社会经济增长、对提高居住水平、对城市经济发展及对其他关联企业的发展、对国家财政税收等所做的贡献。环境效益是指项目开发给城市环境改善带来的效益，如项目对于美化居住环境、改善居住条件和投资环境、美化城市及消除污染等所做的贡献。

（10）结论。根据对相关因素的分析和各项评价指标，对项目可行与否做出明确结论，针对本项目存在的问题提出建议并对建议的效果做出估计。

7.1.2.2 房地产开发项目可行性研究的步骤

房地产开发项目可行性研究一般包括以下几个步骤：

1. 组织准备

进行可行性研究首先要求组建研究班子，具体负责可行性研究的整体构想、经费筹集、研究计划制定等。由于可行性研究是一个相当复杂的智力活动，研究班子的成员应包括房地产市场领域的专家、熟悉房地产开发的工程技术人员、城市规划及管理领域的专家。领导班子应由熟悉房地产市场、工程技术、经济管理和经营，并善于进行协调工作的专业人员来主持。

2. 资料收集及市场调查

这一步骤包括收集各类有关资料和进行现场实际调查。收集的资料主要有政府的方针、政策，城市规划资料，各类资源资料，有关社会经济发展、交通、地质、气象等方面的技术资料以及房地产市场分析资料等。现场实际调查主要包括投资现场的实地自然、经济、社会、技术现状的调查，如居民人数、户数及结构现状调查、市政基础设施状况调查、地上地下障碍物调查、非居民户生产经营状况调查等。

3. **开发方案的设计、评价和选择**

对于开发项目而言，有不同的开发方案可以实施。每一种开发方案都有各自的特点，实施不同的开发方案会得到不同的经济收益和社会效益。

4. **详细研究**

采用先进的技术经济分析方法，对优选出的项目开发方案进行财务评价、国民经济评价，分析项目的可行性。

5. **编写研究报告书**

可行性研究报告书是对可行性研究全过程的描述，其内容要与研究内容相同，内容要全面、翔实。

7.1.3　房地产开发项目可行性研究报告及注意事项

7.1.3.1　房地产开发项目可行性研究报告

房地产开发项目可行性研究报告是房地产开发项目可行性研究的成果性文件。房地产开发项目可行性研究报告一般由专业的咨询机构编写，从事房地产开发的大型房地产开发企业由于拥有一定水平资质的市场分析人员，也可以独立编写可行性研究报告。一般来讲，专业机构编写一个项目的可行性研究报告应包括封面、摘要、目录、正文、附件和附图六个部分。

1. **封面**

封面一般要反映可行性研究报告的名称、专业研究编写机构名称及编写报告的时间三个内容。

2. **摘要**

这部分应用简洁明了的语言概要介绍项目概况、市场情况、可行性研究的结论及有关说明或假设条件，要重点突出、假设条件清楚，使阅读人员在短时间内了解全报告的精要。也有专家主张不写摘要，因为可行性研究报告事关重大，阅读者理应仔细全面阅读。

3. **目录**

由于一份可行性报告少则十余页，多则数十页，为了便于写作和阅读人员将报告的前后关系、假设条件及具体内容条理清楚地编写和掌握，必须编写目录。

4. **正文**

它是可行性报告的主体，一般来讲，应包括：概况（包括项目背景、项目概况、委托方、受托方、可行性研究的目的、可行性研究的编写人员、编写的依据、编写的假设和说明）、市场调查和分析、规划设计方案、建设方式和建设进度、投资估算及资金筹措、项目财务评价、风险分析、可行性研究的结论、研究人员对项目的建议、相应的附表。

5. **附件**

它包含可行性研究的主要依据，是可行性研究报告必不可少的部分。一般来讲，一个项目在进行正式的可行性研究时，必须有政府有关部门的批准文件（如规划选址意见书、土地批租合同、土地证、建筑工程许可证等）。专业人员必须根据委托书和上述文件以及相应的法律法规方能编写项目可行性研究报告。

6. **附图**

一份完整的可行性研究报告应包括以下附图：项目的位置图、地形图、规划红线图、设计方案的平面图，有时也包括项目所在地区或城市的总体规划图等。

房地产开发项目可行性研究报告可供政府、投资人、金融机构等多方使用。政府通过可行性研究报告了解该项目的国民经济贡献，了解该项目是否符合城市规划、土地利用总体规划，是否符合国民经济发展计划的要求，是否符合国家的产业政策，并将其作为决定是否给予立项的依据。投资人主要通过可行性研究报告了解项目的收益性，用以判断项目是否在可承担的风险范围内、能否带来预期的利润，决定是否值得投资。金融机构主要从项目的收益性、流动性和安全性三个方面来了解项目能否拥有稳定的现金流，即金融机构是否存在资金无法收回的风险、利息能否按期收回、能否带来稳定的回报。所以，编制房地产可行性研究报告从内容上必须符合多方面的要求。房地产开发项目可行性研究报告是一个全面反映项目技术、经济、市场三个方面的经济分析报告，集政策、环境、效益三个方面的内容于一身。

7.1.3.2 房地产开发项目可行性研究注意事项

由于可行性研究报告是提供给房地产企业进行投资决策的主要文件和依据，这份文件的撰写质量直接关系到项目的实施和收益。在进行可行性研究时要特别注意：第一，可行性研究报告的撰写要明确、翔实，尽量使其内容丰富，反映客观事实。第二，可行性研究报告编制完成后，必须进行专家论证，确保报告的科学合理性。第三，可行性研究报告各项内容应完整，不能有缺项，使其能够提供完整和全面的分析依据。

7.2 房地产开发项目的财务状况分析

7.2.1 反映房地产开发项目财务状况的指标体系

项目的财务状况是通过一系列财务评价指标反映出来的。这些指标可以分为价值型指标（财务净现值、财务净年值、费用现值、费用年值等）、效率型指标（财务净现值率、投资报酬率、财务内部收益率等）和期限型指标（投资回收期）。若从是否考虑时间因素的影响来划分，可以将财务评价指标分为静态评价指标和动态评价指标。静态评价指标是指不考虑时间因素对资金的影响的评价指标，如静态投资回收期、投资报酬率等；动态评价指标是指考虑时间因素对项目资金的影响的评价指标，如财务净现值、财务内部收益率等。

7.2.2　反映房地产开发项目财务状况的指标计算

7.2.2.1　财务净现值

财务净现值（financial net present value，FNPV）是指将项目寿命期内的净现金流量，用一个设定的折现率逐期折现的现值代数和，其数学表达式为：

$$FNPV=\sum_{t=0}^{n} NCF_t(1+i_c)^{-t}=\sum_{t=0}^{n}(CI-CO)_t(1+i_c)^{-t} \quad (7-1)$$

式中：

FNPV——项目在起始时间点的财务净现值；

NCF——净现金流量；

i_c——折现率，可以选用行业基准收益率或投资人期望的预期收益率；

CI_t、CO_t——分别为第 t 期的现金流入量和现金流出量。

财务净现值指标表示用现金流入现值补偿现金流出现值后的余额。用财务净现值指标评价项目的经济可行性，判断标准为：

（1）FNPV≥0，则项目可以被接受；

（2）FNPV<0，则项目应该被拒绝。

某房地产开发项目有关预计数据资料见表 7-1，试用财务净现值指标评价项目的经济可行性（$i_c=10\%$）。

表 7-1　某开发项目开发方案预测表　　单位：万元

项目＼年末	0	1	2	3	4	5
开发投资	250	2 800	2 600			
经营费用				400	450	500
经营收入				700	800	1 300
净现金流量	−250	−2 500	−2 600	300	350	800
累计净现金流量	−250	−2 750	−5 350	−5 050	−4 700	−3 900
折现系数	1.000 0	0.909 1	0.826 4	0.751 3	0.683 0	0.620 9
现值	−250	−2 272.75	−2 148.64	225.39	239.05	496.72
累计现值	−250	−2 522.75	−4 671.39	−4 446	−4 206.95	−3 710.23

项目＼年末	6	7	8	9	10	11
开发投资						
经营费用	500	500	500	500	500	500
经营收入	1 300	1 300	1 300	1 300	1 300	1 300
净现金流量	800	800	800	800	800	800
累计净现金流量	−3 100	−2 300	−1 500	−700	100	900
折现系数	0.564 5	0.513 2	0.466 5	0.424 1	0.385 5	0.350 5
现值	451.6	410.56	373.2	339.28	308.4	280.4
累计现值	−3 258.63	−2 848.07	−2 474.87	−2 135.59	−1 827.19	−1 564.79

续表

年末 项目	12	13	14	15	16	17	18
开发投资							
经营费用	500	500	500	500	500	500	500
经营收入	1 300	1 300	1 300	1 300	1 300	1 300	1 300
净现金流量	800	800	800	800	800	800	800
累计净现金流量	1 700	2 500	3 300	4 100	4 900	5 700	6 500
折现系数	0.318 6	0.289 7	0.263 3	0.239 4	0.217 6	0.197 8	0.179 9
现值	254.88	231.76	210.64	191.52	174.08	158.24	143.92
累计现值	−1 291.91	−1 060.15	−849.51	−657.99	−483.91	−325.67	−181.75
年末 项目	19	20	21	22	23	24	25
开发投资							
经营费用	500	500	500	500	500	500	500
经营收入	1 300	1 300	1 300	1 300	1 300	1 300	1 300
净现金流量	800	800	800	800	800	800	800
累计净现金流量	7 300	8 100	8 900	9 700	10 500	11 300	12 100
折现系数	0.163 5	0.148 6	0.135 1	0.122 8	0.111 7	0.101 5	0.092 3
现值	130.8	118.88	108.08	98.24	89.36	81.2	73.84
累计现值	−50.95	67.93	176.01	274.25	363.61	444.81	518.65

$$
\begin{aligned}
FNPV &= -250-2\,500\div(1+10\%)-2\,600\div(1+10\%)^2 \\
&\quad +300\div(1+10\%)^3+350\div(1+10\%)^4+800\div10\% \\
&\quad \times[1-1\div(1+10\%)^{21}]\div(1+10\%)^4 \\
&= 518.65\text{（万元）}
\end{aligned}
$$

财务净现值与折现率之间的关系见图 7-1：财务净现值随着折现率的增加呈反向变化。当 i<FIRR 时，FNPV>0；当 i>FIRR 时，FNPV<0。图中的 FIRR 就是下文所要说的财务内部报酬率。

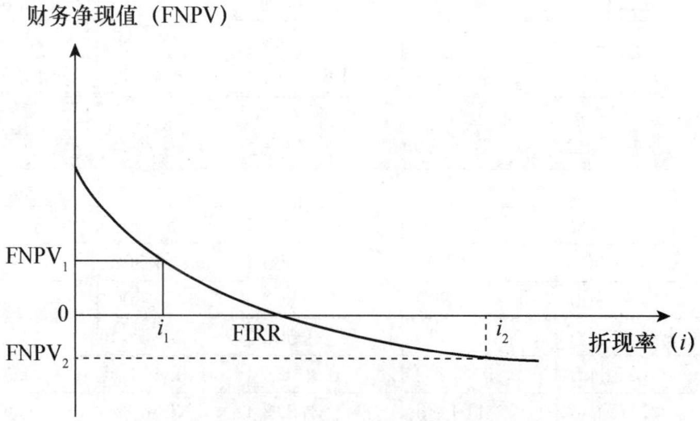

图 7-1 财务净现值与折现率的关系图

7.2.2.2　财务内部报酬率

财务内部报酬率（financial inner return rate，FIRR）是指使项目净现值等于零时的折现率，从图 7－1 中可以看出 FIRR 和 FNPV 之间的关系。用公式表达就是：

$$\sum_{t=0}^{n}(\mathrm{CI}-\mathrm{CO})_t(1+\mathrm{FIRR})^{-t}=0 \tag{7-2}$$

式中：

CI——现金流入量；

CO——现金流出量；

$(\mathrm{CI}-\mathrm{CO})_t$——项目在第 t 年的净现金流量；

$t=0$——项目开始进行的时间点。

由式中关系可以看出，式（7－2）是一个高阶方程，求解难度大。在实际工作中，一般利用内差法（或称试算法）求出 FIRR 的近似值。具体步骤为：

选取两个折现率 i_1 和 i_2，$i_1>i_2$，分别计算 i_1 和 i_2 相对应的净现值 FNPV_1 和 FNPV_2。

若 FNPV_1 和 FNPV_2 同号，则重新给定 i_1 和 i_2，重复以上步骤，直至 FNPV_1 和 FNPV_2 异号，即 $\mathrm{FNPV}_1<0$，$\mathrm{FNPV}_2>0$，则按下式计算 FIRR 的近似值：

$$\mathrm{FIRR}=i_1+\frac{|\mathrm{FNPV}_1|(i_2-i_1)}{|\mathrm{FNPV}_1|+|\mathrm{FNPV}_2|} \tag{7-3}$$

式中：

i_1——当财务净现值为接近于零的正值时的折现率；

i_2——当财务净现值为接近于零的负值时的折现率；

FNPV_1——采用低折现率时财务净现值的正值；

FNPV_2——采用高折现率时财务净现值的负值。

为了提高结果的准确性，i_1 和 i_2 的选取不能超过 5%。利用 FIRR 作为项目经济性评价指标的评价标准为：

$\mathrm{FIRR}\geqslant i_c$，项目可以被接受；

$\mathrm{FIRR}<i_c$，项目应该被拒绝。

如表 7－1 所示项目，已经求得当 $i_1=10\%$时，$\mathrm{FNPV}_1=518.65$ 万元。

取 $i_2=12\%$，$\mathrm{FNPV}_2=-250-2\,500\div(1+12\%)-2600\div(1+12\%)^2+300\div(1+12\%)^3+350\div(1+12\%)^4+800\div12\%\times[1-1\div(1+12\%)^{21}]\div(1+12\%)^4=-274.25$（万元），则 $\mathrm{FIRR}=10\%+518.65\div(518.65+|-274.25|)(12\%-10\%)=11.31\%>10\%$，所以该项目可以被接受。

7.2.2.3　投资收益率

投资收益率（R）是指项目在正常年份的净收益或在项目寿命期的年平均净收益与投资总额的比率，通常用百分数表示，计算公式为：

$$\text{投资收益率}=\text{年净收益}\div\text{投资总额}\times100\% \tag{7-4}$$

其中，投资总额包括固定资产投资、投资方向调节税、建设期利息和流动资金投资。净收益额可以为缴纳所得税前的利润总额，也可以为缴纳所得税后的净利润，所以投资收益率可以分为税前投资收益率和税后投资收益率。用投资收益率进行项目经济性评价的标准为：

$R \geqslant R_C$ 时，项目可以被接受，可行；$R < R_C$ 时，项目应被拒绝，不可行。其中 R_C 为基准投资收益率或预期投资收益率。

如表 7－1 所示，投资收益率＝(300＋350＋800×21)÷25÷(250＋2 500＋2 600)×100%＝13.05%。

如果该项目投资人预期年投资收益率为 10%，则该项目的财务结果可被投资人接受；如果该项目投资人预期收益率为 15%，则该项目的财务结果不被接受。

7.2.2.4 静态投资回收期（P'_t）和动态投资回收期（P_t）

投资回收期是指项目的净收益额用于抵偿全部投资所需要的时间。静态投资回收期没有考虑时间对项目的影响，而动态投资回收期则要考虑时间因素的影响，即考虑资金的时间价值。

1. 静态投资回收期

静态投资回收期用公式表示为：

$$\sum_{0}^{P'_t}(\mathrm{CI}-\mathrm{CO})_t = 0 \tag{7-5}$$

$$P'_t = \left(\begin{matrix}\text{累计净现金流量}\\\text{第一次出现正值的年份}\end{matrix} - 1\right) + \frac{\text{上年累计净现金流量的绝对值}}{\text{当年净现金流量}}$$

表 7－1 所示项目的静态投资回收期为：

静态投资回收期＝10－1＋700/800＝9.875(年)

投资回收期是反指标，即是越小越好的指标。当静态投资回收期小于或等于基准静态投资回收期或期望的投资回收期时，项目可行；当静态投资回收期大于基准静态投资回收期或期望的投资回收期时，项目不可行。

2. 动态投资回收期

动态投资回收期是指项目以净收益抵偿全部投资所需的时间，是反映开发项目投资回收能力的重要指标。对房地产开发项目来说，动态投资回收期自开发投资起始点算起，累计净现值等于零或出现正值的年份即为投资回收终止年份，其计算公式为：

$$\sum_{t=0}^{P_t}(\mathrm{CI}-\mathrm{CO})_t(1+i_c)^{-t} = 0 \tag{7-6}$$

式中：P_t——动态投资回收期。

动态投资回收期以年表示，其详细计算公式为：

$$\text{动态投资回收期} = \left(\begin{matrix}\text{累计折现值第一次出现}\\\text{正值的年份}\end{matrix} - 1\right) + \frac{\text{上年累计折现值的绝对值}}{\text{当年净现金流量的折现值}} \tag{7-7}$$

上式中的小数部分也可换算成月数，以年和月表示。

在项目财务评价中，动态投资回收期（P_t）与基准动态回收期（P_C）相比较，如果 $P_t \leqslant P_C$，则开发项目在财务上就是可以接受的。动态投资回收期指标一般用于评价开发完成后用来出租或经营的房地产开发项目。

如表 7-1 所示，项目的动态投资回收期为 20－1＋50.95/118.88＝19.43（年）。

7.2.3　房地产开发项目建设投资预测与分析

房地产开发项目的预测主要包括对项目的销售预测和对开发建设投资数据的预测。预测方法根据预测的性质划分，包括定性预测和定量预测两种。定性预测是指根据人的主观判断做出的预测。定量预测是根据历史数据，通过建立数学模型建立变量之间的数学关系，进而对变量的未来进行预测的方法。房地产成本预测通过对房地产开发过程中的成本费用进行预测，为项目的财务评价、资金筹集方案的选择和未来成本费用支出的控制提供依据。

7.2.4　房地产开发建设投资估算方法

房地产开发建设投资是指在开发期内完成房地产产品开发建设所需投入的各项费用，主要包括土地费、前期工程费、基础设施建设费、房屋开发费、公共配套设施建设费、开发间接费、管理费、销售费、财务费、其他费用、税金及政府收费以及不可预见费等。

7.2.4.1　土地费

房地产项目土地费是指为取得房地产项目用地而发生的费用。房地产项目取得土地有多种方式，发生的费用各不相同，主要有下列几种：划拨或征收土地的土地征收拆迁费、出让土地的土地出让地价款、转让土地的土地转让费、租用土地的土地租用费、股东投资入股的土地投资折价和取得土地支付的税费。

1. 土地征收拆迁费

土地征收拆迁费分为：农村土地征收拆迁费和城镇土地拆迁费。

（1）农村土地征收拆迁费主要包括：土地补偿费、青苗补偿费、地上附着物补偿费、安置补助费、新菜地开发建设基金、征地管理费、耕地占用税、拆迁费、其他费用。

（2）城镇土地拆迁费主要包括：地上建筑物、构筑物、附着物补偿费，搬家费，临时搬迁安置费，周转房摊销以及对于原用地单位停产、停业补偿费，拆迁管理费和拆迁服务费等。

2. 土地出让地价款

土地出让地价款是指国家以土地所有者的身份将土地使用权在一定年限内让与土地使用者，并由土地使用者向国家支付土地使用权出让地价款，主要包括向政府缴付的土地使用权出让金和根据土地原有状况需要支付的拆迁补偿费、安置费、城市基础设施建设费或征地费等。例如：以出让方式取得城市熟地土地使用权，土地出让地价款由土地出让金加上拆迁补偿费和城市基础设施建设费构成。

土地出让地价款的数额由土地所在城市、地区、地段、土地的用途以及使用条件、合同条件等许多方面的因素决定。许多城市对土地制定了基准地价，具体宗地的土地出让地价款要在基准地价的基础上加以适当调整确定。

3. **土地转让费**

土地转让费是指土地受让方向土地转让方支付土地使用权的转让费。依法通过土地出让或转让方式取得的土地使用权可以转让给其他合法使用者。土地使用权转让时，地上建筑物及其他附着物的所有权随之转让。

4. **土地租用费**

土地租用费是指土地租用方向土地出租方支付的费用。以租用方式取得土地使用权可以减少项目开发的初期投资，但在房地产项目开发中较为少见。

5. **土地投资折价**

房地产项目土地使用权可以来自房地产项目中的一个或多个投资者的直接投资。在这种情况下，不需要筹集现金用于支付土地使用权的获取费用，但一般需要对土地使用权评估折价。

6. **取得土地支付的税费**

取得土地支付的税费主要是指契税。

7.2.4.2 前期工程费

房地产项目前期工程费主要包括项目前期规划、设计、可行性研究，水文、地质勘测，以及“三通一平”等阶段的费用支出。

项目的规划、设计、可行性研究所需的费用支出一般可按项目总投资的一个百分比估算。一般情况下，规划设计费为建安工程费的3%左右，可行性研究费占项目总投资的1%～3%。水文、地质勘探所需的费用可根据所需工作量结合有关收费标准估算，一般为设计估算的0.5%左右。“三通一平”等土地开发费用，主要包括地上原有建筑物、构筑物拆除费用，场地平整费用和通水、电、路的费用。这些费用的估算可根据实际工作量，参照有关计费标准估算。

7.2.4.3 基础设施建设费

基础设施建设是指建筑物两米以外和项目用地规划红线以内的各种管线和道路工程，其费用包括供水、供电、供气、排污、绿化、道路、路灯、环卫等设施建设费用，以及各项设施与市政设施干线、干管、干道的接口费用。一般按实际工程量估算。

7.2.4.4 房屋开发费

房屋开发费包括建安工程费、附属工程费和室外工程费。

建安工程费是指直接用于工程建设的总成本费用，主要包括建筑工程费（结构、建筑、特殊装修工程费）、设备及安装工程费（给排水、电气照明及设备安装、空调通风、弱电设备及安装、电梯及安装、其他设备及安装等）和室内装饰家具费等。

附属工程费包括锅炉房、热力站、变电室、煤气调压站、自行车棚、信报箱等建设费用。

室外工程费包括自来水、雨水、污水、煤气、热力、供电、电信、道路、绿化、环卫、室外照明等的建设费用。

在可行性研究阶段，房屋开发费尤其是建筑安装工程费的估算，可以采用单元估算法、单位指标估算法、工程量近似匡算法、概算指标法等，也可根据类似工程经验估算。

1. 单元估算法

单元估算法是指以基本建设单元的综合投资乘以单元数得到项目或单项工程总投资的估算方法。如以每间客房的综合投资乘以客房数估算一座酒店的总投资、以每张病床的综合投资乘以病床数估算一座医院的总投资等。

2. 单位指标估算法

单位指标估算法是指以单位工程量投资乘以工程量得到单项工程投资的估算方法。一般来说，土建工程、给排水工程、照明工程可按建筑平方米造价计算，采暖工程按耗热量（千卡/小时）指标计算，变配电安装按设备容量（千伏安）指标计算，集中空调安装按冷负荷量（千卡/小时）指标计算，供热锅炉安装按每小时产生蒸汽量（立方米/小时）指标计算，各类围墙、室外管线工程按长度（米）指标计算，室外道路按道路面积（平方米）指标计算等。

3. 工程量近似匡算法

工程量近似匡算法采用与工程概预算类似的方法，先近似匡算工程量，配上相应的概预算定额单价和取费，近似计算项目投资。

4. 概算指标法

概算指标法采用综合的单位建筑面积和建筑体积等建筑工程概算指标计算整个工程的费用。常使用的估算公式是：直接费用＝每平方米造价指标×建筑面积，主要材料消耗量＝每平方米材料消耗量指标×建筑面积。

7.2.4.5　公共配套设施建设费

公共配套设施建设费是指居住小区内为居民服务配套建设的各种非营利性的公共配套设施（又称公建设施）的建设费用，主要包括居委会、派出所、托儿所、幼儿园、公共厕所、停车场等。一般按规划指标和实际工程量估算。

7.2.4.6　开发间接费

开发间接费是指房地产开发企业所属独立核算单位在开发现场组织管理所发生的各项费用，主要包括工资、福利费、折旧费、修理费、办公费、水电费、劳动保护费、周转房摊销和其他费用等。

当开发企业不设立现场机构，由开发企业定期或不定期派人到开发现场组织开发建设活动时，发生的费用可直接计入开发企业的管理费用。

7.2.4.7 管理费

管理费是指房地产开发企业的管理部门为组织和管理房地产项目开发经营活动而发生的各项费用，主要包括管理人员工资、职工福利费、办公费、差旅费、折旧费、修理费、工会经费、职工教育经费、劳动保险费、待业保险费、董事会费、咨询费、审计费、诉讼费、排污费、绿化费、房地产税、车船使用税、土地使用税、技术转让费、技术开发费、无形资产摊销、开办费摊销、业务招待费、坏账损失、存货盘亏、毁损和报废损失以及其他管理费用。管理费可按项目投资或前述四项直接费用的一个百分比计算，这个百分比一般为3%左右。

7.2.4.8 销售费

销售费是指房地产开发企业在销售房地产产品过程中发生的各项费用，以及专设销售机构的各项费用，主要包括销售人员工资、奖金、福利费、差旅费、销售机构的折旧费、修理费、物料消耗、广告费、宣传费、代销手续费、销售服务费及预售许可证申领费等。销售费占销售收入的比重一般在10%～15%。

7.2.4.9 财务费

财务费是指企业为筹集资金而发生的各项费用，主要包括借款和债券的利息、金融机构手续费、代理费、外汇汇兑净损失以及其他财务费用。利息的计算可参照金融市场利率和资金分期投入的情况按复利计算，利息以外的其他融资费用一般占利息的10%左右。

7.2.4.10 其他费用

其他费用主要包括临时用地费和临时建设费、工程造价咨询费、总承包管理费、合同公证费、施工执照费、工程质量监督费、工程监理费、竣工图编制费、工程保险费等。这些费用一般按当地有关部门规定的费率估算。

7.2.4.11 税金及政府收费

房地产项目投资估算应考虑项目所负担的与房地产投资有关的各种税金和地方政府或有关部门征收的费用，主要包括固定资产投资方向调节税、土地使用税、市政管线分摊费、供电贴费、用电权费、绿化建设费、电话初装费、分散建设市政公用设施建设费等。在一些大中型城市，这部分税费已经成为房地产项目投资费用中占较大比重的费用。各项税费应根据当地有关法规标准估算。由于各种税费发生在不同阶段，也可根据发生阶段的不同列入前述的各种费用之中，如市政管线分摊费、供电站费、用电权费、绿化建设费列入基础设施费，销售税金及附加列入销售费用。

7.2.4.12 不可预见费

不可预见费根据项目的复杂程度和前述各项费用估算的准确程度，按上述各项费用的3%～7%估算。

7.2.5 成本费用估算结果的汇总

为了便于对房地产开发项目各项成本与费用进行分析和比较，常把估算结果以汇总表的形式列出，格式见表 7－2。

表 7－2 房地产开发项目成本费用估算汇总表

费用项目＼建设内容	建设内容Ⅰ		建设内容Ⅱ		…		总开发成本	
	单位成本（元/m^2）	总成本（万元）	单位成本（元/m^2）	总成本（万元）	单位成本（元/m^2）	总成本（万元）	单位成本（元/m^2）	总成本（万元）
一、土地费								
1. 土地出让金 2. 城市建设配套费 3. 征地、拆迁安置补偿费 4. 契税								
二、前期工程费								
1. 可行性研究费 2. 勘察设计费 3. “三通一平”费								
三、房屋开发费								
1. 建安工程费 2. 附属工程费 3. 室外工程费 4. 其他费用								
四、开发间接费								
五、管理费（含市场推广费）								
六、基础设施建设费								
七、财务费								
八、不可预见费								
成本费用总计								

7.2.6 房地产开发项目租售方案及租售收入的测算

从可行性研究的角度出发，市场分析与预测的最终目的就是测算所研究项目的租售方案、租金价格水平和租售收入。

租售方案一般应包括以下几个方面的内容：（1）租售方式的选择、租售面积比例的确定；（2）可出租面积、可出售面积和可分摊的建筑面积及各自在建筑物中的位置；（3）出租和出售的时间进度安排；（4）租金和售价水平的确定；（5）收款计划的确定。

在实际工作过程中，可参照表 7－3、表 7－4、表 7－5、表 7－6 进行该项工作。

表 7－3　房地产开发项目销售计划及销售收入测算表

销售期间		第 1 期		第 2 期		…		第 N 期		合计
销售计划	面积（m^2）									
	百分比（%）									
收款计划	期间	百分比（%）	销售收入（元）	百分比（%）	销售收入（元）	百分比（%）	销售收入（元）	百分比（%）	销售收入（元）	
	第 1 期									
	第 2 期									
	第 3 期									
	⋮									
	第 N 期									
总计										

注：期间可结合项目情况按年、半年、季度或月划分。

表 7－4　房地产开发项目出租计划及出租收入测算表

序号	项目名称	建设期					经营期		
		第 1 期	第 2 期	第 3 期	…	…	…	第 $N-1$ 期	第 N 期
1	可出租建筑面积（m^2）								
2	单位租金（元）								
3	可能毛租金收入（元）								
4	出租率（%）								
5	有效毛租金收入（元）								
6	转售收入（元）								
7	转售成本及税费（元）								
8	净转售收入（元）								

表 7－5　某项目销售收入汇总表（全部出售方案）

项目	建筑面积（m^2）	售价（元/m^2）	2019 年		2020 年		2021 年		合计
			上	下	上	下	上	下	
地上商业楼面									
公寓楼									
地下商业楼面									
地下车库									
总计									

表 7-6　某项目出租收入测算表（全部出租方案）

物业类型	初始租金（元/m^2）	年期	3	4	5	6	7	8	9	10	11	12	13	14	15	总计
		入住率														
商业楼面		收入（万元）														
公寓楼																
地下商业																
地下停车																
其他面积																
合计																

7.3　房地产开发项目的风险承受能力分析

7.3.1　风险与房地产开发项目风险

从房地产投资的角度来说，风险是未来实际收益与预期收益的偏差和可能性大小。一般在房地产项目投资之前，投资各方会对项目带来的收益进行预测，得出预期收益大小，只有完成投资过程进入经营阶段后，人们才可以计算实际获得的收益与预期收益之间的差别，进而也就可以计算获取预期收益可能性的大小。风险涉及变动和可能性，而变动常常又可以用标准差来表示，用以描述分散的各种可能收益与均值收益偏离的程度。一般来说，标准差越小，各种可能收益的分布就越集中，投资风险也就越小。反之，标准差越大，各种可能收益的分布就越分散，风险也就越大。但如果说某事件具有不确定性，则意味着对可能的情况无法估计其可能性。在这种情况下，对未来投资收益的估计就应该是定性的而非定量的，尽管有时人们会使用后悔值矩阵法或评分综合评价法等。风险分析是投资决策的重要环节，其目的是要帮助投资者回答下述问题：

（1）预期收益率是多少？出现的可能性有多大？

（2）相对于目标收益、融资成本或机会投资收益来说，产生损失或超过目标收益的可能性有多大？

（3）预期收益的变动性和离散性如何？

房地产开发项目的风险主要体现在投入资金的安全性、期望收益的可靠性、投资项目的变现性和资产管理的复杂性四个方面。对具体风险因素的分析，有多种分类方式，每一种分类方式都从不同的角度分析了可能对房地产投资的净经营收益产生影响的因素。在通常情况下，人们往往把风险划分为对市场内所有投资项目均产生影响、投资者无法控制的系统风险和仅对市场内个别项目产生影响、投资者可以控制的个别风险。房地产投资首先面临的是系统风险，投资者对这些风险不易判断和控制，如通货膨胀风险、市场供求风险、周期风险、变现风险、利率风险、政策风险和或然损失风险等。房地产投资的个别风险包括收益现金流风险、未来经营费用风险、资本价值风险、时间风险、持有期风险。

7.3.2 房地产开发项目风险分析方法

7.3.2.1 盈亏平衡分析

盈亏平衡分析，又叫量本利分析，是通过分析项目的产销量、成本和收入之间的函数关系，从而找出产销量和项目盈亏关系的一种分析方法。

1. 销售收入函数、成本函数与利润函数

一般来说，销售收入、成本与利润都是房地产产品数量的函数。销售收入与房地产产品数量的关系为：

$$B=P\times Q \tag{7-8}$$

式中：

B——销售收入；

P——销售价格，单位为元/m^2；

Q——房地产产品的数量。

房地产开发的成本费用有很多，它们和房地产产品数量的关系依据成本特性可以分为固定成本、变动成本和半变动成本。其中，固定成本是指不随房地产产品数量变动而变动的成本费用，如房地产开发企业的折旧费、管理费等；变动成本是指随着房地产产品数量的变动成比例变动的成本费用，如建安工程费用、前期工程费用等；半变动成本是指和房地产产品数量有一定的关系，但无严格比例关系的成本费用，这部分费用一般呈现出阶梯状（见图 7-2）。

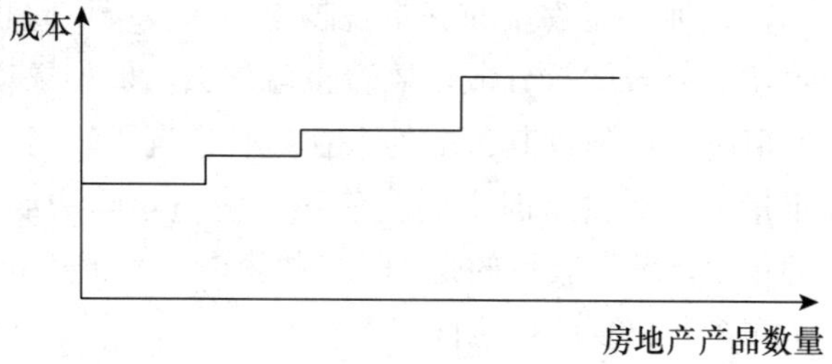

图 7-2 半变动成本曲线

总成本与房地产产品的数量关系为：

$$TC=FC+VC'+VC=FC+VC'+V_c\times Q \tag{7-9}$$

式中：

TC——总成本；

FC——固定成本；

VC'——半变动成本；

VC——总变动成本；

V_c——单位变动成本；

Q——房地产产品数量。

一般情况下，半变动成本可以根据分析的具体情况，在一定范围内作为固定成本考虑，所以总成本和房地产产品的数量关系可表示为：

$$TC=FC+VC=FC+V_c\times Q \tag{7-10}$$

开发项目的利润为销售收入和成本的差额，则开发项目的利润和房地产产品数量的关系为：

$$R=B-TC=PQ-FC-V_c\times Q \tag{7-11}$$

2. **盈亏平衡点**

盈亏平衡点（break even point，BEP），又称保本点，是指开发项目的利润为零时的指标，包括盈亏平衡点销售量、盈亏平衡点销售额。根据

$$R=B-TC=PQ-FC-V_c\times Q=0 \tag{7-12}$$

则有

$$Q^*=FC/(P-V_c) \tag{7-13}$$

式中，Q^* 为盈亏平衡点销售量，则盈亏平衡点销售额为：

$$R^*=P\times Q^*$$

7.3.2.2　项目安全率

项目安全率 f 是反映项目承受外部风险能力的指标，其表达式为：

$$f=(Q-Q^*)/Q\times 100\% \tag{7-14}$$

项目安全率越小，表明项目的风险承受能力越小，反之则越大。评价风险承受能力可参照表 7-7。

表 7-7　项目安全率与风险承受能力评价表

f	<10%	10%～15%	15%～25%	25%～30%	>30%
状况	危险	需要谨慎	不是很安全	较安全	安全

例如，某开发项目预计平均售价为 5 600 元/m^2，单位变动成本为 2 200 元/m^2，开发商开发固定成本为 6 800 万元，开发项目土地面积为 10 000m^2，容积率为 5，商品房得房率为 80%，试计算盈亏平衡点销售量并分析项目的安全性。

由题意可得：

$$Q^*=6\,800\text{ 万元}/(5\,600\text{ 元}/m^2-2\,200\text{ 元}/m^2)=20\,000m^2$$

$$f=(10\,000\times 5\times 80\%-20\,000)/40\,000\times 100\%=50\%$$

说明该项目有足够的风险承受能力。

7.3.2.3　敏感性分析

1. **敏感性分析的概念**

所谓敏感性分析（又称敏感度分析），就是通过测定一个或多个不确定性因素的变化

所导致的项目经济效果评价指标的变化幅度，了解项目预期目标受各个不确定性因素变化的影响程度，从而确定不确定性因素对项目预期目标的敏感程度，根据因素的敏感程度大小制定相应的对策，使项目达到预期目标。

2. 敏感性分析的步骤

进行房地产项目敏感性分析，可以遵循以下步骤：

（1）选择要分析的不确定性因素。对于房地产开发项目而言，存在的不确定性因素有很多，包括售价和租金、开发成本、开发周期、空置率、空置期、贷款利率、贷款额度等。

1）售价和租金。售价和租金是影响开发项目经济效果的最为重要的因素之一。这可以从两个方面看：一方面，售价和租金是在开发项目完成或进行一段时间后的售价和租金，这并不是开发商所能控制的，属于外生变量范畴，受到整个国家和地区政治、经济和社会因素的影响，具有极大的不确定性；另一方面，售价和租金的稍许变动会对项目的经济效果产生极大影响。

2）开发成本。开发成本是影响开发项目的另一个非常重要的因素，包括土地费用、项目前期费用、建筑安装成本、期间费用和有关税费等。其中土地费用和建筑安装成本在房地产开发项目的成本中占据相当的比重，它们对于项目的收益起着相当重要的作用。这些成本的变动又是不确定的，因此也是需要分析的一个敏感性因素。

3）开发周期。项目开发周期是指从项目所需土地购置开始，经过施工建设、竣工验收直至完成租售为止所经历的时间，包括项目的开发前期、建设期和空置期（租售期）。每个开发项目在实施前，都要经过项目的审批报建、拆迁安置、“三通一平”和项目的施工招标等工作，这个时期就是项目的开发前期。

4）空置率与空置期。空置期是指竣工物业待售待租所经历的时间。空置期的长短受市场供求状况及市场购买力的影响非常强。空置率是指经过合理的空置期仍然处于待售或待租状态的物业占竣工物业的比重。如果空置期长、空置率高，开发商将面临更高的利息支出，增加开发项目的财务负担，使利润下降。

5）贷款利率和贷款额度。一般来说，房地产开发项目的资金来源中的50%～70%都是外借资金，能否及时筹集到这部分资金和筹集多少资金直接影响到项目的实施；贷款利率的高低又影响到项目开发成本的大小，进而影响项目的效益。而这些都不是完全能够预测到的，受到国家经济政策、利率政策等的影响，变动较大。

（2）选定分析所用的评价指标。衡量房地产项目经济效果的指标有很多，敏感性分析工作量比较大，对于每一个指标都进行敏感性分析既不可能也没必要，只需选择一个或几个指标作为分析指标即可。一般来说，进行敏感性分析，是在分析了确定性因素的经济评价指标的基础上进行的，因此，应将确定性条件下的经济评价指标作为敏感性分析的评价指标。

（3）计算不确定性因素变动引起的评价指标的变动情况。将不确定性因素的变动划分为若干变动幅度，以变动率表示，然后计算对应变动幅度下的评价指标，进而计算评价指标的变动情况。如研究投资额对净现值指标的敏感性，可以将投资额变动情况划分为±10%、±20%等不同幅度，然后分别计算对应投资额在±10%、±20%条件下的净现值指标，计算变动后的净现值和变动前的净现值，并将二者进行比较。当研究某一不确定性因素的敏感性时，假定其他因素不变，我们将其称为单因素敏感性分析。单因素敏感性分析忽视了各种因素之间的相互影响，因此，可以采用多因素敏感性分析进行补偿。所谓多因素敏感性分析，就是分析两个及以上因素在同时变动的情况下对评价指标的变动的影响的分析方法。

（4）判定敏感性因素。所谓敏感性因素，就是变动幅度小而引起评价指标较大变动的因素。判定敏感性因素可以采用相对判定法和绝对判定法两种。根据相同的变动引起的评价指标变动的大小将这些因素进行敏感性排序，从而判定不确定性因素的敏感性。

（5）提出控制敏感性因素的建议。针对分析所确定的敏感性因素，根据因素的特点和发生的阶段提出控制措施，以便提高项目的经济效益。

3. 单因素敏感性分析

关于单因素敏感性分析，这里用一个案例来说明。

例，某一开发项目投资基本方案见表 7-8，试进行敏感性分析，$I_c=10\%$。

表 7-8 某开发项目投资基本方案

影响因素	期初投资（万元）	租赁收入（万元）	年经营费用（万元）	寿命期（年）
估计值	2 000	600	350	20

（1）选取期初投资、租赁收入（价格）和经营费用为拟分析的不确定性因素。

（2）选取净现值（NPV）指标作为评价指标。

（3）计算预测水平下的净现值评价指标，则

$$\begin{aligned}\text{NPV}&=-2\,000+(600-350)(P/A,10\%,20)\\&=-2\,000+250\times 8.513\,6=128.4(\text{万元})\end{aligned}$$

（4）确定敏感性因素的变动幅度分别为 10%和 20%，并计算变动后的评价指标值。根据期初投资、租赁收入和经营费用的变动计算的评价指标分别见表 7-9、表 7-10、表 7-11 。最后做出的敏感性曲线见图 7-3。

表 7-9 期初投资的敏感性分析

期初投资变动幅度	−20%	−10%	0	+10%	+20%
NPV	528.4	328.4	128.4	−71.6	−271.6

表 7-10 租赁收入的敏感性分析

租赁收入变动幅度	−20%	−10%	0	+10%	+20%
NPV	−893.23	−382.42	128.4	639.22	1 150.03

表 7-11 经营费用的敏感性分析

经营费用变动幅度	−20%	−10%	0	+10%	+20%
NPV	724.35	426.38	128.4	−169.58	−467.55

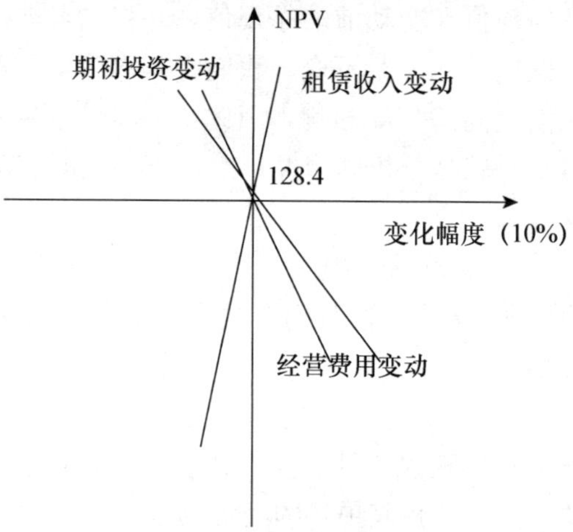

图 7－3　敏感性曲线图

（5）排序并确定敏感性因素。根据绝对判定法可知敏感性因素依次为：

价格(租赁收入)→ 经营费用→期初投资

（6）提出控制方案。由于方案的价格是最敏感性因素，经营费用次之，最后是期初投资，因此，首先需要控制的是价格，考虑如何在较少增加期初投资的前提下较大提高租赁价格或经营费用从而使得整个项目的效益整体提高。

7.3.2.4　概率分析

概率分析，又称风险分析，是运用概率理论研究不确定性因素的变动对项目经济效果指标的影响的一种定量分析方法。通过敏感性分析可以判断不确定性因素的敏感性，但这是在考虑所有因素具有同等出现概率的前提下做出的，不能完全反映不确定性因素的风险性；通过概率分析则可以了解项目风险性的大小。某个不确定性因素如果是敏感性因素，但是若发生的概率非常小，则实际给项目带来的风险就非常小了，甚至可以忽略不计。

1. 基本概念

由于在房地产开发项目实施过程中存在许多不确定性因素，这些不确定性因素的发生是一个随机变量；相应地，用这些变量计算所得的评价指标也将是随机变量。根据概率理论，完整地描绘随机变量可以通过确定其期望值、方差和概率分布来完成。

（1）概率 $P(X)$ 及概率分布。在房地产投资过程中，某一个参数是变动的，但是变动多少、什么时间变动，是无法事先把握的，我们就把这个参数的变动称为一种随机现象。每一次随机现象连同结果就是一次随机事件。表示随机事件变动程度的变量，就是随机变量。如市场价格下降了 10%，表示市场价格这一随机事件变动结果或程度，这就是一个随机变量。

出现某种随机事件的次数与各种可能出现的随机事件的次数总和的比值就称为某一随机事件的概率。通常用 $P(X)$ 表示随机事件 X 可能出现的概率。概率有以下基本性质：

1）概率为非负值，即 $P(X) \geqslant 0$；

2）任何随机事件 X 的概率都介于 0 和 1 之间，即 $0 \leqslant P(X) \leqslant 1$；

3）必然事件 μ 的概率总是 1，即 $P(\mu) \equiv 1$；

4）不可能事件 V 的概率总是 0，即 $P(V) \equiv 0$；

5）所有随机事件的概率总和为 1，即 $\sum P(X_i) \equiv 1$，i 为随机事件发生的次数。

所有随机变量可能出现的概率取值的分布情况，称为概率分布。概率分析就是分析和研究随机变量的概率分布情况，并据以预测期望值和标准差。在进行房地产开发项目评价时，一般只分析离散型随机变量的概率分布。

离散型随机变量的概率分布是指随机变量的个数是有限的，其分布不是连续的，这时可以确定的概率值表示其概率分布情况。如房地产价格在销售时可能会出现下降10%、下降5%、不变、上升5%、上升10%五种情况，出现的随机变量的个数是有限的，因此可以称之为离散型随机变量。如果可以判定上述随机变量出现的概率分别为0.1、0.3、0.3、0.2、0.1，则可以用表格形式描述其概率分布（见表7-12）。

表7-12　离散型变量的概率分布

房地产价格变动	−10%	−5%	0	+5%	+10%
概率 $P(X_i)$	0.1	0.3	0.3	0.2	0.1

（2）期望值 $E(X)$。对于离散型随机变量 X，如果出现 n 种随机结果，每一种随机结果 X_i 出现的概率为 $P(X_i)$，即其概率分布如下（见表7-13）：

表7-13　离散型变量及其概率分布表

X	X_1	X_2	X_3	…	X_{n-1}	X_n
$P(X)$	$P(X_1)$	$P(X_2)$	$P(X_3)$	…	$P(X_{n-1})$	$P(X_n)$

则可以将随机变量的期望值定义为：

$$E(X) = \sum X_i \times P(X_i) \tag{7-15}$$

由此可以看出，随机变量的期望值实际上是一个加权平均值。随机变量取值越多，相应的概率分布值也就越多，加权平均值就越接近实际可能值。所以期望值并不是一个真实的准确值。

如上面的房地产价格变动的期望值为：

$$\begin{aligned} E(\Delta P) &= -10\% \times 0.1 + (-5\%) \times 0.3 + 0 \times 0.3 + 5\% \times 0.2 + 10\% \times 0.1 \\ &= -0.5\% \end{aligned}$$

（3）方差。方差是反映数学期望值和实际值的偏差程度的指标。其计算公式为：

$$D(X) = \sum (\bar{X} - X_i)^2 \times P(X_i) \tag{7-16}$$

式中：

$D(X)$——方差；

$\bar{X}$——随机变量的平均值，也可以用随机变量的期望值取代平均值；

X_i——随机变量的取值；

$P(X_i)$ ——随机变量的概率值。

$$D(X)=[-0.5\%-(-10\%)]^2\times 0.1+[-0.5\%-(-5\%)]^2\times 0.3$$
$$+[(-0.5\%)-0]^2\times 0.3+[(-0.5\%-5\%)]^2\times 0.2$$
$$+[(-0.5\%)-10\%]^2\times 0.1=0.003\,225$$

除了用方差表示离散变量的偏差外，还可以用标准差来反映离散变量的偏差，计算公式为：

$$\delta=D(X)^{\frac{1}{2}}=\left[\sum(\bar{X}-X_i)^2\times P(X_i)\right]^{\frac{1}{2}} \tag{7-17}$$

$$\delta=(0.003\,225)^{\frac{1}{2}}=0.056\,8$$

2. **概率分析的步骤**

在进行项目评价过程中，概率分析一般仅对项目的财务净现值的期望值和出现财务净现值大于和等于零时的累计概率进行计算。前者是以概率为权数计算出来的各种不同情况下的财务净现值的加权平均值；后者则反映了在各种可能情况下财务净现值出现大于和等于零时的累计概率。一般步骤如下：

（1）列出各种要考虑的不确定性因素；

（2）预计各种不确定性因素可能发生的情况，即可能出现的几种数据值或变动幅度；

（3）分别确定每种情况出现的可能性，即概率，各种可能出现情况的概率之和等于1；

（4）分别求出各种可能情况下的财务净现值、加权平均值和期望值；

（5）计算净现值大于和等于零的累计概率。

例如，某房地产开发项目的现金流量见表7-14，根据经验和预测，投资与开发成本和销售收入为需要分析的两个不确定性因素，各自可能发生的变化即概率见表7-15，取$I_c=10\%$。试计算项目的财务净现值的期望值、财务净现值大于和等于零的概率和净现值大于1 000万元的累计概率。

表7-14 某房地产开发项目现金流量

单位：万元

年份	0	1	2	3	4
投资与开发成本	1 200	3 600	3 000		
销售收入				7 000	6 200
净现金流量	−1 200	−3 600	−3 000	7 000	6 200

表7-15 项目开发成本和销售收入的概率分布

变动幅度 / 概率 / 变动因素	−15%	0	+15%
销售收入	0.4	0.4	0.2
投资与开发成本	0.2	0.5	0.3

首先列出本项目的净现金流序列的全部可能状态，共计 8 种（见表 7－16），然后分别计算各状态下的概率 P_i、财务净现值和加权财务净现值，从而求得项目的财务净现值的期望值 $E(X)$ 为 2 152.72 万元。

表 7－16　项目净现金流序列的全部可能状态

1	2	3	4	5	6	7	8
开发成本变动趋势	概率 1	销售收入变动趋势	概率 2	状态	概率 P_i(2×3)	财务净现值 $FNPV_i$（万元）	$FNPV_i \times P_i$（万元）
+15%	0.3	+15%	0.2	A	0.06	2 923.09	175.39
		0	0.4	B	0.12	1 499.01	179.88
		−15%	0.4	C	0.12	74.93	8.99
0	0.5	+15%	0.2	D	0.1	3 965.90	396.59
		0	0.4	E	0.2	2 541.82	508.36
		−15%	0.4	F	0.2	1 117.74	223.55
−15%	0.2	+15%	0.2	G	0.04	5 008.71	200.35
		0	0.4	H	0.08	3 584.63	286.77
		−15%	0.4	I	0.08	2 160.55	172.84
合计	1				1		2 152.72

$$P(FNPV \geqslant 0)=1-P(0)=1$$

$$P(FNPV \geqslant 1\,000)=1-P(1\,000)=1-0.12=0.88$$

7.4　房地产开发项目的国民经济评价

国民经济评价也是项目评价的重要组成部分，是投资决策的重要依据之一。房地产开发项目对于改善城市居民的居住条件、提高人民的物质文化生活水平具有极其重要的意义。但是，城市的开发要和国家的总体发展相适应，使有限的资金发挥最大的效益。目前，我国房地产市场有了一定的发展，正在逐步走向规范。可是由于没有摆脱各种生产资料价格的双轨制，房地产市场本身也存在着双轨制，使得价格失真。有的项目对开发商也许是最优的，但如果考虑国家或城市整体的发展则并不一定是最优的。国家对拟建项目的考虑除了项目本身对开发商的影响外，还要综合考虑对社区、城市环境、发展方向及资源的有效配置。因此，在进行开发项目财务评价的同时，要进行国民经济评价。

7.4.1　国民经济评价与财务评价的主要区别

7.4.1.1　经济目标不同

财务评价是从企业角度考察项目的微观获利状况，追求的经济目标是企业的盈利。

国民经济评价是从国家整体角度进行宏观分析与评价，不仅考虑微观获利状况，还要考虑项目对整个国民经济的贡献。

7.4.1.2 价值尺度不同

财务评价是计算现行价格水平和财税制度下的项目获利水平，所以度量效益和费用的价值尺度是现行价格水平。国民经济评价要考虑资源的稀缺性和有效使用，以及国民经济的最佳投资方向和投资结构。作为价值尺度的价格应是满足以上要求的合理价格，即影子价格。

7.4.1.3 折现率不同

财务评价采用的是各部门、各行业的基准收益率或无风险利率加风险调整值，不同的项目有不同的折现率。国民经济评价采用的则是全国统一的社会折现率。

7.4.1.4 汇率不同

财务评价采用的是市场汇率；国民经济评价采用的是在考虑货币购买力影响下，对市场汇率调整后的汇率，或称影子汇率。

为便于比较，将财务评价和国民经济评价的主要区别列于表 7－17 中。

表 7－17 财务评价与国民经济评价比较

项目	财务评价	国民经济评价
经济目标	利润最大化	国民经济效益最大化
出发点	经营项目的开发商	国民经济
价格	现行价格	影子价格（包括影子工资和影子汇率）
折现率	基准收益率或期望收益率	社会折现率
外部费用和外部效益	不考虑	考虑
计算指标	财务评价指标	国民经济评价指标

7.4.2 国民经济评价的基本步骤

国民经济评价采用费用-效益分析法，可以在财务评价的基础上进行。

7.4.2.1 效益和费用范围的调整

这需要在考虑项目内部效益和费用的基础上，识别项目的外部效益和外部费用。对于能够进行定量描述的进行定量计算，不能进行定量计算的进行定性描述，并需要扣除列入财务效益和费用的转移支付。

7.4.2.2 效益费用数值的调整

通过影子价格、影子工资、影子汇率、影子运费、影子利率等调整建设投资成本、前期费用、流动资金、销售（租赁）收入及经营费用等。

7.4.2.3　编制表格并计算评价指标

将项目的全部投资（包括自有资金和借入资金）作为投资额，即编制全部投资的国民经济效益费用流量表（见表 7-18），并据此计算全部投资的经济内部收益率（EIRR）和经济净现值（ENPV）指标。如果使用国外借款，还应编制国内投资的国民经济效益费用表（见表 7-19），并计算 EIRR 和 ENPV。

表 7-18　国民经济效益费用流量表（全部投资）

序号	年份 项目	建设期		销售期（经营期）						
		0	1	2	3	4	5	6	…	
1	效益流量									
1-1	销售（租赁）收入									
1-2	回收固定资产余值									
1-3	回收流动资产余值									
1-4	项目间接效益									
2	费用流量									
2-1	建设投资（全部投资）									
2-2	流动资金									
2-3	经营费用									
2-4	项目间接费用									
3	净效益流量									

计算指标：ENPV=
EIRR=

表 7-19　国民经济效益费用表（国内投资）

序号	年份 项目	建设期		销售期（经营期）						
		0	1	2	3	4	5	6	…	
1	效益流量									
1-1	销售（租赁）收入									
1-2	回收固定资产余值									
1-3	回收流动资产余值									
1-4	项目间接效益									
2	费用流量									
2-1	建设投资中的国内资金									
2-2	流动资金中的国内资金									
2-3	经营费用									
2-4	流至国外的资金									
2-4-1	偿还国外借款本金									
2-4-2	支付国外借款利息									
2-5	项目间接费用									
3	净效益流量									

计算指标：ENPV=
EIRR=

7.5 房地产开发项目的环境影响评价

7.5.1 环境影响评价与管理

7.5.1.1 环境影响评价的基本概念

环境影响评价是指对规划和建设项目实施后可能造成的环境影响进行分析、预测和评估，提出预防或者减轻不良环境影响的对策和措施，从而进行跟踪监测的方法与制度。国务院有关部门、设区的市级以上地方人民政府及其有关部门，对其组织编制的土地利用有关规划，区域、流域、海域的建设、开发利用规划，应当在规划编制过程中组织进行环境影响评价，编写该规划有关环境影响的篇章或者说明。国务院有关部门、设区的市级以上地方人民政府及其有关部门，对其组织编制的工业、农业、畜牧业、林业、能源、水利、交通、城市建设、旅游、自然资源开发的有关专项规划（简称专项规划），应当在该专项规划草案上报审批前，组织进行环境影响评价，并向审批该专项规划的机关提出环境影响报告书。

7.5.1.2 环境影响评价管理

国家根据建设项目对环境的影响程度，对建设项目的环境影响评价实行分类管理。

建设单位应当按照下列规定组织编制环境影响报告书、环境影响报告表或者填报环境影响登记表。

（1）可能造成重大环境影响的，应当编制环境影响报告书，对产生的环境影响进行全面评价。

（2）可能造成轻度环境影响的，应当编制环境影响报告表，对产生的环境影响进行分析或者专项评价。

（3）对环境影响很小、不需要进行环境影响评价的，应当填报环境影响登记表。

7.5.2 环境影响评价的依据和内容

7.5.2.1 环境影响评价的依据

环境影响评价的依据包括：《环境保护法》《水污染防治法》《大气污染防治法》《固体废物污染环境防治法》《环境噪声污染防治法》《环境影响评价法》《建设项目环境保护管理条例》。

7.5.2.2 环境影响评价的内容

建设项目的环境影响报告书应当包括下列内容：建设项目概况，建设项目周围环境现状，建设项目对环境可能造成的影响的分析、预测和评估，建设项目所采取的环境保护措施及其技术、经济论证，建设项目对环境影响的经济损益分析，对建设项目实施环境监测的建议，环境影响评价的结论。

7.5.3　环境影响评价的步骤

环境影响评价工作，一般分四步进行：

7.5.3.1　现状调查

为了掌握现状首先要对拟建工程项目的位置、规模、原料、能源、工艺及可能产生的污染物进行全面调查，同时要收集自然环境和社会环境的现有资料。掌握评价范围内的大气、水系、土壤、生物的背景值。

7.5.3.2　影响预测

在完成各项现状调查的基础上，选择污染物扩散模式并进行模拟实验。污染物扩散模式实际上是污染源排放量与污染物浓度分布相互关系的表达式，它可以反映污染物在环境中迁移转化的客观规律。在建立模式的同时要进行模拟实验，如环境风洞实验、示踪扩散实验、烟雾实验等，以研究污染物在环境中的变化规律，验证它是否与计算结果一致。

7.5.3.3　进行评价

在评价时首先要选择环境标准，我国公布的许多环境保护法规和卫生标准都可供选择。要评价原有计划是否妥当，计划实施会给环境造成什么影响，减轻或消除这些影响的措施、办法以及实施计划应注意的事项。

7.5.3.4　编写环境影响报告书

报告书是整个评价工作的总结，是拟建工程项目从环保角度看是否可行的依据。如果可行，经环境保护部门和其他有关部门批准后，即可进行设计、施工、投产。因此，报告书务必内容充实，数据可靠，条理清楚，观点明确。

7.6　房地产开发项目可行性研究案例①

7.6.1　项目的市场预测与分析

7.6.1.1　项目开发背景

本项目是××市三期土地一级开发项目，土地一级开发面积为 26 000 平方米，建设

① 选自××市三期土地一级开发项目可行性研究报告。

内容是：完成现状用地范围内的居民住宅及企业单位的拆迁，并完成红线外基础设施“七通”，及红线内土地平整工作。

项目所处区域面积不大，可开发利用的土地资源十分有限，但是凭借地理优势，具备了发展现代都市文化和体育休闲产业、商贸服务产业、旅游产业的基础。土地的稀缺性及该商圈的人文和商业氛围使该区域成为房地产市场的热点区域。

7.6.1.2 土地一级开发市场运行趋势分析

该区是××市四个中心区之一，根据2021年××市土地供应计划，该区土地供应共65公顷，比2020年增长1%，其中经营性用地40公顷。

7.6.1.3 项目市场SWOT分析

1. 项目优势分析

从整体的区域利好来看，区域最大的优势是具备良好的居住价值和商业价值。而“金三角”的重新定位，和“王”字形经济带的规划，已经使该区域具备泛CBD功能。

2. 项目劣势分析

土地一级开发速度快，则土地入市就快。总体看来，目前阻碍土地入市速度的一个重要原因就是一级开发中的拆迁问题，不能强制拆迁的政策将令土地入市时间推迟。由于土地一级开发的管理费高、利润低，从事土地一级开发的企业有限，因此开发企业的选择有一定的困难。在项目运作中，必须尽可能地降低土地开发成本，严格控制土地开发周期，对国家宏观政策及金融政策产生的影响要具备良好的风险监控及风险规避手段。

3. 项目机会分析

从目前××市的供求市场看，住宅项目显然要比商业项目利润空间大、资金回笼快，因此，住宅项目就比其他项目更受青睐。为了实现开发利润的最大化，目前一些房地产开发商采用土地一级开发与二级开发联动的运作模式。这种模式虽然利润低，但是相对风险小。

4. 项目威胁分析

来自市场竞争的威胁，一是目前很多开发商对土地价格的变动并不能很好地把握，对市场预测还存在差距，所以要尽快提高其专业水平以适应不断变化的土地市场；二是由于土地是不可再生资源，具有稀缺性，开发商拿到土地以后，应该做有特色的产品，使土地本身的增值达到最大化，这样才能实现企业自身利益及社会利益的双赢。

7.6.2 项目的环境保护、消防与节能

7.6.2.1 环境保护

××三期项目用地范围属于老城区中心地带，人口密度大，街巷狭窄，房屋破旧，同时拆迁范围内还有经营几十年的饭店。

在项目实施过程中应对环境保护予以充分重视，在土地一级开发阶段应主要考虑以

下五个方面：

（1）对施工区域进行合理安排，尽可能不破坏地表植被、地下遗留历史文物；

（2）对有可能造成环境污染的设施，要明确责任，设专人管理；

（3）采取措施尽可能减少施工扬尘；

（4）降低施工噪声，除选用低噪声设备外，采取减震隔声消音措施；

（5）设专人负责生活垃圾的收集，集中处理。

7.6.2.2　消防

（1）根据《建设设计防火规范》GB50016—2014（2018年版）的要求，××三期危改项目土地一级开发采用水消防为主。按照规范要求设置手提式气体灭火器及器具，以增强防火能力。

（2）施工设计应考虑有足够的防火距离和消防通道，以满足运输、消防和安全的需要。

（3）制定消防安全规章，设立兼职消防队及现场安全员，在项目建设过程中，加强施工队伍管理，严肃施工纪律，杜绝违章施工，加强对施工电气设备的检查、保养及易燃建筑材料的保管。定期对现场人员进行安全教育。

7.6.2.3　节能

开发建设应尽可能采用多项措施以降低能源消耗，具体措施如下：

（1）供电、供气、供水系统应合理布局，尽可能降低途中消耗；

（2）将耗能低、效率高作为机电设备选型的重要指标；

（3）采用新型、高效、节能电源及电子镇流器，降低照明用电量；

（4）电、水系统安装计量装备，以加强能源管理。

项目设计应符合××市《民用建筑节能设计标准规范及实施细则》的要求。

7.6.3　项目的成本估算

7.6.3.1　项目开发模式

根据国家规定，土地一级开发的模式有两种：一种是储备机构继续作为主体自筹资金，招标企业协助管理，并提取2%的管理费；另一种是通过招投标确定企业，并由企业自带资金进行一级开发，企业获取不高于8%的利润回报。

本项目由××地产有限公司自带资金进行一级开发。

7.6.3.2　项目投资成本估算

本项目投资成本估算范围包括土地取得费用、红线外市政基础设施建设费、前期费用、管理费用、交易费用、财务费用等土地一级开发费用及土地上市交易发生的土地出让价款。

本项目投资成本依据××地产有限公司提供的相关数据资料和项目所在区域的土地市场开发成本进行估算。

具体的估算过程如下：

1. 土地取得费用

根据××地产有限公司提供的数据资料，本项目土地取得费用的成本概算如下：

拆迁补偿费=居民补偿+企业补偿

居民补偿:369 户×40 万元/户=14 760(万元)

企业补偿:20 955.6 平方米×1.5 万元/平方米≈31 433(万元)

补偿合计:14 760+31 433=46 193(万元)

旧房拆除及渣土清运费：

30 268 平方米×280 元/平方米÷10 000≈848(万元)

拆迁服务费：

取拆迁补偿费的 2%，即为：

46 193 万元×2%≈924(万元)

不可预见费：

取以上三项合计的 3%，即为：

(46 193+848+924)×3%≈1 439(万元)

费用总计：

46 193+848+924+1 439=49 404(万元)

2. 出让地价款

本项目的土地用途为商业、公寓及地下车库，按照《××市基准地价级别范围》及《××市基准地价》，并结合项目所处区域近期的土地出让价款的实际水平，确定该地块出让价款（见表 7-20）。

表 7-20 土地出让价款计算表

项目名称	面积（平方米）	出让单价（元/平方米）	总价（万元）
会展中心酒店	65 420	1 750	11 448.5
会展商业中心	35 240	1 750	6 167.0
公寓	43 710	900	3 933.9
地下商业中心	22 058	590	1 301.4
地下车库	12 880	300	386.4
合计	179 308		23 237.2

3. 红线外市政基础设施建设费

红线外市政基础设施建设费是从各项市政设施干管、干线、干道，将市政设施（含道路、上水、污水、雨水、天然气、热力、供电、电信等）连接到项目用地红线边缘的费用。根据本项目的具体情况估算，该项费用取建筑面积 680 元/平方米，则费用总计为：

210 544 平方米×680 元/平方米÷10 000≈14 317(万元)

4. 前期费用

前期费用主要包括项目前期用于规划设计、勘察、可行性研究、评估等的专业费用以及土地开发过程中的场地平整等费用支出，本项目根据实际情况取红线外市政基础设施建设费的 20%，即为：

14 317 万元×20%≈2 863(万元)

5. 管理费用

管理费用是指土地开发机构为组织和管理土地开发而发生的各项费用，本项目取土地取得费用、红线外市政基础设施建设费、前期费用之和的 2%估算，即为：

(49 404+14 317+2 863)×2%≈1 332(万元)

6. 交易费用

交易费用是指土地一级开发机构在土地招拍挂交易过程中发生的各项费用，按土地取得费用、土地出让价款、红线外市政基础设施建设费、前期费用之和的 1%估算，即为：

(49 404+23 237+14 317+2 863)×1%≈898(万元)

7. 其他费用

由于土地一级开发属于政府组织的非营利行为，因此对土地开发机构而言，不发生有关税费，本项目的其他费用指临时用地费、临时建设费等，按土地取得费用、红线外市政基础设施建设费、前期费用之和的 1%估算，即为：

(49 404+14 317+2 863)×1%≈666(万元)

8. 不可预见费

本项目的土地一级开发周期较短，如土地收购储备和公开上市交易工作能及时跟进，则此过程中的不可预见费取费标准可适当降低，按土地取得费用、红线外市政基础设施建设费、前期费用、其他费用之和的 3%估算，即为：

(49 404+14 317+2 863+666)×3%≈2 018(万元)

9. 投资成本合计

对以上各项加总，即投资成本为 94 735 万元。

10. 财务费用

假设目前 6 个月期贷款利率为 5.40%，以扣减土地出让价款的投资成本为计算基数，假设资金均匀投入，计息期按建设期 0.5 年的一半计算，财务费用即为：

(94 735−23 237)×5.40%×(0.5/2)≈965(万元)

11. **项目总投资**

对上述各项加总，则项目总投资为 95 700 万元。

7.6.4 项目开发完成后的价值分析

7.6.4.1 基准地价法

基准地价法是在政府确定公布了基准地价的地区，依据估价对象所处地段的基准地价调整得出估价对象宗地价格的方法。估价对象规划用途为商业及公寓用地的，依据××市 2017 年 12 月发布的《××市基准地价表》及其使用说明中的有关规定，估价对象处于商业三级及居住二级的，以相应用途的基准地价进行修正，得到估价对象土地的宗地价格，进而求取估价对象的楼面熟地价。

测算估价对象的楼面熟地价的基本公式为：

宗地楼面熟地价＝适用的基准地价(楼面熟地价)×期日修正系数×年期修正系数×容积率修正系数×因素修正系数×其他情况修正　(7-18)

估价对象的宗地楼面熟地价为：

地上商业宗地楼面熟地价＝6 130×1.05×1×0.724×1.137×1.3
≈6 888(元/平方米)

地下商业宗地楼面熟地价取地上商业宗地楼面熟地价的 1/3，即 2 296 元/平方米。

地上公寓宗地楼面熟地价＝5 760×1.02×1×0.919×1.192
≈6 436(元/平方米)

地下车库楼面熟地价取地上公寓楼面熟地价的 1/3，即 2 145 元/平方米。

测算估价对象的宗地总价。车位按照 35 平方米/个计算，则估价对象的宗地总价为：

(6 888×100 660＋2 296×22 058＋6 436×43 710＋2 145×368×35)÷10 000
≈105 293.64(万元)

即估价对象宗地采用基准地价法测算的市场价值约为人民币 105 294 万元。

7.6.4.2 假设开发法

假设开发法是将估价对象预期开发完成后的价值，扣除其正常开发成本费用、销售费用及发展商利润，根据剩余数额来确定估价对象价格的估价方法，其公式为：

估价对象土地总价＝开发价值－成本费用－销售费用－发展商利润　(7-19)

1. **开发价值**

根据委托估价方提供的资料，估价对象宗地规划用途为商业、公寓，按建成后全部用于销售考虑，则其开发价值为开发完成后房地产的销售收入：

(15 000×43 710＋18 000×122 718)÷10 000＋20×368
＝293 817.40(万元)

2. **成本费用**

成本费用主要由建造成本、购置土地手续费、管理费用、贷款利息、销售费用、开发商利润、地价测算。

地价＝总开发价值－成本费用－销售费用－发展商利润
　　＝293 817.40－(103 623.41＋0.18 地价)－23 505.39
　　　－(28 465.13＋0.2 地价)
　　＝100 161.94(万元)

即估价对象宗地采用假设开发法测算的市场价值约为人民币 100 162 万元。

7.6.4.3　预测地价

根据××市地产市场发展状况及评估人员所掌握的资料分析，以上两种评估方法总体估算的结果反映的侧面各有不同，二者数值较为接近，故采用两种方法的算术平均值作为最终评估结果。

上述两种估价方法得出的估价结果是：

运用基准地价法测算的价格为：105 294 万元人民币。

运用假设开发法测算的价格为：100 162 万元人民币。

估价对象楼面熟地总价为：

(105 294＋100 162)÷2＝102 728(万元)

单位楼面熟地价为：

102 728÷210 544×10 000≈4 879(元/平方米)

7.6.5　项目财务评价

7.6.5.1　销售收入预测

该项目销售收入为该块土地未来进入市场可获得的预期收益。结合本项目的具体特点，其销售收入按测算的未来开发完成后熟地价值确定，即为 102 728 万元。

7.6.5.2　投资成本费用预测

按测算的估算结果，投资成本即为 95 699 万元。

7.6.5.3　利润预测

1. **项目总投资成本利润**

总投资利润＝销售收入－成本费用
　　　　　＝102 728－95 699
　　　　　＝7 029(万元)

总投资成本利润率＝(7 029÷95 699)×100%＝7.34%

2. 返还出让金后的实际利润

根据××地产有限公司提供的资料和情况介绍，本项目已纳入危改范围，预计可享受土地出让金返还优惠政策。如果该优惠政策能够实现，则本项目预计可返还的土地出让金价款估算如下（见表 7－21）：

表 7－21 返还土地出让金价款

项目名称	面积（平方米）	出让金单价（元/平方米）	总价（万元）
会展中心酒店	65 420	680～800	4 449～5 234
会展商业中心	35 240	680～800	2 396～2 819
公寓	43 710	330～450	1 442～1 967
地下商业中心	22 058	220～300	485～662
地下车库	12 880	110～150	142～193
合计			8 914～10 875

则总投资成本为：84 824 万～86 785 万元；总投资利润为：15 943 万～17 904 万元；总投资成本利润率为：18.37%～21.11%。

7.6.6 结论

7.6.6.1 社会评价

项目开发完成后，将带动相关市政基础设施进行同步改造，提高该地区危改速度，改善当地居民的生活居住条件及生活环境，满足当地居民日益增长的物质、文化、生活娱乐需求，促进城市文明发展，为稳定社会、改善地区与城市形象发挥直接而积极的作用。总体而言，本项目的建设利大于弊，将会对区域发展带来良好的社会影响，因此是可行的。

7.6.6.2 风险评价

本项目面临的风险主要是在项目操作和运行的过程中，存在拆迁和资金运作问题。针对这两项主要问题，要重点进行防范及采取有力对策。

该项目地处城市核心区域，周边房地产市场状况良好，同时开发企业即将与当地政府达成土地开发合作协议。此外，该项目纳入危改项目后，如果能够实际获得土地出让金返还等优惠，就能降低项目经营风险。因此，该项目风险可控，其开发计划是可行的。

7.6.6.3 环境评价

根据《环境影响评价法》的有关规定，就实施本项目规划对环境可能造成的影响进行分析、预测和评估。在项目开发建设完成后，污染排放物主要是生活污水、生活垃圾、噪声、少量燃气废气及汽车尾气。在采用一定的环保措施后，项目的开发建设不会对当地环境及自身建设造成明显的不利影响。其污染排放物的处理可符合环保控制要求，因此从环境角度论证，该项目是可行的。

通过对本项目进行投资成本分析与财务评价，结合社会评价、风险评价、环境评价，可认为本项目的经济效益较佳，具有较强的贷款偿还能力、自身平衡能力和抗风险能力，进行土地一级开发和公开上市交易具有较好的可行性。

关键术语

可行性研究　市场调查　财务状况评价　国民经济评价　环境影响评价

复习思考题

1. 什么是房地产可行性研究？
2. 房地产可行性研究的种类有哪些？
3. 房地产可行性研究包括哪些内容？
4. 房地产可行性研究包括哪些步骤？
5. 反映投资项目财务状况的指标有哪些？
6. 什么是财务净现值？什么是财务内部报酬率？
7. 财务评价与国民经济评价的区别体现在哪些方面？
8. 房地产开发项目的风险分析方法有哪些？如何进行风险分析？

第8章

房地产融资

本章内容提要

现代房地产业的融资体现了房地产业与商业银行机构、非银行金融机构以及资本市场的紧密关系。资金是企业的血液，它是一种稀缺资源，对于资本密集型的房地产企业来说，资金的重要程度是不言而喻的。本章从房地产融资的概念入手，分析了房地产融资的意义，并对房地产融资进行了分类；随后从房地产融资的资金来源、融资方式、融资成本以及运用融资策略来控制融资风险等角度出发，对房地产融资的一系列相关问题进行较为深入的探讨。

8.1 房地产融资概论

8.1.1 房地产融资的概念及意义

8.1.1.1 房地产融资的概念

从广义上讲，房地产融资是指在房地产开发、流通及消费过程中，通过货币流通和信用渠道所进行的筹资、融资及相关金融服务的一系列金融活动的总称，包括资金的筹集、运用和清算。从狭义上讲，房地产融资是房地产企业及房地产项目直接融资和间接融资的总和，包括房地产信贷及资本市场融资等。

房地产开发企业的成功与否，不仅取决于土地资源的获取和房地产项目运作是否成功，在很大程度上还取决于房地产企业筹集资金能力和利用资金能力的高低。就房地产开发投资而言，开发商已经获得了开发建设用地的使用权，但如果缺乏筹集资金的能力，或者不能合理利用资金，结果可能造成流动资金匮乏及周转困难的局面，导致项目以失败告终。如果房地产企业无法获得金融机构贷款，则其投资能力将受到极大的限制。

8.1.1.2 房地产融资的意义

对于为房地产企业提供融资的金融机构而言，如果其拥有的资金不能及时融出，将会负担由于资金利息及资金闲置造成的损失，因此，针对房地产行业高收益和高风险的特点，金融机构在对比分析房地产项目的风险及收益性，通过抵押或担保措施控制风险后，将其资金投入综合收益高的房地产企业中，以获得较高的贷款利息收益，以及派生出的房地产企业存款及结算收益、按揭贷款及个人储蓄存款收益。从我国国情看，房地产行业是吸收金融机构信贷资金较多的行业，房地产开发商和投资者，是金融机构最大的客户群之一，优质房地产企业和优质房地产项目，是金融机构之间争夺的重要对象。

8.1.2 房地产融资的分类

8.1.2.1 从融资主体看，房地产融资分为房地产企业融资和房地产项目融资

1. 房地产企业融资

房地产企业融资是指房地产开发企业为了满足自身经营中产生的流动资金需求而进行的融资过程。募集资金的方式包括股本融资、债权融资、信贷融资、信托融资、海外融资、短期借贷等。

房地产开发企业的融资，与正常经营性企业融资一样，是利用企业自身实力进行的融资，具有一般性特点。银行等外部资金拥有者决定是否进行投资或是否贷款时，主要是将房地产企业作为一个整体，全盘审核企业的资产负债及利润情况，并结合房地产开发企业的项目进行综合考虑，但对开发项目仅进行一般性了解，并不限定资金用于哪些具体的房地产开发项目。

我国房地产开发企业的资金主要来源于房地产企业、股东或关联方的自身资金积累和传统的外源性融资方式。自身资金积累主要是指开发企业自身的资金和以企业为基础的股权融资，资金积累一般较为缓慢。传统的外源性融资主要是银行贷款、信托投资、承包商带资施工等，其中尤以银行贷款为主。但银行贷款的金额和使用都有严格的限制，如银行贷款不得用于股本权益性投资，不得用于缴纳土地出让金。如果申请银行贷款，则在开发商取得土地且自有资金投入比例符合政策监管要求后，银行方可办理银行贷款及信托融资。外源性融资的还款来源为房地产项目的销售回款。上述两种内源性融资和外源性融资均为房地产企业运作的重要组成部分，二者相辅相成。

2. 房地产项目融资

房地产项目融资是针对具体房地产项目的融资，通过选择房地产项目、测算房地产

项目的现金流融资成本、设计合理的融资结构，以达到满足房地产开发商具体项目融资需求的目的。

由于房地产项目的资金渠道来源、项目类型及特点、融资环境及融资政策等的不同，房地产项目融资的方式也多种多样。从项目运作方式上看，可由多家投资者共同组成一家房地产项目公司，共同运作一个房地产项目，通过项目公司与其他投资者的结合来安排融资结构。在这种方式下，项目融资的债务风险和经营风险大部分被限制在项目公司中，易实现追索权和非公司负债型融资，可利用大股东的资信优势获得优惠的贷款条件；项目资产的所有权集中在项目公司手中，管理上较为灵活。

房地产项目融资也可以在论证项目融资的可行性、融资需求后，采用直接融资或间接融资的方式，将资金投入项目中，项目投资方可获得对该房地产项目的收益权。对于此种类型的房地产融资项目，其法律及债权债务关系一般较简单，便于以项目资产设定抵押担保权益，融资结构较易被融资者接受，投资者的债务责任明确。

对于一些复杂的房地产开发项目，如房地产项目转让融资、项目重组、发行信托计划融资等，由于融资结构一般情况下比较复杂，需要房地产企业及投资方在明确各方的法律及债权债务等关系的前提下进行。

8.1.2.2 从房地产融资渠道看，房地产融资分为房地产直接融资和房地产间接融资

1. 房地产直接融资

房地产直接融资是指房地产开发企业与拥有暂时闲置资金的单位（包括企业、机构和个人）相互之间直接进行协议融资，或者在金融市场上后者购买前者发行的有价证券，将货币资金提供给房地产开发企业使用，从而完成资金融通的过程。房地产直接融资的特点是，房地产开发企业与拥有暂时闲置资金的单位之间直接进行资金融通，不经过任何中介环节。

（1）房地产直接融资的资金来源方式。

1）商业信用融资。商业信用融资是指房地产企业与其他企业之间互相提供的、与房地产交易直接相联系的资金融通形式，主要表现为两类：一类是提供房地产及相关商品的商业信用，如建筑施工企业的带资施工、企业与房地产企业之间的应收及应付账款、分期付款等，这类信用主要通过提供产品实现资金融通；另一类是提供货币的商业信用，如在房地产相关产品交易的基础上发生的预付定金、预付货款等，这类信用主要是提供与房地产产品交易有关的货币，以实现资金融通。

2）投资性商业信用融资。投资性商业信用融资是指企业投入房地产开发企业的资金，目的是获得资金回报，主要是指企业对房地产开发商的直接投资。

3）消费性信用融资。消费性信用融资指的是房地产购买者及金融机构以货币形式对房地产开发商提供的信用，包括企业及金融机构以分期付款的形式向房地产开发商提供资金等。

在上述房地产直接融资中，所使用的有价证券通常是非金融机构，如政府、企业、个人所发行或者签署的国债、公司债券、股票、抵押契约、借款合同，以及其他各种形式的借据或者债务凭证。

（2）房地产直接融资的特征。

房地产直接融资具有直接性、分散性、信誉差异性、部分不可逆性及相对较强的自主性等特点。

1）直接性。在直接融资中，房地产企业直接从资金的供应者手中获得资金，并与资金的供应者之间建立直接的债权债务关系。

2）分散性。直接融资是在房地产企业与其他企业或个人之间进行的，融资活动分散于各种场合，具有一定的分散性。

3）信誉差异性。直接融资是在房地产企业与其他企业或个人之间进行的，由于不同企业或个人的信誉有较大差异，债权人往往难以全面、深入了解债务人的信誉状况，从而带来融资信誉的较大差异和风险。

4）部分不可逆性。在直接融资中，通过发行股票所取得的资金，是不需要返还的。投资者无权中途要求退回股金，而只能到市场上出售股票，股票只能够在不同的投资者之间互相转让。

5）相对较强的自主性。在直接融资中，在法律允许的范围内，融资者可以自己决定融资的对象和数量。例如在股票融资中，股票投资者可以随时决定买卖股票的品种和数量等。

2. 房地产间接融资

房地产间接融资是指拥有闲置资金的企业或个人，通过存款购买银行、信托、保险等金融机构发行的有价证券，将其暂时闲置的资金提供给这些金融机构，然后再由这些金融机构以贷款方式或通过购买金融机构为房地产企业发行有价证券，把资金提供给房地产开发企业使用，从而实现资金融通的过程。

（1）房地产间接融资主要包括如下种类。

1）金融机构信用。房地产间接融资可以由银行或金融机构以货币形式向资金原始持有者提供，这种间接融资方式主要依赖于金融机构的信用。

2）消费信用。消费信用主要指的是银行向消费者个人提供的用于购买住房或者耐用消费品的贷款。这种融资行为不同于直接给予房地产企业资金，而是银行为购房人提供的融资，但房地产企业通过该融资获得了资金，同时实现了房地产项目的销售。

间接融资的基本特点是资金融通通过金融机构来进行，由金融机构筹集资金和运用资金两个环节构成。

（2）房地产间接融资的特征。

1）间接性。在间接融资中，房地产企业与资金初始供应者之间不发生直接借贷关系，而是由金融机构发挥桥梁作用，房地产企业和资金供应者只与金融机构发生融资关系。

2）主动权掌握在金融机构手中。房地产间接融资的资金集中于金融机构，由金融机构决定是否给房地产企业资金，而并非由资金的初始供应者决定。对于资金的初始供应者来说，他们虽然有供应资金的主动权，但是这种主动权实际上受到一定的限制。房地产间接融资的主动权在很大程度上受到金融机构的支配。

3）集中性。间接融资通过金融机构进行。金融机构并非是房地产企业与资金供应者之间的对应性中介，而是一方面面对房地产企业，另一方面面对资金供应者的综合性中介，金融机构在间接融资中具有融资中心的地位和作用。

4）可逆性。通过金融机构的间接融资均属于借贷性融资，到期必须返还并支付利息，企业不可能无限期使用银行贷款，因此房地产间接融资的资金具有可逆性。

5）信誉较好。房地产间接融资相对集中于金融机构，由于政府对金融机构的管理较为严格，金融机构自身的经营也受到稳健性经营的约束，因此相对于直接融资来说，间接融资的信誉较好，风险性也相对较小，融资稳定性较强。

8.1.2.3　房地产融资的其他分类方式

房地产融资除了以上分类方式外，还可以从其他不同角度分类。例如，从资金融通是否付息和是否具有返还性，可以划分为借贷性融资或者投资性融资；依据融资的形态不同，可以划分为货币性融资和实物性融资；依据融资来源国别的不同，可以划分为国内融资和国际融资；依据融资币种的不同，可以划分为本币融资和外汇融资；依据期限长短，可以划分为长期融资、中期融资以及短期融资；依据融资目的是否具有政策性，可以划分为政策性融资和商业性融资；依据融资是否具有较大风险，可以划分为风险性融资和稳健性融资；等等。上述各类融资方式相互交错，均存在于房地产直接融资和间接融资这两种融资方式之中，而非独立于这两种融资方式之外。

8.1.3　房地产融资的特点

8.1.3.1　融资规模大

房地产投资为固定资产投资，具有投资金额大和投资期长的特点，由于房地产行业具有价值高和资本密集的特点，在资金使用上反映为长期性和分散性。房地产开发项目资金动辄上亿元，如果房地产开发企业不借助资本市场和金融机构进行融资而是仅凭借其自有资金，则很难发挥资金杠杆融资的特点，很可能无法顺利完成房地产项目的开发。

8.1.3.2　偿还期较长

房地产项目开发周期长，资金周转慢，资金回收期长。从房地产项目的前期可行性分析、项目报政府部门批准，到项目规划设计、项目资金筹措、项目施工、项目实现销售，需要一个长期的过程。销售回款还需要偿还自身已投入的资金及融资取得的资金，因此房地产开发项目从项目资金投入到取得销售收入及利润，至少需要两年。

8.1.3.3　资金缺乏流动性

房地产作为不动产，特点是价值大，但缺乏流动性，不易在短时间内变现。相对于股票、基金、债券等流动性较好的资产，房地产项目很难在短时间内处置，找到投资方继续投资或实施拍卖等过程，均需要较长时间。正是由于房地产投资具有融资规模大、投资回收期长等特点，房地产资金在投入项目建设后，相应也具备了缺乏流动性的特点。

8.1.3.4 高风险、高收益

房地产融资受整个国家的经济波动、市场价格波动、政策监管的制约，融资难度高。但房地产投资一旦成功运作并销售，其利润率相当高，具有明显的高风险、高收益特征。

8.2 房地产融资的资金来源

8.2.1 房地产企业的一般性资金来源

8.2.1.1 企业自有资金

企业自有资金也称自有资本或权益资本，是企业依法长期拥有、自主调配使用的资金，包括注册资本金、资本公积、盈余公积和未分配利润四部分。

8.2.1.2 政府财政资金

财政资金流向的房地产项目，往往是房地产企业承揽政府拨款的投资项目、纳入国家或地方建设计划的建设项目。

8.2.1.3 银行贷款

银行贷款是企业外源性资金的最主要来源。企业一般申请以下三种类型的贷款：

（1）流动资金贷款。流动资金贷款用于满足企业临时性和季节性的资金需求，具有自偿性的特点。贷款期限一般不超过一年，企业以自身收入所产生的现金流还款。

（2）固定资产贷款。固定资产贷款是指为满足企业购买固定资产而申请的贷款，期限较长，不具有自偿性，需要提供固定资产抵押及其他担保方式。

（3）项目贷款及开发贷款。项目贷款及开发贷款是指专项用于电力、公路、煤炭、水利、基础设施、港口等项目而申请的贷款，就房地产企业而言，则为针对房地产项目的房地产开发贷款。开发贷款一般采取抵押贷款方式，贷款金额一般不超过抵押物评估价值的60%，最高不超过70%，期限一般不超过3年。

8.2.1.4 股票、债券、集资、租赁、商业信用等多种筹资方式

房地产企业通过发行股票、债券等方式将个人和企事业单位闲置不用的资金集中起来，用于房地产企业的生产经营。其募集资金的方式主要包括以下几种：

（1）发行股票。对于上市公司或首次公开募股的企业，发行股票是其筹集长短期资金的基本方式。股东按所持股份享有权利并承担义务。股票可以转让，但不得退股，股

票主要分为优先股和普通股。

（2）发行债券。企业债券是企业为了筹集资金，依照法定程序约定在一定期限内按票面金额还本付息的有价凭证，它代表持有人与公司之间的债权债务关系。持有人按期收回本息，但无权参加分红，对企业的经营不承担责任。根据发行债券有无抵押担保，可分为抵押债券和信用债券。抵押债券以发行债券企业的特定财产为担保品，在企业债券到期不还本付息的情况下，债券持有人有权从抵押品中优先受偿。信用债券则不提供抵押品的债券。

债券筹资的优点有：1）融资成本较股票融资低。发行债券的发行成本较低，而且债券利息在税前支付，其融资成本较股票融资低。2）保障股东对企业的控制权。债券仅代表债权债务关系，持有人无权参与企业管理决策，企业所有者不损失对企业的控制权。

债券融资的缺点有：1）财务风险高。债券有固定的到期日，发行人要承担按期还本付息的义务。企业经营不景气时，会导致财务风险。2）限制条件严格。发行债券的限制条件比借款和发行股票均严格，而且债券筹资的数量也有严格限制。

（3）合资联营。合资联营是指企业在组建时，可吸收联营股东各方及关联方的投资，形成联营企业的自有资本。合资联营合同或协议一般规定税后分利办法，有的还规定了还本的方式与期限。

合资联营可采取松散型联营和紧密型联营。松散型联营是由联营各方共同组成管理委员会作为协调机构，不吸收各方投资，不具有法人资格；紧密型联营由联营各方组建新的企业，形成具有法人资格的新的经济实体，从而吸收各方投资以筹措自有资本。

（4）租赁筹资。租赁是指以收取租金为条件并出让物件使用权的经济行为。我国的租赁方式主要包括经营性租赁和融资租赁两类。

经营性租赁是由出租人将设备租赁给承租人，由出租人提供设备保养、维修、保险等专门服务。

融资租赁可使企业不必预先筹备相当于设备买价的资金即可获取需用设备，使企业迅速获得所需资产，同时又保存了企业的举债能力，降低了设备陈旧过时的风险和偿付风险。而且，融资租赁限制较少，租金能享受税收上的好处。

（5）预收定金。预收定金是企业在向客户提供商品或服务前，防止对方不履行合同约定而向客户预先收取的资金。企业在生产商品期间可以使用定金进行生产，但提供商品或服务时，必须将销售价款折抵定金。

（6）商业信用。商业信用是指因商品交易中的延期付款或延期交货所形成的借贷关系，是企业之间的一种直接信用关系。商业信用主要包括赊购商品和预收货款两种形式。

赊购商品是指买卖双方发生商品交易，买方收到商品后不立即支付现金，可延期到一定期限后付款。预收货款是指买卖双方发生商品交易，卖方要向买方收取货款，但延到一定期限以后交货，即卖方向买方预借一笔资金。

商业信用筹资的优点在于限制条件较少，成本较低。商业信用属于自然融资，与商品买卖同时进行。缺点是时间较短，即延期付款或延期交货的期限较短。

8.2.1.5 其他资金来源

(1) 利用外资。企业利用外资经营，已成为企业重要的筹资方式。目前，企业引进外资的主要方式有：

1) 争取境外政府或金融机构贷款；

2) 向外国投资者发行债券或股票；

3) 与外资联营；

4) 进行“三来一补”贸易。

利用外资可以有效缓解我国的资金供求压力，同时又能引入国外先进的技术和管理经验，提高企业的科技和管理水平，更加有利于企业面对国际市场的竞争压力。

(2) 非银行金融机构筹资。在我国资金市场上，基金、保险公司、信托投资公司等非银行金融机构拥有数额庞大的资金。利用非银行金融机构的资金，可以进一步促进企业融资渠道的多元化，完善企业的融资体系。

8.2.2 房地产企业区别于一般企业的资金来源

除具有一般企业共同的资金来源外，房地产企业融资还具有特殊性，即资金需求量大、资金使用期长、资产变现能力差。房地产项目开发的特点，决定了其融资方式相对侧重于以下几种方式：

8.2.2.1 房地产抵押贷款

房地产抵押贷款是指房地产企业以自身拥有的正在建设的房屋及土地使用权作为贷款的抵押担保向贷款人申请的贷款。贷款人有权处置抵押物，并依据受偿顺序从处置价款中受偿。

房地产项目具有资金需求量大、开发周期长、手续复杂、不确定性大、风险高等特点。房地产企业开发的项目符合开发贷款条件后，可以该项目为抵押向银行申请贷款。银行贷款手续相对简便，成本低廉，有利于提高资本收益率，同时不影响房地产企业对项目的运作及股东分红。

8.2.2.2 售后回租

售后回租是指房地产企业将房地产的产权以市场价格出售给贷款人，然后按预定的条件从贷款人处回租该房地产，这可以使开发商获得所需开发成本的全额贷款。

对贷款人而言，售后回租使贷款人成为房地产业主，因而有权对项目开发活动进行一定程度的参与，除获取利息及租金收入外，还可能获得房地产价值的增值收益部分。售后回租合约中包含回购选择权、续租选择权或租金调整等内容。

8.2.2.3 预售资金

房地产预售是指在房地产未建成前就将房地产预售出去，用获得的预售资金建设该房地产。通过预售商品房，无论是购房者全款购买还是按揭购房，开发商均可以实现资金的回笼。我国对房地产预售有严格的规定：

（1）已交付全部土地使用权出让金，取得《国有土地使用权证》《建设用地规划许可证》《建筑工程规划许可证》《施工许可证》；

（2）已投入开发建设的资金达到预售房地产总投资的35%以上，并已确定施工进度和竣工交付日期；

（3）取得县级以上土地或房屋主管机关颁发的《商品房预售许可证》，房屋销售必须办理预售备案登记，取得商品房预售许可证明。

预售资金无资金成本，资金回笼快，是房地产企业重要的资金来源。预售资金需要满足预售条件，且其回收速度取决于房地产的销售情况。自2006年起，为防范部分省市房地产过热及完工风险，银行监管机关已要求部分省市必须在楼盘封顶后方可发放银行按揭贷款，一次性付款的除外。此项规定对房地产开发商的预售资金回笼速度有较大的影响。

8.2.2.4 其他筹资方式

除了上述三种方式外，房地产企业还存在以下不规范的融资方式：

1. 建筑施工企业垫付工程款

在建筑市场竞争比较激烈的情况下，房地产企业作为发包方，在招投标时一般要求施工单位垫付部分或全部工程款，按照工程进度付款，变相向建筑施工企业融资。

2. 延期支付土地出让金

对于较大规模的房地产项目，有些房地产企业采用先缴纳部分土地出让金进行开发，等开发至一定程度后再补交土地出让金的方式，这实际上是延期支付土地出让金，属于变相融资。

3. 重复融资

对于项目储备较多的大型房地产企业，部分项目不具备“四证”，自有资金尚未达到总投资的比例要求时，无法满足申请银行贷款的条件。有些房地产企业用符合银行开发贷款条件的房地产项目，在获得银行贷款后，实际挪用于不符合条件的房地产开发项目。另外，如不采用项目抵押的方式，则房地产企业可能以同一项目向不同的银行申请开发贷款，进行重复融资。

上述方式均为房地产企业不规范的融资方式，随着监管机关及房地产主管机关监管力度的不断加强，这些变相融资方式将会逐渐减少直至最终消亡。

8.2.2.5 房地产企业各种融资方式所占比重

表8-1展示了2010—2019年我国房地产企业资金来源情况：

表8-1 2010—2019年我国房地产企业资金来源情况

年份	类型	本年资金来源合计	国内贷款	利用外资	其中：外商直接投资	自筹资金	其他资金来源
2010	（亿元）	72 944.04	12 563.70	790.68	673.45	26 637.21	329 52.45
	（%）	100	17.22	1.08	0.92	36.52	45.17

续表

年份	类型	本年资金来源合计	国内贷款	利用外资	其中：外商直接投资	自筹资金	其他资金来源
2011	(亿元)	85 688.73	13 056.80	785.15	689.54	35 004.57	36 842.22
	(%)	100	15.24	0.92	0.80	40.85	43.00
2012	(亿元)	96 536.81	14 778.39	402.09	358.52	39 081.96	42 274.38
	(%)	100	15.31	0.42	0.37	40.48	43.79
2013	(亿元)	122 122.47	19 672.66	534.17	467.12	47 424.95	54 490.70
	(%)	100	16.10	0.43	0.38	38.83	44.62
2014	(亿元)	121 991.48	21 242.61	639.26	598.91	50 419.80	49 689.81
	(%)	100	17.41	0.52	0.49	41.33	40.73
2015	(亿元)	125 203.06	20 214.38	296.53	286.08	49 037.56	55 654.60
	(%)	100	16.15	0.24	0.23	39.17	44.45
2016	(亿元)	144 214.05	21 512.40	140.44	132.53	49 132.85	73 428.37
	(%)	100	14.92	0.10	0.09	34.07	50.92
2017	(亿元)	156 052.62	25 241.76	168.19	—	50 872.22	79 770.45
	(%)	100	16.18	0.11	—	32.60	51.12
2018	(亿元)	166 407.11	24 132.14	114.02	—	55 754.79	86 406.16
	(%)	100	14.50	0.07	—	33.51	51.92
2019	(亿元)	178 608.59	25 228.77	175.72	—	58 157.84	95 046.25
	(%)	100	14.13	0.10	—	32.56	53.21

资料来源：国家统计局．中国统计年鉴（2020）．北京：中国统计出版社，2020；国家统计局网站。

从资金来源看，2019年我国房地产企业融资总规模共计178 608.59亿元，是2010年融资规模的约2.45倍。2019年房地产企业自筹资金占32.56%，国内贷款占14.13%，其他资金来源占53.21%。其他资金来源主要包括定金、预收款及个人按揭贷款等。

虽然房地产融资的资金来源多种多样，但其他资金来源主要是直接或间接通过银行贷款，因此，银行贷款在房地产企业资金中占比较大。虽然近年来房地产企业的信托融资和债券融资规模有所扩大，但总体来看，信托融资、债券融资、外资融资等融资方式在房地产资金来源中所占比例不大。目前，国内房地产企业仍以银行贷款融资为主。

8.3 房地产融资的主要方式

8.3.1 银行贷款融资

房地产开发贷款是指贷款人向借款人发放的用于商品住房及其配套设施开发建设的贷款。对于申请银行开发贷款的房地产企业及房地产项目，应满足以下几个基本条件：

8.3.1.1 房地产企业应满足的融资条件

(1) 房地产企业是经工商行政管理机关（或主管机关）核准登记的企（事）业法人、其他经济组织，有法人营业执照或持有关部门批准设立的证明文件、建设部门核准的资质证明；

（2）经工商行政管理部门核准登记并办理年检手续；

（3）拥有贷款卡，年审合格，在银行开立基本账户或一般账户；

（4）经营管理制度健全，财务状况良好；

（5）信用记录良好，具有按期偿还贷款本息的能力；

（6）可提供银行认可的合法、真实、有效的担保。

8.3.1.2 房地产开发项目应满足的条件

（1）贷款项目已纳入国家或地方建设开发计划，立项文件合法、完整、真实、有效。

（2）贷款所用于的项目已经取得《国有土地使用权证》《建设用地规划许可证》《建设工程规划许可证》《建设工程施工许可证》。

（3）贷款项目实际用途与项目规划相符，符合当地市场需求，有规范的可行性研究报告，预算报告合理真实。

（4）房地产开发企业房地产项目贷款的自有资金比例，2009 年下发的《国务院关于调整固定资产投资项目资本金比例的通知》规定，保障性住房和普通商品住房项目的最低资本金比例为 20%，其他房地产开发项目的最低资本金比例为 30%。并与银行贷款先期或同期到位。

（5）贷款用途合理，担保方式可接受。商品房开发贷款可采用保证、抵押、质押及其相结合的担保方式。贷款用途限于客户正常建造商品房及其配套设施所需的资金，一般包括拆迁费、建安费、装修费等费用支出。

（6）期限和利率合理。贷款期限一般不超过 3 年，贷款利率按照中国人民银行和贷款银行的利率管理规定执行。

8.3.2 信托融资

从资金信托的角度出发，房地产信托是指受托人（信托投资公司）遵循信托的基本原则，将委托人委托的资金以贷款或入股的方式投向房地产业以获取收益，并将收益支付给受益人的行为。从财产信托的角度出发，房地产信托则指房地产物业的所有人作为委托人将其所有的物业委托给专门的信托机构经营管理，由信托机构将信托收益交付给受益人的行为。与财产形式的房地产信托相比，对于资金密集型的房地产业来说，资金形式的房地产信托得到了更多的重视。2004 年 10 月推出的《信托投资公司房地产信托业务管理暂行办法（征求意见稿）》中所指的“房地产信托业务”事实上也仅限于资金形式的房地产信托。房地产信托是金融信托业与房地产业相互融合的产物，它为房地产业的发展提供了大量的资金。与其他模式（上市、海外融资、企业债券、股权投资、产业基金等）相比，虽然房地产信托融资本身也存在诸如“200 份”、流通性、营销方式等方面的限制条件和缺欠，但信托的宏观环境相对其他融资工具而言要宽松得多。

8.3.2.1 房地产信托融资的优势

房地产信托融资具备三大基本优势：

（1）信托融资创新空间宽广，同时具有巨大的灵活性。信托具备连接货币市场、资本市场和产业市场的综合融资平台优势，通过一系列制度安排，可实现企业或项目的组合融资。因此，银行具有资金优势，信托具有制度优势和灵活的创新性。信托可以与银行实现互补互动。信托在供给方式上也十分灵活，可以针对房地产企业的自身运营需求和具体项目设计个性化的信托产品，突出表现在信托对不同阶段、不同进度水平的项目都可以量身定做解决方案，从开发资金、流动资金到后期的消费资金，乃至一些特殊问题，如“烂尾楼”等都可以通过信托解决，从而增大市场供需双方的选择空间。

（2）信托具有财产隔离功能。信托公司的财产隔离功能主要体现在受现行法律、法规充分保护的信托财产的独立性上。信托设立以后，其财产处于“特殊状态”：它既能充分地体现委托人或受益人的“意愿”“利益”“特殊目的”，又不记在委托人的所有权益项下，信托财产独立于委托人的其他自有财产而存在；它名义上为受托人所有，但又不失为委托人的自有财产。受托人对信托财产及对其自有资产的处置方式迥然不同：受托人必须按信托文件的约定，为实现受益人的“最大利益”或“特殊目的”而努力，不得用信托财产为自身谋取利益；每一个信托隔离于受托人的自有财产和其他信托账户，甚至在出现受托人解散等极端情况时，信托财产仍能保持其独立性，按约定或法院判定，由新的受托人承接。在我国，信托的财产隔离功能受到《信托法》等的强有力支撑。

（3）相对于银行贷款，房地产信托融资方式可以不受通过银行贷款时企业自有资金应不低于开发项目总投资比例这一条件的约束，也能够弥补《中国人民银行关于进一步加强房地产信贷业务管理的通知》规定的“只有主体结构封顶才能按揭”所造成的中间消费融资的断裂。房地产企业要积极利用信托融资，充分利用信托独特的制度优势实现多元化融资，巩固资金链。

8.3.2.2　房地产信托的运营模式分类

如果将房地产信托简单分类的话，可按负债关系划分为债务型信托和权益型信托。债务型信托是指信托公司将通过信托产品融集的资金借贷给房地产企业，其优点是：操作简便，管理简单，收益比较稳定。其缺点是技术含量低。以前主要在一些接合部做“擦边”性的业务，2004 年银监会下发《关于进一步加强信托投资公司监管的通知》后，该类业务已成雷区。在常规领域开展房地产信托业务会与商业银行具有很强的重合性，信托公司劣势明显。因此，信托公司的优势和特色应在权益性信托业务方面。

截至 2019 年底，中国信托资产总规模达到 21.6 万亿元。其中：按照投资方向划分，房地产信托融资余额 2.7 万亿元，占资金信托总规模的约 15.07%。

1. 抵押贷款类信托

抵押贷款类信托是房地产信托融资的主要模式，主要原因是房地产财产抵押按照银行贷款的模式设计，信托业务操作模式比较成熟，是传统的房地产信托融资模式。另外，除房地产项目财产抵押外，房地产信托通常也有股权质押、第三方担保或回购等多种担保方式。

2. 股权投资类信托

该类信托是指信托投资公司通过将信托资金以股权投资的方式加以运用，进而成为房地产企业股东或房地产项目所有者，直接经营房地产企业或房地产项目，并根据在房地产企业中所占的股权比例或房地产项目所有权情况获得经营所得，从而作为信托投资收益来源。这种模式的优点是能够增加房地产企业的资本金，促使房地产企业达到银行融资的条件。这种融资方式比较接近于国际上流行的房地产投资信托（REITS）。

3. **股权证券化信托**

此类信托是指信托投资公司成为房地产企业股东或房地产项目所有者后，并不直接经营房地产企业或房地产项目，而是与相关当事人签订协议，约定在一定时间，相关当事人按约定价格（溢价部分为信托投资收益）回购信托投资公司的股权或所有权。在这种模式下，房地产企业除了能够实现融资目的外，还能够提高企业的信用等级。因为根据《中国人民银行关于进一步加强房地产信贷业务管理的通知》的规定，房地产企业自有资金应不低于开发项目总投资的30%，且必须是所有者权益。一般而言，项目公司的所有者权益无非是公积金加注册资本金，很难达到要求。通过信托资金的增资扩股，可以顺利地解决这一难题，可谓一举两得。

4. **权益转让模式**

对于房地产开发企业以合法可售房屋交易为担保的房地产信托计划，信托公司可以通过购买资金需求方的商品（主要为期房），将其预售登记后作为担保，或以收益性房产的收益转让为担保发行资金信托计划。这种模式为多期开发项目的后期运作或多个房地产项目的运作，以及为有良好在售物业的房地产企业提供了融资条件。这种模式的风险主要在于：从在建工程到竣工交屋的阶段性风险；房屋销售的市场风险；权属登记的法律风险。

5. **混合型信托**

混合型信托是指信托公司采取权益型信托和债务型信托结合的方式介入房地产业务。信托公司与委托人在信托合同中对信托资金的使用方式加以明确规定，受托人按照合同约定的比例，以股权投资和贷款融资的不同方式加以组合运用，具有较强的灵活性。

8.3.3 股票融资

房地产股票是房地产企业为筹集资金用以证明投资者的股东身份和权益，投资者据以获得股息和红利的凭证。股票一经发行，持有者即为公司股东，有权参与公司的决策和分享公司权益，同时承担公司的责任和风险。股票一经认购，持有者不得要求退还股权，但可以转让。房地产企业发行股票，能为其获得永久性的资金来源。股票融资对于改善企业经营管理、完善企业制度，具有重要的意义。

8.3.3.1 股东的类型

房地产企业从自身的经营需要出发，根据投资者的投资心理，发行各种股票，按照不同的标准，可以分为以下几种基本类型：

1. **普通股股票和优先股股票**

按股票所代表的股东权利划分，股票可分为普通股股票和优先股股票。普通股股票实行同股同权，股东有权参加企业经营管理，是最基本的股票。优先股股票是指在经营利润分配和剩余财产分配上有优先权的股票，这种股票的股东无权参与企业经营管理，股息比较固定，是特别股股票的一种。

2. 记名股票和不记名股票

按照是否记载股东姓名划分，股票可分为记名股票和不记名股票。

(1) 记名股票。记名股票是指将股东姓名记载在股票票面和股东名册的股票。购买记名股票，认购者姓名要载入股票票面和股东名册。若股票属多人共有，要记载各共有人名称；属法人所有，应记载法人名称和法人代表姓名。记名股票遗失，其股东的资格和权利并不消失，并可依法要求公司补发股票。记名股票转让必须登记注册。

(2) 不记名股票。不记名股票是指股票票面不记载股东姓名的股票。其股东资格的确认，依照占有的事实来证明。不记名股票转让无须办理过户登记。

在我国，股票采取无纸化的形式，但理论上仍属于记名股票。

3. 有面值股股票和无面值股股票

(1) 有面值股股票。有面值股股票是指在股票票面上记载一定金额的股票。现代股票以有面值股股票为主，而且国家往往规定了最低面值。这种股票发行价格可高于或等于票面金额，一般不允许低于票面金额。我国股票票面金额往往定为一元。

(2) 无面值股股票。无面值股股票是指股票票面不记载金额的股票。这种股票往往要注明其在公司资金总额中所占的比例。我国至今尚无无面值股股票。

8.3.3.2　房地产股票的发行

1. 发行途径

(1) 募集设立公司发行。募集设立公司发行是指由发起人认购部分股份（不低于总股份的35%），其余股份向社会公开募集，同时利用所获资金成立股份有限公司。这是股票的初次发行。

(2) 募集新股公开发行。当已发行过股票的股份公司根据经营情况需要增加资本，或保持适当的资金结构时，可以向社会发行新的股票，这种新股发行属有偿增资发行。

募集新股公开发行包括配股和第二上市新发行股份筹资上市两种方式。配股是指上市公司在获得有关部门批准后，向其现有股东提出建议并获同意后，使现有股东可按其所持股份比例认购配售股份的行为。它是上市公司发行新股的一种重要方式。第二上市是指已经在某一证券交易所上市的公司，继续将其同种股份在另一证券交易所持牌交易。第二上市新发行股份筹资上市是指上市公司对第二市场投资人发行新股。

(3) 无偿增资发行。无偿增资发行是指公司股权的增加不是通过向外募集，而是通过将公司的部分积累按比例作为新发行的股票无偿分配给原股东，以调整公司的资本结构。

(4) 可转换公司债券。可转换公司债券是指可以按一定价格在一定时间后按一定比例转换成普通股股票的公司债券。当可转换公司债券转换成普通股，持有者就由债权人转变成为公司的股东，并且持有人无须支付额外的资金，同时原有债权债务关系自动消灭。

2. 发行方式

按照股票发行过程是否有中介机构参与，股票发行方式可分为直接发行和间接发行。

(1) 直接发行。股票的直接发行是指发行人不通过证券承销机构而由自己发行证券的发行方式。直接发行程序比较简单，能使发行公司直接控制发行过程，实现发行意图，节省发行费用。但其不利之处在于社会影响小，拖延时间长，发行风险由公司自身承担。因此，以直接筹资为目的的股票发行，往往不采用直接发行的方式。

(2) 间接发行。间接发行是指发行人将股票发行委托给一家或几家证券承销机构办理的发行方式，具体可分为金额包销、余额包销和代销三种方式。金额包销是指承销商将发行人拟发行的证券全部认购下来，并立即向发行人付清全部款项，然后再按市场条件将其转让给投资者的发行方式。这时承销机构要承担全部风险。余额包销是指发行人委托承销商以约定的发行条件和发行额，在约定的期限内向社会发行证券，并对到期未售出的余额按约定由承销商认购付款的发行方式，这时承销机构要承担部分发行风险。代销是指发行人委托承销商代为向社会公开销售证券，承销机构按协议的发行条件，在约定的期限内尽力推销，承销期满后，将所筹款项及未售出的股票交还发行人的发行方式。在这种发行方式下，承销机构不承担任何发行风险。

3. 股票发行价格

股票发行价格在筹资发行时，由发起人决定；在增资扩股时由董事会提议，股东大会决定，并报证券主管部门批准。股票发行价格有平价发行、溢价发行、折价发行三种。

(1) 平价发行。平价发行也称面值发行或等价发行，即股票的发行价格与票面金额相等。这种方式便于发行工作的顺利完成，但不能获得溢价收益。

(2) 溢价发行。溢价发行是指以超过股票面值的价格发行股票。这种发行方式可使发行公司获得溢价收益。

(3) 折价发行。折价发行是指以低于面额的价格发行股票。股票发行价格可以按票面金额，也可以超过票面金额，但不得低于票面金额，即不允许折价发行。

4. 发行程序

房地产股票的发行有一套严格的程序，通常要经过准备、审批和实施三个阶段。

(1) 准备阶段。在这一阶段内，房地产企业必须充分了解市场情况，比较各种融资手段，以确定是否以发行股票的方式来筹集资金。然后要起草发行股票所需的各种文件，并由有关资信机构进行资信评估，同时要对企业资产进行评估。

(2) 审批阶段。在审批阶段，首次发行股票的房地产企业可依隶属关系向地方人民政府和中央企业主管部门提出发行申请，地方政府对地方企业的发行申请进行审批，中央企业的主管部门在与申请人所在地方政府协商后对中央企业的发行申请进行审批。审批结果抄报中国证监会，由中国证监会复审同意后，申请人向证券交易所上市委员会提出上市申请，经同意接受上市，方可发行股票。

(3) 实施阶段。当申请得到批准后，企业就可以组织发行工作了，通常委托金融机构代理发行。正式发行前，企业应用适当的方式向公众公告，在约定日期内由承销机构负责具体操作，向社会发售股票。

8.3.3.3　房地产企业股票发行案例分析

2016年11月5日至13日，福建××集团向社会公开发行每股面值为1元的共计1 419万股A股普通股股票。本次新股发行采取溢价方式，发行价为5元/股，发行总金额为人民币7 395万元，发行后每股净资产为2.72元。公司股票在深圳证券交易所上市。

本次发行采取承销团余额包销的形式，以福建××信托投资公司为主承销商，福建××证券公司为副主承销商，××证券公司和××国际信托投资公司为分销商，上述承销商的承销比例依次为60%、20%、10%和10%。

××集团的前身是福州市经济技术开发区建设总公司，公司主营基础设施建设施工、土地连片开发、商品房开发与经营、装潢装修工程施工四类业务。此次募集的资金，将全部用于与××实业集团共同获得的福州市五四北路延伸段（南平路全长5 070米，道路宽42米，机动车道路共6条）道路工程及相关市政配套工程（沿线埋设给排水、照明、电力、通信、煤气等市政配套设施）。

作为补偿，福州市政府将该路周边1 500亩土地按施工进度，分次划拨给××集团与××实业集团作为对本项目建设的补偿，同时还为该片土地的开发提供一系列优惠政策，其中包括对1 500亩土地的征地补偿安置费（为每亩6万元，不含拆迁补偿、安置费用）免收配套费和地段差价等费用。该宗土地开发经营所产生的土地增值额归开发者所有，作为对开发投资建设南平路工程的补偿。

该项目总投资1.8亿元，建设周期18个月，首先投入本次募集资金7 010万元作为项目启动资金，同时将合作方××实业集团投入的4 673万元，用于补偿土地的综合开发，然后通过土地综合开发和土地招商等方式回笼资金。实际投入金额为11 683万元，静态回收期为5.37年。该项目预计平均每年产生利润3 781.94万元，平均年投资回报率为32.37%。

本次发行股票后，××集团股权结构将调整为国家持股27.78%，法人持股47.22%，公众持股25.00%。

××集团发行股票募集资金的计划圆满完成。至2018年底，南平路工程已完成投资9 110万元，于2019年10月1日完工通车，项目征地工作顺利完成。2018年，××集团实现利润4 304万元，比2017年增长32.4%。至2019年底，该项目全部完工，××集团实现净利润4 773万元，与2018年相比增长10.9%。

8.3.4　房地产债券融资

房地产债券是各级政府、房地产金融机构和房地产企业为筹集资金而发行的，代表公司与投资者之间债权债务关系的有价证券。它是一种债务凭证，承诺在未来特定日期偿还本金并按照事先确定的利率支付利息。

8.3.4.1　房地产债券的种类

(1) 按发行主体分类，债券可分为政府债券、金融债券、公司债券、国际债券等，其中，政府债券包括中央政府债券、地方政府债券和政府保证债券。

（2）按偿还期限分类，债券可分为短期债券、中期债券、长期债券。

1）短期债券是指偿还期不超过1年的债券。

2）中期债券是指偿还期在1年以上10年以下的债券。

3）长期债券是指偿还期在10年以上的债券。

（3）按计息方式分类，债券可分为附息债券和贴现债券。

1）附息债券是指债券的券面上附有各种息票，息票上标明利息额、支付利息的期限和债券数量等内容，到期以息票为证领取利息。

2）贴现债券是指债券的券面上不附有息票，发行时按规定的折算率，以低于票面价值的价格出售，到期按票面价值偿还的一种债券。

（4）按有无担保分类，债券可分为信用债券和担保债券。

1）信用债券也称无担保债券，是指仅凭债务人信用发行的、没有抵押担保的债券。

2）担保债券是指以抵押财产为担保而发行的债券。担保债券又可分为抵押债券、质押债券和保证债券等。

（5）按是否记名分类，债券可分为记名债券和不记名债券。

1）记名债券是指在券面上注明债权人姓名，同时在发行公司的名册上做同样登记的债券，这种债券的流动性差。

2）不记名债券是指债券券面上不注明债权人姓名，在发行公司名册上也不登记的债券。

（6）按债券形态分类，可分为实物债券、凭证式债券和记账式债券。

1）实物债券是指债券的发行与购买是通过债券实体来实现的，是有纸化的不记名的债券，有标准的格式和券面。

2）凭证式债券是指向债券购买者开出收放凭证，持有人到期可至承销金融机构办理兑付手续的债券。这种债券可记名、可挂失，但不可上市流通。

3）记账式债券无实物券面，是在认购者的计算机账户内记录，主要通过证券交易所进行交易。

8.3.4.2 房地产债券的发行方式

房地产债券的发行方式除与房地产股票一样，可按发行方式划分为直接发行和间接发行外，还可按发行对象划分为公募发行和私募发行。

（1）直接发行与间接发行。直接发行是指发行者自行承担和办理债券发行过程中的一切业务，直接向认购者发行债券。这种方式发行成本低，但发行者本身要承担发行风险，并且发行范围小。

间接发行是指发行者委托证券中介机构公开发行债券。这种方式发行成本高，但发行风险较小，发行人员的工作简单。

（2）公募发行与私募发行。公募发行是指面向广泛的不特定的投资者发行债券。公募发行费用高、难度大、手续繁杂，风险也较大，发行所耗时间长。但筹资量大，社会影响大。

私募发行是指仅向少数特定投资者发行债券，也称为内部发行。私募发行费用低、风险小，手续较为简便，但筹资量小，一般债券不允许上市流通。

8.3.4.3　房地产债券的发行程序

（1）按法定程序形成有关决议。按我国法律规定，股份有限公司、有限责任公司发行债券，应由董事会制定方案，股东大会做出决议。国有独资公司发行债券，应由国家授权投资的机构或者国家授权的部门做出决议。决议内容包括债券发行额、券面金额、发行价格、利息、发行日期、偿还期限和偿还方式等。

（2）制定发行章程。发行章程的主要内容有：债券发行金额、期限、利率、发行范围、发行方式、企业现有资产负债状况、收益状况、资金用途、拟建项目可行性研究、还本付息安排等。

（3）提出发行申请。房地产企业向金融管理部门提出申请，并要征得企业主管部门同意。房地产企业在提出申请时，除了填写债券发行申请书外，还应报送各种相关资料。

（4）取得资信等级证明。当房地产企业的发行申请得到中国人民银行地区分支机构初步同意后，可以向经认可的债券评估机构申请信用评级并要取得 A 级以上资信等级证明。

（5）确定委托发行代理机构。公司向国务院证券管理部门提交的发行申请获得批准后，房地产企业应与证券经营机构签订委托代理发行协议。

（6）发布募集公告。房地产企业应以公告的形式公布发行章程和发行说明书。

（7）印制债券。募集者依据法定内容制作具有标准格式的债券。

（8）发行及善后工作。选择适当的时机出售债券，在筹资期满后，依据实际情况制作有关报告并呈送主管部门备案。

8.3.4.4　房地产企业债券发行案例分析

2021 年 3 月，××市房地产开发经营总公司为配合××小区开发建设，发行了总额为 1 亿元人民币、单利计息、年利率为 5.8%的三年期企业债券。××小区建设债券由××证券评估有限公司评定，信用等级为 AA－，并由××总公司提供不可撤销的全额担保。该债券为平价发行，承销方式为承销团余额包销。

××市房地产开发经营总公司拟将本期债券所募集的 1 亿元资金用于××市××小区及小区道路工程建设。该项目是××市房地产开发经营总公司与其全资子公司××房地产开发有限责任公司联合开发建设的全国地市住宅试点小区。

该小区总建筑面积 32.13 万平方米，于 2019 年 6 月开工，建设周期计划 3 年。项目总投资 14.3 亿元，总销售收入预计为 16.45 亿元，营业税及附加为 9 002 万元，税后利润为 1.24 亿元。物业管理收入和综合楼财产暂不计算在内，内部收益率为 8%。该项目可销售面积为 23.88 万平方米，单价为 6 888 元/平方米。至 2021 年 3 月 5 日签订销售协议金额达 2 亿元，回收资金 6 000 万元。

本期债券发行人近 3 年的财务状况，由××会计师事务所审计并出具审计报告，担保人××公司的财务状况，由××会计师事务所审计并出具审计报告。本期债券以××证券有限公司为主承销商，以××证券有限责任公司为副承销商，以承销团余额包销的方式发行，由中央国债登记结算有限责任公司托管。

截至2021年4月7日发行期满，该公司债券已顺利发售完毕，××市房地产开发经营总公司顺利融得1亿元人民币的3年期资金。

8.3.5 创新融资方式案例分析

以下结合几个案例，介绍房地产行业部分创新融资方式。

8.3.5.1 ××集团与东亚银行合作推出租约现金流抵押贷款

××集团将与××公司签订的租约作抵押，获得东亚银行7年期贷款。

目前在物业出租的情况下按租约的现金流收入情况计算的长期信贷还比较少，只按出租物业的评估值打折（扣除风险系数）的抵押贷款，必然使贷款量低于已投入的资金量，无法发挥资金的集中成倍效应，无法支撑开发企业长期持有物业经营。按租约现金流收益发放则可能使发放的长期信贷额远远大于实际投资额，产生成倍的资金效益，提高资金的融通能力，降低资金成本。

8.3.5.2 ××大厦财产信托计划已接近私募房地产投资信托基金（REITS）

2020年12月10日，××信托投资有限公司推出"××大厦财产信托"。××大厦有限公司将已设立信托的市场价值为6.79亿元的信托财产的优先受益权委托外贸信托转让给了中小投资者。

该产品以××大厦6.79亿元的受益权为投资者3.5亿元优先受益权提供保障。该产品期限为3年，发行规模3.5亿元，预计年收益率5.5%，收益每半年支付一次：认购起点为人民币5万元，按1万元的整数倍增加；该产品投资期限满1年后，如果达到一定条件可提前结束；投资本金在投资期限到期时一次性予以支付；如××大厦有限公司回购优先受益权，或者信托财产的处置收入足以支付全部投资人的本金和收益，外贸信托将按照要求赎回优先受益权，投资人将收回全部本金和收益；若出现信托财产的处置收入不足以支付投资人本金和收益的情况，××公司承诺负责补足差额。

该产品属固定收益信托类产品，由于设定了期限和预期收益率，故对投资者的吸引力较大。该信托已经有了"私募REITS"的影子，因为它仅针对××大厦一项财产，如果要扩大资产包的规模，则基本上就可以形成"私募REITS"。

8.3.5.3 ××信托推出夹层融资

××信托公司发行的××7号信托资金投资于××房地产开发项目公司的股权，项目公司由××信托和××集团各出资5000万元，分别持有项目公司20%的股份，1.5亿元信托资金入股占项目公司股份的60%。而在1.5亿元的信托资金中，××7号的信托受益人设置为优先受益人和劣后受益人。信托计划终止时，优先受益人优先参与信托利益分配，劣后受益人次级参与信托利益分配。在本项目中，既有外来资金的投资，又有自有资金的进入，这就构成了一个夹层融资项目。

总之，目前国内常见的房地产融资渠道主要有：国内商业银行贷款、信托投资公司发行信托计划、境内公司上市、发行企业债券、金融租赁、典当、民间私募基金、外资银行贷款、海外私募基金、房地产投资信托基金、企业海外上市等方式。究竟选择哪种融资方式，从来就没有标准答案，也没有绝对的优劣之分，关键是要看企业的实际情况适合哪种融资方式及其规则。一般来说，最理想的情况是能够获得国内五大银行（工、农、中、建、交）和股份制商业银行的大额授信额度。在银行贷款资源不足的情况下，当融资规模超过千万元但不足两亿元时，信托和外资商业银行贷款是很好的选择；当融资规模超过两亿元又有成熟的商业物业时，就获得了通过 REITS 上市、吸引海内外私募基金以及金融租赁融资的条件。当然，对于那些地理位置很好的房地产项目，即使处于开发前期、尚没有成熟物业的阶段，也能够引起部分私募基金的兴趣。而境内外上市、发行公司债券，由于程序复杂、手续烦琐、政策约束多、筹集资金时间长等原因，并不是适合开发商的短期融资手段，而应作为中长期战略方向去努力。

8.4 房地产融资的成本管理

多元化融资是国家宏观调控背景下房地产业的必然选择，如何降低融资成本，使用成本最低廉的融资工具，是房地产企业考虑最多的问题。以下从房地产融资的成本入手进行分析。

8.4.1 不同融资方式的房地产融资成本比较

一般来说，房地产企业的融资成本，不仅与融资方式有关，也与项目的开发时间，即资金提供的时间密切相关。融资成本会随开发时间而变化，一开始最高，随着项目的开展，例如获得《建设工程施工许可证》后，融资成本会逐渐降低。不同融资方式的融资成本的大致情况如下：

（1）自有资金的融资成本较低。

（2）银行贷款融资，只须支付银行贷款利息，成本较低。

（3）销售回款的融资成本视不同情况有所区别。房地产企业在达到可以实现销售的条件下，可以逐步取得销售回款，且分期销售的融资成本高于全额付款。

（4）信托资金的融资成本较高。由于信托计划的结构较复杂，涉及单一信托及集合信托，因此组建信托的成本较高，即房地产企业付出的融资费用较高。房地产信托资金更多地体现为“过桥贷款”的性质，偿还周期较短，开发企业的资金使用成本较高。

房地产信托产品的预期收益率明显高于信托产品的平均收益率。2013 年，信托产品 1 年期预期平均收益率为 8.82%，而同期房地产信托产品的平均预期收益率为 9.6%，高于信托产品的平均水平，也高于银行同期贷款利率和国债收益。信托融资的高昂成本让一些房地产企业望而却步。

（5）股权融资的成本较多地受到利益分配的影响，房地产企业付出的融资成本可能不是较明显地表示为融资费用，而是房地产企业将利润剥离出一部分给予股权融资者。一般来说股权融资的成本也较高。

8.4.2 银行贷款融资与信托融资的成本分析

银行业金融资产在我国金融体系中处于高度垄断地位，约占全国金融业总资产的90%。截至2019年末，我国金融业机构总资产为318.69万亿元，其中：银行业290万亿元，证券业8.12万亿元，保险业20.56万亿元。截至2019年末，我国信托资产规模为21.6万亿元。信托、证券、保险等非银行金融机构的金融资产总计50.28万亿元，仅占银行业金融资产的17.3%。我国房地产融资结构与金融资产整体分布基本一致，银行贷款同样是房地产企业融资的最主要来源。

在诸多金融工具之中，信托公司具备多种平台优化组合优势，通过信托将多种金融工具优化整合，实现一揽子组合融资解决方案，有望成为房地产融资的新模式。信托公司可以开展货币市场业务，包括金融同业拆借、金融同业往来等；也可以开展资本市场业务，可以发起成立基金公司、证券公司，承销债券；还可以开展投资银行业务，直接投资产业市场、房地产，或用信托基金投资房地产。而其他的金融机构都不准直接投资房地产，不准投资实业。

信托融资比较灵活，审批也较快，但缺点是融资成本较高。房地产信托贷款存在和发展的直接原因是房地产行业的高利润和中小房地产企业补充资金不足，但信托融资模式还没有成为一种标准化、方便流通的、成熟的投融资形式。从融资成本对比来看，银行贷款的资金成本较低，而信托资金的成本较高，委托人要收取较高的回报。但如果当较多低成本的资金被信托公司掌握时，房地产信托的成本就可能下降。

目前来看，房地产信托主要是中小房地产企业重要的融资途径。尽管信托融资通常比银行贷款的资金成本要高出不少，但由于房地产企业有较高的利润空间，设立信托的审批时间短、资金更易到位，因此，很多小型房地产企业选择信托贷款融资形式。

信托融资成本高，但由于其可能触及商业银行不能涉及的领域，在融资成本有所降低的情况下，信托融资可能会占据更多份额，但前提是与银行贷款等融资模式相比，信托融资能够实现风险收益上的相对平衡。

8.4.3 直接融资与间接融资的成本分析

房地产企业融资从融资来源上看，均可以归类为直接融资和间接融资，二者相互渗透并相互支持。间接融资总体而言比直接融资的风险小、成本低、流动性好。以下不从狭义上的融资成本考虑，而是对直接融资与间接融资内涵和外延的融资成本进行比较分析。

间接融资的优点在于：（1）社会安全性较强；（2）授信额度可以使企业的资金需求

及时方便地得到解决；（3）保密性较强。其缺点在于：（1）社会资金的运行和资源配置的效率较多地依赖于金融机构的批准；（2）监管和控制比较严格和保守，对新兴产业、高风险项目的融资需求一般难以及时和足量满足。

直接融资的优点在于：（1）筹资规模和风险可以不受金融机构资产规模及风险管理的约束；（2）具有较强的公开性；（3）受公平原则约束，有助于市场竞争和优化资源配置。其缺点在于：（1）直接凭自己的资信度筹资，风险较大；（2）一般逐次进行，缺乏管理上的灵活性；（3）由于具有公开性的要求，有时与企业保守商业秘密的需求相冲突。

对于房地产企业而言，应综合分析直接融资和间接融资的综合成本，选择适当的融资方式，以获得更大的利润。

8.4.4 房地产融资的决策分析

房地产融资的决策分析，包括融资方案的内容及选择、融资成本的比较、融资风险及收益分析、安全性、经济性、可行性。房地产融资决策涉及房地产开发项目可行性分析，需要明确融资条件的范围、融资期限、融资金额以及可能采取的融资方式。如果采用多种融资方式，还要对不同组合的成本进行综合分析。

在做出房地产融资决策前，房地产企业要设计不同的融资方案，运用不确定性分析（包括盈亏平衡分析和敏感性分析）、净现值等经济分析手段，对开发成本、盈利能力、清偿能力、利润分配进行估算，并对资本回报率及风险进行综合分析。对于复杂的融资方案，还可以利用房地产投资与现代投资组合理论及资产定价模型进行分析。与一般性商业企业融资方案的技术经济评价类似，房地产企业融资也可以参照相关的融资决策加以分析和判断，选择最佳的融资方案，从而降低融资成本。

8.5 房地产融资的风险管理

房地产行业受政府政策及经济波动的影响较大，是政府宏观调控的重点行业，历来也是银行审查和总量控制的重点。房价波动对银行资产质量将产生较大影响，如果房价跌幅较大，将导致开发商收益降低或亏损，银行掌握的抵押物迅速贬值，造成银行不良资产增长，因此，银行对于房地产开发贷款业务比较谨慎，控制得比较严格。银行对房地产信贷采取的是有保有压的政策，紧缩主要针对的是中小开发企业或资质不良的开发企业，发展信贷业务主要选择实力雄厚、信用记录良好的优质开发企业。各银行坚持总量控制管理原则。

8.5.1 我国房地产融资中的主要风险

8.5.1.1 主要风险类型

房地产开发周期长、风险高、占用资金量大，开发过程中各环节过分依赖银行贷款，受资金的时间价值、流动性和市场自身调节等因素的影响，房地产市场融资的主要风险分为以下几种：

1. 政策风险

政策风险是指由于项目所在地区的政策条件发生变化而带来的风险。由于房地产与国家经济形势紧密相关，在很大程度上受到政府政策的控制，如果政府对项目的土地使用权实行收回或进行土地使用控制、对环境保护提出要求等，就可能影响项目预期现金流量，影响项目贷款的偿还，从而导致房地产项目风险。

2. 市场风险和经营风险

房地产具有高风险、高收益的特性。首先，由于位置的固定性，致使其必须面临并承担因项目所处位置的地理条件变化而带来的项目风险；其次，由于房地产投资额大，开发周期长，销售经营持续的时间也很长，社会、经济、环境条件发生变化都会对收益产生极大的影响；再次，房地产的发展与整个城市的经济发展趋势密切相关，房地产的投资和消费，依托于城市经济的发展变化和居民消费水平的变化；最后，房地产经营过渡期的存在使开发商在这期间随时可能面临调整和亏损。因此，房地产面临的市场风险和经营风险相当大。

3. 财务风险

房地产开发商以银行借贷融资为主，自有资金很少。统计显示，我国房地产开发商通过各种渠道获得的外部资金占其资产比率在70%以上。由于房地产开发企业良莠不齐，随着房地产市场竞争日益激烈，监管力度不断加大，开发贷款门槛不断提高，房地产开发企业的资金链日趋紧张，一旦资金链断裂，风险就会暴露。

4. 道德风险和信用风险

虚假按揭已成为个人住房贷款最主要的风险源头。虚假按揭不以真实购买住房为目的，开发商以本单位职工或其他关系人冒充客户和购房人，通过虚假销售（购买）方式，套取银行贷款。银行个人住房贷款中的不良资产，很多是虚假按揭造成的。开发商把虚假按揭作为一种融资渠道。一般情况下，个人住房按揭贷款利率低于房地产开发贷款利率，且按揭贷款期限较长，审批也相对容易，开发商便将按揭贷款作为一项融资渠道，这样既可降低财务成本，又可缓解资金周转困难。有的开发商在出售房屋获得资金后偿还银行贷款，也有开发商因无法将房屋全部卖出而携款潜逃。发生虚假按揭有的是因为不法房地产商利用银行掌握的信息有限骗贷，也有的是因为银行工作人员与开发商勾结，共同骗贷。

我国土地储备贷款授信额度较大，信用风险也较大。银行土地开发贷款面临四方面的风险。一是土地储备中心资产负债率较高。虽然各地土地储备机构均由政府全额拨款组建，但目前一部分地区存在政府投入注册资本金过少、注册资金不到位等问题，造成企业对银行资金过分依赖，抵御风险的能力极低。二是银行难以对土地储备中心进行有效监管。各地的土地储备机构大都实行财政收支两条线，土地出让金上缴财政专户，各银行对其资金使用很难监管。在地方政府资金紧张的情况下，土地储备机构极可能成为财政融资渠道，出让土地的收入有可能被挪作他用，甚至受地方利益驱使而悬空逃废银行债务。三是银行向土地储备中心发放的贷款没有有效的担保措施。当前土地储备机构向商业银行贷款的担保主要采用政府保证和土地使用权抵押两种方式，这两种方式的合法性尚存在问题。从《民法典》的规定来看，以公益为目的的非营利法人、非法人组织不得为保证人。土地储备中心只是代行政府部分职权的代理机构，并不是实质意义上的土地使用者，因而对其储备的土地也就谈不上拥有真正意义上的使用权。银行为控制风险，一般要求土地储备贷款借款人为财政收入有较强保障的市级以上土地储备中心，且以其收储并拥有土地证的优质土地做抵押，从而控制抵押率并落实抵押担保，防范土地储备贷款风险。四是土地储备中心的运营风险。土地的市场价格有很大的不确定性，例如受政策影响土地价格可能大幅下滑，拍卖中土地流拍或中标人违约都可导致土地的出让收入低于土地收购价格，形成银行信贷风险。

8.5.1.2 产生风险的原因

我国房地产金融风险产生的主要原因包括以下几个方面：一是房地产市场的有效供给和有效需求的对比关系，以及房地产价格波动的风险；二是房地产开发商自有资金比例相对较低，资金杠杆较高，对外依赖的银行贷款、信托融资、股权融资、垫资及预收房款金额较高，使得房地产投资的市场风险和融资风险集中在商业银行；三是土地储备制度有待进一步完善，土地储备贷款存在隐性风险；四是房价下跌过程中，投资性住房贷款、投机性住房贷款存在违约风险；五是商业银行自身在房地产贷款发放中存在不合规、不理性、追求高收益等问题。

房地产行业是典型的资金密集型行业，与金融行业紧密相连。在宏观调控的背景下，市场、资金、土地这三个要素中，资金自然成为核心要素。房地产行业对外部融资的过分依赖是房地产行业产生风险的重要原因，即过分依赖银行贷款的特定融资格局使房地产行业的资金融通受到很大的挑战。同时，金融市场的波动使得房地产融资的敏感性提高。

8.5.2 房地产企业上市融资的风险

房地产企业在满足上市融资条件后，将募集到的资金用于房地产项目开发，可以有效缓解现金流紧张的状况。但是由于上市对房地产企业的资格审核非常严格，对经营业绩、土地储备、房地产开发项目情况、管理层水平、资产负债等方面的要求非常高，因此大多数中小开发商无法满足上市融资条件。

上市的房地产企业除了要具备较强的实力、较多的土地储备资源等因素外，其对投资者的吸引力将决定该房地产企业的融资规模及股价情况。

第一是房地产企业的土地经营模式，土地是房地产企业中最核心的资源，通过对土地进行评估加上房地产企业的利润，可以大致估算房地产企业上市融资的估价及融资规模。第二是房地产上市融资模式，商业模式、现金流模式、利润模式、收入模式，是决定是否对房地产企业进行投资的核心问题，也是房地产企业上市融资是否成功的关键。投资者对这些方面是非常重视的。第三是投资者对房地产企业的基本评估，评估的依据是房地产企业自身的财富及其未来的发展空间。房地产企业的负债不能过高也不能过低，过低则可能表明房地产企业的融资渠道较窄，在市场上很难融到资金，但过高的负债，尤其是刚性负债过高，可能表明房地产企业存在持续经营风险。投资者将要分析在上市融资资金到位后，房地产企业的经营状况能否调整得非常良好。另外，现金流是房地产企业经营的关键，房地产企业应当可以不断获取新的土地资源，形成连续稳定的现金流收入。

8.5.3 房地产私募资金的风险

与其他企业不同，房地产企业既可以称作企业也可以称作项目公司。对于项目公司，通过发行私募基金的成本比上市融资的成本还要低。发行私募基金的前提是做好公司治理结构，具体需要处理好以下几个问题：第一个关键问题是重组，重组过程中将发生很多债权债务关系，因此，需要在发行私募基金时对投资者言明。第二个关键问题是寻找合适的投资者，主导投资者应在资金来源、管理能力、项目运作能力方面，给予房地产企业良好的支持。第三个关键问题是如何在投资者和企业之间建立相互信任的合作关系，防止因引入私募资金造成项目运作的矛盾，影响房地产项目的进展。

8.5.4 房地产信托融资的风险

8.5.4.1 房地产信托融资的风险特点

房地产信托的特点是高风险追逐高回报，房地产信托在我国发展速度较快，银行信贷门槛的提高更让房地产企业转向信托融资。但在各级政府不断加大力度调控房地产业的背景下，监管部门对房地产信托计划的审核更加严格，信托公司在项目的选择上也格外谨慎，开发商通过信托融资的难度增大。而且，随着风险的增加，信托公司要求的投资回报率也逐步增加。

信托公司作为金融机构，拥有便捷的融资和投资渠道，资金信托计划是其重要的融资手段，而对股权投资、贷款、租赁等多种投资方式的运用是其区别于其他金融机构的独特优势。根据不同项目的特点，设计不同的资金信托产品，可以化解政策变化给各方带来的风险。

8.5.4.2 房地产信托融资的风险类型及控制手段

我国房地产信托融资有很大的发展空间，但信托融资需要改进和创新的地方也很多，同样存在风险，主要体现在以下几个方面：

1. 房地产信托融资的风险类型

（1）房地产行业风险。

房地产行业是一个资金密集型行业，行业周期较长、资金占用量较大、利润回报较高。房产本身既是耐用消费品，又是投资品，在一定的市场环境下，还可能滋生投机风险，如果房产价格上涨幅度超过了居民承受能力，就可能存在房地产泡沫。如果泡沫达到一定的程度，就必然影响房地产信托。

信托公司在信托资金运用过程中，可通过投资地域、项目类别、投资金额、投资期限的组合和调整，灵活机动地防范可能出现的房地产行业波动，规避风险，保护投资者利益。

（2）项目自身风险及市场风险。

对项目的选择是房地产信托的首要工作，如果项目本身存在市场销售前景、内部法律纠纷、建设资金短缺等方面的问题，则信托产品无论怎么设计以控制风险，项目本身的先天缺陷都是无法避免的。信托公司在进行项目选择的时候，可以聘请有市场公信力的房产专业机构对项目进行可行性分析及评估，从而对项目的市场定位及前景有一个独立、真实的认识，通过这一系列的手段，信托公司能将项目风险控制在最小范围之内，最大限度地保证信托资金的安全，保护委托人和受益人的利益。

（3）道德风险。

作为专业从事经营性信托业务的非银行金融机构，信托投资公司受到国家金融监管机构——银保监会的严格监督和管理，其要严格按照信托业的“一法两规”进行经营活动。

2. 房地产信托融资的控制手段

在产品架构设计上，信托公司可邀请商业银行、律师事务所、房地产专业服务机构及会计师事务所等中介机构参与，对信托计划进行资金、法律、收益状况等方面的监督。信托公司内部，应建立和完善业务评审及风险控制流程，按照审慎原则运用信托资金，各部门应分工协作、交叉监督，以最大限度地防范风险。

8.5.5 风险管理

8.5.5.1 房地产基金的风险管理

目前有关房地产基金业务的法律法规尚不健全，国内还没有严格意义的房地产基金，因而短期内不会对房地产开发企业起到资金支持作用。但随着海外资本在国内房地产业所占比重大幅上升，房地产基金将逐渐被运用到房地产企业的对外融资中。

房地产基金不仅能够拓宽房地产行业的融资渠道，而且有利于分散房地产市场的金融风险，这将对整个房地产开发、经营模式产生重要影响。但是，由于海外基金的成本更加高昂，因此开发企业也应该多加衡量自身的成本与收益。

8.5.5.2 房地产开发贷款的风险管理

1. 房地产企业的选择标准

（1）资质及开发经验。

选择自身或其股东具有丰富的开发经验、自有资金充裕、资信良好、实力较强的开发商，例如股东背景优质的大型房地产企业，以及石油、电力、通信等垄断性企业所属的房地产项目公司。

（2）项目开发资金。

开发商自有资金（所有者权益）占申请开发贷款项目总投资的比例必须满足中国人民银行的规定（分期开发的项目总投资则指每一期投资额）。

2. 房地产项目的选择标准

（1）项目已缴足土地出让金及其他土地费用，四证齐全，无拆迁及权属争议等问题。

（2）楼盘地理位置较好、交通方便、配套设施完善、价位适中的普通住宅及公寓项目。项目总建筑面积原则上不低于10万平方米，中小户型比例原则上应超过70%。

（3）项目销售前景较好，盈利空间较大，建筑面积开发成本原则上不超过周边同档次楼盘同期平均销售价格的70%。

（4）对于项目收购及股权收购，必须查明项目转让的债权债务关系，防范法律查封等项目风险，分析项目投入产出及销售前景，不介入法律关系不清、资金往来复杂的项目。

3. 房地产开发贷款的授信担保条件

（1）贷款银行一般要求以所建项目土地及在建工程抵押，抵押率原则上控制在60%以内，同时争取施工企业承诺放弃在建工程优先受偿权，或出具用于抵押的在建工程价款已结清的证明。

（2）严格审查国有划拨土地抵押的有效性，划拨土地使用权抵押，须到土地管理部门和房产管理部门等土地行政管理部门依法办妥抵押登记手续。

（3）对于管理规范、投资稳健、负债率适中、销售量名列前茅、现金流充足、综合实力强的全国知名优质开发商，应结合项目发放开发贷款，但可以酌情考虑免抵押或不采取完全封闭运作模式，主要依靠开发商的综合还款能力。

4. 房地产开发贷款的贷后管理要求

（1）房地产开发贷款因风险较高，一般被银行列入高风险贷款管理范畴。一般制定较为严格的贷后管理办法，要求开发贷款封闭运行，按工程进度提款，资金完全用于项目建设，全部销售收入由银行监管，防止资金挪用、项目烂尾及还款风险。

（2）设立贷款资金专户、售楼款结算专户、还款保证金账户、按揭保证金专户，全程监控项目销售回款和保证金存取，强化贷后管理，严格审查贷款资金用途，加强对大额支出的台账管理。

（3）按揭贷款优先在开发贷款银行办理，开发贷款银行一般要求开发商承诺给予开发贷款1～2倍金额的按揭贷款量。

8.5.5.3 个人住房按揭贷款的风险管理

与房地产开发贷款相比，银行对个人按揭贷款的控制相对较为宽松，但随着开发贷款政策更为严格，对按揭贷款的审查也有所加强。由于审核工作的强化，银行的放款速度明显缓慢。如果银行延期放款，就会影响资金的周转和工程的开发进度，增加资金的使用成本。按揭贷款最主要的风险是骗贷和套贷风险，其诱因是楼盘滞销使开发商资金紧张甚至断裂。因此选择好的开发商和楼盘十分重要。银行在审查按揭合作开发商和项目时，应注意以下几个方面：

（1）大力发展住房按揭业务，审慎办理别墅、高档公寓按揭业务，从严控制别墅、写字楼、商场及商铺按揭贷款，以及酒店式公寓、无法分割产权的商铺、承诺包租回报项目以及会所按揭贷款。

（2）购买别墅、高档公寓以及第二套以上（含）住房的，须执行中国人民银行公布的同期同档次商业性贷款基准利率，不得下浮。购买第二套以上（含）住房的，必须适当提高首付款比例。住房贷款放款时，要求所购楼盘工程进度必须主体结构封顶，商用房贷款放款时，要求所购楼盘必须是竣工验收的现房。

（3）严格审查借款人资信，防范虚假按揭。多项宏观调控政策可能会导致一些开发企业出现资金链断裂，为了避免来自开发企业的坏账，必须加强前期的审查工作，防患于未然。为了防范少数开发商和诈骗团伙利用假按揭套取银行资金，各个银行建立了自己的个人征信系统。

（4）利用中国人民银行的个人征信系统，查询借款人的信用记录，包括信用状况，水电费、煤气费、电话费的交纳以及信用卡、贷款的还贷情况，以判断借款人在其他银行的履约还款情况。

关键术语

房地产融资　　银行贷款融资　　信托融资　　股票融资　　债券融资　　风险

复习思考题

1. 我国房地产融资的渠道包括哪些？各有什么特点？

2. 相对于一般企业，房地产企业更侧重于哪几种融资方式？

3. 请对比分析不同融资方式的房地产融资成本。

4. 我国房地产融资中的主要风险包括哪些？产生这些风险的主要原因包括哪几方面？

5. 采用商业企业融资方案的技术经济评价模式，对房地产企业的融资决策进行案例分析，对不同投资组合进行成本及收益分析，并选择最佳的融资方案。

第9章

房地产开发项目管理

本章内容提要

房地产开发项目管理是房地产开发与经营的重要内容。项目开发的重点是对开发项目进行管理，项目管理的好坏直接影响开发项目的社会效益和经济效益，直接关系到项目的开发能否成功。本章主要阐述房地产开发项目的质量管理、进度管理、成本管理的有关内容，同时通过相关案例论述房地产开发项目的合同管理、协调管理、资料管理、现场管理以及信息管理等内容。

9.1 房地产开发项目管理概述

9.1.1 房地产开发项目管理的概念

房地产开发项目管理是房地产开发企业对整个工程项目的开发建设进行的全面管理，是项目开发建设过程中的一项重要管理内容，它集中体现了项目建设过程中的各项实务操作。通过对房地产开发项目实施管理工作，不仅可以实现项目的经济效益，而且可以实现其社会效益和环境效益。

房地产开发项目的管理主要是在项目施工建设过程中对各项具体工程所进行的计划、指挥、检查、调整和控制，以及在工程建设过程中与社会各相关部门发生的联络、协调等工作。房地产开发企业在项目开发建设过程中，管理内容复杂，周期长，具有很强的专业性、技术性。房地产开发项目管理是把项目策划和工程设计图纸付诸实施，并取得投资效益的重要管理过程。

房地产开发项目的管理主要包括项目的成本管理、工程管理、质量管理、进度管理、合同管理、工程技术资料管理、施工安全管理以及市政配套协调管理等内容。其中，成本管理、质量管理、进度管理是三大管理核心，它们是相互联系又存在着矛盾的整体。

1. **三大管理目标之间的对立关系**

在通常情况下，如果对工程质量有较高的要求，就需要投入较多的资金和花费较长时间；如果要抢时间、争进度，以较短时间完成项目，势必会增加投资或者使工程质量下降；如果要减少投资、节约费用，势必会考虑降低项目的功能要求和质量标准。所有这些都表明，三大管理目标之间存在着既矛盾又对立的一面。

2. **三大管理目标之间的统一关系**

在通常情况下，适当增加投资数量，为采取加快进度的措施提供经济条件，即可加快项目建设进度，缩短工期，使项目尽早完工，使投资尽早回收，从而项目全生命周期经济效益得到提高；适当提高项目功能要求和质量标准，虽然会造成一次性投资和建设工期的增加，但能够节约项目启动后的延期费、周转费和维修费，从而获得更好的投资经济效益；如果项目进度计划制定得既科学又合理，使工程进展具有连续性和均衡性，不但可以缩短建设工期，而且有可能获得较好的工程质量和较低的工程费用。所有这一切都说明，三大管理目标有统一的一面。

9.1.2　房地产开发项目管理的层次体系

房地产开发项目投资额巨大、建设周期长的特点，要求在不同的施工阶段对不同的施工主体进行有目的的管理。一般分为七个项目管理单位（见图9-1）。

9.1.2.1　业主方的项目管理

业主方的项目管理是全过程的项目管理，包括了项目决策与实施阶段的各个环节。由于项目建设的一次性，业主方自行进行项目管理往往存在很大的局限性，这就要求专业化、社会化的项目管理单位为其提供项目服务。项目管理单位既可以为业主提供全过程的项目管理服务，也可以根据业主要求提供分阶段的项目管理服务。业主一般会委托有资质的监理公司完成项目管理。

9.1.2.2　工程总承包方的项目管理

在项目涉及设计、采购和施工综合承包（EPC）的情况下，业主在项目决策以后，通过招投标的方式来选定总承包单位，全面负责工程项目的实施过程，直至最终交付使用。

9.1.2.3　监理方的项目管理

监理方可由业主委托也可由总承包方聘请。监理方应根据业主的要求、法律法规规范的标准、现场的实际情况对工程进行全过程监控，协同施工方、设计方保质、保量、保进度来共同完成项目。监理方在项目中有两大重要责任：第一是协助社会、业主对项目进行监控，第二是协同施工方共同使项目顺利、高效完成。

9.1.2.4 设计方的项目管理

勘察设计单位承揽到项目勘察设计任务后，需要根据勘察设计合同所界定的工作目标及责任义务，引进先进技术和科研成果，在技术经济上对项目的实施进行全面而详尽的安排，最终形成设计图纸和说明书，并在项目施工安装过程中参与监督和验收。因此，设计方的项目管理并没有局限在项目勘察设计阶段，而是延伸到整个工程的实施及竣工验收使用中。

9.1.2.5 施工方的项目管理

施工承包单位通过投标承揽到项目施工任务后，无论是施工总承包方还是分承包方，均需要根据施工承包合同所界定的工程范围组织项目管理。施工方项目管理的目标体系包括项目实施质量、成本、工期、安全、现场标准化和环境保护。显然，这一目标体系既与项目的目标相联系，又具有施工方项目管理的鲜明特征。

9.1.2.6 供货方的项目管理

从工程项目管理的角度系统分析，建筑材料和设备的供应工作也是项目的一个子系统。该子系统有明确的任务和目标、明确的约束条件，并与项目设计、施工等子系统存在内在联系，因此供货方也应被纳入管理体系中。

9.1.2.7 社会环境方的项目管理

在现代社会中人们越来越注意自己生存的环境，这就要求我们的项目必须满足环境要求，项目要与周围的社会环境、人们的生活理念和时代背景相融合，这是现代房地产开发项目的焦点，它要求我们不仅要做好上面六项具体内容的管理，而且还要满足使用者的需要和周围人的需要，以构建和谐的家园。

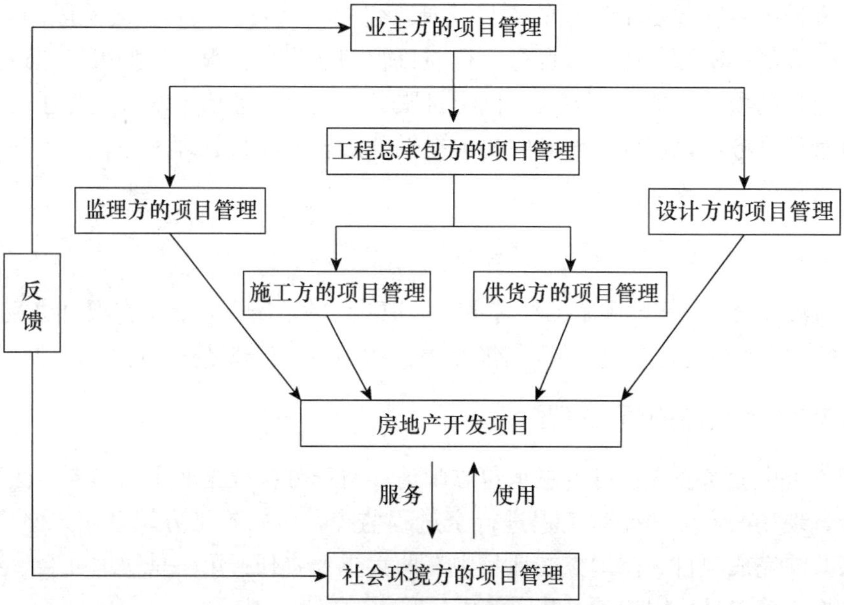

图 9-1 房地产开发项目管理的层次

9.1.3 房地产开发项目管理的任务

房地产开发项目有其系统性和层次性。项目涉及不同单位，因而对项目管理的要求也不一样。有房地产开发商的项目管理，有设计单位的项目管理，还有项目总承包单位的项目管理及分包施工单位的项目管理等。需要指出的是，同一个项目，由于各方立场不同，所侧重的内容也各有不同。对于房地产开发商来说，项目要求在保证质量的前提下，投资越少越好；而对于承包单位来说，则要研究投标策略和可获取的利润，以保护承包者的利益。

房地产开发项目的管理与施工企业的工程项目施工管理是不同的概念。施工企业的工程项目施工管理是对合同规定的标的内容进行工程建筑生产的管理，包括作业计划管理、劳动管理、安全管理、现场管理、质量管理、进度管理等，其目的是按时保质保量地完成承包的施工任务，获得承包利润。房地产开发商对开发项目的管理，是对已发包建设工程的整个施工过程的管理，包括对工程质量、工程进度的控制管理，对工程施工队伍的组织管理，对施工过程中可能出现的各种问题的处理等，其目的是确保工程项目按合同计划完成，保证项目开发的经济效益。这两方面的管理，尽管有相同的地方，但各自的出发点不同。

9.1.4 房地产开发项目管理的趋势

随着时代的发展、大数据的应用、信息时代的到来和人类命运共同体的形成，大的房地产开发项目的管理往往跨越国界，需要世界先进知识和技术快速有效整合，因而房地产开发项目管理呈现出信息化、国际化趋势。

信息化趋势是指伴随着网络时代和知识经济时代的到来，房地产开发项目管理的信息化程度和水平不断提高的趋势。欧美发达国家的一些房地产开发项目的管理中运用了计算机网络技术，开始实现房地产开发项目的管理网络化、虚拟化。此外，许多房地产开发商已开始大量使用房地产开发项目管理软件进行项目管理，同时还从事房地产开发项目管理软件的研发工作。借助有效的信息技术，将规划管理中的战略战术协调管理、运营管理中的变更管理、商业环境中的客户关系管理等和房地产开发项目管理相结合，建立基于“信息”的房地产开发项目管理系统。

国际化趋势是指随着经济全球化及我国经济的快速发展，在我国投资运营的跨国公司和跨国房地产开发项目越来越多，我国许多房地产开发项目管理已经通过国际招标、咨询等方式运作，与此同时，我国企业走出国门在海外投资和经营的项目也在不断增加。此外，我国引进了许多国外企业加入我国的房地产开发项目管理，这样我们就可以学到国外的先进技术并使其服务于我们的房地产开发项目管理。技术无国界，项目无国界，知识无国界。特别是我国加入 WTO 后，我国的行业壁垒下降，国内市场国际化，国内外市场正在逐渐有效地全面融合，这使得房地产开发项目管理的国际化正成为趋势和潮流。

专栏9-1

绿色建筑将成为未来房地产开发项目的新亮点

湖南省长沙第36届房地产交易展示会在2014年5月9日至12日举行，本届房交会敏锐地捕捉到了房地产行业发展的全新变化，在信息推广、扩容业态、丰富参展产业链等各方面做出了诸多创新尝试。“绿色环保建筑”成为本届房交会的一大亮点，最新增设的“两型住宅产业化”专区也首度亮相房交会现场。早在2013年1月1日，国务院办公厅就转发了《绿色建筑行动方案》，明确要求各级政府要加强绿色建筑的示范推广。随着生态文明建设被纳入社会主义建设总体布局以及《绿色建筑行动方案》的相继颁布，绿色建筑正以前所未有的推动力得以快速发展。2013年11月7日，全国政协主席俞正声主持全国政协双周协商座谈会，建言“建筑产业化”，这标志着推动建筑工业化发展已成为最高级别的国家共识。本届房交会特别增设了以绿色环保节能建筑和智能家居为主要内容的房产配套展示区，以及“两型住宅产业化”专区，充分发挥近年来规格最高的房交会的高端平台优势，整合多方优势资源，以“两型住宅产业化”为核心，全面展示绿色环保节能建筑在长沙发展的最新进程，向全社会普遍推广绿色环保建筑理念。本届房交会上的“绿色环保节能建筑”展区，主要展示绿色建筑产业链上的创新技术和相关产品，吸引了许多相关企业的积极参与。随着本届房交会上“绿色环保节能建筑”的全面展示，绿色建筑理念将为更多消费者所接受，从而带动住宅产业化以及绿色建筑普及进程的加快，这亦成为房地产开发项目的新亮点，同时，这对房地产项目的管理也提出了新的要求。

随着社会的进步以及居民生活理念的变迁，绿色节能居住理念将成为未来房地产业以及建筑业发展的新趋势，这对房地产设计及其施工管理将提出更高的要求，房地产项目管理也将迎来新的革命。

9.2 房地产开发项目质量管理

质量是反映实体满足明确和隐含需要能力的特性总和。工程项目质量是国家现行的法律、法规、技术标准、设计文件及工程合同中对工程的安全、使用、经济、美观等特性的综合要求。质量管理是指确定质量方针、目标和职责，并在质量体系中通过诸如质量策划、质量控制、质量保证和质量改进使其实施的全部管理职能的所有活动。房地产开发项目的质量管理是房地产开发企业在工程项目实施过程中最重要的一项管理。管理人员必须是相关专业技术人员，熟练掌握施工图纸、各类技术标准、各种施工及验收规范、程序，参加施工图纸的会审、施工组织设计和主要的施工技术措施的讨论与审定，并在施工现场对施工全过程的技术质量进行严格的检查和监督。

9.2.1 工程项目质量管理的特点

工程项目质量管理的特点是由房地产开发项目的特点决定的。工程项目除具有单项性、一次性、寿命的长期性、生产管理方式的特殊性、项目高投入性和风险性以外，还具有工程质量本身的特点，如影响因素多、质量波动大、质量变异大、质量隐蔽性、终检局限大等。

9.2.1.1 影响因素多

决策、设计、材料、机械、环境、施工工艺、施工方案、操作方法、技术措施、管理制度、施工人员素质等均会直接或间接地影响工程项目的质量。

9.2.1.2 质量波动大

工程建设因其具有复杂性、单一性，不像一般工业产品有固定的生产流水线，有规范化的生产工艺和完善的检测技术，有成套的生产设备和稳定的生产环境，有相同系列、规格和功能的产品，所以其质量波动性大。

9.2.1.3 质量变异大

由于影响工程质量的因素较多，任何一种因素出现质量问题，均会引起工程建设系统质量的变异，造成工程质量事故。

9.2.1.4 质量隐蔽性

工程项目在施工过程中，由于工序交接多、中间产品多、隐藏工程多，若不及时检查并发现其存在的质量问题，容易产生第二判断错误，即将不合格产品误认为是合格产品。

9.2.1.5 终检局限大

工程项目建成后，不可能像某些工业产品那样，通过拆卸或解体来检查内在质量，所以工程项目终检验收时难以发现工程内在的、隐蔽的质量缺陷。

所以，对于工程质量更应该重视事前控制、事中严格监督，防患于未然，将质量事故消灭在萌芽之中。

9.2.2 质量管理的主要内容

9.2.2.1 施工前的准备阶段

（1）对施工队伍及人员的质量控制。

（2）对工程所需原材料、半成品、构配件和永久性设备、器材等的质量控制。如对施工所用的主要材料，如水泥、钢材、砖、防水材料、焊条等，在使用前要对其质量或试验报告进行复核；对施工所用的成品、配件、设备等的合格证进行复核。

（3）对施工方案、方法和工艺的质量控制。

（4）对施工用机械、设备的质量控制。

（5）对施工环境与条件方面的质量控制。

（6）对测量基准点和参考标高的确认及对工程测量放线的质量控制。建筑物的轴线、标高、方位等经施工企业测量放线后，在开工前对其进行复核签证。

9.2.2.2 施工过程中的质量管理

（1）对施工承包单位的质量控制自检系统进行监督，使其能在质量管理中始终发挥有效作用。

（2）在施工过程中进行质量跟踪监控，严格检查工序间的交接，建立施工质量跟踪档案。

（3）会同建设监理单位审查设计或承包方提出的工程变更或图纸修改。

（4）对重要的承重结构，主要部位的隐蔽工程，如基槽、钢筋混凝土基础、主体结构中现浇钢筋混凝土柱、梁及屋面防水等进行检测验收，确认合格后办理隐蔽工程验收手续。

（5）参加给排水、电气安装的试通水、试运转等工作，如果符合设计要求，应予签证。对于试通水的设备安装应做盛水检查。要注意安装质量中的滴、漏、渗现象。

（6）参加工程质量的评定和竣工验收工作，做好施工资料的收集整理工作。

（7）认真做好施工日记。施工日记的内容应包括天气情况、施工部位及施工内容、施工过程中发生的重大事件及处理结果等。

（8）对沉降有观测要求的建筑物、构筑物，在施工过程中督促施工企业进行定期观察，并做好相应记录。

（9）监督和协调施工企业做好文明施工、安全施工。

工程施工质量控制的工作程序见图 9-2。

9.2.3 项目工程质量管理的主要途径和方法

房地产开发项目在施工过程中，为了保证施工质量，应对工程建设对象的施工生产进行全过程、全面的质量监督、检查与控制，包括事前的各项施工准备工作质量控制，施工过程中的控制，以及在各单项工程及整个工程项目完成后，对建筑施工及安装产品质量的事后控制。

9.2.3.1 房地产开发项目在施工阶段进行质量控制的三种途径

1. 审核有关技术文件、报告或报表

这是对质量进行全面监督、检查与控制的重要途径。其具体内容包括以下几个方面：

（1）审查进入施工现场的分包单位的资质证明文件，控制分包单位的质量。

（2）审批施工承包单位的开工申请书，检查、核实与控制其施工准备工作质量。

（3）审批施工单位提交的施工方案、施工组织设计或施工设计，保证工程施工质量有可靠的技术措施保障。

（4）审核施工承包单位提交的有关材料、半成品和构配件的质量证明文件（出厂合格证、质量检验或试验报告等），确保工程质量有可靠的物质基础。

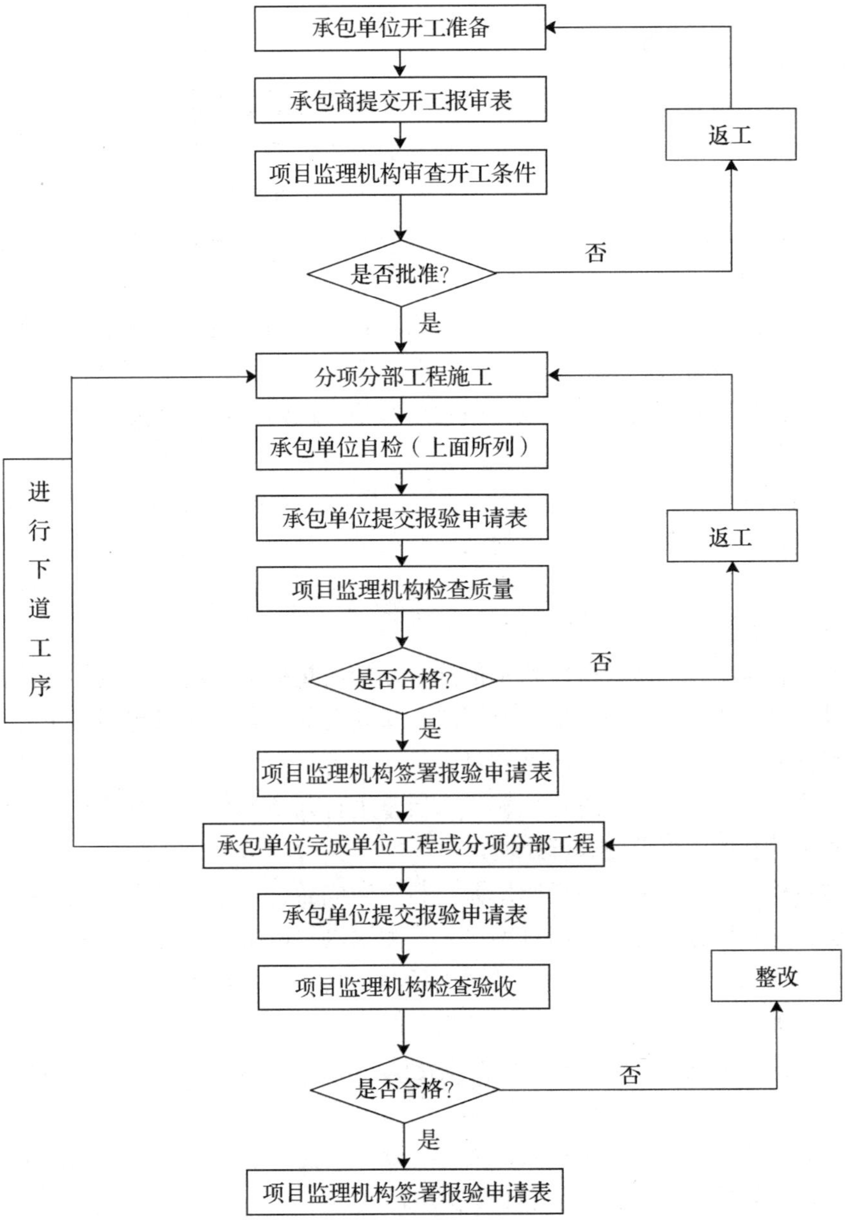

图 9－2　工程施工质量控制的工作程序图

（5）审核施工单位提交的反映工序施工质量的动态统计资料或管理图表。

（6）审核施工单位提交的有关工序产品质量的证明文件（检验记录及试验报告）、工序交接检查、隐蔽工程检查、分项分部工程质量检查报告等文件、资料，以确保和控制施工过程的质量。

（7）审批有关设计变更、设计图纸修改等，确保设计及施工图纸的质量。

（8）审核有关应用新技术、新工艺、新材料、新结构等的技术鉴定书，审批其应用申请报告，确保新技术应用的质量。

（9）审批有关工程质量缺陷或质量事故的处理报告，确保质量缺陷或事故处理的质量。

（10）审核与签署现场有关质量技术鉴证、文件等。

2. 现场质量监督

（1）开工前的检查。检查开工准备工作的质量，以确保开工及正常施工的质量。

（2）工序施工中的质量跟踪控制。主要是监督、检查在工序施工过程中，人员、施工机械、材料、施工工艺及环境条件是否符合保证工程质量的要求。

（3）对于工程质量有重大影响的工序，还应现场监督与控制施工过程，确保使用材料、工艺流程及质量。

（4）工序产品、交接检查及隐蔽工程检查。在施工单位自检与互检的基础上，开发商还应进行工序交接检查。隐蔽工程须经检查确认其质量后，才允许覆盖。

（5）复工前的检查。当工程因质量问题或其他原因停工后，在复工前应经检查许可后才可以复工。

（6）分项分部工程检查。分项分部工程完工后，经检查认可后，签署中间交工证书。

（7）个别检查。对于施工难度大的工程结构或容易产生质量通病的施工对象，还应进行现场跟踪检查。

3. 现场质量检验

（1）质量检验工作。质量检验就是根据一定的质量标准，借助一定的检测手段来估测工程产品、材料或设备等的性能、特征或质量状况的工作。一般包括以下工作：明确某种质量特性的标准，量度工程产品或材料的质量特征数值或状况，记录与整理有关的检验数据，将质量结果与标准进行比较，对质量进行判断与估价，对符合质量要求的做出安排，对不符合质量要求的进行处理。

（2）质量检验的方法。对现场所用原材料、半成品、工序过程或工程产品质量进行检验的方法，一般可分为三类，即目测法、量测法以及试验法。目测法是用感官进行检查，也可以叫作感觉性检验。量测法是利用量测工具或计量仪表，通过实际量测结果与规定的质量标准或规范的要求相对照，从而判断质量是否符合要求。试验法是通过现场试验或实验室试验等理化试验手段（包括理化试验及无损试验或检验），取得数据，分析判断质量情况。

在进行现场质量检查时，如对质量文件有疑问，应要求施工单位予以澄清；若发现工程质量缺陷和质量事故，应责令施工单位进行处理。

9.2.3.2 房地产开发项目工程质量控制的常用方法

1. 排列图法

排列图又叫主次因素分析图或帕雷托图，是用来寻找影响工程质量主要因素的一种有效工具。排列图由两个纵坐标、一个横坐标、若干个直方图形和一条曲线组成。其中左边的纵坐标表示频数，右边的纵坐标表示频率，横坐标表示影响质量的各种因素。若干个直方图分别表示质量影响因素的项目，直方图的高度则表示影响因素的大小程度，曲线表示各影响因素大小累计百分数，称为帕雷特曲线（见图 9－3）。

采用排列图分析影响项目质量的因素，可按以下程序进行：

（1）列出影响项目质量的因素，并统计各影响因素出现的频数和频率。

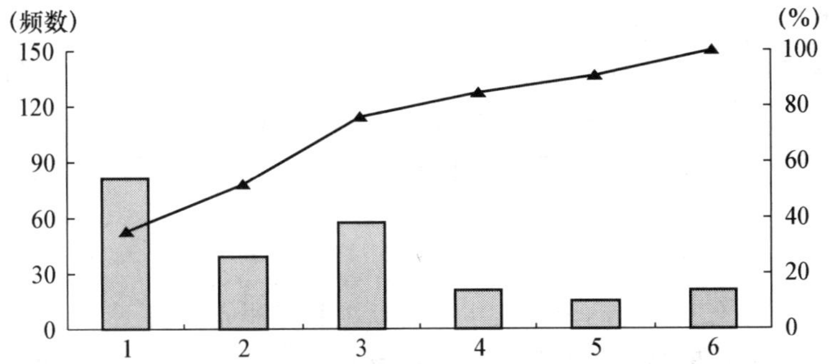

图9-3　排列图

（2）按质量影响因素出现频数由大到小的顺序，从左至右绘制排列图。

（3）分析排列图，找出影响项目质量的主要因素。一般情况下，将影响质量的因素分为三类：累计频率在0～80%范围的因素，称为A类因素，是主要因素；在80%～90%范围的因素，称为B类因素，是次要因素；在90%以上范围的因素，称为C类因素，是一般因素。

2. 因果分析图法

因果分析图又叫树枝图、鱼刺图或石川图①，是用来查找质量问题可能产生在哪些环节的有效工具。

使用因果分析图的步骤：明确质量问题，把问题标在“鱼头”，再画出质量过程阶段主干线（“鱼骨”），下面按引起问题的原因的重要程度、出现的频率画出“鱼刺”。如混凝土强度不足，则把它写在右边，从左向右画上带箭头的线，然后分析可能影响质量的原因（分支），一般有材料、机械、人、方法、环境五个方面。再进一步分析确定影响质量更小的原因，画出更小的细枝（见图9-4）。

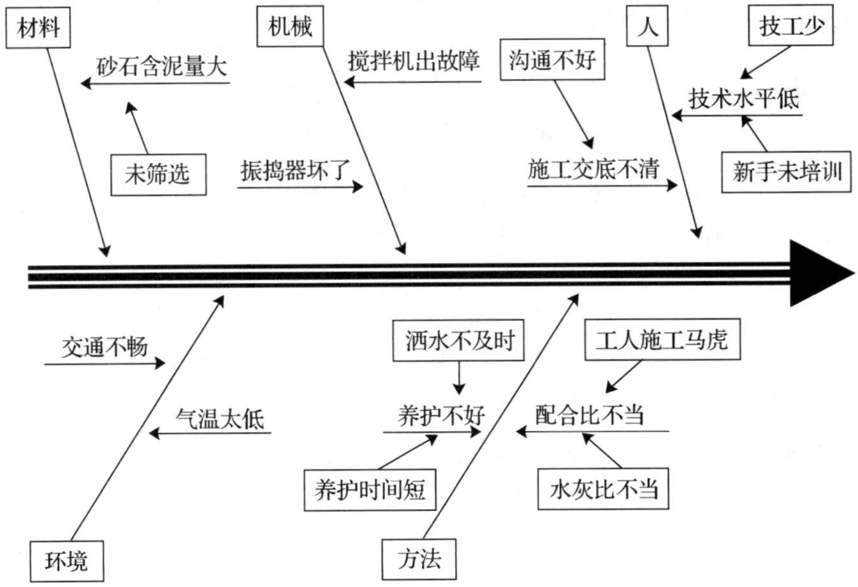

图9-4　鱼刺图

① 此图是石川馨先生最先提出和使用的，所以用他的名字命名。

3. **直方图法**

直方图又叫频数分布直方图。它以直方图形的高度表示一定范围内数值发生的频数，据此可以掌握产品质量的波动情况，了解质量问题特征的分布规律，以便有计划、有目的地预防质量问题的发生，直方图法可以清楚地观察到质量问题出现的地方和出现的频率。

直方图法质量控制的步骤如下：

（1）收集质量特征数据。

（2）对直方图分布状态进行分析，以此判断项目过程是否属于常态。当项目条件正常时，直方图应该是中间高、两侧低、左右接近对称的正态分布图形，但出现偏态或其他非正态分布时，就要进一步分析原因。图形有如下几种形态（见图 9-5）：

1）正常分布。

2）折齿形分布。可能是由于做频数表时，分组不当或组距不当所致。

3）绝壁形分布。直方图的分布中心偏向一侧，通常是由于操作者的主观因素造成的。

4）孤岛形分布。出现孤立的小直方图，这是由于少量材料不合格，或短时间内人工操作不熟练造成的。

5）双峰形分布。一般是由于在抽样检查以前，数据分类工作不够好，混淆两个分布造成的。

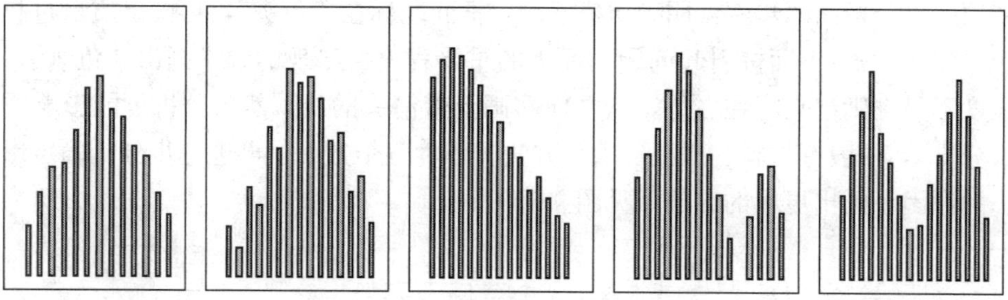

(a) 正常分布　(b) 折齿形分布　(c) 绝壁形分布　(d) 孤岛形分布　(e) 双峰形分布

图 9-5　直方图

（3）当出现质量问题时，可进一步利用排列图、因果分析图、直方图等寻找产生质量问题的原因，并采取有效措施，使项目质量达到预定要求。

4. **SPC 图法**

前述排列图、因果分析图、直方图是质量控制的静态分析方法，反映的是质量在某一段时间里的静止状态。然而，项目都是动态的，因此，在质量控制中仅用静态分析方法是不够的，还必须有动态分析。采用动态分析法，可以随时了解项目进展过程中的质量变化情况，及时采取措施，使项目处于稳定状态，起到预防质量隐患的作用。SPC 图法就是一种典型的动态分析方法。SPC 图又称控制图，实际上是一种基于中心极限定律的特殊类型的趋势图。首先计算出工序的平均值（通常参照过去的情况），再根据已观察数据来计算控制界限。这些控制界限通常确定为样本均值加减 3 倍的标准差（$\mu \pm 3\sigma$），因为在正态分布中，99.73%的区域会落在 $\mu \pm 3\sigma$ 之间。SPC 图的 X 轴代表时间，Y 轴代表共需均值的变化。

应用 SPC 图法控制项目质量步骤如下：

（1）根据抽样检测数据，绘制 SPC 图，画出质量控制图的上线（UCL）、中心线（CL）、下线（LCL）。计数值控制图的中心线是所讨论数值的长期平均值。比如，对于 e（混凝土 7 天抗压强度值）控制图，中心线为 CL$=e=$长期平均值。

$$样本标准差=S_e=\sqrt{\frac{1}{n-1}\sum\nolimits_{i=1}^{n}(e_i-\bar{e})^2}$$

$$CL=\bar{e}\pm Z_{a/2}\times S_e \quad （Z_{a/2}\text{ 又统计 }Z\text{ 型查表}）$$

控制上限（UCL）和控制下限（LCL）通常表示为 $\bar{e}\pm 3S_e$。

（2）分析 SPC 图，当 SPC 图中的点满足以下两个条件时即可认为项目基本上处于可控制状态，项目正常进行：一是点没有跳出控制界限，二是点随机排列没有缺陷；否则，就认为项目发生异常，需要进行进一步诊断。可利用排列图、因果分析图、直方图对异常现象进行分析，采取积极有效措施，使项目保质保量保时达到预期目标。这里所说的点在控制界限内排列有缺陷，包括以下几种情况（见图 9-6）：

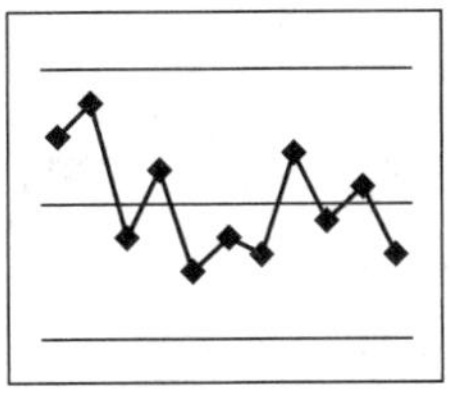

正常情况

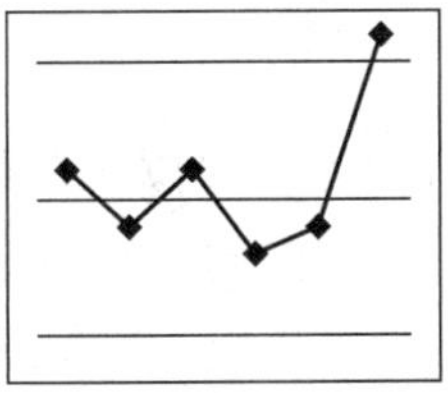

一个点超出控制的上（下）限，调查异常情况

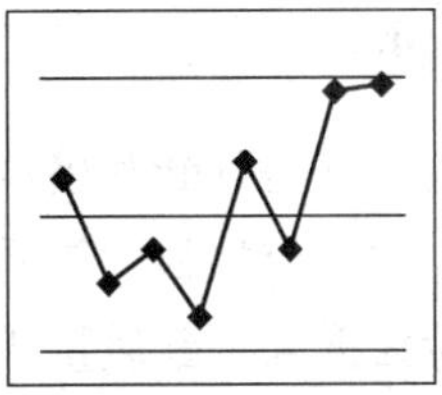

两个点接近控制的上限，调查异常情况

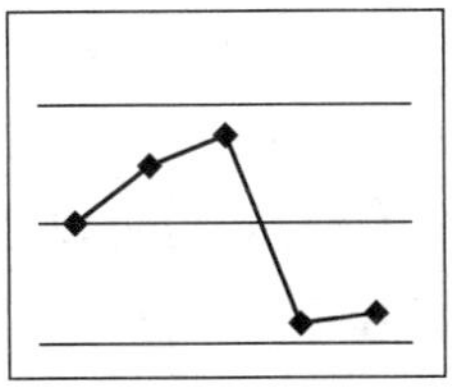

两个点接近控制的下限，调查异常情况

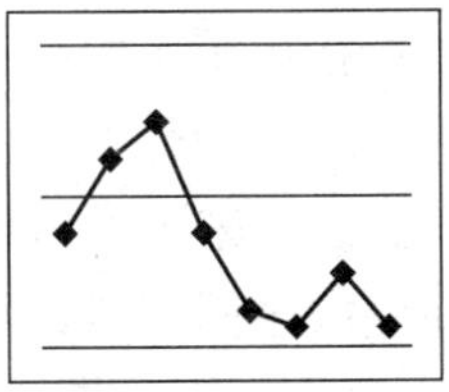

连续五个点在中心线下方，调查异常情况

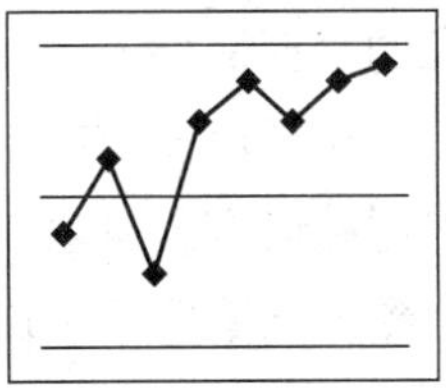

连续五个点在中心线上方，调查异常情况

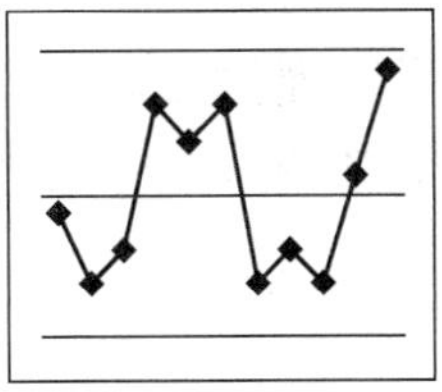

表现不稳定，调查其原因

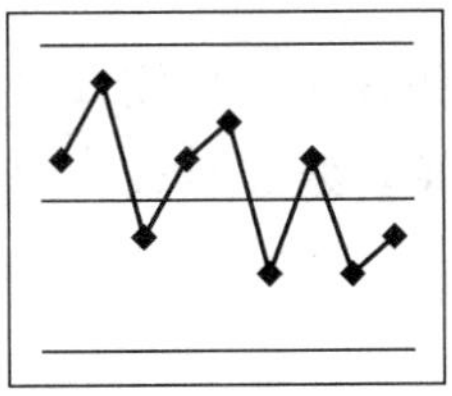

质量水平突然改变，调查其原因（向下通道）

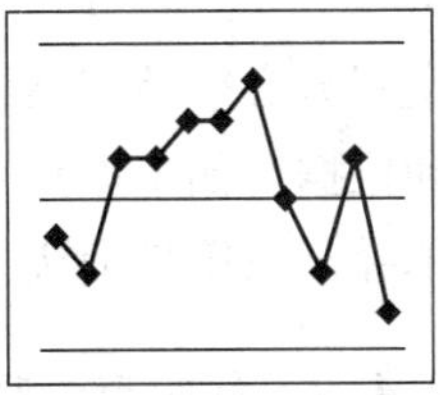

连续五个点出现上升或下降趋势，调查其原因

图 9-6　SPC 图

9.2.4 施工阶段质量监督控制手段

对于施工质量监督，一般可采用以下几种手段进行监督控制：

9.2.4.1 旁站监督

旁站监督是房地产开发商经常采用的一种现场检查形式，即在施工过程中派工程技术人员于现场观察、监督与检查施工过程，注意并及时发现质量事故的苗头、影响质量的不利因素、潜在的质量隐患以及出现的质量问题等，以便及时进行控制。对于隐蔽工程的施工，旁站监督尤为重要。

9.2.4.2 测量

施工前甲方技术人员应对施工放线即高程控制进行检查控制，不合格者不得施工；发现偏差及时纠正；中间验收时，对于几何尺寸等不合要求者，应责令施工单位处理。

9.2.4.3 试验

试验数据是判断和确认各种材料和工程部位内在品质的主要依据。如材料性能、拌合料配合比、成品强度等物理力学性能以及打桩的承载能力等，通常需要通过试验手段取得试验数据来判断质量优劣。

9.2.4.4 指令文件

指令文件是运用甲方指令控制权的具体形式，是表达开发商对施工承包单位提出指示和要求的书面文件，用以向施工单位指出施工中存在的问题，提请施工单位注意，以及向施工单位提出要求或指示其做什么或不做什么等。开发商的各项指令必须是书面的或有文件记载的方为有效。如因时间紧迫，来不及做出正式书面指令，也可以通过口头方式将指令下达给施工单位，但随即应按合同规定，及时补充书面文件从而对口头指令予以确认。

9.2.4.5 规定质量监控工作程序

规定双方必须遵守质量监控工作程序，并按该程序进行工作，是进行质量监控的必要手段和依据。如未提交开工申请单，未经审查、批准的工程，不得开工；未经签署质量验收单并予以质量确认的工程，不得进行下道工序；等等。

9.2.4.6 利用支付控制手段

这是国际上较为通用的一种重要的控制手段，是开发商的支付控制权。从根本上讲，国际上对合同条件的管理主要是采用经济手段和法律手段。因此，质量管理是以计量支付控制权为保障手段的。支付控制权是指对施工承包单位支付任何工程款项，均须经开发商批准。工程款支付的条件之一就是工程质量要达到规定的要求和标准。如果施工单位的工程质量达不到要求的标准，而又不能承担处理质量缺陷的责任，不能处理并使之达到要求的标准，开发商有权停止对施工单位支付部分或全部工程款，由此造成的损失由施工单位负责。在房地产开发施工过程中，这是十分有效的控制和约束手段。

9.2.5 房地产开发项目的竣工验收

房地产开发项目的竣工验收是承包商向开发商移交工程的一项主要内容，是项目开发建设的一个重要阶段，也是工程建设的最后一个程序。其目的是全面检验工程建设是否符合设计要求和施工质量标准，同时检查承包合同的执行情况，使建设项目及时交付使用，显现投资效果。

9.2.5.1 竣工验收的范围及依据

1. 验收范围

凡必须按批准的设计文件和合同规定的内容建成的房地产开发项目，还应验收土地使用情况，以及单项工程、市政、绿化及公用设施等配套设施项目。

2. 验收依据

项目竣工验收的依据是批准的设计任务书、初步设计方案、技术设计文件、施工图、设备技术说明书、有关开发建设的文件，以及现行的施工技术验收规范、施工承包合同等。

9.2.5.2 竣工验收的要求

1. 基本要求

项目已按设计内容建设完成，工程质量和使用功能符合规范规定的标准和设计要求，并按合同规定完成了协议内容。房地产开发项目应做到：

（1）所有建设项目按批准的小区规划和有关专业管理及设计要求全部建成，并满足使用要求。

（2）住宅及公共配套设施、市政公用基础设施等单项工程全部验收合格，并保证验收资料齐全。

（3）各类建筑物的平面位置、立面造型、装饰色调等符合批准的规划设计要求。

（4）施工机具、临时工程、建筑余土、剩余构件全部拆除运走，达到场清地平，有绿化要求的项目，要按绿化设计要求，做到树活草青。

2. 遗留问题处理

在工程项目建设过程中，由于各方面原因，仍有一些零星项目不能按时完成的，开发商与建筑承包商应进行协商并妥善处理。

9.2.5.3 竣工验收的程序及内容

1. 验收程序

对于不同的房地产开发项目，可依据其规模大小和复杂程度，分为初步验收和正式验收两个阶段。规模大和较复杂的项目应先进行初验，然后进行全部项目的竣工验收。规模较小、较简单的项目可一次进行全部开发项目的竣工验收。

（1）验收准备。开发项目全部完成，经过各单位工程验收，符合设计要求，经过工程质量核定达到合格标准，施工单位要按照国家有关规定，整理各项交工文件及技术资料、工程盘点清单、工程决算书、工程总结等必要文件资料，提出交工报告。开发商要督促和配合施工单位、设计单位做好工程盘点、工程质量评价资料文件的整理，包括项目可行性研究报告、项目立项批准书、土地规划批准文件、设计任务书、初步（或扩初）设计、概算及工程决算等。开发商要组织有关人员进行竣工资料整理、绘制竣工图、编制竣工决算、起草竣工验收报告等各种文件和表格，分类整理，装订成册，制定验收工作计划。资料数据要准确真实，文件整理要系统规范，并送交专业管理部门、城建档案管理部门存档。

（2）初步验收。开发项目在正式验收之前，应由开发商组织施工、设计、监理及购房客户进行预验收。检查各项工作是否达到了验收要求，对各项文件、资料认真审查，这是验收的一个重要环节。经过初步验收，找出不足之处并进行整改，然后由开发商向负责验收的单位或部门提出竣工验收申请报告。

（3）正式验收。主管部门（工程质量监督站）接到正式竣工验收申报和竣工验收报告书后，经审查符合验收条件时，要及时安排组织验收。组成由有关专家、部门代表参加的验收委员会，对竣工验收报告分专业进行认真审查，然后提交竣工验收鉴定证书。

对住宅小区的竣工验收，应依据《城市住宅小区竣工综合验收管理办法》进行，主要内容包括：

1）住宅小区开发项目全部竣工后，开发商向政府建设行政主管部门提出综合竣工验收报告，并提交规定的有关资料。

2）主管部门接到验收报告和有关资料后，应组成由工程质量监督、规划、市政、公用事业、园林绿化、环境卫生等有关部门及小区物业管理单位参加的综合验收组。

3）综合验收组查阅资料，并听取开发、施工单位汇报情况，然后进行现场检查，对小区建设、管理等进行全面鉴定和评价，提出验收意见，并写出住宅小区竣工验收报告。

4）验收办理移交手续，验收应提交的文件。包括规划部门的选址意见书、建设用地规划许可证、工程规划许可证、单位工程的设计文件、工程承发包合同、工程质量监督机构质量等级核定文件、竣工资料和技术档案资料等。

2. 竣工验收报告书及附件

（1）竣工验收报告书。竣工验收报告书是竣工验收的重要文件，通常包括：1）项目总说明；2）技术档案建立情况；3）建设情况；4）效益情况；5）存在和遗留问题；6）有关附件。

（2）竣工验收报告书的主要附件包括：1）竣工项目概况：建设项目名称、建设地点、占地面积、总投资、房屋建筑面积、开竣工时间、设计任务书、初步设计、概算，以及设计、施工、监理单位等；2）已完单位工程：单位工程名称、结构形式、工程量、开竣工日期、工程质量等级、施工单位等；3）未完工程项目：工程名称、工程内容、未完工程量、投资额、负责完成单位、完成时间等；4）已完设备：设备名称、规格台数、金额等；5）应完未完设备：设备名称、规格、台数、金额，负责完成的单位及完成时间等；6）竣工项目财务决算综合表；7）概算调整与执行情况；8）交付开发商财产总表；9）单位工程质量汇总项目（工程）总体质量评价表：单位工程的质量评定结果、主要工艺质量评定情况、包括室外工程在内的项目综合评价。

3. **竣工验收鉴定证书内容**

由综合验收委员会形成的竣工验收鉴定证书的内容包括：（1）验收时间；（2）验收工作概况；（3）工程概况；（4）项目建设情况；（5）竣工决算情况；（6）工程质量的总体评价；（7）经济效益、环境效益及社会效益评价；（8）遗留问题及处理意见；（9）验收委员会对项目验收的结论。

9.2.5.4 竣工验收的组织

房地产开发项目一般由地市级主管部门——工程质量监督站组织验收。验收委员会或验收小组通常由开发商、施工单位、设计单位、物业服务企业及购房客户参加，还有计划、建设、银行、环保、消防等有关部门的人员。验收委员会的主要工作是负责组织领导验收工作，审查竣工验收报告书，对建筑安装工程进行现场检查，对设计、施工、设备质量等做出全面评价，最后签署竣工验收鉴定书。

专栏9-2

某精装住宅项目质量问题解决对策

某精装住宅项目工程质量集中表现在地板扒缝儿、地板铺装基层平整度较差、厨房和卫生间漏水、暖气片划伤与磕瘪、卫生间门口部位地板反黑、铝合金窗框及玻璃划伤、入户门磕瘪与划伤。项目管理团队对这些质量问题的成因进行了细致的分析，归结出几类原因并找到了相应的解决方法。

地板扒缝儿、厨房和卫生间漏水等问题是工序自身质量控制出了问题，在后期的质量控制过程中，制定了详细的自检制度，提高了监理工程师的抽检比例，有的工序要求进行全数抽检。

地板铺装基层平整度较差问题的形成，一方面是工序自身质量控制出了问题，另一方面是工序交接检环节出了问题，在后期采取的针对性措施中，要求精装施工单位对总包单位完成的楼地面工程进行全数检查，使工序交接检得以落实到位。

暖气片划伤、磕瘪，铝合金窗框及玻璃划伤，入户门磕瘪、划伤等问题，都是成品保护问题，在项目中成品保护责任分为三部分：专业分包商在施工阶段的自身成品保护责任，其他分包商在进行交叉作业时应承担的成品保护责任，总包的成品照管责任。区分开了这些责任，项目班组制定了一系列的交接措施、责任界定准则和相应的奖惩制度，随着这些措施和奖惩制度的形成与实施，成品保护问题大大减少。

造成卫生间门口部位地板反黑问题的主要原因是该部位地面经常处在一种较潮湿的状态，而项目采用实木复合地板，这种地板在潮湿环境下基层就会发霉，时间久了就会导致地板发黑，浅色地板表现更甚。问题的形成不光是工序质量控制出现了问题，节点设计也需要完善。随后，项目加强了过门石部位的砂浆饱满度控制，在该部位利用防水砂浆铺贴过门石，并对该部位的地板背面进行了刷两道清漆的防潮处理。通过一系列的细节管理与改善，项目精装工程的质量有了质的飞跃。

本案例的总结要点有三：第一，专业技术判定，通过专业工程师对项目进行细致科学的分析，找出原因；第二，制定相应的解决对策，包括技术改进、工艺流程优化等；第三，有效执行，项目由多工艺衔接组成，工艺交叉、人员交叉是必然现象，明确责任，制定可执行的责任奖惩制度，有利于提高项目的管理效益。

9.3 房地产开发项目进度管理

9.3.1 项目进度管理的概念

房地产开发项目的进度管理是指对开发项目各建设阶段的工作内容、工作程序、持续时间和衔接关系编制计划，并将该计划付诸实施，且在实施过程中经常检查实际进度是否按计划要求进行，对出现的偏差分析原因，采取补救措施或调整、修改原计划，直至项目竣工、交付使用。项目进度管理的最终目的是确保项目进度目标的实现。房地产开发项目进度管理有三个阶段：项目可行性研究及立项阶段、项目建设阶段、项目交付使用后的试用阶段，其核心内容是项目建设阶段的进度管理。

项目进度管理在房地产开发项目建设中与工程质量、投资控制管理具有同样重要的地位，它们之间相互依赖、相互制约。加快进度需要增加投资，开发项目提前完工有可能提高投资效益，但进度加快有可能影响工程质量，而质量管理严格又有可能影响工程进度。房地产开发项目管理的主要工作就是对项目进度管理、项目质量管理、投资控制管理进行全面系统协调，高效处理好进度、质量和投资的关系，提高开发项目建设的综合效益。

房地产开发项目的进度，受许多因素影响。开发商需要事先对影响进度的各种因素进行调查，预测其对项目进度可能产生的影响，编制可行的项目进度计划，指导开发项目按计划进行。由于项目的实际进度难以按照原定的进度计划执行，这就要求项目管理人员在执行计划的过程中，利用动态控制原理，不断进行检查，将实际情况与计划安排进行对比，找出偏离计划的原因，并采取相应的处理措施。确定处理措施有两个前提：一是通过采取措施，维持原计划；二是采取措施后不能维持原计划，要对项目进度调整或修正，再按新的计划实施。房地产开发项目进度管理实际上就是对上述内容不断进行计划、执行、检查、分析并调整的动态循环过程。

9.3.2 影响项目进度的因素分析

由于房地产开发项目具有资金庞大、业务复杂、周期长、涉及相关单位多等特点，影响进度的因素很多，若要有效地进行项目进度管理，就必须对影响项目进度的各种因素进行全面分析和预测。

影响房地产开发项目的因素包括：人的因素，技术因素，材料设备与构配件因素，施工机械设备因素，资金因素，水文、地质、气象与自然灾害（地震、海啸）等自然环境因素，政治、经济（经济危机、金融风暴、战争）等社会环境因素，以及其他不确定因素。

上述影响因素中以人的影响因素最多，有来自开发商，设计、施工、供货单位以及监理单位的因素，还有来自政府、建设主管部门、有关协作单位和社会其他单位的因素。如开发商要求改变设计或因设计不当必须进行设计变更；向政府有关管理部门提出各种申请审批手续时发生延误；图纸供应不及时、不配套或出现错误；供应商提供的产品质量不合格或有残缺；社会干扰，如被单位临近项目施工干扰，节假日交通、市容整顿限制等；外界配合条件出现问题，如交通运输有限制，水电供应条件不足等；安全、质量事故的调查、分析、处理及争执的调解与仲裁等；施工计划不周，导致停工待料和相关作业脱节，工程无法正常施工；设计、施工中采用不成熟的工艺；开发商资金出现问题，不能及时向施工单位或设备材料供应商付款；等等。

9.3.3 项目进度管理的主要任务

房地产开发项目实施阶段进度管理的主要任务有设计前的准备阶段进度管理、设计阶段进度管理以及施工阶段进度管理等。

9.3.3.1 设计前的准备阶段进度管理任务

设计前的准备阶段进度管理任务主要包括：（1）确定工期总目标；（2）编制项目总进度计划；（3）编制准备阶段详细工作计划，并控制该计划的执行；（4）施工现场条件调研和分析等。

9.3.3.2 设计阶段进度管理任务

设计阶段进度管理任务主要包括：（1）编制设计阶段工作进度计划，并控制其执行；（2）编制详细的出土计划，并控制执行。

9.3.3.3 施工阶段进度管理任务

施工阶段进度管理任务主要包括：（1）编制施工总进度设计并控制其执行；（2）编制施工年、季、月实施计划，并控制其执行。

9.3.4 项目进度管理措施

项目进度管理的主要方法是筹划、控制和协调，其管理措施主要包括组织措施、技术措施、合同措施、经济措施和信息管理措施等内容。

9.3.4.1 组织措施

组织措施的内容主要有：（1）落实项目进度管理部门的技术人员，以及具体的控制任务和管理职责分工；（2）进行项目分解，如按项目结构、进展阶段、合同结构分解，并建立编码体系；（3）确定进度协调工作制度，如确定每星期协调会议举行的时间，协调会议的参加人员等；（4）分析影响进度目标实现的干扰因素。

9.3.4.2 技术措施

技术措施主要是采用技术手段加快施工进度，同时又要保证施工质量。

9.3.4.3 合同措施

合同措施主要包括项目分段发包、提前施工，以及各项合同的合同期限与项目开发进度计划的协调等内容。

9.3.4.4 经济措施

经济措施主要是通过经济手段保证资金供给，以确保项目工期。

9.3.4.5 信息管理措施

信息管理措施主要是利用项目计划进度与实际进度的动态比较，定期提供进度比较报告等。

9.3.5 项目进度管理的控制方法——网络图法

网络图法是项目进度管理的一种科学高效的方法，是随着现代科学技术和工业生产的发展而产生的，20 世纪 50 年代后期出现于美国，目前在世界各国广泛应用于各个行业（建筑业、制造业、服务业等），已成为一种比较盛行的现代进度管理的科学方法。当今社会计算机的普及使得网络图法更加高效、便捷。网络图法主要用于规划、计划和实施控制，因此，这种方法在缩短项目周期、提高效率、降低成本以及提高项目管理水平方面取得了显著的效果。

网络图法最广泛和最具有代表性的应用是关键路径法（CPM）和计划评审法（PERT）。关键路径法于 1956 年由美国杜邦公司提出，并在 1957 年首先应用于一个价值近 2 000 万美元的化工厂项目建设，取得了极好的效果。关键路径法在解决杜邦公司的扩建和修理问题时，使杜邦公司维修停产的时间由过去的 125 小时降到 75 小时，一年就节约了 100 多万美元。计划评审法于 1958 年由美国海军部武器局的特别计划室提出，首先应用于制定美国海军北极星导弹研制计划，它使制造北极星导弹研制计划的时间缩短了 3 年，节约了大量资金，其效果极为显著，引起了世界性的强烈反响。

20 世纪 60 年代中期，在著名数学家华罗庚的倡导下，国民经济各部门开始试点应用网络计划方法。当时为结合我国国情，并根据“统筹兼顾、全面安排”的指导思想，将这种方法命名为“统筹方法”。目前，该方法已较好地实现了工程网络计划技术应用全过程的计算机化，即用计算机绘图、计算、优化、调整和统计，还实现了与设计、报价、成本核算及结算等的结合，做到了资源系统化。

9.3.5.1　网络图法的基本原理

网络图法以网络模型的形式来表达项目的进度计划，通过网络模型可确切地表明各项目工作的相互联系和制约关系。

（1）将项目的全部建设过程分解成若干个施工项目，按照各项工作的展开顺序和相互制约、相互依赖关系，将其绘制成网络形式，即各施工过程之间的逻辑关系，并且在网络图中按施工工艺严密、协调和系统地表示出来。

（2）通过计算网络图的时间参数，找出关键线路，即可以根据绘制的网络图计算出工程中各项工作的最早和最迟开始时间，从而找出项目的关键线路。关键线路就是网络图中的最少工作时间线路。关键线路在肯定型网络图中是指线路上工作总持续时间最长的线路；在非肯定型网络图中是指按估计工期完成可能性最小的线路。

（3）利用最优化原理，不断改进网络计划方案，并寻求最优方案，例如工期最短、各种资源最均衡。在某种有限的资源条件下，绘出最优的网络图；在各种不同工期下，选择工程成本最低的网络图；等等。

（4）在网络图法中，可以根据项目进度中遇到的实际情况调整计划，使得网络图滚动起来，即与实际环境紧密结合，以保证项目的时间效益和经济效益。

9.3.5.2　网络图的分类

1. 按表示方法分类

（1）单代号网络图。单代号网络图是以单代号表示法绘制的网络图。在这种网络图中，每个节点表示一项工作，箭线只表示各项工作之间的相互制约和相互依赖关系，它是最基本的网络图形之一。

（2）双代号网络图。双代号网络图是以双代号法绘制的网络图。这种网络图是由若干个表示工作的箭线和节点组成的，其中每项工作都用一根箭线和两个节点来表示，每个节点都编以号码，箭线前后两个节点的号码即代表该箭线所标示的工作，双代号的名称由此得来。它可以更加形象地表示项目的施工进度，也是最基本的网络图形之一。

2. 按最终目标分类

（1）单目标网络图。单目标网络图是只有一个最终目标的网络图，在这种网络图中，只有一个结束节点。

（2）多目标网络图。多目标网络图是具有若干个独立最终目标的网络图。在这种网络图中，有两个或两个以上的结束节点。对于每个结束节点，都有与其相应的关键线路。在每个工作箭线下方，除了注明工作持续时间外，还要注明工作的目标属性。

3. 按工作衔接特点分类

（1）普通网络图。普通网络图是按前导工作结束后续工作才能开始方式绘制的网络图，如单代号网络图和双代号网络图。在普通网络图中，工作之间的关系是首尾衔接，无论何时，只要前导工作没有全部完成，后续工作就不能开始。

（2）搭接网络图。搭接网络图是按照各种规定和搭接时距绘制的网络图，如前导网络图和组合网络图。这种网络图既能反映各种搭接关系，又能反映各项工作之间的逻辑关系。

4. 按编制对象范围分类

（1）群体网络图。群体网络图是以一个建设项目或建筑群体为对象编制的网络图。它往往是多目标网络图，如新建工业项目、住宅小区、分期分批完成的生产车间或生产系统的群体网络图。

（2）单项工程网络图。单项工程网络图是以一个建筑物或构筑物为对象而编制的网络图。

（3）局部工程网络图。局部工程网络图是以一个单位工程或分部工程为对象而编制的网络图。

9.3.5.3 网络图的技术特点

如何最合理地组织好、管理好生产，做到全面筹划、统一安排，使生产中的各个环节做到一环扣一环，互相密切配合和大力协同，使工作完成得快、好、省，这不是单凭经验和稍加思索就可以解决的，而是需要一个对各项目工作进行统筹安排的科学方法。

长期以来，在工程项目管理界，特别是在施工的安排方面，一直用横道图的计划方法，它的特点是在列出项目工作后，画出一条横道线，以表明进度的起止时间。对于施工现场的人来说，他们对使用横道图制定施工进度计划是相当熟悉的。以下将对横道图和网络图进行简单对比。

图 9－7 用横道图表示进度计划，图 9－8 用网络图表示进度计划。这两个图的内容完全相同，表示方法却完全不同。

横道图是以横向线条结合时间坐标表示各项工作施工的起始点和先后顺序的，整个计划由一系列的横道组成。

网络图是以加注作业时间的箭头和节点组成的网状图形式来表示项目施工进度的。

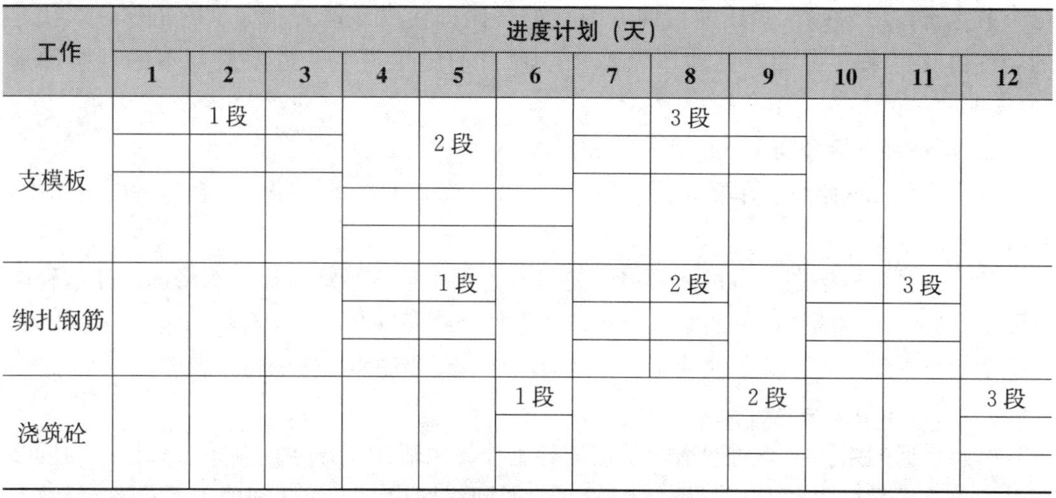

图 9－7 横道图

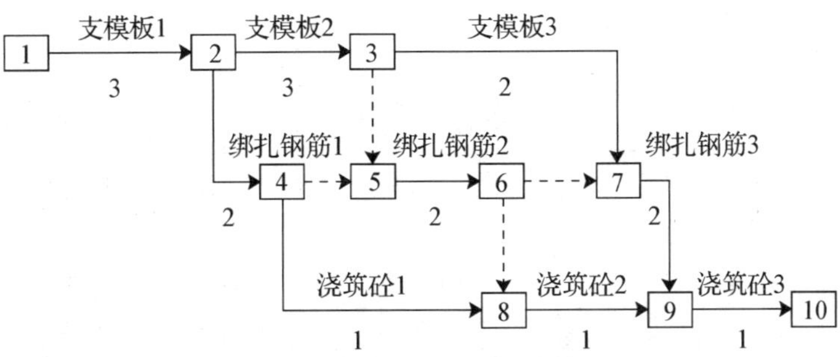

图 9-8 网络图

9.3.6 房地产开发项目进度管理系统

房地产开发项目进度管理系统可参见图 9-9：

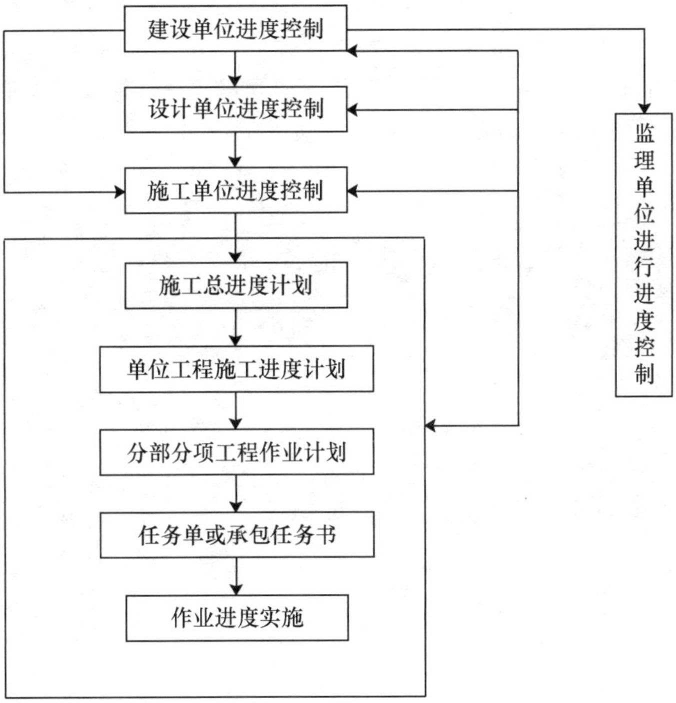

图 9-9 房地产开发项目进度管理系统

如图 9-9 所示的系统关系为：房地产开发商委托监理单位进行进度控制，监理单位根据建设监理合同分别对建设单位、设计单位、施工单位的进度管理实施监督。各单位都要编制本单位的相应计划，并加以实施，接受监理单位的监督。各单位的进度管理措施相互衔接、协调运行，从而保证实现开发项目管理的总目标。

专栏 9-3

碧桂园高效的生产周期

一般而言，碧桂园项目从拿地到预售平均为 7 个月，从预售到结算平均为 8～10 个月。

碧桂园的项目设计均采用前置设计，通常在项目选址和土地收购阶段就开始提前对“准地块”进行规划、设计，综合设计师、工程师以及营销部门相关建议，设计项目的整体开发方案，同时根据谈判结果和相关政策进行动态调整。因而，碧桂园待审批项目获批后便可马上进行施工建设，大大缩短了项目周期。

一般情况下，碧桂园在同一时间段开发的项目均为同一批次产品，实行低密度为主、定制化的物业形态定位，注重大公共景观营造，忽略细节化的组团景观设计：一方面，大幅提升设计、施工、销售的效率；另一方面，利用规模效应摊薄运营成本，有助于其构建起强势集中的采购体系，提升自身议价能力。

碧桂园的营销策略是“低价快销换周转”，其目标群体主要为具备消费能力且对价格敏感的消费群体。项目取得预售证后会被全数投放市场，销售价格一般低于市场预期，有时甚至为周边房价的一半。2012 年全年，碧桂园合同销售均价约为每平方米 6 231 元。2013 年前两个月，整体均价约为每平方米 6 900 元，当期销售额为 124.5 亿元。以青岛十里金滩项目为例，价格折扣为 6.5 折，碧桂园的精装房均价甚至低于周边的毛坯房。

碧桂园在企业内部实行“全民营销”，设立提佣 3‰的制度，激励集团内部全部职工做营销，同时设立区域团队整体激励机制。2013 年初，碧桂园发放给 2012 年度最优秀的区域团队的奖金高达 7 000 万元。此外，碧桂园也大量投放广告，利用各种销售手段辅助实现最大化蓄客。

信和资本相关人士表示，碧桂园虽然定位在城市郊区和三四线城市，但其迅速壮大发展成国内知名开发企业最重要的因素就在于其快速开发，批量复制。而在这一点上，其同万达模式有异曲同工之妙，万达模式倡导“现金为王、唯快不破、以小博大”，两年之内就能分别建成一个万达广场、一个购物中心和一个酒店。而碧桂园房产项目从拿地到结算平均只需不到两年。可见，通过标准化和快速周转提高资产的使用效率仍是我国房地产企业快速做大做强的重要法宝。

9.4 房地产开发项目成本管理

9.4.1 房地产开发项目成本管理概述

9.4.1.1 房地产开发项目成本管理的概念

房地产开发项目成本管理是开发商对开发项目投资的有效控制，是房地产开发项目管理内容的重要组成部分。具体来说，就是在投资决策阶段、设计阶段、开发项目发包阶段和建设实施阶段，把开发项目的投资控制在批准的投资限额以内，随时纠正发生的偏差，确保开发项目投资管理目标的实现，力求在开发项目中合理使用人力、财力、物力，以获得良好的经济效益、社会效益和环境效益。

9.4.1.2　房地产开发项目成本的构成

房地产开发项目成本是指项目建设、销售过程中所花费的全部费用，包括开发成本和销售成本。开发成本是房地产开发项目的实际发生成本，包括土地费用、前期工程费用、建筑安装工程费用、基础设施费用、公共配套设施费用、开发间接费用、财务费用等。销售成本是指房屋销售过程中发生的费用支出。

（1）开发成本主要包括：

1）土地费用。土地费用包括土地征收费用，土地出让金，耕地占用税，劳动力安置费及有关的地上、地下附着物拆迁补偿的净支出，安置动迁房支出，等等。

2）前期工程费用。前期工程费用包括用于规划、设计、项目可行性研究和水文、地质、勘察、测绘、“七通一平”等的支出。

3）建筑安装工程费用。这是指以发包方式支付给承包单位的建筑安装工程费用、以自营方式发生的建筑安装工程费用。

4）基础设施费用。基础设施费用包括开发小区内道路、供水、供气、排污、排洪、通信、照明、环卫、绿化等工程发生的支出。

5）公共配套设施费用。公共配套设施费用包括不能有偿转让的开发小区内公共配套设施发生的费用支出。

6）开发间接费用。这是指直接组织、管理开发项目发生的费用，包括工资、职工福利费、折旧费、修理费、办公费、水电费、劳动保护费、周转房摊销费用等。

7）财务费用。财务费用主要指项目开发过程中按规定应由项目成本负担的借款利息支出。

（2）销售成本主要包括销售房屋的广告、代理等费用的支出，一般为总销售额的 2%～4%。

9.4.2　房地产开发项目成本管理原则

9.4.2.1　设置科学的成本管理目标

房地产开发项目建设是一个周期长、投资大的生产消费过程，建设者的开发经验、知识水平是有限的，再加上科学、技术条件的限制，因而不可能在开发项目开始阶段就设置一个科学的、一成不变的成本管理目标，而只能设置一个大致的投资成本控制目标，这就是项目投资估算。随着项目建设实践的不断深入，投资成本控制目标才能逐渐清晰、明确，即相继确定投资估算、设计概算、设计预算、承包合同价等。可见，开发项目投资成本管理目标的设置是随着项目建设实践的不断深入而分段设置的。具体来讲，投资估算是投资方案选择和进行初步设计的开发项目成本管理目标；设计概算应是进行技术设计和施工图设计的开发项目成本管理目标；设计预算和建安工程承包合同价则应是施工阶段控制建安工程成本的目标。

开发项目成本管理目标的制定，既要有先进性又要有现实的可能性，目标水平一定要能激发执行者的进取心，充分调动他们的工作潜力和创造力。

9.4.2.2 设计阶段投资控制是重点

项目投资控制贯穿房地产项目开发建设的全过程，包括策划、设计、发包、施工、销售等阶段，房地产开发项目成本管理的重点是设计阶段的投资控制。从国内外的建设工程实践可以看出，影响项目投资最大的阶段是占开发项目建设周期 1/4 的技术设计结束前的工作阶段。在初步设计阶段，影响项目投资的可能性为 75%～95%；在技术设计阶段，影响项目投资的可能性为 35%～75%；在施工图设计阶段，影响项目投资的可能性为 5%～35%。可见，成本管理的关键是施工以前的初步设计阶段和技术设计阶段，而做出投资决策后，关键则在于设计。

目前，我国的房地产开发企业普遍忽视开发项目前期工作阶段的投资控制，而把控制开发项目的重点放在施工阶段——审核施工图预算、合理结算建安工程价款上。尽管这对于成本管理也有一定的效果，但却没有抓住管理重点。

9.4.2.3 变被动控制为主动控制

房地产开发项目建设管理的基本任务是对项目的建设工期、投资成本和工程质量进行有效控制，力求使所建设的项目建设工期最短、投资最省、工程质量最高。但这样的理想要求实际上不太可能实现，需要开发商根据建设的主客观条件进行综合分析研究，确定切合实际的衡量准则。如果投资控制方案符合衡量准则的要求，成本管理就达到了预期目标。

长期以来，人们一直把工程成本控制理解为目标值与实际值的比较，当实际值偏离目标值时，分析产生偏差的原因，确定对策。尽管在房地产开发建设过程中进行这样的项目投资控制是有意义的，但这种方法只能发现偏差而不能使已产生的偏差消失，只能是被动控制。20 世纪 70 年代初，人们将系统论和控制论的研究成果应用于项目管理，将控制立足于事先主动地采取决策措施，尽可能减少甚至避免目标值与实际值的偏离，这种方法被称为主动控制方法。因此房地产开发项目投资控制不仅要反映投资决策、设计、发包和施工，被动控制项目投资，更要主动影响投资决策、设计、发包和施工。

9.4.2.4 经济与技术结合是成本管理的高效手段

有效地进行开发项目成本管理应从组织、技术、经济、合同与信息管理等多方面采取措施，而技术与经济相结合是开发项目成本管理最有效的手段。技术上的措施包括设计方案的选择，严格审查与监督初步设计、技术设计、施工图设计、施工组织设计，在技术上研究节约投资的可能性。经济上的措施包括动态比较投资的计划值和实际值，严格审核各项费用开支等。

我国房地产开发企业普遍存在技术与经济相分离的情况。技术人员缺乏经济观念，设计思想保守，设计规范、施工规范落后，很少考虑如何降低项目投资。而财会、概预算人员的主要责任是依据财务制度办事，他们不熟悉工程建设知识，不了解工程进展中的各种关系和技术问题，难以有效地控制项目成本。为此，迫切需要培养房地产开发综合人才，在项目建设过程中把技术与经济有机结合起来，正确处理先进技术与经济之间的对立统一关系，力求实现技术先进条件下的经济合理，把成本控制观念渗透到各项设计和施工技术措施之中。

9. 4. 3　房地产开发项目成本管理的主要内容

9. 4. 3. 1　策划、设计阶段的成本管理

1. 策划阶段

房地产开发项目策划阶段的主要内容是寻找项目，进行市场调查和投资评估。开发商应着重考察投资环境、投资房地产产品的市场价值、工程类型与规模、工程技术经济指标、交通条件、市政配套情况、建材与设备的供应情况等，该阶段开发商的工作需要注意与项目可能发生的成本结合起来，对可能发生的项目成本起到总体控制作用。

2. 设计阶段

设计阶段的成本管理工作是项目开发全过程成本管理的重点，项目要尽可能采用国家级和省级的标准进行设计，因为优秀的设计标准有利于降低投资、缩短工期，给项目带来经济效益。开发商可通过招标方式选择设计单位，在委托设计单位之前一定要对项目投资进行详细分析，在此基础上一般采用限额设计的方式，保证有效的成本管理，并着重考虑以下两点：

(1) 重视设计前的投资估算。通过对社会同类开发项目的价格、材料、人工费用、税收、管理费用、利润等的调查，在项目评估的基础上进行更为详细的综合比较，进行投资估算，作为初步设计控制的依据。

(2) 重视方案的选择。按投资估算进一步落实成本费用，将施工图预算严格控制在批准的预算范围以内，同时加强设计变更管理工作。

9. 4. 3. 2　发包、施工阶段的成本管理

开发项目发包，包括项目总发包、建安工程及设备材料采购发包。开发项目发包阶段的成本管理是项目开发全过程成本管理的重要环节。在我国建筑市场上，建安工程发包有总价合同、单价合同、成本加酬金合同三大类。房地产开发采用单价合同的较多，合同价款一般以国家或地方统一规定的预算定额、材料预算定额和取费标准为依据。承包方根据开发商（发包方）提供的工程范围和施工图纸，做出工程报价，最终工程量按实际完成的数量进行结算。可见，项目施工阶段的成本管理对项目竣工后的工程决算有重要影响。

施工阶段进行成本管理的基本原理是把计划投资额作为项目成本管理的目标值，在工程施工过程中将实际值与目标值进行比较，找出偏差并分析其原因，采取有效措施进

行控制，确保项目成本管理目标的实现。

施工阶段项目成本管理的主要工作包括：(1) 编制成本管理工作计划和工作流程图，落实管理人员的职能和任务；(2) 熟悉设计图纸和设计要求，对工程费用变化大的部分和环节，制定成本控制重点；(3) 对设计变更进行技术经济比较，对其合理性进行预测和分析，严格控制设计变更；(4) 详细进行工程计量，复核工程付款账单，严格经费签证，如停窝工签证、用工签证、材料代用、价格认定等签证，要按制度核签；(5) 做好工程施工记录，保存好各种文件图纸，特别是施工变更图纸，为处理可能发生的索赔提供依据；(6) 定期进行工程费用超支分析，提出控制工程成本突破预算的方案和措施；(7) 及时掌握国家及省区市有关部门的各种定额和取费标准的变化；(8) 注重合同签订、修改和补充工作，着重考虑其对工程成本的影响。

9.4.3.3 房地产开发项目销售阶段的成本管理

房地产开发项目销售阶段的成本管理主要是管理销售费用支出，销售费用支出的主要部分一般为房地产销售广告的支出费用。一般情况下，房地产销售费用为房地产产品销售价格的2%～4%，费用数额大，对房地产开发利润的高低有直接影响。控制销售成本的关键取决于如何进行销售策划，广告费用如何支出，采取何种形式支出，应根据项目规模大小、档次及所在地的社会经济条件等多种因素确定。21世纪是网络经济时代，利用网络开展房地产营销将是降低开发商销售成本的有效手段，将传统营销策划方式与现代网络技术有效结合是房地产开发商降低成本的关键。

专栏9-4

万达商业开发模式的相对低成本战略

中国城市化进程的加快和加入世界贸易组织后商业的全面升级为商业地产带来的巨大投资机会，是许多开发商能预料到的，但在这个机会面前，把它和商业资源、开发模式三者有机地结合在一起，才促成了万达的商业地产开发模式，这是万达的第一个优势。万达的第二个优势，就是它的良好政府关系和银行信用资源，加上万达在商业地产选址上的敏锐眼光，万达几乎在每个城市的商业项目都能独占最具商业价值的黄金地段。有了当地政府的支持，有了核心的商业地段，在项目投资开发上，万达借助多年的银行信用而获得银行资金的大力支持。万达一开始就与国际零售巨头沃尔玛、百安居、百盛等结成了战略合作伙伴关系，形成了万达独特的“订单地产”模式。国际商业资源的深度挖掘和多方整合能力，形成了万达的第三个优势。万达的优势，还体现在它的连锁经营模式上。万达凭借其实力和品牌号召力，在全国各地攻城略地，使万达商业地产真正实现了规模化开发、连锁化经营。连锁化发展和经营反过来又进一步加强了万达在政府、银行心目中的分量，巩固了万达与国际商业巨头们的联盟。

万达以“一座万达广场，一个城市中心”为发展思路，利用综合体带动周边住宅发展，吸纳大量人流、顾客流，二者相互反哺，形成住宅、商务一体化的城市中心，即通过对万达广场所在区域的整体性开发，来提升区域的整体经济价值，实现相对投资的低成本。有人开玩笑地说：“万达来了，房价要翻倍啦!”

9.5　房地产开发项目其他管理

9.5.1　房地产开发项目合同管理

房地产开发过程中，需要签订多种合同，有购买土地使用权合同、征地合同、拆迁安置合同、委托设计合同、项目施工发包合同、购买材料及设备合同、房屋销售合同等。开发商与签约方需要利用合同这一法律形式，明确双方的权利和义务。合同管理是房地产开发项目管理中不可缺少的重要内容，下面着重介绍房地产项目施工阶段的合同管理。

9.5.1.1　房地产开发项目合同的特点

房地产开发项目合同是指房地产开发商与项目承包人为完成确定的房地产开发项目所规定的内容，明确双方权利义务关系而达成的协议。项目合同除具有一般合同的特征外，还具有以下特点：

（1）合同标的物的特殊性。合同标的物——房地产开发项目——具有固定性的特点，建筑产品投资大，同时受自然条件的影响大，不确定因素多。

（2）合同执行周期长。项目合同执行周期长是由项目施工周期决定的。在长时间内，如何保证及时实现合同约定的权利、履行合同约定的义务是工程项目合同管理中始终应注意的问题，这要求开发商加强项目合同全过程管理。

（3）合同内容多，涉及范围广。由于开发项目涉及经济法律关系的复杂性及每个开发项目的特殊性，开发项目受到多方面的制约和影响，这些都要相应地反映在项目合同中。范围广主要表现在项目合同的签订和实施过程会涉及多方面的关系，如监理单位、承包方、分包方、材料供应方、构配件生产和设备加工厂家、银行及保险公司等。

（4）合同风险大。由于项目合同的上述特点及金额大、竞争激烈等因素，构成和加剧了项目合同的风险性。

9.5.1.2　房地产开发项目合同的作用

（1）明确了开发商和承包方在项目实施中的权利和义务，即项目合同是承发包双方行为的准则，项目合同对承发包双方起着制约作用，明确了承发包双方的权利和义务关系。

（2）项目合同是项目实施阶段实行社会监理的依据。对建设工程实行社会监理，项目合同是依据，没有项目合同，监理就没有衡量标准。

（3）项目合同是项目实施的法律依据。项目合同在法律上有很大作用，它是保护承发包双方权益、追究违反项目合同行为责任的法律依据，是调解、仲裁和审理项目合同纠纷的依据。

9.5.1.3 房地产开发项目合同的分类

合同可以按不同的方法分类。如按签约各方的关系可以分为工程总承包合同、工程分包合同、转包合同、劳务分包合同与联合承包合同等。按计价方式又可以分为固定总价合同、计量估价合同、单价合同、成本加酬金合同等。

9.5.1.4 房地产开发项目合同管理的内容

房地产开发项目，在通过招投标方式确定了工程施工单位以后，必须在招投标文件的标底基础上与中标单位谈判签约，就工程承包中涉及的有关经济、技术、材料等问题签订详细的工程承包合同。开发商在工程施工过程中，需要经常检查合同的执行情况，督促施工企业执行合同条款，根据工程实际进度与施工单位商议更改或取消合同中的某些条款等。这些内容构成了房地产开发项目合同管理的主要内容。

9.5.2 房地产开发项目协调管理

协调工作是房地产开发项目管理的重要内容之一。协调是管理职能要素之一，对于房地产开发项目管理尤为重要。因为检验一个组织的管理工作，首先是看该组织是否能协调地运转。

房地产开发项目管理人员应善于协调工作，帮助拆迁单位、设计单位、施工单位、购房客户克服困难，共同完成开发任务。协调管理工作内容繁多，主要包括：(1) 做好市政配套的协调管理工作。市政是否配套直接影响到房地产最终产品的使用及购房客户的利益和开发商的企业效益。(2) 协调各承包合同中有关进度、技术配合、现场协作、公共设施使用等问题，解决它们之间的矛盾。(3) 定期召开有各承包单位参加的项目经理协调会议，并检查会议决定事项的执行情况。(4) 参加总包单位或重要分包单位的现场协调会、调度会等。(5) 协调各单位之间的矛盾、争议，正确处理其经济上的纷争。

9.5.3 房地产开发项目资料管理

在房地产开发项目管理工作中，工程项目技术档案资料管理是十分重要的内容。工程项目技术档案资料是在项目开发实施过程中形成的，是真实的工程项目开发历史记录。这些技术档案资料必须按档案管理制度集中妥善保管，主要包括工程图纸、图表、报表、文字材料、计算材料、现场照片、录像带等。

9.5.3.1 房地产开发项目资料管理的内容

工程项目技术档案资料管理工作与工程项目开发建设工作同步进行，管理人员在项目开发建设过程中，要时刻做好资料的积累、汇总、整理、审查工作。工程项目的技术档案资料主要包括：上级立项批文、计划、项目可行性研究报告等组成的批准文件；建设用地许可证和建设工程许可证；工程地质勘查报告；工程定位测量资料；施工组织设计；项目开工报告；地基处理技术资料；设计图纸技术交底会审资料；技术核定单、设计变更通知、材料代用记录；建筑物沉降观测记录；隐蔽工程验收记录；工程质量事故报告；各种材料配合比试验报告；各种原材料质量证明及复检报告，包括砖、焊条、水泥、钢筋等；各种配件出厂合格证、质检记录以及相关的安装记录；单位工程及分项分部工程质量评定表；各种设备及管道的试压、调试、试运转记录；项目竣工报告；工程竣工验收证书；全部工程竣工图；等等。

9.5.3.2 房地产开发项目资料管理应注意的问题

1. **经常性**

工程项目技术资料的积累是资料管理的基础，房地产开发商除了应注意自身的资料积累工作外，还应经常检查、督促施工企业注意技术资料的积累和整理。

2. **准确性**

工程项目技术资料的准确性是资料管理工作的重点，对各种原始资料要保证其真实性。开发商在督促、检查施工企业的资料积累时，一定要注意检查资料的准确性。

3. **完整性**

工程项目技术资料的完整性是资料管理工作的目标。开发商应对所有积累资料进行整理、汇总，按档案管理制度的要求装订成册。要在项目竣工时形成一套准确完整的技术档案资料，作为项目开发建设的历史见证，为以后对该项目的历史查证提供第一手资料。

9.5.4 房地产开发项目现场管理

项目建筑施工最大的特点是生产必须在施工现场进行，因此，项目管理十分重视现场管理。

施工项目经理由承包企业指派，全面负责组织施工。施工项目经理及其团队必须注意以下几点：明确本项目现场管理的方针；组织现场项目管理班子；建立原始记录与成本表单制度；建立向总部报告制度。

现场管理是技术与管理高度结合的产物，技术性强，内容十分具体。主要包括如下工作：负责施工方案的实施，做好测量与计量工作；施工总平面图管理；大型机械设备的管理；组织材料、构配件设备的进场；做好工程记录，准备收付款凭证；工程质量的验收与管理；增减工程核定单；主持定期与不定期协调会；编制成本会计报表并报告工程损益；做好交工资料汇集；等等。

9.5.5 房地产开发项目信息管理

现代房地产开发项目必须十分重视信息管理工作。在项目开发初始阶段就应对项目信息管理系统提出具体要求，并与项目实施同时付诸实践。项目开发工作计划中应同时包括项目信息管理的内容，包括需要了解什么、决定什么以及如何执行决定等。项目信息管理具体实施时有以下几个要点：在建立分层次管理系统的同时，建立信息收集、传递、加工、储存等系统；管理工作要规范化、标准化；项目管理要在事前列出各种工作编码的范围与规定，实行代码制，统一执行；建立电子计算机辅助项目管理系统并组织实施。

专栏 9-5

SOHO 淘金烂尾楼

在 SOHO 做过的 12 个项目中，有 6 个在接手前是空置、烂尾项目。收购烂尾楼的密集期要从 2007 年算起，作为 SOHO 中国上市后的首笔交易，潘石屹一口气从华远集团购得两处烂尾楼“民源大厦”和“北京公馆”，分别更名为“光华路 SOHO”和“SOHO 北京公馆”。2008 年，SOHO 中国又一并收购了位于中关村的“金和国际”和位于东二环朝阳门的“凯恒中心”，分别更名为“中关村 SOHO”和“朝阳门 SOHO”。2009 年又收购了北京嘉盛中心和上海东海广场。2009 年在开发和销售的 10 个项目中，竟然有 6 个是空置、烂尾项目，而这些二手货不但创造了巨额收益率，还使周转率又上了一个台阶。

以 2009 年 11 月收购的北京嘉盛中心项目为例，SOHO 中国斥资 23.4 亿元人民币收购，可售建筑面积为 103 002 平方米，均价 22 718 元/平方米，收购时该写字楼已竣工。收购后仅两个月时间，公司就启动了该项目的销售，平均售价为 43 000 元/平方米，比收购价格高出约 89%。更为重要的是，有价又有市，成交火爆。开盘首日就售出 47 000 平方米（首期总面积的 80%），录得合同销售收入 20.8 亿人民币，收回了总投资的约 90%。周期只有两个月，还有比这更惊人的周转速度吗!? 通常，周转最快的住宅开发商从拿地到开始销售至少需要半年时间，封顶、售罄能在一年半内完成就已经是奇迹了，而且该项目毛利率高达 38%。按照可售面积计算，SOHO 中国应该可以在嘉盛中心项目上实现利润 11 亿人民币。中银国际分析师田欣预计，该项目的内部收益率将高达 50%。

显然，从开创散售模式到淘金烂尾楼，SOHO 中国可谓迈入了更高的段位：由买地卖房子升级到卖品牌，利用成功的惯性做起了一本万利的生意。商业地产不同于住宅，对品牌和客户渠道的依赖性强，且这些要靠多年经营的累积，非一日之功。因而，商业地产由品牌形成的“护城河”远大于住宅开发商，成功的惯性也远大于住宅。万科、中海的品牌再牛，也还是要老老实实开发，不可能卖别人的房子，挂上自己的牌子，多卖一倍的价格。不过，SOHO 中国须谨记，既然品牌是自身最大的价值，那么，水能载舟，亦能覆舟，从开发到改造再到出售，当品牌的内涵被一点点稀释的时候，更要小心烂尾楼砸了自己的金字招牌!

资料来源：SOHO 中国倒手烂尾楼利润惊人　品牌透支不容忽视.（2010-06-16）. https://finance.qq.com/a/20100616/003783.htm.

9.6　房地产开发项目管理案例分析

9.6.1　案例简介

青岛市×××综合商住楼工程是由××集团、香港××拓展有限公司、河北××房地产开发有限公司共同投资的大型房地产开发项目。整个建筑包括33层塔楼两栋，地上1～3层为商业综合用房，地下两层为车库、设备用房，共有公寓464套，总建筑面积达58 000平方米，总投资为7亿元人民币。开发时间为2017年底至2021年。

该工程由中国建筑工程公司××分公司总承包，并派出项目监理部，由南通市××建筑工程公司分承包，青岛市××工程监理公司实行监理。

9.6.2　开发项目的工作安排

9.6.2.1　确定工作内容

1. 预算、标书、报价、审核、合同等

具体包括结构工程数量预算和设计变更后的再计算；装饰数量预算和变更后的再计算；设备数量预算和变更后的再计算；核对临时设施数量计算、做单价表、收集分包的报价书；做报价预审表、报价条件书；对方案进行合同价格交涉；等等。

2. 工程设施耗用材料的数量及调配

具体包括编制临时设施材料表，研究材料能否供应；进行各种进口材料的预算；编制临时用电、用水计划，办公用品、主要材料订货交涉及报价业务；预订材料购货合同；申请进口许可证、报关手续；签订运输合同；等等。

3. 申请业务

具体包括总承包建筑许可证，施工开工许可证，基础施工许可证，结构施工许可证，供电、上水、排水、道路占用许可证，火灾报警器、消防器材、防火门设计许可证，大型车辆通行许可证，施工中的问题和事故处理，等等。

4. 施工计划

具体包括临时设施计划、材料堆放计划、用工计划、设备采购计划、设备安装计划，还要根据计划做出详细施工图，仔细研究各部分接点等。

5. 现场施工管理

具体包括制定总工期计划表、结构月度计划；每周召开工程会议，修正计划并研究对策；检查施工进度状况；与设计部门或承包单位讨论施工方法；对现场质量进行检查；对质量不合格部分按要求返工；进行强度试验，设备配套检查，水压试验，通电、电压试验，各场所漏水试验，铝合金窗抗风压试验；进行竣工检查，竣工资料整理编辑；等等。

6. **安全工作**

具体包括组建现场安全管理体系，召开安全协调例会，定期检查安全设施；设置各种安全标志、招牌；进行消防训练，处理近邻安全纠纷；开展安全用电检查，部署防盗措施；等等。

7. **财务工作**

具体包括与保险公司签订合同，交涉事故发生后的保险费；职工的各种娱乐计划；汇出、汇入工程款，筹措施工短缺资金；各种财务报表处理，各项材料、设备的订购；等等。

9.6.2.2 选派技术管理人员

根据各种业务需要，确定单项负责人各自应管的业务，明确每个人的职责范围，分配给他们力所能及的工作任务。

由于施工现场管理人员的业务经常会出现各种问题，不可能完全按计划进行，因此，要给每个管理人员留出足够的时间以处理日常工作中出现的各种问题。

9.6.3 分析

通过青岛市×××综合商住楼工程这一案例，可以看出房地产开发是一个庞大的系统工程，各项分步工作一环紧扣一环，必须综合计划、统筹安排，其主要特征表现为以下几点：

1. **高度的计划性**

为了使建设项目的实施工作顺利地进行，开发商应该根据项目任务书规定的预定目标和建设条件，编制开发项目详细计划，以便对项目进行合理、有效的管理。青岛市×××综合商住楼工程项目经理部在着手实施这个工程之前，详细地排列了整个工程中所必须完成的重要工作，以及这些重要工作的每一项具体作业，体现了高度的计划性，为整个工程按期完成、交付使用奠定了基础。

2. **周密的系统组织**

在高度的计划性基础上，项目经理部根据实际需要，选定和委派专职人员，分配给他们工作，使之职责明确。相互之间形成一个分工合作的工作体系，有利于具体工作人员的自查与上级管理部门的监督、考核，从而使庞大的工程能够在有效的控制下向着既定的目标有条不紊地推进。

3. **开发商应增强技术观念**

房地产开发商技术力量薄弱是我国房地产开发企业普遍存在的问题，对于青岛市×××综合商住楼工程的施工技术方案，开发商未能给予足够的重视。在施工过程中，施工单位在两栋塔楼之间未留后浇带（沉降缝），造成底层商铺裙楼中间部分裙房出现裂缝，这是地基不均匀沉降引起的。类似这样的问题，开发商的技术管理人员只要事先指出，就可以避免经济损失。

关键术语

质量管理　　进度管理　　成本管理

复习思考题

1. 结合房地产开发特点阐述房地产三大核心管理目标之间的关系。
2. 简述中国房地产开发项目管理的任务和趋势。
3. 影响房地产开发项目进度管理的因素有哪些？应怎样预防？
4. 简述房地产开发项目工程质量控制的常用方法。
5. 横道图、网络图各有什么优缺点？
6. 简述房地产开发项目的成本构成及有效控制成本的方法。
7. 结合实际简述房地产开发项目合同管理的重要性。
8. 某房地产项目中屋顶建设设有八道工序，分别用a、b、c、d、e、f、g、h表示，下面是工序活动列表：

活动项目	近前工序	正常作业时间（天）	赶工时间（天）	正常作业费用（万元）	赶工费用（±万元/天）
a	—	3	2	15	1
b	a	7	3	20	2
c	a	6	3	19	2
d	a	4	2	14	1
e	b、c	3	1	16	3
f	d	4	2	18	2
g	f	6	3	16	1
h	e、g	5	2	17	1

（1）请绘制出横道图和网络图。
（2）请找出关键线路。

第 10 章
房地产市场营销

本章内容提要

房地产市场营销是使房地产产品进入市场、转换为现金的经营活动，是联结土地和房地产产品的生产者和消费者的纽带。本章将对房地产市场营销的概念、基本理论进行介绍，并着重讨论房地产市场营销的策划与运作，最后对营销策划案例进行分析。

10.1 房地产市场营销概述

10.1.1 房地产市场营销的概念

房地产市场营销是通过交易过程满足顾客对土地或房屋需求的一种综合性营销活动，也是把土地或房屋产品转换成现金的流通过程。

房地产市场营销既是一门科学，也是一门艺术。房地产市场营销通过专业人员的服务，不仅可以帮助客户选到理想的房地产产品，也可以使企业迅速收回投资，增强市场竞争能力，提高经济效益。

房地产市场营销的目标和核心，是通过运用既定的程序以及随机的技巧，使房地产交易迅速达成，使商品最终实现价值。房地产市场营销是沟通和连接房地产开发、房地产流通以及房地产消费和使用的重要手段。

10.1.2　房地产市场营销的基本理论

10.1.2.1　房地产市场营销的 4P 理论

房地产市场营销中的 4P 理论又称市场营销组合，是指在特定时期向特定市场销售特定产品的市场营销决策的优化组合。这一理论始创于 1960 年美国的密歇根州立大学，该理论认为市场营销是四个基本要素的有效组合，即产品（product）、价格（price）、渠道（place）和促销（promotion）。这四大要素配套组合的优劣与否，在很大程度上决定了企业在目标市场上的竞争地位和经营特色。其理论基础是：如果企业按正确的价格，以适宜的促销方式在正确的地点销售正确的产品，那么市场营销计划将是有效和成功的。4P 理论重视的是产品导向，即企业决定一个能够收回成本且实现一定目标利润的价格，经过企业主控的销售通路，然后进行相当程度的促销①。基于此种理论的营销模式实质上是一种由内向外的营销。上述四个基本要素的内容如下：

1. 产品

产品是企业对目标市场提供的商品和服务。产品是一个整体概念，可区分为若干层次。著名的营销大师菲利普·科特勒把产品定义为五个层次，即核心利益（core benefit）、基础产品（basic product）、期望产品（expected product）、附加产品（augmented product）、潜在产品（potential product）。对于房地产产品而言，其主要构成见表 10-1。从消费特点上看，房地产产品是耐用消费品，价值高、使用周期长，与消费者的日常生活密切相关。因此消费者购买商品房时绝不会只考虑其中某一个或某几个特性，他们通常会非常全面、认真地对商品房的位置、设计、价格、质量、交通、绿化、物业管理、升值潜力等各个方面进行反复的比较斟酌，然后才做出决策。

表 10-1　房地产产品的层次

层次	房地产产品表述
核心利益	遮风避雨、家的归属地
基础产品	地段、空间面积、安全、价格等
期望产品	质量有保证、户型设计合理、具有私密性、性价比高、交通方便、公共设施齐备等
附加产品	绿化面积、环境卫生、社区文化、社区俱乐部、物业服务等
潜在产品	升值潜力、周边环境改善等

资料来源：王慧灵．房地产品牌建设中的 4P 策略分析．商场现代化，2006（33）：108-111.

2. 价格

价格是消费者为获得产品而支付的货币数量。价格是交换行为的三要素之一，由于其关系到买卖双方的切身利益，因此是交换过程中备受关注的焦点问题。对于需要较大资金数额的房地产产品而言，价格仍然是消费者决策的主导因素，因此，在房地产市场营销过程中，最敏感也最吸引消费者的，就是房地产开发商对其产品的定价。定价不仅

---

① 杜伟．从 4P 到 4C：房地产营销组合的创新．中国房地产金融，2000（10）.

为房地产消费者所关注，同时房地产开发商也可以确定自身的利润水平，并判断是否能达到其预期的利润等。买卖双方达成协议的最根本的问题就是价格问题。

3. **销售渠道**

由于生产与消费之间存在着时间与空间的错位，所以每一种产品必须依托于一定的渠道才能使二者对接。总的来说，渠道可以分为直接渠道和间接渠道。直接渠道是指通过个人联系，以信件、电话、电子手段、交流往来等方式将产品从公司出售给潜在的客户。间接渠道是指通过第三方中间人（如代理或经纪人代表等）出售产品。购买房屋的过程对于消费者来说是一个介入程度非常高、付出努力非常多的决策过程。消费者买房之前，一般要经过多方面的、广泛的信息搜集和评价。他们会现场考察、阅读楼书、咨询售楼人员及向相关群体咨询；他们会了解开发商的实力、形象，反复比较不同楼盘之间的差距，评价楼盘的质量、价格等①。因为对于促使消费者购买房地产产品的主要信息（如企业理念、信誉、承诺、楼盘的规划设计、质量的保证等），只有通过面对面的交流才能有所了解。

4. **促销**

理论上的促销包括广告、人员推销、营业推广和公共关系等活动内容，对于这几种方式，可以根据设定的促销目标进行组合、配比使用。促销的目的是对消费者或使用者传递产品和企业信息，唤起顾客对商品的需求，以开拓市场、树立产品和企业形象，目的是吸引潜在的顾客成为企业产品的购买者。房地产促销的方式可以分为人员促销和非人员促销两大类。在实际促销过程中，这些方式的组合、选择和应用，构成促销组合策略。

10.1.2.2 房地产市场营销的4C理论

4C理论又称整合营销理论。随着实践的发展，4C营销理论正在逐步取代以往曾经流行的4P营销理论。整合营销理论强调消费者的愿望与需求（wants and needs）、消费者购买的便利性（convenience）、消费者可接受的价格（cost）以及企业与消费者的有效沟通（communication），使消费者成为市场的主角。房地产项目投资额大、投资期长、风险高、影响因素复杂，因而更加需要将4C理论贯穿其征地、规划、建设、销售及物业管理等市场运作的全过程中。

房地产整合营销的实施主要包括市场细分、项目优化、渠道多样化且双向性、服务延伸四个环节。

1. **市场细分**

由于房地产市场正逐步健全，各个细分市场（包括单身族、新婚族和老人族）已发展成形，而且各个细分市场的差异正逐渐扩大。如首次购房者和首次购房后的换房人群的消费目标呈现越来越大的差异。首次购房者中普通消费者（中低收入）和特殊消费者（中高收入）的消费追求也有很大差异。首次购房者中的中低收入人群购房时主要考虑的是满足基本的住房需求，如一定的面积保证，购物、上学和就业的方便程度等；而中高

---

① 王慧灵．房地产品牌建设中的4P策略分析．商场现代化，2006（33）：108-111．

收入者首次购房除了考虑住房的基本需求之外，更多地或者有条件注意到的是住房的舒适程度、是否有足够的空间、环境是否优雅等。

2. **项目优化**

房地产项目从批地、审批、立项、开工建设到竣工需要 2～3 年的时间，所以目标市场的分析实际上是一个预期、动态的分析；同时，由于我国的房地产市场处于快速增长期，产品的更新速度极快，也使对目标市场的分析增加了难度。因此，项目优化更是始终贯穿项目的全过程，从房型设计、平面规划到总价区间、购买力分析，要让营销人员参与整个过程。

3. **渠道多样化且双向性**

购房者（买者）与开发商（卖者）的信息传播渠道呈现出多样化趋势。报纸、杂志曾经是房地产项目传播信息的主要渠道，当下其虽仍具有第一传播力的作用，但是随着传播媒体技术的发展和房地产市场的不断成熟，借助各种媒体的力量，或者利用媒体交错使用来达到预期的销售目标将成为一种更合理的选择。同时，由于购房者和开发商出现一种双向互动的发展趋势，只有利用平面、立体和网络通路等信息传播方式的组合，才能使这种变化得到充分的体现和及时的反映。

4. **服务延伸**

房地产服务的内涵已涵盖了项目前期选择、项目中期施工、项目后期竣工交房，还包括售后中介服务；服务的外延包括房地产一级、二级和三级市场，从而让客户（包括开发商和购房者）享受全过程服务。

房地产市场营销正进入整合营销时代，通过整合，使开发商找到目标市场，为购房者提供合适房源。房地产营销代理按照市场化来运作，完成房地产开发商、代理商和购房者三者之间的产业链搭接，从而真正实现多赢战略。

10.1.2.3　房地产市场营销的 4R 理论

企业是一个相对独立的开放系统，它与周围环境存在着互动关系，4R 理论最突出的特点是强调用系统观点来开展营销活动。4R 具体指市场反应（reaction）、顾客关联（relativity）、关系营销（relationship）、利益回报（retribution）。这种理论通过交叉销售为顾客提供一揽子的、集成化的整套解决方案，以解决顾客多样化的需要，其主要着眼于建立起关系营销模式，基于利益相关者的角度去考察问题。该理论的主要内容如下①：

1. **提高市场反应速度**

在相互影响的市场中，对经营者来说最现实的问题不在于如何控制、制定和实施计划，而在于如何站在顾客的角度及时地倾听顾客的希望、渴望和需求，并及时答复和迅速做出反应，以满足顾客的需求。房地产应该建立快速反应机制，了解客户与竞争对手的一举一动，从而迅速做出反应。

2. **与顾客建立关联**

在竞争性市场中，顾客具有动态性。顾客的忠诚度是变化的，会转移到其他企业。

---

① 赵杰英．谈谈 4Ps、4Cs、4Rs 房地产营销体系．商场现代化，2006（35）：127-128.

要提高顾客的忠诚度，赢得长期而稳定的市场，重要的营销策略是通过某些有效的方式在业务、需求等方面与顾客建立关联，形成一种互助、互求、互需的关系，把顾客与企业联系在一起，这样就大大降低了顾客流失的可能性。

3. **关系营销越来越重要**

顾客关系营销是通过不断改进企业与消费者的关系，实现顾客固定化的一种重要营销手段，但这并不意味着对每一位顾客都要实施关系营销。因此，房地产商必须对从一次性顾客到终生顾客之间的每一种顾客类型的关系营销深度、层次加以甄别，才不至分散营销力量。

4. **回报是营销的源泉**

对企业来说，市场营销的真正价值在于其为企业带来短期或长期的收入和利润的能力。企业要满足客户需求，为客户提供价值，同时也要获取利润，因此，营销目标必须注重产出，注重企业在营销活动中的回报。一切营销活动都必须以为顾客及股东创造价值为目的。房地产企业更应该注重回报的运用，要注意对客户、股东、员工等一系列相关法人或个人的回报，否则房地产企业就不能顺利发展。

10.1.2.4 房地产市场营销的4V理论

进入21世纪以来，高科技产业迅速崛起，高科技企业、高技术产品与服务不断涌现，互联网、移动通信工具、发达的交通工具和先进的信息技术，使整个世界的面貌焕然一新，世界俨然成为“地球村”。原来那种企业和消费者之间信息不对称的状态得到改善，沟通的渠道日益多元化，越来越多的跨国公司开始在全球范围内进行资源整合。在这种背景下，营销观念、营销方式也在不断丰富与发展，并形成独具风格的4V理论。4V理论是指包括差异化（variation）、功能化（versatility）、附加价值（value）、共鸣（vibration）的营销组合理论。首先，4V理论强调企业要实施差异化营销，一方面使自己与竞争对手区别开来，树立自己独特的形象；另一方面也使消费者相互区别，满足消费者的个性化需求。其次，4V理论要求产品或服务有更大的柔性，能够针对消费者的具体需求进行组合。最后，4V理论更加重视产品或服务中的无形要素，通过品牌、文化等来满足消费者的情感需求①。

10.1.2.5 房地产市场营销的5S规则

房地产市场营销中的5S规则是房地产营销人员通过长期实践活动总结出来的活动规律，虽然尚未上升为理论，但在实际中具有指导意义。5S包括速度（speed）、微笑（smile）、真诚（sincerity）、机敏（smart）、研学（study）。

1. **速度**

速度即强调在房地产市场营销活动中要注重办事速度和效率。处理业务的时候要快捷，办事安排要程序化，注重沟通技巧和协调能力等。在接听电话、通知变化事项、预

① 周荣海. 营销组合理论从4P到4V的变迁. 现代企业，2006（6）：61-62.

约和赴约、交款、等待、倾谈等具体事项中能够快速、准确无误地操作。

2. **微笑**

微笑即在与客户的交往中要提倡微笑服务，强调通过健康的、体贴的微笑，体现出对客户的理解和宽容，以获取客户的信任和认可。当然，在实际中要避免做作的、讨好的、游移的、虚伪的或奸诈的微笑，这种表现得不到应有的结果，只能引起客户的反感。

3. **真诚**

真诚是做人做事之本，是事务处理和人际沟通的润滑剂。一方面要努力做到真诚待客，另一方面也要通过恰当的表现让顾客感受到工作人员的真诚。房地产营销是通过为人服务创造业绩的，因此，树立形象必须从真诚开始。

4. **机敏**

机敏即“精明、整洁、利落”，强调在房地产营销活动中做事要清清楚楚、认认真真，快而好，以干净利落的方式接待顾客，以灵活巧妙的工作态度获得顾客的信赖。

5. **研学**

房地产市场营销人员要研究顾客心理、接待技术、房地产知识和市场资讯，这种学习将是持续的、没有止境的。只有不断学习和积累，才能为顾客提供高质量的服务。

10.1.3 房地产市场营销的理念创新

房地产市场营销理论与实践的不断发展，以及不同时期主流消费群体的变化，必然会导致消费理念的变化和更新，房地产市场营销要迎合这些变化的需求，不断引导或推出一些新的消费和营销观念，这样才能在市场中居于积极和主动地位。目前，国内流行的营销理念包括以下几种：

10.1.3.1 文化营销

文化营销是指通过激发产品的文化属性、构筑亲和力，把企业营销缔造成文化沟通，通过与消费者及社会文化产生价值共振，将各种利益关系群体紧密联系在一起的企业营销活动。房地产文化营销就是在对房地产进行营销时，为营销活动注入文化的精髓。文化营销是现代房地产市场营销的新理念，它源于人们对居家文化内涵的渴望。随着生活水平的提高，人们对住房的要求已不再是能遮风避雨的“钢筋水泥的丛林”①。现代房地产与文化营销存在着天然的契合。正是由于房地产产品本身就是一种文化形态，表达着一种文化内涵，因此开发商在实施文化营销以满足消费者的居住文化需求时，可以更好地提升建筑的品位与魅力，改善建筑的社会文化环境，增加房地产的附加值，从而达到企业、消费者和社会“三赢”的局面②。

人们对住房的选择体现了其生活品位和生活态度。消费者选择住房时已不限于质量、

① 程欣. 浅析房地产营销理念的创新. 市场周刊（研究版），2005（12）：28-29.

② 陆霄虹，李家俊. 房地产文化营销理念初探. 商业研究，2006（3）：162-164.

造型、配套等有形产品，人们对居住小区文化设施的要求越来越高：不仅关心周围文教单位的配置、距离，而且愈来愈重视小区文化设施的数量、品位，以及小区内大部分住户的文化层次。因此，开发商不仅要注意在建筑风格上尽量体现文化内涵，还要通过富有特色的主题创意，提升住宅小区的文化价值，展现一种高品位的美好生活蓝图。同时，要注意通过高品位会所、藏书丰富的图书馆、温馨祥和的邻里中心、设施齐全的幼儿园与中小学来营造小区的文化氛围。

专栏 10-1

文化营销

龙湖的长城源著项目将周边的人文因素与房地产结合起来。长城源著在地理位置上借助了长城这个中国的地标性建筑，借助了古北水镇是北方少有的江南特色建筑的优势，彰显了项目中中国文化的古典韵味，充分地满足了顾客内心对文化内涵的需求。同时，因为项目与长城和古北水镇相邻，并且距离最近，就算周边有一些竞品项目，它与古北水镇合作的优势也是其他项目所不具备的。

10.1.3.2 关系营销

关系营销主张重视消费者导向，强调通过企业与消费者的双向沟通，建立长久稳定的对应关系，在市场上树立企业和品牌的竞争优势。这一营销理念的核心就是让顾客满意。而顾客满意是指顾客对购买的产品或服务的评价超过了心理预期并产生愉悦感。对于任何购买某种产品或服务的顾客来说，在发生交易之前，其都会对商家提供的产品或服务有所期待，在获得商品或服务之后，自然会对商品或服务有所评价。开发商是否能站在消费者的角度想消费者之所想，向消费者提供达到或超过消费者心理预期的产品或服务，是建立和维持与消费者的良好关系并取得营销成功的关键。例如，在购房过程中，开发商需要考虑如何使消费者放心且方便地购买，为此，开发商可通过开展大规模的住房知识普及活动，向广大消费者介绍房屋建筑选择标准、住宅装修知识、住房贷款方法和程序以及商品房购置手续和政府相关税费规定，在增加消费者房地产知识的同时，也增加了消费者对开发商的认同感。

10.1.3.3 全程营销

实际上，销售阶段只是营销链中的一个环节。房地产开发是一项复杂的综合工程，房地产营销的实施应该始于项目可行性研究阶段，并贯穿项目的设计、建造、销售以及物业管理整个过程。营销管理在项目前期介入，目的在于了解、熟悉房地产市场，进行产品的市场定位，并做出房地产投资决策，为市场推广做准备。而售后服务是项目成功的重要保证。即使一个项目本身的质量、价格都非常有竞争力，但如果在后续手续、配套设施、物业管理等方面没有协调好，也会使消费者怨声载道，从而损害企业形象。全程营销要求房地产企业既要注重营销观念在整个房地产开发过程中的体现，也要注意与地方政府、金融机构、物业服务企业和其他社会组织的合作。一个好的房地产产品不应只是开发商的单赢，而应是消费者、代理商、金融机构、物业服务企业、广告商等的多赢①。

10.1.3.4　绿色营销②

绿色营销是指企业在整个营销过程中充分体现环保意识和社会意识，向消费者提供科学的、无污染的生产和销售方式，引导并满足消费者有利于环境保护及身心健康的消费需求。实施绿色营销，第一，要将绿色理念融入设计中。绿色住宅要杜绝粗放、浪费的模式，以最低的能源和资源成本去获取最高的效益。第二，要通过绿色认证，增加企业的可信度。对于实施绿色营销的房地产企业，获得房地产联合会和环保总局的绿色认证是非常重要的，这样可以增加企业的信誉和可信度。第三，选择绿色广告策略。通过公益广告的宣传，人们可以更清楚、更深入地了解绿色住宅对身体健康的重要性。在竞争性广告中可以突出非绿色住宅对身体健康造成的危害，再提出绿色住宅能解决哪些问题，通过对比，自然会取得很好的效果。第四，选择绿色促销策略。对推销人员实行绿色促销培训，在宣传、公共关系等促销手段中，强调绿色环保特征，把产品、企业与环保有机联系起来。重视售后服务，真正为消费者服务，为环境保护系统服务。第五，实行绿色营销的定价策略。根据环境有偿使用原则，企业环保支出应纳入产品成本，应制定产品的绿色价格。目前，在我国价格因素仍是影响消费者购买的最敏感因素之一，因而降低经营成本、制定合理的绿色价格是绿色营销成功的关键。

10.1.3.5　体验式营销

体验式营销就是基于消费者的感官、情感、思考、行动和关联五个方面，来重新定义、设计营销的思考方式。体验式营销理念突破了传统的“理性消费者”假设，认为消费者在消费时是理性与感性兼具的，消费者在消费前、消费时、消费后的体验，才是营销活动和品牌经营的关键。企业的产品、服务赢得消费者青睐的关键在于它们能够创造出值得消费者回忆的、难忘的经历、体验。房地产产品对购房人而言，不仅仅是一个遮风挡雨、休息睡觉的处所，更多的是一种对生活品质的追求，是精神上的享受、体验。销售人员亲切的笑容和得当的言行举止、悦耳的背景音乐、优美的小区景观、完善的配套设施，无不传达开发商大力提倡生态、环保的理念，力求达到自然、建筑和人三者之间的和谐统一。进入样板间，精美的装修让人印象深刻，消费者甚至还可以坐在沙发上品茶聊天，“这就是我想要的家”，消费者会渐渐认同开发商以人为本、融入现代设计理念和文化理念的建设思路。要完成这种体验，通常需要消费者亲临现场。当然，现在有不少开发商开始利用虚拟网络技术建设网上看房系统，逼真地展示其楼盘及样板房场景，并且通过增加一些互动功能，使得看房者利用“键盘加鼠标”就可以在虚拟的世界里获得身临其境的看房感受。

---

① 程欣. 浅析房地产营销理念的创新. 市场周刊（研究版），2005（12）：28-29.

② 赵霓君. 房地产营销应引入绿色营销理念. 现代企业，2004（4）：61-62.

专栏 10-2

房地产体验式营销

龙湖致力于为客户创造“全景式体验”过程。以客户最佳体验为导向设计情景体验区，坚持交通便捷性、楼盘形象展示性、客户体验的选址原则。在设计风格上，注重创造客户理想生活方式的构成情境，从而使客户对产品产生情感认同，激发购买欲；在物业服务设计上，通过展示节点体现物业的细节管理，客户在体验过程中接受物业人员的服务，从而留下鲜活的印象。龙湖通过对各阶段接触点的规划和管理，保持售前、售中、售后客户体验的一致性。

10.1.3.6 基于大数据的精准营销

精准营销，是在精准定位的基础上，依托现代信息技术手段建立个性化的顾客沟通服务体系，实现企业可度量的低成本扩张之路，是有态度的网络营销理念中的核心观点之一。简单地说，就是在合适的时间、合适的地点，将合适的产品以合适的方式提供给合适的人。在庞大的房产数据中，企业利用数据采集、数据分析、数据挖掘为用户画像，从而达到精准营销。

在移动互联网时代，公众的利益和习惯是多样化和分散的，呈现出差异化特征。与此同时，公众通过某些兴趣和爱好自然地重新聚合。基于海量信息不断分散的现实，营销人员可以通过对大数据的打捞梳理、网络舆情监测、客户管理，重新清晰地勾画出目标消费者的轮廓。房地产企业通过数据交换、集成、分析，总结出各种现象背后的原因、特征、共性和交集，并预测客户需求的发展趋势，然后摸清客户的需求，从而采取适合客户需求的精准营销行为。开发商利用房产大数据库，利用数字技术为用户画像，可以快速筛选出目标人群，快速找到自己的目标客户，进行精准营销，减少了广撒网式广告对资金、人员等的浪费，还降低了时间成本，提高了利润。

10.2 房地产市场营销策略

10.2.1 品牌营销策略

10.2.1.1 品牌营销策略的内涵与意义

营销大师科特勒给品牌的定义是：一种赋予公司或产品的独有的、可视的、情感的、理智的和文化的形象。品牌首先具有特定的属性，这种属性需要转化成功能和情感利益，顾客购买的不是属性而是利益。品牌往往象征了一定的文化，体现了企业的价值感，此外，品牌还代表着鲜明的个性特征，体现了购买和使用该产品顾客的与众不同。

我国房地产业经过近几十年的发展，房地产企业之间的竞争已逐渐从价格竞争、规模竞争、质量竞争、功能竞争发展到今天的品牌竞争。品牌对消费者和开发商意义重大：消费者为了提高生活质量，满足受到尊重和自我实现的需求，降低交易成本和购买的不确定风险等，会较购买一般产品更加注重房地产开发商的品牌。开发商需要通过创造品牌来提高产品的竞争力，提高市场占有率和利润率，吸引消费者。随着行业集约化程度的提高，城市化、市政建设、交通等因素逐渐弱化了土地位置的不可替代性，社会分工的细化及标准生产使主流产品的功能趋于同质化，此时，品牌差异最能凸显产品差异，“房地产企业不能形成垄断地位，但品牌可以形成垄断优势”就是这个道理。打造品牌楼盘，树立楼盘品牌形象，走品牌化发展道路，将成为房地产企业的主要营销策略①。

要建立良好的品牌，必须以优良的品质、适合的价格提高品牌美誉度；以完善的售后服务提高品牌忠诚度；以适当的树立品牌形象的手段提高品牌影响力（如广告）；参加各类大型房地产展销会以展示公司形象、推销公司的楼盘；等等。

10.2.1.2　品牌营销策略的实施②

1. 精准的市场定位是房地产品牌营销的基础

房地产企业必须有前瞻性的眼光、敏锐的市场洞察力，为自己的房地产项目进行精准的市场定位。而精准的市场定位是建立在缜密的市场调查基础之上的，许多成功的品牌都有较好的市场定位。以奥林匹克花园为例，该项目是以“科学运动、健康生活”为开发理念，以“居住在于运动”为形象定位，以“更快、更高、更强”的奥林匹克精神为文化底蕴的大型体育主题连锁社区。奥林匹克花园开创了一个全新的居住理念，巧妙地将奥林匹克文化融入社区，实现体育与房地产的完美联姻，同时大胆跳出传统建筑工艺思路，实现运动和健康生活的互动。

2. 卓越的质量体系是创建知名品牌的保证

房地产是一项特殊的商品，其质量要求不同于其他行业。首先，规划设计质量要能体现可持续发展和以人为本的思想，有一定的超前性和可变性，既能满足当前需要，又为未来发展留有充分余地。其次，要创造一个较好的环境，在空间、地表、绿化、建筑布局等方面恰当合理，还应具备一定的文化品位，创造良好的人居环境，而且要有配套齐全的交通设施、生活服务设施、文化体育设施以及其他公共设施。最后，完善的售后服务、良好的物业管理，在创建品牌小区中有特殊的重要作用。

3. 以良好的社会形象树品牌

品牌建设要注重树立良好的社会形象。始终将技术创新和新房型开发作为两项最重要的任务。这方面最具代表性的成功企业是万科。万科对客户的服务是人性化的，其率先在全国范围内成功建立“万科会”，将其企业形象以最短的传播途径建立起来，可谓品牌营销的典范。其最大的卖点是始终保持产品品质优良、设计优良，一贯地尊重客户对住宅文化的需求，并始终如一地去满足客户所需要的住宅文化。

4. 以优秀的品质树品牌

房地产企业应以优秀的品质为品牌奠基。品质是一个综合性的概念，它不仅指建筑

---

① 陶建格，何利．基于 4C 的房地产全程营销模式与品牌研究．企业活力，2006（10）：30-31.

② 董飞．对我国房地产企业品牌营销现状及策略的思考．商场现代化，2006（2）：111-112.

物的质量，也包括诸如房型设计、小区园林生活配套、文化教育、管理服务等所有决定产品市场价值的因素。高质量始终是客户最关心的。以建筑质量为品牌特征的代表，如中海地产，特别强调房地产开发中的“过程精品”，即必须做到一流的建筑水平、一流的监理水平、一流的物业管理。由于消费者对楼盘的满意度高，从而信任楼盘的开发商，所以品牌本身可以促使消费者购买。从另一个方面来看，房地产行业本身保密程度较低，户型、立面等一旦面世，就无法避免被抄袭，想形成市场差异化，就必须有核心优势吸引客户，而企业的品牌恰恰是不可被复制的。

5. 以创新精神树品牌

品牌不是保险牌，品牌要靠创新来支撑。在影响品牌的众多因素中，创新是最关键的因素和最重要的驱动力，即品牌的根基。

房地产业多年来存在着产品类型单一、千楼一面的状况，而不断提升产品的功能及效用，是市场最基本的要求，也是符合品牌发展规律的，因此，房地产的创新行为是值得推崇的。

6. 以优秀的企业文化树品牌

企业文化是企业活力的源泉，是员工的积极性、创造性的根源。优秀的企业文化可以将全体员工的事业心和成功欲化为具体的奋斗目标、信条和行为准则，还可以培养消费者的忠诚度。目前，社会已开始由经济型社会向文化型社会过渡，社会文化正逐渐渗透到生活的各个领域，千姿百态的文化现象层出不穷。只有消费者在消费产品时感受到乐趣，企业才能真正培养起消费者的忠诚度。

专栏 10-3

万科的品牌定位

万科将自身定位为“城乡建设与生活服务商”，并具体细化为四个角色：美好生活场景师、实体经济生力军、创新探索试验田、和谐生态建设者。万科的品牌从生活细节出发，通过提供体贴周全的服务，创造优质的居住环境，与消费者共同建立一个能展现自我品味的理想生活。万科始终坚持为普通人提供好产品、好服务，通过自身努力，为满足人民对美好生活的各方面需求，做出力所能及的贡献。目前，万科所搭建的生态体系已初具规模：以人民的美好生活需要为中心，在住房领域，始终坚持住房的居住属性，坚持“为普通人盖好房子，盖有人用的房子”；在巩固住宅开发和物业服务固有优势的基础上，万科的业务已延伸至商业、长租公寓、物流仓储、冰雪度假、教育等领域，为更好地服务人民的美好生活需要、实现可持续发展奠定了良好基础。

10.2.2 价格营销策略

10.2.2.1 价格营销策略的内涵与内容

房地产价格作为一种价格杠杆，始终是购房者、开发商、竞争对手以及政府部门最敏感的话题。由于房地产具有独一无二性，供给有限性，价值、用途多样性，相互影响性，易受限制性和保值增值性等特性[①]，因此房地产没有一个统一价格，交易主体会根据房地产的自身条件、供求状况而接受不同的价格。同时，房地产市场已进入品牌竞争时代，随着房地产市场的逐渐成熟，理性的价格策略在房地产营销策划中显得愈发关键[②]。

虽然影响产品价格的因素有很多，但是企业在制定价格时主要是考虑产品的成本、市场需求和竞争情况。产品成本规定了价格的基数，而在竞争定价过程中，企业往往侧重于根据对价格产生重要影响的一个或几个因素来选定定价方法。开发商的价格营销策略通常有以下几种[③]：

1. 总体定价策略

从房地产企业定价的主要目的来看，房地产企业总体的定价策略一般可分为低价策略、高价策略、中价策略三种。每种定价策略各有不同的定价依据。采用低价策略，一般以提高市场占有率为其主要目标，而营销利润往往为次要目标。采用高价策略的主要目的是在短时间内回笼资金，而销量与市场占有率可能无法相对提高。中价策略适用于较为稳定的楼盘销售，以保持市场占有率。

2. 全营销过程定价策略

房地产全营销过程是指随施工建筑物的形成和不断接近竣工，根据销售进展情况，每到一个低价时点，按预先确定的幅度调高一次售价的策略，也就是价格有计划定期提高的定价策略。这种策略是较常见的定价策略，尤其适合处于宏观经济周期恢复阶段或者人气较旺的待售楼盘或小区。

3. 时点定价策略

它分为折扣和折让定价策略、单一价格策略和差别定价策略、用户心理定价策略。这种策略以销售价格为基准，根据不同的销售情况适当调整各出售单位的价格。

10.2.2.2 价格营销策略中的价格确定[④]

制定价格策略必须考虑三个最基本的因素，即所谓“3C 模式”：顾客需求表（customer's demand schedule）、成本函数（cost function）、竞争者价格（competitors' prices）。图 10－1 归纳了在制定价格中三种主要应考虑的因素。产品成本规定了某价格的最低底数；竞争者的价格和代用品的价格提供了企业在制定其价格时必须考虑的标定点；在该企业提供的产品要素中，独特的产品特性是其价格的最高限度。

房地产企业在为楼盘定价时必然要考虑这三个因素，但这三个因素在楼盘最终定价中所起的作用是不同的。一般来说，竞争对手的价格只是作为参考，而成本与消费者则是决定楼盘价格策略的根本因素。

---

① 柴强. 房地产估价理论与方法. 北京：中国建筑工业出版社，2009：16.

② 黄湘红. 浅析房地产价格营销策略. 广西城镇建设，2005（11）：20-22.

③ 李英姬. 浅谈房地产营销策略. 内江科技，2006（6）：28，30.

④ 王慧灵. 房地产品牌建设中的 4P 策略分析. 商场现代化，2006（33）：108-111.

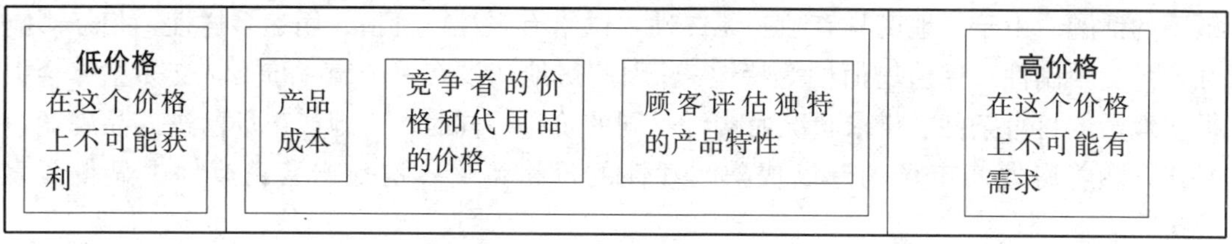

图 10-1　制定价格中的 3C 模式

资料来源：科特勒. 市场营销管理：亚洲版第二版. 北京：中国人民大学出版社，2003：46.

目前，国内房地产企业的定价策略主要有两种，即“成本＋竞争”定价策略和“消费者需求＋竞争”定价策略。“成本＋竞争”定价策略的决策流程大致是：计算出项目总成本→调查竞争对手的价格→加上预期利润→得出本楼盘的价格。“消费者需求＋竞争”定价策略的决策流程是：竞争对手提供的物业与价格如何→调查在该地段开发（与竞争对手）差异化物业，调整各项价格变数后消费者将愿意以何种价格接受何种物业→开发何种类型的物业、如何开发能实现战略目标→本楼盘最终的具体价格。

目前，国内多数房地产开发商选择的是“成本＋竞争”定价策略，因为它最简单易行，能“最清楚地知道自己能赚多少利润”。这是典型的“产品主导型”策略，虽然能在一定程度上给开发商以足够的信息，但也蕴含着两方面的风险：首先是定价过高导致产品存在滞销的风险；其次是定价过低导致难以获得高额利润的风险。

“消费者需求＋竞争”定价策略最大的好处是，由于以消费者的潜在心理接受价格为出发点，以竞争对手为参照，无论规划、设计、建筑、户型、配套、营销均以满足消费者的需求为原则，并时刻注意与竞争对手保持区别或跟随竞争对手，因而实现开发目标（高额利润或快速回笼资金）的各种措施、手段、过程始终都处于可控制状态，能使开发效率达到最高。但这一定价策略需要开发商有以消费者为中心的开放心态，开发商需要认识到价格与产品、市场、销售、形象、宣传推广一起构成了一个互有关联的系统策略，开发商需要在前期做大量的市场调研和专业研究，同时需要大量的具备专业与市场知识的管理人才。

10.2.2.3　价格营销策略中的定价战术①

1. 开盘定价战术

房地产价格走势需要依阶段性营销目标的不同而调整，其中最为关键的是开盘定价，通常开盘定价有低开高走及高开低走两种战术。低开高走战术就是按照开盘项目的进度，根据销售进展情况，每到一个调价时点，按一定幅度调高售价的战术。可根据成本定价法，参照附近地区的楼盘价，结合市场需求予以确定低开高走开盘价。低开高走能给消费者以实惠感，容易聚集人气，提升士气，促进资金迅速回笼并易形成良好口碑。低开高走战术适合以下楼盘：总体素质一般的项目、城市边缘的大项目、竞争激烈的项目。高开低走战术即吸脂定价策略，就是在开盘初期以高价销售，迅速从市场获取丰厚的营销利润，再见机降价，力求尽快将投资全部收回。高开低走给人以项目高品质的感觉，但难以聚集人气，有一定的营销风险。高开低走战术适合以下楼盘：具有创新性、独特卖点的项目；综合性

---

① 黄湘红. 浅析房地产价格营销策略. 广西城镇建设，2005（11）：20-22.

能好、功能折旧慢的项目。

2. **旺销价格战术**

项目旺销时，开发商可根据初始定价和潜在顾客群的情况采取以下战术：较大幅度提高售价，但幅度不宜过高，以增加更多的利润及保持旺销的销售局面，或保持售价不变，以吸引更多的顾客，在短时间内将项目售罄。

3. **滞销价格战术**

实惠永远是购房的第一动力，当项目滞销时，一般情况下开发商应避免直接降价，可根据初始定价采取各种各样的变相降价战术，以应对顾客买涨不买跌的消费心理，如可以采取提高装修标准，或增加优质服务，或赠送物业管理费及其他附加费等措施吸引客户，增强客户的信心。

4. **尾盘价格战术**

尾盘即主要战略任务完成后尚未售出的商品房，这些商品房一般都具有某方面的缺陷：如位置、朝向、楼层、户型、采光、通风不佳，单套面积不适，甚至“风水不好”等。尾盘价格战术有降价清货和精细营销等。降价可以是明降，如直接降价大让利，也可以是暗降，如更大的折扣、差别定价、送豪华装修、送电器、送家具、送物业管理费或大礼包、返现金等。

10.2.3 渠道营销策略

10.2.3.1 渠道营销策略的内涵

产品的出售或分销方式，可以对品牌资产和最终销售产生深刻的影响，而这种方式的表现形式便是营销渠道。所谓营销渠道，是指“产品生产者直接或间接向最后消费者或产业用户转移所有权所经过的途径”。从经济的观点看，其基本职能在于把产品从生产者转移到消费者所必须完成的工作加以组织，消除生产者与消费者之间的距离。

渠道按其作用主体可以分为直接渠道和间接渠道。直接渠道是指通过个人联系，以信件、电话、电子手段、交流往来等方式将产品出售给潜在的客户。间接渠道是指通过第三方中间人（如代理或经纪人代表、批发商或分销商、零售商）出售产品。通过表 10－2 可以看出直接渠道和间接渠道所适合的场合是不同的。

在房地产营销中，有三种主要的营销渠道，即开发商直接销售、委托代理商销售和委托房地产经纪人销售，前一种属于直接渠道，后两种属于间接渠道。

表 10－2 直接渠道和间接渠道适合的场合比较

直接渠道比较适合的场合	间接渠道比较适合的场合
1. 对产品信息的需求高	1. 产品门类众多是基本特征
2. 对产品顾客化的要求高	2. 产品的易获得性很关键
3. 采购的批量大小很重要	3. 售后服务很重要
4. 物流很重要	

资料来源：王慧灵．房地产品牌建设中的 4P 策略分析．商场现代化，2006（33）：108-111.

10.2.3.2 开发商直接销售策略

开发商采用直接销售的方式能够与消费者直接接触，因此，有利于收集消费者对产品的意见，有利于改进企业工作，提高竞争能力和树立良好的企业形象。但是，这种方式要求开发商具有很强的销售力量，包括一个有效的营销机构和一批既懂房地产营销知识，又懂相关法规的高素质营销团队。

在开发商直销中，销售人员代表开发商与客户洽谈、签订协议，因此，销售人员不仅应具有较高的素质，而且必须掌握房地产专业的相关知识，并对所推介的楼盘非常熟悉，对市场上同类竞争项目也相当了解，这样才能更好地向顾客推介楼盘。

10.2.3.3 委托代理商销售策略

对于一般的中小型开发商，考虑到自身的实力以及聘用专职销售人员的成本，多采用委托代理商销售的方式。而有些开发商虽然拥有自己的销售团队，但有时也要借助代理商。

专业的代理商并不是简单地接手开发商推出的楼盘，将它推销出去，而是在项目的前期就已介入。开发商拟开发的楼盘应该进行怎样的市场定位、户型如何安排、如何拟订合适的价格，代理商都可根据其专业知识及收集的市场信息来出谋划策。在楼盘的推销过程中，由于代理商具有丰富的推销经验，往往能很好地完成推销工作。

委托代理的形式一般有以下几种：联合代理与独家代理，买方代理、卖方代理与双重代理，首席代理与分代理。开发商可根据项目的具体情况采用不同的代理形式。

10.2.3.4 委托房地产经纪人销售策略

经纪人是在经济活动中，以收取佣金为目的，为促成他人交易而从事居间、行纪或代理服务的中间人。在市场经济环境下，经纪人是市场经济发展的必然产物，也是推动市场有序发展的重要力量。

对于受托进行房地产销售的房地产经纪人，其主要职能如下：

(1) 协助开展有关房地产的推广、宣传等活动，以吸引最好的买家或租客；

(2) 代顾客物色适合购买或租用的房地产产品；

(3) 收集有关房地产资料，例如房地产所在的地区、位置，有关租约资料或地契资料等，以协助交易有效、顺利地进行；

(4) 联络金融机构，洽谈有关房地产抵押贷款条件及各项细则；

(5) 联系律师事务所，进行交易程序；

(6) 提供意见，以协助各方面完成房地产交易。

10.2.4 促销策略

10.2.4.1 房地产促销策略的内涵

现代市场营销不仅要求开发商开发好的项目、制定出合适的价格，还要求它们与现实或潜在的顾客沟通，使他们对本企业所开发的房地产产品产生兴趣和购买的欲望，进而购买产品，获得满足。

促销在房地产销售中的作用有以下几方面：一是提供信息情报。在楼盘正式销售前，开发商必须把该楼盘的特点传达到消费者、用户等目标市场中，从而引起消费者的注意，引导他们消费并方便其消费。二是激发购买欲望，扩大市场需求。开发商无论采取什么样的促销方式，目标只有一个：激发潜在顾客的购买欲望。有效的促销活动不仅可以诱导和激发需求，在一定条件下还可以创造需求，从而使市场需求朝着有利于开发商销售的方向发展。三是宣传产品特点与开发商形象，保持产品竞争力。开发商通过有效的促销，宣传本楼盘与其他竞争对手的楼盘的不同特点及它给消费者带来的特殊利益，从而在市场上树立良好的形象，保持竞争能力。四是扩大市场份额。在许多情况下，开发商的销售活动会出现上下波动，甚至出现较大波动，因此，开发商可有针对性地开展各种促销活动，使更多消费者或用户了解、熟悉产品，从而稳定老客户、发展新客户，扩大市场份额、巩固市场地位，使自身维持在一个强有力的竞争环境中①。

10.2.4.2 房地产促销策略的内容

目前，常见的房地产促销策略有下面几种②：

1. 让利促销策略

让利促销，即开发商把该赚的一部分钱让利给消费者。常用的表现方式有：价格营销、打折、送家私、送装修、买房赠送车位、免若干年的管理费等。采取让利的方式促销往往是不得已而为之的下策，使用这种方式其目的是通过看上去有利可图或有便宜可占的因由，把消费者吸引过来。这种方式通常在以下情况中使用：市场不景气，销售受阻；产品缺乏竞争力，只得采取优惠措施；前期市场判断失误，定价过高，令消费者难以接受；尾盘销售；等等。

2. 广告促销策略

“酒香不怕巷子深”的产品经营年代已成为过去。如今，再好的商品，如果得不到消费者的认可，那么它应有的价值和社会效应也就无从实现。目前，大多数楼盘的销售是靠发布广告来吸引消费者的。广告主要在房地产产品进入的导入阶段大量使用，有包装楼盘和对外宣传的作用，是积聚人气的重要一步。

好的广告策划只要想出一个卖点，就足以让消费者将其与其他竞争性楼盘明显区别开来。随着广大居民消费倾向与消费心理的变化，楼盘的“卖点”也在逐年转变。

3. 营业推广策略

常见的如付款折扣、零款入住、无息按揭、零首期按揭等；另外还有房地产超市营销、集体购房行动等。房地产超市营销是我国楼市营销理念、营销方式的一次改革和突破，为商品房销售带来了新的思路和转机。这一销售趋势有望成为将来楼市营销的一种重要方式。而集体购房行动一直是开发商愿意接受的销售方式，最直观的收益表现在可

---

① 韩锡政. 浅论促销策略在现代企业中的运用. 科技情报开发与经济，2006（2）：178-179.

② 李英姬. 浅谈房地产营销策略. 内江科技，2006（6）：28，30.

以快速回笼资金。资金的快速周转必然会缩短开发周期，形成良性循环。

10.3 房地产市场营销运作

10.3.1 房地产市场细分与销售渠道的选择

10.3.1.1 房地产市场细分的概念

市场细分是为了识别出对某一类产品或服务具有购买欲望的顾客，而这一类产品或服务与其他细分市场上的产品或服务又有显著的区别。房地产市场细分，是指人们在目标市场营销观念的指导下，依据消费者的需要、欲望、购买行为和购买习惯，将房地产市场整体分为若干个具有相似需求和欲望的房地产消费者群的市场分类过程，其中，每个消费者群即为一个细分市场。

10.3.1.2 房地产市场细分的作用

1. 有利于房地产企业发现新的市场机会

房地产市场是一个容量大、品种多、配套服务性强、需求多样化、机会很多的市场。抓住一个新的市场机会，对房地产企业来说，就意味着可能开拓一个新的经营业务领域，占据更多的市场份额。市场细分是房地产企业不断发现新的市场机会的有效手段。

2. 有利于房地产企业选择目标市场和制定市场营销策略

房地产市场细分是房地产企业选择目标市场的前提与基础，其根本功能在于为房地产企业实施有效的目标市场营销战略服务。市场细分后的子市场比较具体，企业比较容易了解消费者的需求，可以根据自己的经营思想、方针、生产技术、营销力量确定自己的服务对象，即目标市场。同时，在细分的市场上，信息容易了解和反馈，一旦消费者的需求发生变化，企业可迅速改变营销策略，制定相应的对策，以适应市场需求的变化，提高企业的应变能力和竞争力①。

3. 有利于房地产企业集中资源开发市场

无论规模多大、实力多雄厚的房地产企业，其人力、物力和财力总是有一定限度的。面对需求种类繁多的房地产市场，通过市场细分，企业能找到最适合自己的一项或几项经营业务，提高企业对市场的应变能力，从而把本企业的人、财、物相对集中地投入这些业务中，针对目标市场制定适当的营销组合策略，以取得最大的经济效益。

10.3.1.3 房地产销售渠道的选择

1. 选择销售渠道的主要因素

（1）商品房因素。对于不同类型的商品房，要有针对性地选择销售渠道。对于普通居

① 范志国，许静．浅谈房地产营销中的市场细分．中国房地产，2005（5）：25-26．

民住宅，由于面向一般收入居民，消费对象的地域分布相对集中，可以采取直销方式；对于别墅住宅，由于主要面向中高收入者，消费对象的地域分布相对分散，宜采取非直销方式。

（2）市场因素。根据市场面的大小和客户数量的多少来选择销售方式。通过对客户的购买数量、客户的购买能力、客户对商品房使用功能的要求、市场竞争对手的销售渠道以及中介组织（经纪人）等方面的了解，确定目标产品的市场面，并据此选择销售方式。

（3）企业本身的因素。企业本身的因素包括企业的经营能力、管理能力、销售经营与推销技巧，以及企业可能提供的服务、企业的声誉和企业的发展策略等。

（4）国家政策、法令因素。国家的政策、法令等规范着房地产企业活动的全过程，对企业整个开发经营活动的进行与成效都起着决定性的作用。

2. 选择销售渠道的策略

在具体选择房地产销售渠道时，主要应考虑以下几种情况：

（1）直接渠道和间接渠道。直接渠道是实现产销一体化的主要方式，选择这种方式的主要优点是：便于了解客户的心理需求；便于控制价格，有较大的主动性和灵活性。间接渠道不是产销一体化的主要方式。一般来讲，在销售市场中，当房地产销售范围小、销售价与成本价相差大、企业有自己的营销队伍、营销经验丰富及财力雄厚时，可以采取直销的方式；否则，还是以间接销售为好。

（2）短渠道和长渠道。只经过一个中间商的商品销售渠道称为短渠道；经过两个及以上中间商的商品销售渠道称为长渠道。不论是短渠道还是长渠道均为间接渠道。一般情况下，应尽量减少中间环节，以利于节省商品流通费用及交易成本。

（3）宽渠道和窄渠道。销售渠道的宽窄是指在一个时期内有多少中间商为生产者销售某种产品，经手的中间商多，渠道就宽；反之，渠道就窄。通常，商品房数量大、市场面广、可广泛推销，可以选择多家中间商进行销售。某些高档商品房、特别的（独特风格）商品房，宜选择一家中间商经销。

实际中，具体情况要具体分析，且多种渠道可搭配、组合使用。

10.3.2　房地产市场营销的策划

房地产市场营销的策划是指运用整合营销概念，从观念、设计、区位、环境、房型、价格、品牌、包装、推广上对开发建设项目进行整合，合理确定房地产目标市场的实际需求，在深入了解潜在消费者深层次及未来需求的基础上，为开发项目规划出合理的建设取向，使产品及服务完全符合消费者的需要，并通过让消费者满意使开发商获得利益的过程。

10.3.2.1　房地产公开发售的策划与运作

1. 产品定位

合理、恰当的产品定位是成功出售房地产产品的基本条件，产品定位可以分为以下几种：

（1）市场定位。房地产市场定位的主要目的是通过实现产品的适销对路，最大限度地去争取消费群体对房地产的需求量。在产品定位的基础上，一切营销推广手段都应围绕这一消费群体展开，以便实现既定的目标。

（2）功能定位。房地产产品具有功能性，一般较多涉及写字楼、商铺、酒店、公寓，由于公务、商务活动越来越现代化，用户要求的不仅是一个办公场地，对商厦的现代化办公设施、经商行为、发展潜力也提出了要求。因此，在销售写字楼、公寓等物业时，功能的作用愈发显得重要。

（3）专营性定位。专营性定位就是把物业先设定为服装、鞋业、电脑、通信设备等中心，然后开发商设计营业方向，将之切割出售，这样就能满足部分客户的要求，而且营造出整体的商业氛围，从而吸引更多的买家。

（4）象征性定位。由于居民的消费水平不同，通过价值取向的自然选择，很多物业无形中形成了高尚住区、“贵族”住区、普通住区等。房地产开发商可以用形成物业档次的方法，对居住在小区的阶层给予一定的身份特征——象征性定位。如香港的半山，广州的锦城、名雅苑、白云堡、碧桂园，北京的龙苑别墅，美国的比弗利山庄等，都是这种自然选择的结果。开发商营造了象征性群体，他们通过购买、居住获得了归属感、荣誉感、自豪感。

2. **价格确定**

价格确定是指通过对市场的调查，利用一定的方法确定房地产产品价格的过程。从商品的定价来讲，主要有以下几种方法。

（1）类比法，即通过判断、比较，清楚所推销的物业在同行业中属于上、中、下哪一种，然后确定相应的价格水平。类比法的步骤见图 10-2。

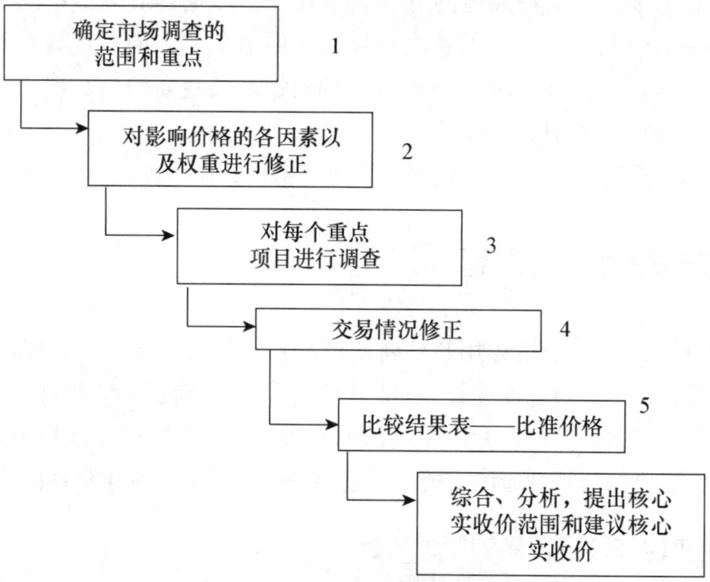

图 10-2 类比法的步骤

（2）成本法，即根据所判断的包括税金、推广费等在内的综合成本及利润期望值的幅度，确定是采取微利多销还是高价高利润等方法销售。这种判断主要根据开发商自身和市场情况确定。

（3）评估法，即由专业地产评估师对楼盘进行全方位的评估后做出定价。

3. **定价比例**

定价比例是指对同一批物业不同建筑，或同一建筑不同楼层、方向确定价格差别比例的过程。对于同一建筑来说，先设定一个标准层，高层一般定在 1/2 高度，多层一般 3～4 层（9 层以下）为最好。然后确定一个楼层系数，标准层以上一般每层加价比例为 0.8%，标准层以下每层下调 0.5%。在高层建筑中，7 层以下因其视野受限，一般应为低价区。

（1）住宅的定价。用户选择购房不仅受楼层的影响，房屋所处的两个主立面的景物和视野如街景、江景、马路等亦是影响楼价的因素之一，即朝向系数。一般来说，江景、街景等给人以视觉上的享受，朝向系数大，为 8%～10%，而临马路因噪声大、尘埃多，朝向系数较低，为 3%～5%；楼盘的南、北两个方位，如无景观差别，一般南面售价高于北面。有的楼盘，因其朝向系数不合理，好的楼层和好的朝向全部卖光，剩下的全部都是不好卖的，使楼盘出现滞销状态。

（2）商铺的定价。由于顾客一般习惯在首层购物，因此首层商铺的定价一般是住宅平均价的 3 倍以上。

（3）车位的定价。车位的每平方米定价一般相当于住宅的 50%。

4. **概念的策划与引导**

从某种意义上讲，买房子首先是买概念，这是人们在生活中越来越注重的问题。假如开发商以无法模拟的方式对消费者的观念形成施加影响，使其树立的品牌与其竞争者之间形成巨大的差距——感觉、吸引程度方面的差距，那结果便会截然不同了。开发商在物业推出之前，先为物业树立一个概念，营造出品牌形象，以吸引消费者，并使之深入人心，之后再画龙点睛，隆重地推出物业，由此造成一种轰动效应。

5. **销售的组织和实施**

房地产销售主要通过专业人员来完成，因此组建高水平的营销队伍是成功销售的基本内容。

物业的销售要实行专业对口，以互补的模式将自有队伍与中介公司相结合。中介公司具有国内外客户网络，在谈判、销售技巧等方面都有独到之处，是主要的营销队伍。但长期从事房地产开发的开发商，也必须自己建立一支具有高水平推销策略和战术的专业队伍。培养和提升销售人员的敬业精神十分重要。一个优秀的推销员不仅仅推销产品，也推销人格、品位、审美价值，如果没有与客户建立起良好的关系，而是单单进行产品的推销，是不可能成功的。

10.3.2.2 大宗交易的策划与运作

房地产开发商能够将所拥有或兴建的物业整盘整幢一次性转让出去，对于化解企业的市场风险、缓解资金不足、实现预期收益、降低销售成本等都是非常有益的。开发商必须抓住机遇，果断正确地决策，促使交易获得成功。这需要从以下因素进行策划：

1. **叫价**

大宗交易的叫价学问，难处在于不可补救，零售就不会有这种担心。因此，要注意以下几种叫价形式：

（1）直接式叫价。明码实价，回旋余地小，这在房地产呈卖方市场中是常用的交易方式。

（2）间接式叫价。先试探性报价，留有交易余地，最后双方协商让步完成交易。

（3）透明叫价（玻璃价）。让对方容易弄清你的经营成本，并在比较中与你成交。

（4）隐蔽价。对方不清楚你的经营状况，以自身的购买目的为准，在交易中一般采用此种交易方式。

需要指出的是，叫价与成交价的回落值在 8%～12%比较正常；相反，叫价的虚值部分过高，可能一开始就会导致失败。

2. 谈判的阶段与队伍

大宗交易谈判旷日持久，一般需要一年半载，大致分为以下几个阶段：（1）牵线和意向阶段；（2）邀约和信誉调查，项目和公司评估审计；（3）交换法律文件和资信证明，查验银行近期存款余额；（4）起草合同文本及附属文件；（5）草签或正式签字；（6）执行和制约机制的设定（法人地位，水、电控制），定金 5%，首付款 15%～30%。

谈判班子主要由负责经营的具有相当授权的领导、公关人员、会计师和律师组成。

3. 转让方式

转让方式包括整盘计价转让（物业整盘、整幢一次性计价转让）、分项计价转让（物业分成单项或几项分别转让）、先回购后转让（购回已开发的物业后再进行转让）、部分股权转让（物业折算成股份，再转让股份中的一部分）、全部股权转让（卖出公司法人资格）等。

4. 风险与防范

由于执行合同时间跨度大、建设周期长，其间会有建材设备价格波动、进口关税变动、政策因素影响、金融汇率变化等，如果没有一定的预见性，很可能预期利润会不翼而飞，还会出现亏损。因此，对合同风险、财务风险以及成本敏感性变化都要有所预测和防范，以确保预期利润的安全实现。

10.3.2.3 房地产市场营销策划的“六个注意”①

1. 注意各种资源的整合利用

为了有效地整合房地产开发项目的客观资源，必须做到以下几点：第一，要把握好整合资源的技巧。在整理、分类、组合中要有的放矢，抓住重点，使客观资源的合力加强，达到 1+1>2 的效果。第二，整合好的各种资源要围绕项目开发的中心主题进行运作。第三，要善于挖掘、发现隐性资源，如创新、独到的主题资源大都是隐藏起来的，不易被人发现，需要策划人运用聪慧的头脑去提炼、去创造。

2. 注意做到实事求是

在房地产策划运作的过程中，策划人要实事求是，使自己的主观意志自觉能动地符合策划对象的客观实际。

---

① 温平．提高房地产营销策划效果的有效途径．经济师，2005（12）：169-170.

3. **注意营销策划方案的切实可行**

房地产营销策划行为应时时刻刻地为项目的科学性、可行性着想，避免出现不必要的差错。在这一过程中，需要研究所实施的策划方案是否可行、方案的经济性是否可行以及方案的有效性是否可行等。

4. **注意把握好营销策划的整体效果**

从房地产营销策划的整个过程来讲，它分为开局、选局、布局、运局和结局等过程，每个过程都跟全局有密切的联系，每个局部的运作好坏都会对全局产生影响。在整体规划的前提下，部分服从整体，局部服从全局。在市场调研阶段，如果图省事，不深入了解当时的市场状况、竞争态势以及宏观政策等问题而盲目运作，就会遭受惨重的失败。

5. **注意在营销策划中体现人文精神**

人文精神包括人口意识及文化意识。人口意识是指人口的数量和质量水平、人口年龄结构、家庭婚姻等表现出的社会思想；文化意识包括人们在特定社会中形成的特定习惯、观念、风俗及宗教信仰等社会思想。

6. **注意在营销策划中灵活应变**

要在动态变化的复杂环境中，及时准确地把握发展变化的目标、信息，预测事物可能发展变化的方向、轨迹，并以此为依据来调整营销策划目标和修改策划方案。

10.3.3 房地产广告策划

广告是企业对目标购买者传达说服性信息的活动之一，是将产品传达给消费者的重要过程。房地产广告是一种动态的传播活动，除了要借助于正常的传播媒介之外，还要使用大量的户外广告，如接待中心、样板房、现场参观、交通广告、气球广告、广告函件等。使用最经济、最有效的工具及方法，在最适当的时间和地点，将房地产产品的特点及魅力有效地传播给广大购房者，是房地产广告策划的主要目的。

10.3.3.1 房地产广告的类型

1. **根据广告的目的，房地产广告可以分为软广告和硬广告两大类**

（1）软广告及其类型。

软广告是通过文章的形式达到树立形象和促进销售的目的，尤其以树立企业和楼盘的公众形象居多，其具体形式有以下几种：

1）开发商的企业形象广告。可以是开发商的简介、以往业绩、如今的奋斗，也可以是开发商总经理或董事长的访谈录、个人印象采风等，以期通过决策者公众形象的树立增加可信度和认同感，最终促进旗下楼盘的销售。

2）楼盘情况介绍。通常有三种形式：一是纯粹的楼盘介绍，表现其突出卖点；二是楼盘工程或销售进度的阶段性成果汇报，如开盘、热销比例、结构封顶、竣工等节点；三是通过散文的形式描绘居住在本楼盘的意境。

3）各期活动传真。也就是在楼盘销售过程中举行的各种活动的采集报道、现场直播报道，如征文活动、大型游园咨询会、促销活动等。采用“专家研讨会”和“客户征询会”方式，通过对专家意见和客户言谈的报道并配以真实照片，可信度和认同感极高，能够对销售产生良好的后续影响。

4）市场信息统计发布。主要是中介咨询信息公司将部分自有的市场信息公之于众，在给其他企业和购房者提供信息的基础上树立自身专家地位。这类软广告所占篇幅不大，出现频率相对固定。

（2）硬广告及其类型。

硬广告是指直接介绍商品、服务内容的传统形式的广告。通常在新闻媒介上占有一定的位置，版面大小有整版、半版、1/4 直版、通栏和半通栏之分。在有限的版面内通过文字、图案、色彩的组合将楼盘信息传达给购房者。依据不同的分类标准，硬广告可以分为不同的类型。

1）依据广告性质的不同，可分为楼盘广告和企业楼盘综合广告。楼盘广告只围绕楼盘本身的情况如地理位置、卖点、小区情况等展开，至于开发商、代理商、设计商、承建商等相关单位只简单列示，不做具体介绍。大部分硬广告即属此种类型。企业楼盘综合广告是指对开发商的介绍在广告中占一席之地，开发商与楼盘彼此映衬，通过形象的树立来促销。

2）依据广告目的的不同，可分为五种类型。

第一，告知型广告。告知型广告一般出现在开盘前期和初期，目的在于提高楼盘的知名度和潜在客户的认同感。一般采用简介形式并配以效果图。

第二，说服型广告。说服型广告主要出现在销售中期，目的在于揭示楼盘的种种优点或卖点，劝说购房者接受产品，以期提高市场占有率。

第三，提示型广告。提示型广告贯穿整个销售周期，目的是通过对各种事件的提示、传达，引起购房者的注意。事件可以是工程进度达到阶段性目标、样板房制作完毕、房展会展台位置通知、全面调价或优惠说明、新房型问世等，以此提请购房者注意，也给购房者相关信息。

第四，形象型广告。形象型广告往往配合楼盘或开发商的获奖情况而作，以提升整体形象和品质。

第五，促销型广告。促销型广告通常出现在节假日、喜庆活动期间，采取的手段以价格为主，也有推出保留型房、获赠礼品等多种形式。

2. 根据一则广告所传达内容范围的大小，房地产广告可以分为单一卖点型、若干卖点型和综合传达型三种

（1）单一卖点型。这是指一则广告基本围绕一个卖点展开，如价格、房型、地段、品质、环境或其他。单一诉求能直接吸引人们的注意，使广告目标集中且奏效。

（2）若干卖点型。这是指一则广告强化几个卖点的作用，在有限的空间传达几条信息，从而利用了版面篇幅，但阅读者的接受保留期较单一卖点型广告短。

（3）综合传达型。此类广告几乎包含了该楼盘的全部信息，且各自比重相持不下，信息完全却不容易达到效果。若设计表现不力，容易给人堆砌零乱之感，不便注意和记忆。

10.3.3.2　房地产广告策划的原则

开发商可根据营销战略的需要，将几种广告类型结合起来考虑，组合运用。在进行广告策划时，应遵循以下原则：

1. 时代性

策划观念应具有超前意识，符合社会变革和人们居住需求变化的需要。当前，住宅建设模式强调住宅空间的开放型、智能型、社交型、郊区幽雅型等概念都是现代人的住房消费观念，是房地产广告策划应捕捉到并能恰当体现出来的。

2. 创新性

策划富有创意，能够塑造楼盘的独特风格，体现“把握特色，创造特色，发挥特色”的策划技巧。地段牌、绿化牌、房型牌、物业管理牌、人文牌、教育牌被称为房地产广告的“六张牌”，要根据物业的特点以及市场状况打好一张或多张牌，创造好的市场效果。

3. 实用性

策划应符合营销战略的总体要求，符合房地产市场和开发商的实际情况，实现成本低、见效快和易操作的特点。

4. 阶段性

策划应围绕房地产营销的全过程有计划、有步骤地展开，并保持广告的相对稳定性、连续性和一贯性。

5. 全局性

广告、销售促进、人员推销和宣传推广是开发商促销组合的四种手段，广告策划需要兼顾全局，考虑四种方法的综合效果。

10.3.3.3　房地产广告策划的内容

房地产广告策划内容丰富，步骤众多。策划者各有各的做法，繁简不一，没有统一模式，但大体上可分为五个部分，即广告目标、市场分析、广告策略、广告计划和广告效果测定。

1. 广告目标

广告目标主要确立广告的类型、广告欲达到的目标和有关建议。

2. 市场分析

市场分析主要包括营销环境分析、客户分析、个案分析和竞争对手分析等。若开发商在营销策划时已将宏观和微观营销环境分析得透彻、准确，则可将重点放在其他几项分析上。客户分析主要分析客户的来源和购买动机，如信赖开发商、保值增值、楼盘设计合理、地段较好、价位合适等，也要分析客户可能拒绝的原因，如附近有更合适的楼盘、交通不便、购房投资信心不足等。个案分析主要分析开发商的实力、业绩、楼盘规划、设计特色，主要设备和装修情况，配套设施情况以及楼盘面积、结构、朝向、间隔、价位等方面的情况。进行对手分析时，除了要分析竞争对手的实力和竞争楼盘的情况，还要分析竞争对手的广告活动，扬长避短。

3. 广告策略

广告策略的制定可从以下五个方面着手：

（1）目标市场策略。开发商通常并不针对整个目标市场做广告，而只针对其中的某个细分市场。哪个细分市场需要广告配合，广告就应该以哪个细分市场为目标并采取相应的广告策略。以兼有多层和高层住宅的小区广告策划为例。当小区刚起步时，以开发深受市场欢迎的多层住宅为主，这时可采用开拓性广告策略：广告结合多层住宅的销售热潮不断强化小区的知名度和客户的认知度，使楼盘迅速进入市场。当小区逐步成型时，则采用劝说性广告策略：广告以说服客户购买、提高市场占有率为目的。当小区初具规模，欲推出高层楼盘时，可采取提示性广告策略：通过广告造声势，以提醒客户留意认购期为主要目的。

（2）市场定位策略。市场定位策略的根本目的是使楼盘处于与众不同的优势位置，从而使开发商在竞争中占据有利地位。定位时可根据目标客户群的要求，采取价格定位策略、素质定位策略、地段定位策略、时尚定位策略等。市场定位不能偏差或含混不清，否则广告诉求重点不明，难以给受众留下特定的鲜明印象。

（3）广告诉求策略。根据诉求对象、诉求区域的特点，房地产广告可采用理性诉求策略，即通过真实、准确、公正地传达开发商或楼盘的有关信息或其带给客户的利益，让受众理智地做出决定；也可采用感性诉求策略，即向受众传达某种情感或感受，从而唤起受众的认同感和购买欲；当然还可用情理结合的诉求策略，即用理性诉求传达信息，以感性诉求激发受众的情感，从而达到最佳的广告效果。

（4）广告表现策略。广告表现策略要解决的是广告中信息如何通过富有创意的思路、方式以及恰如其分的广告表现主题传达给受众。广告诉求的重点通常是楼盘的优点和特色，而广告表现的主题则具有更深一层的内涵，即楼盘带给客户的是生活品位的提高和由此而生的自豪感、优越感。广告表现策略要求用创意对广告信息进行包装并确定广告设计、制作的风格和形式。

（5）广告媒介策略。据统计，80%的广告费用于广告媒介，若媒介选择不当，就有可能造成投入高、见效低的结果。房地产广告通常选用的方式有：户外广告，如工地围墙宣传画、路牌、电梯间广告、公交站点广告等；电视广告，如宣传片、专题片、栏目冠名等；广播广告，如栏目冠名；公关活动，如促销活动、时尚公益活动、业主活动等；网络广告，如微信、微博、直播看房、中介信息咨询等；印刷广告，如报纸、杂志、项目楼书、手提袋、宣传单等；现场广告，如售楼部、样板房、业主活动等；小众媒体，如小礼品发放等。

4. 广告计划

广告计划又称广告实施计划，内容包括广告目标、广告时间、广告诉求、广告表现、媒体发布计划、与广告有关的其他公关计划、广告费用预算等。在形成书面的广告计划书时要注意提案的技巧、文字的风格和格式的赏心悦目。

5. 广告效果测定

广告效果通常是在广告发布后测定的，对于房地产广告却不太合适，因为事后测定不利于控制广告效果。较为明智的做法是在广告发布前就进行预测。先邀请目标客户群中的一些代表对广告的内容和媒介的选择发表见解，通过分析反馈意见再结合部分专业人士的建议，反复调整，就可使广告计划日臻完善。

10.4 房地产市场营销策划案例

××新城营销策划方案（部分）①

10.4.1 项目开发步骤建议

10.4.1.1 总体开发战略

项目总占地345 506平方米，约518亩。按目前的初步规划，分为多层住宅部分、花园洋房部分、别墅部分、酒店及会所等配套设施部分、商业用房部分，共5部分。按常规开发节奏，预计项目总体将分为4期开发，开发周期为3～4年。如果资金充裕，市场状况持续走强，开发周期尽可能缩短为2～3年。

从项目整体开发的高度上考虑，本项目整体开发过程可分成前期、中期及后期三个阶段，在开发过程中，各阶段目标见表10-3。

表10-3 ××新城项目销售情况预测

开发阶段	完成目标	目标详述
项目总体开发前期	项目形象塑造	初步树立项目品牌形象，形成良好的市场口碑，扩大市场影响力，积累中期潜在客户
	回收前期投入成本	低价策略打开市场局面，以收回前期投入成本为目标，使资金尽快回笼并转入中期开发
	完成多层住宅开发量的50%及部分其余产品	多层住宅人群较密，前期重点开发多层住宅，以聚集人气，为商业部分开发进行铺垫
项目总体开发中期	项目主体及商业部分开发	完成项目总开发量的50%
	进一步树立项目品牌形象	鉴于中期开发量增加，客户需求量增加，推广力度势必加大，以寻求更多的购房者对本项目进行消化
	在确保资金回笼速度的情况下完成总体利润的50%，总体开发成本基本收回	价格逐步推高，但首先保证资金回笼速度
项目总体开发后期	项目后续开发完成	项目全貌逐渐呈现，先期开发的社区逐步完善成熟，大大降低后期开发单位的销售难度，并带动中前期滞留单位的消化
	项目整体形象塑造完成	项目形象已深入人心，社会影响力完全成形，目标市场进一步扩大
	完成剩余利润目标，并实现项目利润最大化	此时无销售压力，价格逐步推进至高位，以利润最大化为最终目的

① 根据中原地产《××新城项目全程策划报告》改写，见房策天下网。

10.4.1.2 项目开发计划

项目开发各阶段产品面积（配比）情况见表 10－4：

表 10－4 项目开发各阶段产品面积（配比） 单位：平方米

产品类型	项目开发一期	项目开发二期	项目开发三期	项目开发四期
多层住宅	72 113（50%）	—	72 113（50%）	—
花园洋房	19 230（20%）	57 690（60%）	—	19 230（20%）
别墅	8 012（10%）	24 038（30%）	—	48 075（60%）
商业用房	2 250（15%）	6 750（45%）	6 000（40%）	—
酒店及会所	—	—	—	10 000（100%）
各阶段完成总体开发面积（比例）	101 605（29.41%）	88 478（25.60%）	78 113（22.61%）	77 305（22.37%）

项目开发具体阶段的对应区域、目标、工作内容见表 10－5：

表 10－5 项目开发具体阶段的对应区域、目标、工作内容（不含价格变动因素）

开发阶段	开发区域	阶段性目标	具体工作内容
一期开发	1 号区域	工程目标：总体 29.41%	1. 地块回填 2. 水系动工，堆垒台地 3. 1 号区域样板园林修建 4. 河道及水系注水 5. 建造现场售楼处 6. 多层住宅主体及道路施工 7. 社区配套设施修建 8. 1 号区域整体园林修建 9. 多层住宅、花园洋房、别墅修建 10. 商业设施修建
		销售目标：一期 65%	
		资金回流：约 1.05 亿元	
		品牌完成度：35%	
二期开发	2 号区域	工程目标：总体 25.60%	1. 台地平整 2. 别墅、花园洋房主体及道路施工 3. 社区配套设施修建 4. 2 号区域整体园林修建 5. 商业设施修建 6. 酒店及会所建造
		销售目标：一期 90% 二期 50%	
		资金回流：约 1.42 亿元	
		品牌完成度：60%	
三期开发	3 号区域	工程目标：总体 22.61%	1. 台地平整 2. 多层住宅主体及道路施工 3. 社区配套设施修建 4. 3 号区域整体园林修建 5. 商业设施修建
		销售目标：一期 100% 二期 80% 三期 70%	
		资金回流：约 1.68 亿元	
		品牌完成度：80%	
四期开发	4 号区域	工程目标：总体 22.37%	1. 别墅、花园洋房主体及道路施工 2. 社区配套设施修建 3. 2 号区域园林修建 4. 酒店修建 5. 商业设施修建 6. 售楼处改建会所
		销售目标：全部售完	
		资金回流：2.34 亿元	
		品牌完成度：100%	

10.4.2　品牌建立策略

10.4.2.1　品牌建立总体策略

本项目的品牌主体包含两个方面：项目自身品牌及开发商品牌。由于开发商及本项目最初均未在C市形成品牌号召力，无法用开发商品牌来带动项目的销售，因此项目中前期应着重于项目品牌的推广，目的在于直接刺激目标市场，将项目品牌植入人心，从而扩大目标客户群的数量，促进前期开发产品的顺利销售，同时逐渐引入开发商品牌；至项目开发后期回款压力减轻时，则应重点强调建立企业品牌，以加强客户的美誉度及忠诚度为主。在品牌目标的变更过程中，可适当考虑营造企业领导的个人品牌来带动企业品牌及项目品牌的建立。

10.4.2.2　品牌形象设计

1. 企业品牌形象

1）企业名称：

××房地产开发有限公司。

2）企业文化核心：

诚信待人、精益求精、开拓进取、关怀人性。

3）企业推广口号：

灵性建筑，关怀一生。

2. 品牌建立推进计划

项目品牌及企业品牌的建立，分别应从视觉识别系统、理念识别系统、行为识别系统进行，并逐步地、有层次地推进，从而品牌核心内容逐渐增加，最终完成整个品牌的建立。评估指标包括知名度、美誉度及客户忠诚度三方面，具体推进计划见表 10-6。

表 10-6　项目品牌建立推进计划

开发阶段	各项指标程度		阶段性品牌推广内容
项目一期	项目品牌	知名度：60%	C 市郊区大盘 中国西部最大的国际化老年社区 最适合中老年人居住的楼盘 最具人性化的居住社区
		美誉度：20%	
		客户忠诚度：10%	
	企业品牌	知名度：20%	大型企业 实力雄厚
		美誉度：—	
		客户忠诚度：—	

续表

开发阶段	各项指标程度		阶段性品牌推广内容
项目二期	项目品牌	知名度：80%	C市郊区大盘 中国西部最大的国际化老年社区 最适合中老年人居住的楼盘 最具人性化的居住社区
		美誉度：40%	
		客户忠诚度：20%	
	企业品牌	知名度：40%	大型企业 实力雄厚 诚信 勇于开拓
		美誉度：10%	
		客户忠诚度：—	
项目三期	项目品牌	知名度：90%	C市郊区大盘 中国西部最大的国际化老年社区 最适合中老年人居住的楼盘 最具人性化的居住社区
		美誉度：50%	
		客户忠诚度：40%	
	企业品牌	知名度：60%	大型企业 实力雄厚 诚信 勇于开拓 人性化关怀理念
		美誉度：20%	
		客户忠诚度：10%	
项目四期	项目品牌	知名度：95%	C市郊区大盘 中国西部最大的国际化老年社区 最适合中老年人居住的楼盘 最具人性化的居住社区
		美誉度：65%	
		客户忠诚度：50%	
	企业品牌	知名度：70%	大型企业 实力雄厚 诚信 勇于开拓 人性化关怀理念
		美誉度：30%	
		客户忠诚度：30%	
项目后续阶段	项目品牌	知名度：95%	C市郊区大盘 中国西部最大的国际化老年社区 最适合中老年人居住的楼盘 最具人性化的居住社区
		美誉度：80%	
		客户忠诚度：60%	
	企业品牌	知名度：90%	大型企业 实力雄厚 诚信 勇于开拓 人性化关怀理念
		美誉度：50%	
		客户忠诚度：40%	

10.4.3 项目包装策略

10.4.3.1 项目软件包装方案

1. 项目名称建议

项目的名称直接体现着社区的文化内涵与亲和力。遵循通俗易懂、朗朗上口、容易记忆等命名原则，并结合项目的形象定位及C市的长寿文化，确定以下名称以供选择（见表10-7）。

表 10-7 项目名称建议

名称类别	名称内容
项目名称	××新城
组团名称	东海福满园、蓬莱仙禄园、南山比寿园、西王贵园
商业命名	来福小道
会所名称	映日荷花
园林名称	蓬莱仙境
酒店名称	骑龙山庄

2. 项目 logo 建议

(1) 图案建议：白鹭与江水。

(2) 色彩建议：白鹭白色、江水蓝色，冷暖色调交叉搭配，给人以较为舒适温馨的视觉感觉，切忌使用强烈的视觉冲击表现方式。

(3) 文字建议：项目名称。

(4) Logo 寓意：

1) 此处白鹭栖息，象征优越的自然环境。

2) 白鹭象征一种闲适的生活，与本项目的中老年社区定位一致。

3) 江水表示本项目临江，江景资源丰富。

3. 项目卖点综述

表 10-8 从卖点类别、卖点体现和宣传载体三个方面详细列举了该项目的卖点。

表 10-8 项目卖点综述

卖点类别	卖点体现	宣传载体
建筑风格	强调地方民居建筑风格，辅以部分现代建筑因子中的中西结合的建筑形态，符合中老年人的审美观与价值观	广告发布 宣传资料 售楼处展板 看房通道展板 沙盘模型 工地围墙 导示系统 户外广告牌
景观资源	丰富的江景资源、开阔的视野、山水资源	
生活方式	健康休闲的养老生活方式、长寿优越的居住方式	广告发布 宣传资料 售楼处展板 看房通道展板 工地围墙 导示系统 户外广告牌 样板园林

续表

卖点类别	卖点体现	宣传载体
户型设计	户型设计的创新性、符合中老年人起居方式的人性化设计	广告发布 宣传资料 户型模型 样板房
园林主题	精致的江南园林设计、水景生态养生园林，园林设计中体现人性化关怀	广告发布 园林模型 售楼处展板 样板园林 户外广告牌 工地围墙
配套设施	湖心生活会所、酒店豪华会所双会所等符合中老年人生活方式的社区配套及商业配套，护理所、急救室等	广告发布 宣传资料 售楼处展板 园林模型
物业管理	社区居民健康档案、老年人贴身护理系统、急救系统、人性化的贴身管家式服务	广告发布 售楼处展板 宣传资料 工地围墙 服务人员专业水平
区域价值	生态居住环境、临江区域、区域升值潜力大、安静闲适的世外桃源	广告发布 宣传资料 售楼处展板 户外广告牌

4. 推广口号建议

表 10－9 从建筑风格、景观资源、生活方式、户型设计等八个卖点类别列举了该项目的推广口号建议。

表 10－9　项目推广口号建议

卖点类别	推广口号建议
建筑风格	现代民居风格，中西建筑结合的典范 青砖、白瓦、镂空的格子窗花…… 儿时的美好回忆，也许真的会重现……
景观资源	唯有身临其境，才能感受这无限风景 江水滔滔，白鹭翩翩，舞尽这山山水水
生活方式	安享晚年，美丽一生 养生之道，在于无为；无为之处，就在半江美庐
户型设计	我们的户型，只为您的生活习惯而设计
园林主题	江南园林有很多，精致的江南园林却很少
配套设施	楼梯总比别人矮，扶手总比别人低，每个细节，我们都为您精心考虑

续表

卖点类别	推广口号建议
物业管理	让年龄造成的生活不便永远成为过去！ 点点滴滴，尽是关怀 女儿长大了，您失去了她；社区长大了，您却拥有了更多的儿女 走不动了、生病了、孤独了，请让我们来照顾您 不用怕，社区就有急救室！
区域价值	突然发现，这里离 C 市是如此之近 告别喧嚣，回归我的安详生活

10.4.3.2　地盘包装

1. 工地包装建议

（1）工地外大型户外广告牌。

1）主题：健康、休闲的国际化老年新城。

2）位置：本项目与龙门桥交界处。

3）设计表现：背景图片为老年人挥杆打门球的情景，表现老年人的休闲与健康生活，象征老年人在本项目居住的快乐与惬意。

4）内容：项目名称、项目 logo、主导广告语、开发商名称、销售热线。

（2）工地围墙。

1）主题：健康、休闲的国际化老年新城。

2）位置：环城公路上。

3）设计表现：用连续的健康、休闲的老年人的生活画面或场景表现项目的主题，同时应包括项目的名称、项目 logo、开发商名称、销售热线。

2. 售楼处包装

（1）风格建议。

1）位置：小区主入口处。

2）建筑风格：采用框架结构，其风格应该与项目整体风格相协调，采用中式建筑风格。

3）内部装修风格：明快优美的山水主题：中式的装修风格配上暖色的项目吊旗和布幔。

（2）售楼处具体装修及布置。

1）外部包装：售楼处周边被水包围，水中种植少量睡莲，放养部分锦鲤，顾客需要通过木桥进入售楼处，入口处可放置小品。

2）内部包装：

面积为 1 000 平方米左右，层高 5 米左右，划分为展示区、洽谈区、签约区、休息区、办公区。洽谈区和休息区设计为透明玻璃幕墙，与项目主景观带融为一体，客户在该处休息和洽谈的同时，可以直接感受到小区的园林设计。展示区和洽谈区可通过入口走道自然分割。接待台的后面设背景墙，将前面的展示区和办公区分隔开。项目的相关介绍和相关证件悬挂在旁边的墙上。内部应悬挂吊旗，烘托卖场气氛。在角落处放置展板作为装饰，同时可强化卖点。注意植被和小品的搭配，从而让现场更加生意盎然。

(3) 模型建议。

1) 项目模型：

模型采用中式风格，底座和挡板均用木条装饰。大模型比例尺为 1∶10 000，大小为 500cm×700cm。小模型比例尺为 1∶50 000，大小为 300cm×250cm。模型应运用灯光和流水的效果，让购房者直观地感受项目的建筑外观、绿化面积、公共配套设施、内部交通等。模型的商业部分应体现项目的卖场氛围。

2) 户型模型：

比例尺为 1∶200 左右，大小为 80cm×80cm。选取主力户型和经典户型做模型。

10.4.4 营销推广渠道

10.4.4.1 直销渠道

(1) 前期在一些小区内举办“巡回展销”，吸引有意向的客户，客户有兴趣的，可到楼盘现场咨询。

(2) 通过展销会及大型促销活动促成销售。

(3) 利用中原客户网络渠道。

10.4.4.2 接待中心

(1) 售楼处现场销售。

(2) 利用地盘广告及户外广告，到销售现场登记销售。

(3) 利用前期的电视广告及新闻炒作，吸引客户打电话咨询并到销售现场登记销售。

10.4.4.3 外卖场

项目推广的主卖场设在 C 市市区人口集中处。

10.4.4.4 金字塔形式

让业主成为本项目的营销人员。

10.4.5 价格策略

10.4.5.1 定价说明

本项目在制定均价的过程中采用了市场比较法。所谓市场比较法，是指将目标项目与处于销售期中的同区位项目及具有竞争关系的项目按照竞争的程度赋予不同的权重，综合比较各项因素之后得出平均价格。

经过与参考项目就若干影响因素进行综合比较后，得出本项目的销售均价（见表 10－10）。

表 10－10　本项目销售价格

产品类型	价格区间	均价
多层（主力产品）	8 000～15 000 元/平方米	13 000 元/平方米
花园洋房	15 000～20 000 元/平方米	18 000 元/平方米
别墅	18 000～28 000 元/平方米	25 000 元/平方米

注：以上均价仅表示当前市场情况下的价格水平，在项目开售前需要再次根据市场变化调整。

10.4.5.2　各阶段价格变化分析

本项目在推广上采取“低开高走，随机逐渐上扬”的价格策略，即在发售初期选一批综合指数最差的单位以市场超低价入市，首先吸引对价格比较敏感的群体，制造火爆开售场面，然后开始利用“羊群效应”吸纳较高层次的客户，相应地，价格策略上则采取“静悄悄”上扬的路线。经过前期的宣传后，树立楼盘的高品质形象和成熟、舒适的居家氛围。进入强销期后，在楼盘得到市场认可和积累了一定销售的基础上逐步提升价格水平。

1. 项目准备期

建议将一期推出的单位价格控制在 8 000 元/平方米左右（多层）。

2. 项目蓄势期

通过准备期对市场的摸底，在前期市场反馈信息的基础上，本期应结合开发商的要求，对价格进行修正和调整，可适当调高位置及朝向较好单位的单价。

3. 项目强销期

由于通过前两个阶段已基本积累了一定的客户资源及意向客户，并且在市场上树立了楼盘形象，所以本期价格应比前期水平要高。

4. 项目尾盘销售期

届时剩余的单位体量不大，因而对整体价格水平的影响有限，价格水平视市场需求状况做修改，并适当推出促销价格以刺激剩余单位的销售。

10.4.5.3　付款方式建议

本项目针对的主要是中老年人，为了激发其购买欲望，可在付款方式方面尽量降低置业门槛，宜采用高成数、高年限的银行按揭及低首付款作为吸引。

在付款方式上可考虑给一次性付款客户 96 折优惠，给按揭客户 98 折优惠，给分期付款客户 99 折优惠。

关键术语

品牌营销策略　　价格营销策略　　渠道营销策略　　市场细分

复习思考题

1. 房地产营销中的4P、4C、4R、4V理论和5S规则分别包括哪些内容？
2. 简述房地产市场营销策略及其意义。
3. 简述房地产市场细分的概念及其作用。
4. 简述房地产广告策划的原则。

第11章

房地产交易

本章内容提要

房地产交易是实现房地产产品价值的过程。了解房地产交易的形式和特点，掌握房地产交易的特殊规律，是成功进行房地产交易的基础。本章在对房地产交易进行一般性阐述后，重点对国有土地使用权交易、房地产买卖、房地产租赁及房地产抵押进行了讨论。

11.1 房地产交易概述

11.1.1 房地产交易的概念及形式

房地产交易是指以房地产为商品而进行的转让、租赁、抵押等各种经营活动的总称，其实质是房地产权利的交易。狭义的房地产交易，包括各种所有制房屋的买卖、转让、抵押，城市土地使用权的转让以及其他在房地产流通过程中的各种经营活动。广义的房地产交易还应包含国有土地使用权的出让。对于集体土地使用权的征收，由于具有政策的特殊性和强制性，不属于市场性的房地产交易范畴。房地产交易依其标的物性质的差异在理论上可分为房产交易、地产交易和房地产交易三大类。

11.1.1.1 房产交易

房产交易是指以房屋为标的物，进行房产买卖、租赁、抵押、交换、典当、信托等活动的总称，既包括了房产使用权的转让，也包括了房产所有权的交易。

11.1.1.2 地产交易

在我国，地产交易是指以国有土地使用权为标的物，从事国有土地使用权的出让、转让、出租、抵押以及用于合资、合作或者其他投资活动的总称。依据《土地管理法》，国有土地属于国家所有，国有土地所有权不能进行交易，国有土地使用权可以依照法律规定进行转让等交易活动。

目前，取得国有土地使用权主要通过四种方式：(1) 通过行政划拨方式取得；(2) 通过国家出让方式取得；(3) 通过房地产转让取得（如买卖、赠与或者其他合法方式）；(4) 通过租赁方式取得。

11.1.1.3 房地产交易

房地产交易是指以国有土地使用权和地上房屋所有权为标的物进行买卖、租赁、抵押等活动的行为。房产交易与地产交易虽有其各自独立的标的物和不同的交易形式，但是由于二者不可分离的自然属性，实际上房产交易与地产交易在很多情况下是结合在一起进行的。

11.1.2 房地产交易的特性及原则

11.1.2.1 房地产交易的特性

与普通商品交易相比，房地产交易具有下列鲜明特性：

(1) 标的物位置的固定性。房地产交易的标的物是不动产，不能移动或一旦移动将导致标的物的性质与用途发生改变，甚至导致经济价值减少或丧失。因此，不论是交易中还是交易后，房地产均不发生空间位置移动，交易双方使用所有权和使用权证书及合同进行交易。

(2) 房地合一特性。根据我国现行土地房屋权利体系，法律同时承认土地所有权、土地使用权、地上建筑物及附着物的所有权三种物权。但是，由于房与地在自然属性上结合的紧密性，按照我国《城市房地产管理法》《城镇国有土地使用权出让和转让暂行条例》等相关法律的规定，在房地产交易过程中土地的使用权和地上建筑物、附着物及房屋所有权必须同时转移。

(3) 房地产交易标的价值金额大、专业性强。房地产价格昂贵、持久耐用，消费者在交易时往往持谨慎态度。房地产交易价格不仅取决于土地使用权和建造房屋的成本，还受区位因素、供求状况、支付能力、社会因素等诸多因素影响，使房地产交易及价格判定具有很强的专业性。

(4) 房地产交易标的供给的稀缺性。由于土地是不可再生资源，房地产的供给量受土地稀缺性限制，其供给弹性较小，但是，随着社会和经济的发展，房地产的总需求量却不断增大。因此，供给稀缺是房地产交易的一个重要特征，加之房地产位置的固定性和不可移动性，单个交易房地产的供给稀缺性更加明显。

（5）房地产交易中原房地产设定的权利义务具有承接性。房地产交易中，房地产不论以哪种方式交易均必须继承原房地产设定的权利义务关系。若需要对交易房地产的性质、用途、使用年限等做重大变更，必须取得房地产政府管理机关的同意并办理相关变更手续。

11.1.2.2 房地产交易的原则

房地产交易除遵守《民法典》的一般原则外，房地产的特性决定了房地产交易还必须遵守下列特定原则：

（1）及时登记原则。房地产在进行出让、转让、租赁、抵押等交易时，必须依法办理法定登记手续，以保证交易双方的合法权利。

（2）房地连动原则。由于房地产“房地合一”的特性，在进行房地产转让、抵押等交易时，房屋所有权和土地使用权必须同时转让、抵押。

（3）交易价格遵循国家政策原则。同其他商品相比，房地产价格除受市场因素影响外，还受国家政策影响。例如，经济适用房的价格受政府控制，其交易价格要以国家定期公布的基准地价、标定地价和房屋重置价格为基础价格。另外，国家通过房地产价格评估、成交价格申报等制度对房地产交易价格进行管理。

（4）交易房地产原设定的权利和义务随交易同时转移原则。在房地产交易中，为了保证国家对房屋和土地资源合理利用和有序管理，交易房地产原设定的权利和义务随交易同时转移。例如，土地出让合同设定的权利、义务要随土地使用权的转让同时转移，以保证土地使用权在多次转移之后仍能按合同规定即城市规划的要求开发利用与经营。

11.1.3 房地产市场

房地产市场有广义和狭义之分。广义的房地产市场是指从事房地产买卖、租赁、抵押、典当等交易的活动场所以及一切交易途径和形式的总称；狭义的房地产市场则指固定的房地产交易所。与一般的商品市场相同，房地产市场是由参与房地产交易的当事者、房地产商品、房地产交易需求、交易组织机构等要素组成的，这些要素反映了房地产市场运行过程中的种种现象，决定并影响着房地产市场的发展与未来趋势。

按照房地产商品流通的环节，通常将房地产市场分为三级市场。一级市场是土地使用权出让市场，表现为国家以土地所有者的身份，依照城市规划与《土地管理法》的规定，将土地使用权出让给经营者或使用者；二级市场是指房地产开发经营市场，表现为开发商将开发后的房地产出售给房地产使用单位和个人，又称土地转让市场、新建商品房租售市场；三级市场是指存量房地产交易市场，表现为房地产投入使用后在不同使用者之间的交易。还有一种更为清晰的划分是按照增量和存量的方式，将土地市场分为一级土地市场和二级土地市场，将房屋市场划分为一级房屋市场（增量市场或一手房市场）和二级房屋市场（存量市场或二手房市场）。

11.1.4 房地产交易机构

房地产交易机构主要包括房地产交易管理机构和房地产交易中介机构。房地产交易管理机构——房地产行政主管部门代表国家及地方政府，在有关部门的配合下，基于房地产业务的发展规律与社会需要，按照法律与政策的规定，综合运用行政、经济、法律等各种手段，对房地产市场进行组织、协调、控制、监督等活动。房地产交易管理机构的主体是建设行政主管部门、土地管理部门和房地产管理部门。

房地产交易中介机构是随着我国房地产市场商品化和专业化分工而产生和发展起来的。由于房地产交易具有价值大、交易程序复杂、交易信息相对不完整的特点，需要相关专业人士在交易活动中提供专门的知识和可靠的信息服务，因此，房地产交易服务应运而生，并对促进房地产交易市场的健康发展起到十分重要的作用。在我国，房地产中介服务起步较晚，其在行业发展和管理方面还不完善。

一般的房地产交易中介服务是指具有专业执业资格的人员在房地产交易的各个环节中，为当事人提供房地产咨询、房地产价格评估、房地产登记、房地产经纪等活动的总称。

11.2 国有土地使用权交易

我国的国有土地使用权交易制度经过了从无到有的历史发展时期。在计划经济时期，国有土地使用权主要采用无偿划拨、无限期使用的形式由土地使用单位使用，土地的转让、出租、抵押等交易活动受到严格的限制，难以体现土地作为重要的生产资料和生活资料的经济价值，也容易造成土地资源的浪费。在我国进行社会主义市场经济建设时期，土地交易是社会经济生活的重要组成部分，土地的作用和经济价值凸显。此时对国有土地使用权市场交易合法性的及时肯定，对于促进土地产权关系明确化、实现土地资源的合理配置、提高土地资源的利用效率具有重要意义。目前，国有土地使用权交易的主要形式包括出让、租赁、转让、抵押以及合资、合作或者参与其他投资活动方式。

11.2.1 国有土地使用权出让

11.2.1.1 国有土地使用权出让的含义和主要形式

国有土地使用权出让，是指国家将国有土地使用权（简称土地使用权）在一定年限内出让给土地使用者，由土地使用者向国家支付土地使用权出让金的行为。土地使用权出让是政府为了实施土地政策，取得最佳土地利用效率而实行的政府垄断经营行为。

土地使用权出让的规模、用途、年限和其他条件都由市、县人民政府土地管理部门会同城市规划和建设管理部门及房产管理部门共同协商、拟订，土地受让者必须严格按照出让合同的规定使用土地，进行土地的开发、利用和经营。

11.2.1.2 国有土地使用权出让方式

目前，土地使用权出让一般采用协议、招标、拍卖、挂牌四种方式进行，商业、旅游、娱乐、商品住宅和工业（采矿用业除外）等经营性用地以及同一宗地有两个以上意向用地者，应当以招标、拍卖或者挂牌方式出让。

1. 协议出让

协议出让土地使用权，是指国家以协议方式将国有土地使用权在一定年限内出让给土地使用者，由土地使用者向国家支付土地使用权出让金的行为。这种方式缺乏公开性，不利于平等竞争，受承办者主观因素的影响较大。国家为了加强土地协议出让管理，国土资源部于 2003 年颁布了《协议出让国有土地使用权规定》，规定协议出让最低价不得低于新增建设用地的土地有偿使用费、征地（拆迁）补偿费用以及按照国家规定应当缴纳的有关税费之和；有基准地价的地区，协议出让最低价不得低于出让地块所在级别基准地价的 70%。协议出让适合于公共福利事业和非营利性的社会团体、机关事业用地和某些特殊用地。

2. 招标出让

招标出让土地使用权，是指市、县人民政府土地行政主管部门（简称出让人）发布招标公告，邀请特定或者不特定的公民、法人和其他组织参加国有土地使用权投标，根据投标结果确定土地使用者的行为。这种形式在一定范围内具有公开竞争性，体现了优胜劣汰的竞争原则，适用于需要优化的土地布局、重大工程的较大地块的出让。

3. 拍卖出让

土地使用权拍卖，是指出让人发布拍卖公告，由竞买人在指定时间、地点进行公开竞价，根据出价结果确定土地使用者的行为。这种方式利于公平竞争，适用于区位条件好、交通便利、土地利用有较大灵活性的闹市区地块出让。

4. 挂牌出让

《招标拍卖挂牌出让国有土地使用权规定》规定，挂牌出让国有土地使用权，是指市、县国土资源管理部门发布挂牌公告，按公告规定的期限将拟出让宗地的交易条件在指定的土地交易场所挂牌公布，接受竞买人的报价申请并更新挂牌价格，根据挂牌期限截止时的出价结果或现场竞价结果确定土地使用者的行为。这种方式既体现了公平竞争，又可避免哄抬地价，而且操作简便，已成为广泛使用的土地使用权出让方式，适用于各类地块的出让。

专栏 11-1

协议、招标、拍卖、挂牌出让方式范围认定

在国有土地使用权出让活动实践中，依据《土地管理法》《城市房地产管理法》《招标拍卖挂牌出让国有建设用地使用权规定》等法律政策，来确定国有土地使用权出让是采取协议方式还是招标拍卖挂牌方式。通常而言，六类国有土地出让必须采用招标拍卖挂牌方式：(1) 工业、商业、旅游、娱乐和商品住宅等经营性用地；(2) 其他类型的土地，在供地计划公布后同一宗地有两个及以上意向用地者的；(3) 划拨土地使用权改变用途，《国有土地划拨决定书》或法律、法规、行政规定等明确应当收回土地使用权，实行招标拍卖挂牌出让的；(4) 划拨土地使用权转让，《国有土地划拨决定书》或法律、法规、行政规定等明确应当收回土地使用权，实行招标拍卖挂牌出让的；(5) 出让土地使用权改变用途，《国有土地使用权出让合同》约定或法律、法规、行政规定等明确应当收回土地使用权，实行招标拍卖挂牌出让的；(6) 依法应当招标拍卖挂牌出让的其他情形。对于难以确认出让方式的具体宗地，由国有土地使用权出让协调决策机构集体认定出让的具体方式。

11.2.1.3 国有土地使用权出让程序

国有土地使用权招标拍卖挂牌出让由市、县国土资源管理部门根据土地出让计划组织实施，一般按下列程序办理：

1. 公布出让计划，确定供地方式

市、县国土资源管理部门根据经济社会发展计划、产业政策、土地利用总体规划、土地利用年度计划、城市规划和土地市场状况，编制国有建设用地使用权出让年度计划，报经同级人民政府批准后，及时向社会公开发布。国有土地使用权出让计划以及细化的地段、地块信息应当同时在中国土地市场网（www.landchina.com）上公布。

2. 编制、确定出让方案

市、县国土资源管理部门应当会同城市规划管理等有关部门，依据国有土地使用权出让计划、城市规划等，编制国有土地使用权招标拍卖挂牌出让方案。出让方案应当包括出让地块的空间范围、用途、年限、出让方式、时间和其他条件等。国有土地使用权招标拍卖挂牌出让方案报经市、县人民政府批准后，由市、县人民政府国土资源行政主管部门组织实施。

3. 地价评估，确定出让底价

市、县国土资源管理部门应当组织对拟出让地块的正常土地市场价格进行评估，根据土地估价结果和政府产业政策综合确定标底或者底价，标底或者底价不得低于国家规定的最低价标准。招标标底和拍卖挂牌的底价，在招标开标前和拍卖挂牌出让活动结束之前应当保密。

4. 编制出让文件

市、县国土资源管理部门应当根据经批准的招标拍卖挂牌出让方案，组织编制国有土地使用权招标拍卖挂牌出让文件。招标拍卖挂牌出让文件应当包括出让公告、投标或者竞买须知、土地使用条件、标书或者竞买申请书、报价单、中标通知书或者成交确认书、国有建设用地使用权出让合同文本。

5. 发布出让公告

出让人应当至少在投标、拍卖或者挂牌开始日前 20 日，在土地有形市场或者指定的场所、媒介发布招标、拍卖或者挂牌公告，公告主要包括：（1）出让人的名称和地址；（2）出让宗地的面积、界址、空间范围、现状、使用年期、用途、规划指标要求；（3）投标人、竞买人的资格要求以及申请取得投标、竞买资格的办法；（4）索取招标拍卖挂牌出让文件的时间、地点和方式；（5）招标拍卖挂牌时间、地点、投标挂牌期限、投标和竞价方式等；（6）确定中标人、竞得人的标准和方法；（7）投标、竞买保证金；（8）其他需要公告的事项。

6. 申请和资格审查

需要使用土地的单位和个人向市、县国土资源管理部门提出用地申请。申请人可以是中华人民共和国境内外的法人、自然人和其他组织，法律法规对申请人另有限制的除外。申请人应在公告规定期限内缴纳出让公告规定的投标、竞买保证金，并提交相应申请文件。

市、县国土资源管理部门对出让公告规定的时间内收到的申请进行审查，确认申请人的投标或竞买资格，并通知其参加招标拍卖挂牌活动。

7. 招标拍卖挂牌活动实施

确定竞得人后，挂牌人与竞得人当场签订成交确认书。成交确认书应当包括出让人和中标人或者竞得人的名称，出让标的，成交时间、地点、价款以及签订《国有土地使用权出让合同》的时间、地点等内容。

8. 签订出让合同，公布出让结果

中标人、竞得人应当按照中标通知书或者成交确认书约定的时间，与出让人签订国有建设用地使用权出让合同。中标人、竞得人支付的投标、竞买保证金抵作土地出让价款。招标拍卖挂牌活动结束后 10 个工作日内，出让人应当将出让结果通过中国土地市场网以及土地有形市场等指定场所向社会公布。

9. 核发《建设用地批准书》，交付土地

市、县国土资源管理部门向受让人核发《建设用地批准书》，并按照《国有土地使用权出让合同》《建设用地批准书》确定的时间和条件将出让土地交付给受让人。

10. 登记发证

受让人按照《国有土地使用权出让合同》的约定付清全部土地出让价款后，依法申请办理土地登记，领取《国有土地使用证》，取得国有土地使用权。未按出让合同约定缴清全部土地出让价款的，不得发放国有建设用地使用权证书，也不得按出让价款缴纳比例分割发放国有建设用地使用权证书。

11. 备案建档

出让手续办结后，市、县国土资源管理部门应当对宗地出让过程中的用地申请、审批、交易、签订合同等各环节相关资料、文件进行整理，并按规定归档。

11.2.1.4 国有土地使用权出让价格

土地出让价格是土地出让市场的核心，出让价格的标准既要符合市场供需状况，按市场机制确定，同时也要体现政府宏观调控土地市场的宗旨，有效发挥价格杠杆的作用。

土地出让价格确定的基本思路和方法大致可分为以下两类：

1. 以基准地价为基础确定土地出让价格

基准地价是指根据城镇土地在实际利用和使用过程中所产生的基本经济效益，是按照一定条件和方法折算出来的土地价格。这一价格的显著特点是比较客观地反映了城镇土地使用权的出让与转让情况，提高了政府管理和控制地价的能力。基准地价的测算大致分为以下几步：

（1）进行土地定级或土地均质地域划分。土地定级是通过分析影响城镇土地差异及利用条件变化的因素，从中选择主要影响因素，并分析确定各因素在不同地域的变化规律（作用分值），最后利用多因素综合评价方法计算各因素总的影响量，并以此划分土地等级。

（2）利用土地级差收益测算法或其他评估方法测算、评估基准地价。在土地定级的基础上，进行各级别土地的企业用地效益抽样调查，并选择建立数学模型进行统计计算，确定各级土地的纯收益及地价。

（3）调整确定土地出让价格。基准地价反映的是城镇内一定区域在一定时期内现实土地用途的平均地价水平，土地出让价格则反映特定地点（块）在特定时间内可能发生的用途变动的宗地地价水平，二者尚有一定差距。因此，在完成基准地价测定的基础上，还要以市场价格为准进行适当调整。

基准地价的评估一般由政府组织或委托专门机构进行，可以为政府确定一级土地出让市场底价提供依据，也可以为政府调控土地市场提供价格尺度。

2. 以市场资料为基础确定土地出让价格

如果土地市场发育比较成熟，各种土地交易实例较多，也可以利用这些市场资料，采用诸如市场比较法、收益还原法、成本法、剩余法等测算土地出让价格。

（1）市场比较法。市场比较法是指在求取估价对象房地产的价格时，将估价对象房地产与较近时期内已经发生了交易的类似房地产加以比较对照，对已经发生交易的类似房地产的已知价格进行修正从而得出估价对象房地产价格的一种估价方法。这种方法是房地产估价中最重要、最常用的方法之一，适用于在同一供求范围内存在较多类似房地产交易的情况。一般操作分为三个步骤：

1）收集已发生的类似交易实例。要尽可能多地收集交易实例，在数量上保证修正计算的准确性。同时，还要收集与估价对象具有较大相关性和替代性的实例，如在交易情况、房地产坐落位置、用途、土地状况、建筑物状况、环境条件等方面要有同一特征，以保证估价结果的准确性。

2）选取供比较用的交易实例。选取标准可从以下几方面来考虑：与估价对象房地产的用途应相同；与估价对象房地产的建筑结构应相同；与估价对象房地产应处于同一供求范围内的类似地区；与估价对象房地产的价格类型应相同；与估价对象房地产的估价时间应接近；一般选择时间相差不应超过5年；所选择的交易实例为正常交易，或可修正为正常交易；与估价对象房地产的融资条件（贷款利率、期限、偿还方式等）应相近。

3）比较交易实例修正计算。修正计算一般包括：交易情况修正、交易日期修正、区域因素和个别因素修正。通过各项目的差异修正计算，可以最大限度地将比较交易实例与估价对象进行对照，并缩小差距，使比较交易实例更符合估价对象标准，从而得出估价对象的价格。具体计算公式为：

$$\text{待估土地价格}=\text{比较案例价格}\times\frac{100}{(\quad)}\times\frac{(\quad)}{100}\times\frac{100}{(\quad)}\times\frac{100}{(11-1)} \tag{11-1}$$

式中：第一项的分子为 100，表示正常买卖情况或待估宗地交易情况为 100 时，确定比较交易实例的情况修正指数；第二项的分母为 100，表示比较交易实例发生时的价格指数为 100 时，确定估价期日的价格指数；第三项、第四项的分子为 100，表示待估宗地的区域因素和个别因素条件指数为 100 时，确定比较交易实例的区域因素和个别因素指数。

（2）收益还原法。收益还原法是指在求取估价对象房地产的价格时，用某种适当的还原利率，将预期的估价对象房地产未来各期的正常纯收益折算为估价时点的现值，并通过求和来确定估价对象房地产价格的一种估价方法。收益还原法适用于有收益或者具有潜在收益的房地产。

用计算公式表示为：

$$P=\frac{a}{r} \tag{11-2}$$

式中：P 为土地价格；a 为土地纯收益；r 为土地还原利率。

公式的假设前提是，每年还原利率不变；每年纯收益不变且大于 0；土地使用年期为无限，用计算公式表示为：

$$P=\frac{a}{r}\left[1-\frac{1}{(1+r)^n}\right] \tag{11-3}$$

式中：P，a，r 的含义同公式（11－1）；n 为使用土地的年期或土地出让年期。

收益还原法中的纯收益由正常情况下的总收益减去总费用得到。计算房地产收益时要以实际收益和客观收益为评估的依据。在计算时还要考虑有形收益和无形收益，即不仅包括有形收益，还要将无形收益计算在内。

收益还原法中最广泛采用的三种还原利率是综合还原利率、建筑还原利率、土地还原利率。应针对不同的评估对象，采用性质不同的还原利率计算。另外，也要采取多种途径求取还原利率，并通过试算确定合理的还原利率。

（3）成本法。成本法是以计算房地产在估价时点开发所需耗费的各项必要费用之和为基础，再加上正常的利润、利息和应纳税金及土地所有权收益，扣除折旧来确定房地产估价对象价格的一种估价方法。成本法适用于新近开发建设、可以假设重新开发建设或者计划开发建设的房地产项目，特别是那些没有收益且交易实例比较少的房地产项目。

根据估价对象的不同，成本法的计算公式的表达形式有所不同。对于新开发土地，其成本法公式为：

$$\text{新开发土地价格}=\text{取得待开发土地费用}+\text{开发土地所需费用}+\text{正常利税}+\text{土地所有权收益} \tag{11-4}$$

新开发土地包括填海造地、开荒造地、征收农地后进行“三通一平”“五通一平”“七通一平”、拆除城市旧区建筑物整理后出售土地等情形。

在具体情况下，上述公式会有具体形式：

$$\text{开发区某宗地价格}=\frac{\text{取得开发区用地的总费用}+\text{开发区土地开发的总费用}+\text{正常的开发利税总额}}{\text{开发区总面积}\times\text{可转让土地总面积}\times\text{用途区位等因素修正系数}} \quad (11-5)$$

（4）剩余法。剩余法又称假设开发法，是指在求取估价对象房地产价格时，将估价对象房地产预期开发后的价值，扣除其正常的开发费用、销售费用、税金及开发利润，来确定估价对象房地产价格的一种方法。剩余法适用于具有投资开发潜力的房地产项目估价。

其计算公式为：

$$\text{购置开发场地的价格}=\text{整个开发项目的预期售价}-\text{整个开发项目的预期投资}+\text{开发利率} \quad (11-6)$$

该计算公式的一个具体形式为：

$$\text{地价}=\text{楼价}-\text{建筑费}-\text{专业费用}-\text{利息}-\text{租售费用}-\text{税费}-\text{开发商利润} \quad (11-7)$$

11.2.1.5 国有土地使用权出让合同

国有土地使用权出让合同是确立土地出让方和受让方权利与义务关系的法律文件，具有民事合同中的经济合同性质。出让合同的签订即标志着双方关系的确立和法律保护的实现。根据国家发布的《国有土地使用权出让合同》示范文本，出让合同主要包括以下内容：合同双方当事人，订立合同的宗旨，出让土地的交付与出让金的缴纳，地块的范围和面积，合同的期限，土地开发建设与利用规则，土地使用权转让、出租和抵押权利的确定，合同终止的条件等。

关于合同的宗旨，除了明确为合法利用、经营土地以外，还应明确具体的目标和内容，以利于约束具体的出让行为。

合同期限关系到土地所有者和使用者的利益分配，是一个非常重要的定量标准。应依据相应的法律规定按不同用途分别确定出让年期，除此之外，还应对合同期满后的续期问题、未到期中止合同问题等及解决办法做出明确规定和说明，以保护双方的合法权利和义务。

对于出让地块的范围和面积，应进行准确的文字说明，并附上《出让宗地界址图》，以避免产权纠纷，保证合同的科学、严谨性。

土地费用包括出让过程中发生的土地出让金、土地使用税费等。合同中应明确具体的项目、标准以及支付方式和日期等。

土地开发建设与利用规则即根据国家土地利用规划、城市规划、开发建设要求，投资速度、建筑要求，环保、绿化、交通、卫生防疫等发展要求，根据具体利用的地块确定的使用条件。这一规则的确定直接关系到受让人的开发收益以及在开发利用中应承担的责任和义务，也影响到土地合理、有效利用，是促进城市发展建设的百年大计，因此必须科学地制定。

土地使用权的转让、出租和抵押是受让方的一项权利，合同应在法律规定的前提下协商确定具体的转让、出租和抵押的条件、范围及程序等。

11.2.2　国有土地（使用权）租赁①

国有土地租赁是指国家将国有土地出租给使用者使用，由使用者与县级以上人民政府土地行政主管部门签订一定年期的土地租赁合同，并支付租金的行为。国有土地租赁是国有土地有偿使用的一种形式，是出让方式的补充。

对于新增建设用地，重点仍应是推行和完善国有土地出让，租赁只作为出让方式的补充。对于经营性房地产开发用地，无论是利用原有建设用地，还是利用新增建设用地，都必须实行出让，不实行租赁。

国有土地租赁，可以采用招标、拍卖或者双方协议的方式，有条件的，必须采取招标、拍卖方式。国有土地租赁的租金标准应与地价标准相均衡。承租人取得土地使用权时未支付其他土地费用的，租金标准应按全额地价折算；承租人取得土地使用权时支付了征地、拆迁等土地费用的，租金标准应按扣除有关费用后的地价余额折算。

采用短期租赁的，年限一般不超过 5 年，一般按年度或季度支付租金；采用长期租赁的，具体租赁期限由租赁合同约定，但最长租赁期限不得超过法律规定的同类用途土地出让最高年期，且应在国有土地租赁合同中明确约定土地租金支付时间、租金调整的时间间隔和调整方式。

对于租赁期限 6 个月以上的国有土地使用权租赁，应当由市、县土地行政主管部门与土地使用者签订租赁合同。租赁合同内容应当包括出租方，承租方，出租宗地的位置、范围、面积、用途、租赁期限，土地使用条件，土地租金标准，支付时间和支付方式，土地租金标准调整的时间和调整幅度，出租方和承租方的权利义务等。

国有土地租赁，承租人取得承租土地使用权。承租人在按规定支付土地租金并完成开发建设后，经土地行政主管部门同意或根据租赁合同约定，可将承租土地使用权转租、转让或抵押。承租土地使用权转租、转让或抵押，必须依法登记。

11.2.3　国有土地使用权转让

国有土地使用权转让是指国有土地使用权人按照法定程序将其所拥有的土地使用权转移给他人的行为。根据转让土地取得方式的不同，具体分为两种，即以出让方式取得的土地使用权转让和以划拨方式取得的土地使用权转让，这两种转让方式在房地产开发中经常出现。

以出让方式取得的土地使用权转让，该出让合同中明确的权利和义务随转让而转移

---

① 参见国土资源部《关于印发〈规范国有土地租赁若干意见〉的通知》。

给新的土地受让人，土地使用年限变为出让合同中规定的使用年限减去转让时已经使用的年限。转让后，受让人需要改变土地用途，必须到原土地出让政府管理部门办理相关的变更手续，并调整土地出让金。

以划拨方式取得的土地使用权转让，一种是需要重新办理土地出让手续，变划拨用地为出让用地，并由受让人缴纳土地出让金；另一种是不办理土地出让手续，仍保持划拨土地性质，但土地的收益必须上缴国家或做其他处理。

11.3 房地产买卖

房地产买卖是房地产流通的一种常见方式，在房地产买卖过程中，卖方一次或分期收回所支付的成本和所得利润，买方一次取得房地产的所有权或使用权。具体可以分为一级房屋市场（增量市场或一手房市场）和二级房屋市场（存量市场或二手房市场），一级房屋市场可以理解为商品房销售市场，二级房屋市场就是二手房转让市场。

11.3.1 房地产买卖市场细分

市场细分是从消费者需求的差别出发，根据消费者购买行为的差异性，把消费者整体市场划分为具有类似性的若干不同的购买群体——子市场，使企业可以从中认定其目标市场的过程和策略。

11.3.1.1 一级房屋市场——商品房销售市场

商品房销售是指房地产开发商将满足销售条件的商品房出售给客户，由客户将房地产价值一次性或者分期支付给房地产开发商的行为。在实际操作中，可以分为商品房预售和商品房现售。在目前的商品房住宅市场，房地产开发商为了减轻项目前期的开发资金压力，多采用商品房预售的方式。

1. 商品房预售

根据《城市商品房预售管理办法》第 2 条，商品房预售是指房地产开发企业将正在建设中的商品房预先出售给承购人，由承购人支付定金或者房价款的行为。

为了维护商品房交易双方的合法权益，国家对商品房预售实行严格的预售管理制度，只有房地产开发达到以下条件，并向市、县房地产管理部门办理了《商品房预售许可证》，才能进行预售。应达到的条件为：

（1）已交付全部土地使用权出让金，取得土地使用权证书。

（2）持有建设工程规划许可证和施工许可证。

（3）按提供预售的商品房计算，投入开发建设的资金达到工程建设总投资的 25%以上，并已经确定施工进度和竣工交付日期。

商品房预售，开发企业应当与承购人签订商品房预售合同，并向房地产管理部门和市、县人民政府土地行政主管部门办理商品房预售合同登记备案手续。

商品房预售基本流程见图 11－1。

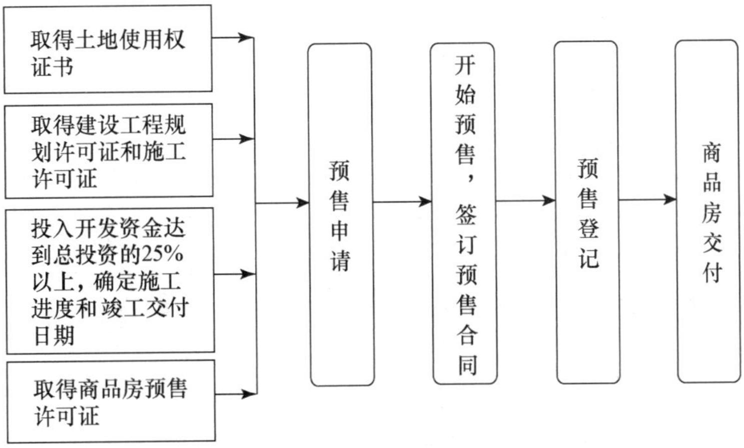

图 11－1　商品房预售基本流程

专栏 11－2

商品房预售的产生及其发展

一般认为，商品房预售首创于我国香港特别行政区，是由香港立信置业公司于 1954 年首创的商品房买卖形式。由于房屋尚在施工之中便被“拆零砸碎”，分期分批地预售给广大投资者，犹如落英片片坠落，故被人们形象地称为“楼花”，商品房预售因此又俗称为“卖楼花”。商品房预售作为一种创新的房屋销售方式，迅速在香港地区流行开来并成为香港房地产市场的一大经营特色。商品房预售方式的采用，加快了开发商经营资金的周转速度和居民对商品房的消费，对于预售人与预购人来说是一种双赢的制度设计，目前已经被世界上很多国家（地区）接受。商品房预售制度于 20 世纪 90 年代引入内地，成为商品房销售的主要方式，商品房预售资金成为房地产开发商的一大资金来源。根据国家统计局的数据，目前定金及预收款和个人按揭贷款已占到房地产开发资金的 30%以上，形成了与房企自有资金、银行借款三分天下的局面。

2. 商品房现售

商品房现售是指房地产开发企业将竣工验收合格的商品房出售给买受人，并由买受人支付房价款的行为。

按照《商品房销售管理办法》的规定，商品房现售应当符合以下条件：

（1）现售商品房的房地产开发企业应当具有企业法人营业执照和房地产开发企业资质证书；

（2）取得土地使用权证书或者使用土地的批准文件；

（3）持有建设工程规划许可证和施工许可证；

（4）已通过竣工验收；

（5）拆迁安置已经落实；

（6）供水、供电、供热、燃气、通信等配套基础设施具备交付使用条件，其他配套基础设施和公共设施具备交付使用条件或者已确定施工进度和交付日期；

（7）物业管理方案已经落实。

房地产开发企业应当在商品房现售前将房地产开发项目手册及符合商品房现售条件的有关证明文件报送房地产开发主管部门备案。

11.3.1.2 二级房屋市场——二手房转让市场

1. 转让方式

按照《城市房地产转让管理规定》，房地产转让是指房地产权利人通过买卖、赠与或者其他合法方式将其房地产转移给他人的行为。除房地产买卖、赠与等主要形式外，其他合法方式还包括：

（1）以房地产作价入股、与他人成立企业法人，房地产权属发生变更的；

（2）一方提供土地使用权，另一方或者多方提供资金，合资、合作开发经营房地产，而使房地产权属发生变更的；

（3）因企业被收购、兼并或合并，房地产权属随之转移的；

（4）以房地产抵债的；

（5）法律、法规规定的其他情形。

房地产转让的实质是房地产权属发生转移，由于“房地合一”的特性，房屋所有权和该房屋占用范围内的土地使用权同时转让。

2. 转让限定

房地产应该符合一定的转让条件才能进行交易，综合《城市房地产管理法》和《城市房地产转让管理规定》中规定的情形，下列情形禁止房地产转让：

以出让方式取得土地使用权，未按照出让合同约定已经支付全部土地使用权出让金，并取得土地使用权证书的；未按照出让合同约定进行投资开发，属于房屋建设工程的；未完成开发投资总额的25%以上的；属于成片开发土地的；未依照规划对土地进行开发建设，未完成供排水、供电、供热、道路交通、通信等市政基础设施、公用设施建设的；未达到场地平整；未形成工业用地或者其他建设用地条件的。

（1）司法机关和行政机关依法裁定，决定查封或者以其他形式限制房地产权利的。

（2）依法收回土地使用权的。

（3）共有房地产，未经其他共有人书面同意的。

（4）权属有争议的。

（5）未依法登记领取权属证书的。

（6）法律、行政法规规定禁止转让的其他情形。

专栏 11-3

预售商品房的转让

预售商品房转让，俗称“炒楼花”，是指在商品房预售合同签订以后，预购人将未竣工的预售房屋再行转让给他人的行为。《城市房地产管理法》第46条规定：商品房预售的，商品房预购人将购买的未竣工的预售商品房再行转让的问题，由国务院规定。

2005 年 5 月 9 日，《国务院办公厅转发建设部等部门关于做好稳定住房价格工作意见的通知》（简称《意见》）中规定“禁止商品房预购人将购买的未竣工的预售商品房再行转让。在预售商品房竣工交付、预购人取得房屋所有权证之前，房地产主管部门不得为其办理转让等手续”。《意见》颁布之后预售商品房转让被禁止。近两年地方上对预售商品房转让的态度又发生了变化，有的地方性法规有条件地允许预售商品房转让，如北京市在 2008 年重新修订的《北京市城市房地产转让管理办法》中就指出预购人在预售合同登记备案后、商品房竣工前转让其预购的商品房的，按照规定办理。当前，预售商品房转让在理论和实践上都引发了争论，各地做法不一。

11.3.2 房地产买卖程序及操作技巧

11.3.2.1 房地产买卖程序

（1）订立买卖合同。房地产买卖合同是指房地产交易双方之间建立买卖关系的协议。它是房屋交易双方之间建立买卖关系的协定，是房屋买卖双方履行权利和义务的依据。

房屋买卖双方通过第一阶段的洽谈，买方对欲购房产进行位置选择、产权调查、议价之后，买卖双方初步达成协议，然后签订房屋买卖合同。

（2）接受房地产交易管理部门的审查。房地产交易双方向房地产交易管理部门办理申请手续后，管理部门要查验证件、审查产权，并到现场做必要的调查。

（3）签订合同。房地产交易管理部门根据产权性质和购买对象，按审批权限申报有关负责人审核批准后，经办人将通知买卖双方办理签订合同手续。合同一般是交易经办人在统一规定的合同上填写，并与买卖双方签名盖章完成的。

（4）缴纳税费。办完合同手续后，买卖双方向房地产交易管理部门缴纳鉴证手续费和契税。

（5）办理产权转移过户手续。房屋买卖双方经房地产交易所办理买卖过户手续后，买方应持房地产交易所发给的房地产买卖合同，到相关房地产管理部门或土地管理部门办理房屋产权、土地使用权转移登记，换取新证。

11.3.2.2 房地产买卖操作技巧

1. 房地产广告技巧

同其他商品相同，广告策略对房地产销售的成败也起着决定性的作用。积极有力的广告活动，不仅宣传了产品，也可以吸引大量的购房人，创造更多的销售机会。常用于房地产广告的媒体主要有报纸、杂志、电视、电台、网络等。要利用各种媒体的特点，达到有效的宣传效果。如可以利用周六、周日及节假日的报刊进行宣传，以便人们在周末或节假日看房与买房，也可以选择特定地区，将海报逐家派送，以满足房地产的区域性市场需求。

2. **确定最佳售楼时机**

销售时机的选择主要取决于季节、节假日等时间因素，以及经济发展状况和政治形势等人文因素。从我国近几年的房地产市场销售情况来看，每年 9 月和 10 月是房地产销售的黄金时期。而节假日特别是连续长假期，各房地产商通常比较活跃，纷纷利用各种方式，为看房及购房者提供多种便利，以争夺更大的市场。经济景气与房地产市场景气是相辅相成的，同样，政局是否稳定对房地产业而言也是至关重要的影响因素。

3. **突出项目的差别优势**

“关注—了解—购买”是消费者买卖的一般模式，只有关注，才有可能促使交易的发生。要引起关注，就要与众不同，突出差别。开发商可通过四个途径来体现楼盘的差别化：一是更卓越的楼盘质量和建筑风格，使你的楼盘比别人的更好、更舒适、更别具一格；二是合理的价格，物美价廉；三是更满意的物业服务，包括推出更多的服务项目，具备优良的服务水平；四是强调更新颖的生活理念和方式，比如健康丰富的文化氛围、清新幽雅的社区环境等。

4. **买卖中的调价技巧**

调价是房地产开发商为了回应市场变化常用的策略，主要有“低开高走”和“高开低走”两种方式。“低开高走”能够聚集人气，降低销售风险。对于下面三种楼盘比较适宜：(1) 项目总体素质一般，无特别卖点；(2) 郊区大盘或超大盘，这类楼盘首要的任务是聚集人气；(3) 同类产品供应量大，竞争激烈。而对于具有创新性和质量设计上佳的楼盘，采用“高开低走”更能实现价值和利润。

5. **选择适合的付款方式**

购买房屋是一笔巨大的开销，对于多数购房人来讲，轻松的付款方式具有极大的诱惑力。所以，房地产开发商应根据具体情况，确定合适的付款额、支付期限，并提供多种贷款方式，以争取更多的购房者。

11.3.3 房地产买卖价格

11.3.3.1 房地产买卖价格的特殊性

房地产产品的特殊性，即房地产位置的固定性、不可移动性，土地利用的永续性、不可替代性，以及对位置和投资的依赖性，决定了房地产价格形成的特殊性及差异性。

1. **位置对价格起着决定性作用**

土地位置的差异、交通条件的好坏、距市中心距离的远近、人口密度和人流密度是影响商业用途房地产的主要因素；同样，环境条件的优劣、距生活服务设施的远近及交通便利与否也是影响居住用途房地产的主要因素；而交通条件、地形、地质等因素又是影响工业用途房地产的主要因素。所以，由自然地理位置和社会经济地理位置决定的位置条件，对房地产价格的形成起着决定性的作用。

2. **不能完全依成本定价**

房地产价格特别是土地价格的确定，不同于一般商品由成本定价，其主要由市场行情决定。土地价格由两部分组成：土地资本价格和土地资源价格。土地资本是凝结在房地产产品中活劳动与物化劳动价值的货币形式，其价格与一般商品的价格形成相同；土地资源则是自然物质，其价格是虚幻的，是由土地所有者凭借其对土地的所有权在出租土地时可以获取的地租的资本构成的，其价值的大小是由一定市场供需条件下的地租量决定的。所以房地产价格不能完全依照成本确定，还要考虑市场供需情况。

3. 房地产价格的趋升性

房地产产品位置的固定性、稀缺性及难以替代性决定了随着经济的发展及各种用地及房屋需求的增加，房地产的供需矛盾会越来越尖锐。城市的发展必然带来居住用途房地产、商业用途房地产、工业及各类用途房地产的需求量迅猛增加，而由于房地产数量有限、供给弹性极小，所以极易形成房地产供不应求的局面，并使得房地产的价格有增无减，从长期趋势来看，房地产价格必然呈递增变化。同时，城市市政基础设施的建设与完善也是提高土地利用效益、促使房地产升值的主要原因。

4. 房地产价格的垄断性

由于房地产供需矛盾尖锐，房地产也容易形成垄断价格。如商业中心“黄金地段”的高昂价格，在各大城市甚至各个国家都有类似的规律性。

11.3.3.2 房地产买卖价格评估

常用的估价方法主要有市场比较法、收益还原法、成本法等。在进行房地产价格评估时，市场比较法、收益还原法的应用形式没有太大变化，成本法的具体计算形式略有变化。

1. 新建房地产成本法公式

$$\text{新建房地产价格}=\text{取得土地费用}+\text{建筑物建筑费用}+\text{正常利税} \tag{11-8}$$

在实际评估时，公式具体化为：

$$\begin{aligned}\text{新建房地产价格}=&\text{取得土地费用}+\text{建筑工程费用}+\text{开发商负担的专业费用}\\&+\text{开发商投资的利息}+\text{销售费用}+\text{开发商投资的总费用}\\&+\text{开发商利润}\end{aligned} \tag{11-9}$$

2. 旧有房地产成本法公式

旧有房地产成本法是以房屋重置成本为基数，从中扣除已使用年限的折旧额，从而计算房屋价格的估价方法。其计算公式为：

$$\text{房屋价格}=\text{重置成本}-\frac{\text{重置成本}\times(1-\text{残值率})}{\text{耐用年限}}\times\text{已使用年限} \tag{11-10}$$

在实际运用时要注意考虑价格指数的影响，以保证房屋评估价格更为准确。

11.3.4 房地产买卖合同

《城市房地产管理法》规定，房地产转让应当签订书面转让合同。其中，房地产买卖合同是以房地产为出售标的的合同，是由买卖双方协商，明确双方的权利义务并以文字形式固定下来形成的协定。合同一经确定，双方就要履行合同的条款，且双方的权利也要受到法律的保护，任何一方不遵守合同的承诺，或发生任何侵权行为都要受到法律的制裁。

11.3.4.1 房地产买卖合同的主要内容

《商品房销售管理办法》第16条对商品房买卖合同的主要内容进行了明确规定，包括当事人双方基本情况，商品房基本情况，销售方式，房价款的确定方式及总价款、付款方式、付款时间，交付使用期限及保固期限，双方责任与义务，争议处理，违约处罚等规定。

（1）当事人双方基本情况。当事人双方包括出卖人（或委托代理人）和买受人的名称或姓名和住所。

（2）商品房基本情况。这主要指土地坐落、房屋坐落、土地面积、房屋面积及土地和房屋的权属状况。土地坐落要注明城市、街道、门牌号码等。房屋坐落除了要注明上述条件以外，还要标明楼号或楼名称、层次、房间号。土地面积即基地面积。房屋面积包括使用面积及建筑面积，并要注明自用面积和公共面积等。土地和房屋的权属状况要分别注明，并就各种可能存在的所有权、使用权、占有权、处分权及他项权等分别说明。

（3）销售方式。要明确商品房项目采取的销售方式，如直接销售或间接销售等。

（4）房价款的确定方式及总价款、付款方式、付款时间。要标明商品房的建筑面积、套内建筑面积以及公共部位与公用房屋分摊建筑面积的单价和总价款，以及一次性付款、分期付款或其他付款方式和时间。

（5）交付使用条件及保固期限。如为现房出售，要注明入住时间；如为预售房，则要注明有关施工开工日期、完工日期及交付使用日期，供水、供电、供热、燃气、通信、道路、绿化等配套基础设施和公共设施的交付承诺和有关权益、责任。另外，还要对约定的房地结构及固定设备，自交屋之日起负责保固一定期限，具体保固期限由双方协定。

（6）双方责任与义务。当事人双方要按税法的规定缴纳应负担的税款，双方还应会同办理或共同委托代理人办理房地产权登记。另外，出卖人有义务保证产权清楚及保证买受人正常使用房地产，买受人则主要负责房地价款及其他应付税费等。

（7）争议处理。争议处理包括面积差异的处理方式和解决争议的方法。

（8）违约处罚。要对双方可能发生的违约行为规定明确的处罚办法。

11.3.4.2 房地产买卖合同建立时的注意要点

（1）明确签约双方的身份。首先要明确所有权人与签约人的身份。出售签约人与所有权人最好一致，如果签约人并非所有权人，则应要求其有授权委托书，并附所有权人印笺证明书，且授权委托书的签章应与印笺证明书相符合。另外，要注意房屋与土地的权属性质，并应要求有明确的证据。

当然，所有权人或签约人也要明确购房人或签约人的身份及基本情况等，这样才能保证签约的顺利进行。

（2）明确出售面积。《商品房销售管理办法》规定，商品房销售可以按套（单元）计价，也可以按套内建筑面积或者建筑面积计价。按套内建筑面积或者建筑面积计价的，当事人应当在合同中载明合同约定面积与产权登记面积发生误差的处理方式。除此之外，在合同中还应明确公摊面积（电机房、楼梯间、电梯间、走廊、地下室等）的计算方法，具体可根据《房地产测绘管理办法》进行。

(3) 明确产权。在签订买卖合同时，出卖人应提供土地登记资料或房地产登记资料，同时提供土地及房屋的相关产权证书。应在合同上注明由出卖人保证产权清楚，若以后发生任何产权纠纷，应由出卖人负责清理。

(4) 明确有关税费负担。买卖双方在买卖房地产时依法应缴纳的各种税费应在合同上注明，应明确由何方负担，以免日后发生纠纷。

(5) 明确施工用料及设备。如果是预售房，房子尚未完全建好，在签订合同时最好附上房屋的平面图和设备说明书等，以作为凭证。

(6) 及时办理过户登记。在交屋期或进住期，买卖双方应及时办理过户登记手续。

(7) 其他事项。对于违约现象，要进行明确规定。如出卖人延迟交屋，买受人可依约索取违约金。如发现有偷工减料现象，买受人可依约请求赔偿或解除合同。另外，还要明确出卖人应负有交付房地给买受人，并使买受人取得房地所有权或使用权的义务。

11.4　房地产租赁

房地产租赁是发生在出租者与承租者之间的经济关系，即承租者支付一定的租金，取得房地产一定期限的使用权；而出租者则通过让渡房地产的使用权，获得一定的经济收入①。这种交换相当于以租金为价格的房地产有期限的出售行为。

11.4.1　房地产租赁市场的细分

与房地产交易市场的细分大致相同，房地产租赁市场的细分需要特别强调房屋供给主体、客户类型、租赁期限及用途方面的划分，以掌握其特殊的规律性。

11.4.1.1　按房屋供给主体细分

按照房屋供给主体不同，租赁市场可细分为个人租赁和机构租赁（社会团体和非营利组织）。个人租赁的房源主要来自私人房东。机构租赁通过租赁、购买等方式多渠道筹集房源进行出租，提供统一的管理和专业的租赁服务，包括长租公寓、短租公寓、客栈民宿等细分业态，长租公寓又可分为集中式长租公寓和分散式长租公寓。

11.4.1.2　按客户类型细分

按客户类型可以细分为：常住人口或暂住人口租赁，大面积使用者或小面积使用者

---

① 根据《城市房地产管理法》第四章“房地产交易”中关于“房屋租赁”的规定，“房屋租赁”只涉及产生租金支付的房屋租赁。因此，本章中“房地产租赁”也只针对发生租金支付的市场化租赁。保障性住房的租赁活动不在本章讨论范围。

租赁，不同收入、职业客户的租赁等。不同类型客户的租赁行为会由于其租房目的、要求以及自身的经济实力等条件的不同而有很大差异。

专栏 11-4

长租公寓的发展

购房和租房是解决住房问题的两种主要方式，租与售并举，有助于满足不同收入群体的多样化的住房需求，缓解住房供需矛盾，维系房价的稳定。长期以来，我国租购市场结构性失衡，重买卖而轻租赁。为改善住房市场结构，促进租赁市场的发展，2015年，国务院首次提出“建立购房与租房并举，市场配置与政府保障相结合的住房制度”。2017年10月，党的十九大正式提出要求建立“租售并举的住房制度”。2018年，中共中央、国务院印发《关于完善促进消费体制机制，进一步激发居民消费潜力的若干意见》，要求大力发展住房租赁市场特别是长期租赁。发展住房租赁市场特别是长期租赁成为中央经济工作的重点。

长租公寓指租期在一年及以上、由机构统一运营并提供租赁服务的出租公寓。这种业态适应了当前用户需求多样化、消费品质升级的需求，在政策支持和金融资本的推动下，开始迅速崛起。数据显示，2019年中国长租行业市场规模预计达到1.74万亿元，同比增长9.9%。长租公寓企业主要有房企、房地产经纪机构、专业公寓运营商和酒店集团，运营模式分为重资产运营和轻资产运营两种。从物业分布来看，又可分为集中式公寓和分散式公寓。目前长租公寓市场多主体供给的局面已经基本形成，需要对长租公寓的运营管理和资金安全进行规范和监管，促进长租公寓市场健康发展。

11.4.1.3 按租赁期限细分

按租赁期限可以细分为：短期租赁和长期租赁。短期租赁通常持续一年以内或更短时间，是一种租期灵活、手续简单的房屋租赁形式。长期租赁签约入住期限一般在一年以上。长期租赁较短期租赁关系更为稳定，但是在市场价格变化较大的情况下，租赁双方都会有一定程度的经济损失。经济条件好、自用的客户违约的可能性小，他们要较经济条件差、他用的客户更受欢迎。

根据我国《民法典》的规定，房屋租赁期限不得超过20年。超过20年的，超过部分无效。租赁期限届满，当事人可以续订租赁合同；但是，约定的租赁期限自续订之日起不得超过20年。租赁期限6个月以上的，应当采用书面形式。当事人未采用书面形式，无法确定租赁期限的，视为不定期租赁。定期租赁是指有确定期限的租赁，住房租赁合同期满即租赁关系终止，目前我国一般商品房的租赁都属于此种情况。定期租赁合同期满，住房租赁合同期满，出租人继续使用房屋居住，出租人没有提出异议，原租赁合同继续有效，但租赁期限为不定期。对于不定期租赁，如果当事人协商不一致，出租人只可以因为正当事由而解除住房租赁合同。德国等一些国家（地区）将不定期租房作为默认模式，只在特殊情况下才是定期租赁。

11.4.1.4 按租赁用途细分

按租赁用途可以细分为：住宅用途、办公用途、商业用途及工业用途。

住宅出租一般包括普通住宅出租、高档住宅出租两种类型。普通住宅出租以单位分配为主，分配住宅的建筑面积和质量均由政府控制，住房的租金标准也由政府制定，所以这类住宅还不具有严格意义上的租赁性质。高档住宅主要有高级公寓和别墅两种类型，一般来讲，这类住宅设计标准较高、装修档次高、设备配置先进、功能齐全、环境条件较好，租金也明显高于普通住宅。

办公楼出租主要是为了满足企业和行政事业单位进行商务、办公活动的需要。办公楼所处的位置、环境、建造标准、装备设备标准都影响办公楼出租的租金水平。一般来讲，交通条件便利、生活方便、有停车场的办公楼具有较强的市场竞争力；同样，办公环境幽雅、安静，室内建造标准及办公设备先进的办公场所也具有吸引力。当然，有效的经营管理、良好的租户信用，也是吸引长期租户、减少空房危险的基本保证。

商业用房出租主要服务于各类零售业活动的需要。零售商店的位置和租户的经营能力是决定营业额以及租金水平的主要因素。零售商店对位置反应极为敏感，不仅会因为离商业中心的远近表现出明显的差异性，且就同一条街道而言，位于沿街或背街，位于十字路口或不位于十字路口，营业额及租金水平也会有明显的变化。所以，商店的位置是承租者选址的主要标准，也是商业用房出租经营要考虑的基本因素。

工业用房出租一般包括厂房和仓库出租。工业用房一般多在市郊或开发区内，租金水平较低。工业用房建筑结构要求特殊，适宜长期出租，所以工业用房出租的市场一般比较狭窄。

11.4.1.5 按房地产产权性质细分

按照房屋所有权的性质，房地产租赁分为公有房屋租赁和私有房屋租赁。公有房屋的所有权人是国家，可分为直管公房和自管公房。按照我国现行管理体制，直管公房由各级政府房产管理部门管理并行使相关权利；自管公房由国家授权单位进行管理。私有房屋如果存在共有权人，必须在共有权人同意后才能进行租赁。

11.4.2 房地产租赁的一般程序和方法

房地产租赁程序因具体客体差异而不完全相同，但主要程序大致相同。

11.4.2.1 调查房屋所有权证和出租人、房屋现状

承租人一般先要对准备租赁的房屋进行调查核实，主要有房屋所有权证、土地使用权、房屋是否抵押、房屋出租人与房屋所有人的关系、是否办理了房屋租赁许可证、房屋的基本情况等。

11.4.2.2 签订合同

承租人和出租人就房屋租赁事宜进行协商谈判，并订立租赁合同，明确双方当事人的

权利和义务。当事人双方签订的租赁合同要对租赁期限、押租金额、交付方式及返还日期、税费负担、修缮权责、附属设备等基本问题加以注明；同时，对承租人是否可以在租赁期间转租，以及租赁期间出租人将房屋转售他人等问题进行明确规定，避免发生纠纷。

11.4.2.3 租赁登记

双方当事人持房地产书面租赁合同、房屋所有权证、当事人合法身份证件和其他要求的文件到土地管理部门或房地产管理部门办理登记备案手续，包括办理租赁审核手续、租赁登记手续或登记过户手续等，并接受管理部门的审查。

11.4.2.4 合同执行

租赁合同一经签订，双方当事人应严格遵守。出租人按照约定按时将房屋移交给承租人使用，承租人按时支付租金。

11.4.2.5 租赁合同的终止

合同终止一般有两种情况：一是自然终止，二是人为终止。自然终止一般包括：

（1）租赁合同到期，合同自行终止，承租人需要继续租用的，应在租赁期限届满前提出，经出租人同意后，重新签订租赁合同。

（2）符合法律规定或合同约定可以解除合同条款的。

（3）因不可抗力致使合同不能继续履行的。

由于上述原因造成租赁合同终止，造成一方当事人损失的，除依法可以免除责任外，应当由责任方负责赔偿。

人为终止主要是指由于租赁双方人为的因素而导致租赁合同终止，一般包括无效合同的终止和租赁合同执行过程中人为因素导致的合同终止。根据相关规定，人为因素导致合同终止的情况有：

（1）未经出租人书面同意将承租的房屋转租的。

（2）将承租的房屋擅自转让、转借他人或者私自调换使用的。

（3）将承租的房屋擅自拆改结构或改变承租人房屋使用的。

（4）无正当理由，拖欠房租 6 个月以上的。

（5）公有住宅房屋无正当理由闲置 6 个月以上的。

（6）承租人利用承租的房屋进行非法活动的。

（7）故意损坏房屋的。

（8）法律、法规规定的其他可以收回的。

发生以上行为，出租人除终止合同、收回房屋外，还可以追索由此造成的损失。

11.4.3 房地产租赁价格

11.4.3.1 房地产租赁价格的特点

房地产租赁价格除具有房地产价格的一般属性以外，还具有其特殊性。

1. 房地产收益水平或效用决定租赁价格水平

对于经营性房地产租赁，承租人购买的是一定时期可以获取房地产收益的权利，因此，房地产的收益大小（纯收益）与其支付租金的数量密切相关。一般情况下，承租人可支付的租金等于他每年的收入减去支出（包括利润）后的平均剩余。对于非经营性房地产租赁，承租人主要考虑的是房地产使用效益，可表现为方便感、舒适感等，这时，房地产效用的大小影响其出租的价格水平。

2. 租赁合同条件影响租赁价格水平

房地产租赁价格的高低不仅取决于房地产的物理性质与质量，还取决于合同条件。承租期长短以及租金修订期的长短都会影响租金的高低，在通货膨胀时期尤其如此。如果利润的增长速度超过通货膨胀速度，租期越长且修订期越长，承租人支付的租金就越高。相反，如果通货膨胀速度超过利润的增长速度，承租人就会倾向于支付较低的租金，且缩短租金修订期的时间。

另外，租金的付款方式，哪方负责维修费、保险费等条款对租金也有影响。

11.4.3.2 房地产租金评估

求取房地产的租金时，应当依据租赁合同的内容，计算建筑物及其基地经济价值的正常租金，常用的方法有积算法、租赁实例比较法、收益分析法等。

1. 积算法

积算法是指先求出房地产在估价日期的基础价格，再乘以适当的利润率，加上房地产租赁所必要的费用开支，如税费、折旧费、维持管理费、保险费、租赁损失准备费、因空房等而产生的损失相当额，最终求得房地产租金的方法。该种方法运用于房地产租赁实例较少发生的地区。

求取积算租金的价格，还可以用积算法以外的方法。期待利润率是指为了取得供租赁用的房地产所要支付的资本额，计算其所能期待获取的纯收益（或期待利润）占资本额的比例。期待利润率与还原利率的计算方法相似，但由于期待利润与租金相联系，故与还原利率有不同的性质。必要经费的计算要视对象房地产而异，要根据不同对象分析、确定各项费用有无计算的必要，以及如何计算等。

2. 租赁实例比较法

该方法的原理与运用市场比较法求取房地产价格的原理完全一样。应注意的是，选择比较交易实例时确定的租金标准是指租赁房地产实际支付的一切经济代价。因此，押金、保证金等费用支出中，还应当包括押金、保证金等的运营收益。

3. 收益分析法

收益分析法是指分析房地产承租人所能得到的收益当中究竟有多少可作为租金支付，即利用收益额求取租金额的方法。一般通过求取房地产在一定期间内可能产生的纯收益，再加上必要的各项费用，求算房地产的租金。

期待收益或纯租金求取的方法，可以比照收益还原法中纯收益的方法求取，即将销售价格，扣除销售原价、销售费、一般管理费及正常运转资金的利息相当额，及其他求取收益时所必须扣除的数额，由此求得纯租金。

必要经费的计算与积算法相同。

11.4.4 房地产租赁合同

租赁合同是约定出租人将租赁物交付承租人使用、收益，承租人支付租金的合同。房地产租赁合同是以房地产为租赁标的的合同，是由租赁双方协商，明确双方的权利义务并以文字形式固定下来形成的协定。

《城市房地产管理法》第54条规定，房屋租赁，出租人和承租人应当签订书面租赁合同，约定租赁期限、租赁用途、租赁价格、修缮责任等条款，以及双方的其他权利和义务，并向房地产管理部门登记备案。《商品房屋租赁管理办法》第7条对租赁合同的内容做了明确的规定。

11.4.4.1 制定租赁合同的原则

1. 符合国家法律和政策规定的原则

合同的签订，在租赁双方之间产生了权利义务关系，而这种权利义务关系具有法律约束力，受到国家法律的保护。

如果合同条款与国家法律和政策相抵触、与社会公共利益相抵触，则这种合同是无效的。如果合同是依法制定的，任何单位或个人都不能进行违约活动，不得扰乱租赁秩序，不得损害国家和社会公共利益而牟取非法收入。不履行或不适当履行合同条款，均将承担经济和法律责任。

2. 符合等价有偿的原则

房屋租赁必须通过商品货币关系建立起与国民经济的有机联系。房地产经营者建造房屋需要建材、人力、设备等投资，房屋投入使用后，需要收回房屋折旧费，需要收回经营过程中支付的房屋维修和管理费用以及房地产税，并需要获得建房投资利息和社会平均利润等。房屋从生产、流通到分配的各个环节，都离不开商品货币关系。因此，房屋租赁经营应按价值规律，贯彻等价有偿的原则。

3. 符合平等互利、协商一致的原则

合同是国家规定的一种法律制度，它要求双方当事人应按照法律规范，协商一致达成协议。在协商的过程中，双方当事人的法律地位平等。在平等互利的基础上，进行充分协商，任何一方都不能把自己的意志强加给对方，任何组织和个人，都不得进行非法干预。如果当事人双方不能自由地表达自己的意志，不能达成一致的协议，合同就不能成立，或者是无效的。这是保障双方当事人权利与义务相互对等的基础，体现了国家保护当事人有意识、有目的地从事各种经济活动的民事权利，以满足生产、经营或生活等方面的需要。

11.4.4.2 租赁合同的内容

租赁合同的主要内容应包括租赁房地产的基本情况、租期、租金及租金支付方式、房屋修缮责任、双方的权利和义务及违约责任等。

1. 租赁房屋当事人的姓名（名称）和住所

2. 租赁房地产的基本情况

这是指租赁房地产的坐落地址、建筑结构、层次部位、间数、面积、装修、设备及用途等，这部分资料应和房地产登记记录相符，必要时还要出具有关图件作为凭证，以保证基本资料数据的准确无误。

3. 租金及租期

这是指月租金或年租金的数额，租金可按月支付、按半年支付或按年支付等，另外根据租期长短及当时的经济形势确定是否进行租金修订及修订期限等，这些条件都应在合同中明确说明。

合同中规定的租金数额为契约租金，契约租金与反映市场供求变化的市场租金会有差距，特别是在长期租约中，这种差距将会更加明显。因此，在合同中要规定租金的调整方案，明确采用等比率、变动比率或等额等方法定期或不定期调整租金，以保证租赁双方的合法利益。

4. 承租方的权利

（1）按照合同（或使用证）所列的地址、房间号、规定的用途，对该房屋在出租有效期内有合法的使用权。

（2）有要求保障房屋安全的权利。房屋及附属设备如有非人为的自然损坏，有要求房地产企业维修以保证其有效使用的权利。

（3）租赁合同期间内转让房屋的，原住房租赁合同继续有效。

（4）出租房屋出卖时，承租方有优先购买权。

（5）对房地产经营部门执行国家政策有进行监督、建议的权利。

5. 承租方的义务

（1）有按期缴纳租金的义务。房屋租金是承租人取得房屋使用权的价格。付出租金，才能取得房屋的使用权。

（2）有对所使用的房屋设备妥善保管、爱护使用的义务。不得私自转租、转兑、转让他人。

（3）有维护原有建筑的义务。不得私自拆改建或增建违章建筑，更不得拆卖设备。

（4）在使用公房期间有遵守国家有关住房法令、政策的义务，接受房地产企业对房屋消费的指导和监督。

6. 出租方的权利

（1）有按期收取租金的权利。对租金拖欠者，要收取滞纳金，同时随着房屋条件和租金标准的变动，对租金有权进行调整。

（2）有监督承租方按租赁契约的规定爱护使用房屋的权利。承租方在使用房屋过程中，如有擅自拆改、私搭乱建、损坏房屋结构和装修设备等情况，出租方有权要求恢复原状，赔偿经济损失。

（3）有依法收回出租房屋的权利。对不按契约规定的用途使用房屋和利用承租的房屋进行非法活动以及房屋无故长期空闲、无故拖欠租金的，有权要求终止租约，收回房屋。承租方拒不执行的，可以诉请人民法院处理。

（4）有向用户宣传贯彻执行国家房屋政策的权利。有权制止承租方在租用期间违反国家和地方政府有关房屋管理规定的行为。

7. 出租方的义务

（1）有保障承租方对房屋合法使用的义务，这是出租方的基本任务。

（2）有保障承租方居住安全和对房屋装修设备进行正常维修的义务。

（3）有组织依靠住户、群众管好房屋，调解用房纠纷的义务。

（4）有接受群众监督，倾听群众意见，不断改进工作的义务。

8. 违约规定（略）

11.5 房地产抵押

11.5.1 房地产抵押的概念

房地产抵押是指抵押人以其合法的房地产以不转移占有的方式向抵押权人提供债务履行担保的行为。债务人不履行债务时，抵押权人有权依法以抵押的房地产拍卖所得的价款优先受偿。

房地产抵押实际上包括了现房抵押、预购商品房贷款抵押和在建工程抵押。现房抵押是指抵押人用自有房屋以不转移占有的方式向抵押权人提供债务履行担保的行为。根据《城市房地产抵押管理办法》第3条的解释，预购商品房贷款抵押是指购房人在支付首期规定的房价款后，由贷款银行代其支付其余的购房款，将所购商品房抵押给贷款银行作为偿还贷款履行担保的行为。在建工程抵押是指抵押人为取得在建工程继续建造资金的贷款，以其合法方式取得的土地使用权连同在建工程的投入资产，以不转移占有的方式抵押给贷款银行作为偿还贷款履行担保的行为。

11.5.2 设定抵押权的原则与范围

11.5.2.1 设定抵押权的原则

1. 房地合一原则

房屋抵押权是指与该房屋占用范围内的土地使用权同时设定的抵押权。不存在只设定房屋抵押权而土地使用权分离在外的情形。如果以出让取得的土地使用权抵押，则地上建筑物也同时设定抵押。

2. 依法登记原则

房地产设立抵押，虽是当事人双方意思自愿的行为，但行为的最终生效要受到我国法律规范的制约。《城市房地产管理法》第62条对此做了明文规定："房地产抵押时，应当向县级以上地方人民政府规定的部门办理抵押登记。"《民法典》第402条规定："抵押权自登记时设立"；第403条规定："以动产抵押的，抵押权自抵押合同生效时设立；未经登记，不得对抗善意第三人。”

11.5.2.2　设定抵押权的范围

《城市房地产管理法》第 48 条规定抵押权的设定范围有两种情形：“依法取得的房屋所有权连同该房屋占用范围内的土地使用权”以及“以出让方式取得的土地使用权”。《城市房地产抵押管理办法》第 8 条对不能设定抵押的房地产做了列示性的规定：（1）权属有争议的房地产；（2）用于教育、医疗、市政等公共福利事业的房地产；（3）列入文物保护的建筑物和有重要纪念意义的其他建筑物；（4）已依法公告列入拆迁范围的房地产；（5）被依法查封、扣押、监管或者以其他形式限制的房地产；（6）依法不得抵押的其他房地产。其中第 6 项的涵盖面甚广，例如通过行政划拨、出让取得土地使用权而尚未建有地上房屋及其他附属物的土地使用权，被列入征收范围之内的集体土地上的房屋，未依法登记领取权属证书的房地产等。

11.5.3　房地产抵押合同

11.5.3.1　房地产抵押合同主要内容

根据《城市房地产抵押管理办法》第 26 条的规定，房地产抵押合同应当载明下列主要内容：

（1）抵押人、抵押权人的名称或者个人姓名、住所；

（2）主债权的种类、数额；

（3）抵押房地产的处所、名称、状况、建筑面积、用地面积以及四至等；

（4）抵押房地产的价值；

（5）抵押房地产的占用管理人、占用管理方式、占用管理责任以及意外损毁、灭失的责任；

（6）债务人履行债务的期限；

（7）抵押权灭失的条件；

（8）违约责任；

（9）争议解决方式；

（10）抵押合同订立的时间与地点；

（11）双方约定的其他事项。

除此之外，《城市房地产抵押管理办法》第 27 条、第 28 条规定，以预购商品房贷款抵押的，需要提交生效的预购房屋合同；以在建工程抵押的，合同中还应载明：（1）《国有土地使用证》、《建设用地规划许可证》和《建设工程规划许可证》编号；（2）已缴纳的土地使用权出让金或需缴纳的相当于土地使用权出让金的款额；（3）已投入在建工程的工程款；（4）施工进度及工程竣工日期；（5）已完成的工作量和工程量。

11.5.3.2　注意事项

（1）我国《民法典》第 401 条规定，抵押权人在债务履行期限届满前，与抵押人约定债务人不履行到期债务时抵押财产归债权人所有的，只能依法就抵押财产优先受偿。

（2）抵押权与其担保的债权同时存在，债权消灭的，抵押权也消灭，债权无效的，抵押权也无效。因此，抵押合同通常所列条款“本合同和另行被担保的借款合同，借款合同无效不影响本合同的效力”，对房地产抵押合同不适用。

11.5.4 房地产抵押登记

11.5.4.1 房地产抵押登记的概念与作用

1. 概念

房地产抵押登记是抵押双方当事人为使抵押成立而在房地产登记机构依照法定程序履行的法定行为。

2. 作用

房地产抵押登记对于保护房地产交易安全有着重要作用。一方面，设立抵押权本身是为了保障主债权的安全，经过登记这一法定程序，对抵押权本身的安全性进行了把关，进而增强了对主债权的保护。另一方面，抵押登记是法定要式行为，抵押权登记意味着物权对世效力的产生，不登记则不得对抗第三人，只有履行抵押登记，才可产生抵押权的设定。

11.5.4.2 生效条件与登记机构

1. 生效条件

房地产抵押合同虽然由双方当事人自愿签署，但并不产生法律的约束力。其原因是房地产是不动产，不动产权利的变更须履行要式行为。所以，办理抵押登记是房地产抵押合同生效、房地产抵押权成立的必要条件。

2. 登记机构

《城市房地产抵押管理办法》第 30 条规定，抵押当事人应当在房地产所在地的房地产管理部门办理房地产抵押登记。

11.5.4.3 抵押登记的程序

1. 申请

双方当事人自房地产抵押合同签订之日起 30 日内，应当向房地产所在地的房地产管理部门提交相应的证件或证明材料，申请办理房地产抵押登记。

2. 受理验证

登记机关对申请人的申请进行审核，审核内容包括：（1）权属调查。对申请抵押房地产产权情况的真实性、合法性进行核查。申请人所提供的权属证件必须与权证的存根及原档案材料内容相一致，并与房地产现状相符合。（2）证件核实。对申请人所提供的证件或证明材料的真实性、有效性进行核实。

3. 审批收费

凡权属清楚、证明材料齐全的，抵押登记机关应当在受理登记之日起 7 日内决定是否予以登记，对不予登记的，应当书面通知申请人。抵押当事人应缴纳房地产抵押审核登记费及工本费、印花税等。

4. **登记发证**

以依法取得房屋所有权证书的房地产抵押的，登记机关应当在原房屋所有权证上作他项权利记载后，并向抵押权人颁发房屋他项权证；以预售商品房或者在建工程抵押的，登记机关应当在抵押合同上做记载。抵押的房地产在抵押期间竣工的，当事人应当在抵押人领取房地产权属证书后，重新办理房地产抵押登记。

11.5.5　房地产抵押的受偿

抵押是一种民事法律关系，抵押权人与抵押人在法律上有平等的法律地位，这就决定了抵押必须在双方自愿的原则上进行，并应符合《民法典》规定的平等、自愿、等价、有偿的一般原则。抵押合同属于经济合同，依照房地产抵押合同偿还债务是房地产抵押人的义务。房地产抵押合同一经签订，双方应当严格执行，债务履行期届满抵押权人未受清偿的，可以与抵押人协议折价或者以拍卖、变卖该抵押物所得的价款受偿；协议不成的，抵押权人可以向人民法院提起诉讼①。

同一财产向两个以上债权人抵押的，拍卖、变卖抵押物所得的价款按照抵押物登记的先后顺序清偿。抵押物折价或者拍卖、变卖后，其价款超过债权数额的部分归抵押人所有，不足部分由债务人清偿。抵押人未按合同规定履行偿还债务义务的，依照法律规定，房地产抵押权人有权解除抵押合同，拍卖抵押物，并用拍卖所得价款优先得到补偿，而使自己的权利不受到侵害。

如果设定房地产抵押权的土地使用权是以划拨方式取得的，依法拍卖该房地产后，从拍卖所得的价款中缴纳相当于应缴纳的土地使用权出让金的款额后，抵押权人方可优先受偿。房地产抵押合同签订后，土地上新增的房屋不属于抵押财产。需要拍卖该抵押的房地产时，可以依法将土地上新增的房屋与抵押财产一同拍卖，但对拍卖新增房屋所得，抵押权人无权优先受偿。抵押权因抵押物灭失而消灭。因灭失所得的赔偿金，应当作为抵押财产。

11.6　房地产交易案例

11.6.1　案例 1——商品房购买案例

G 夫妇打算在他们工作的城市——南京购买第一套商品房用于自住。经过考察和比较，他们决定购买南京江宁的××小区的期房。2018 年 8 月 9 日，G 夫妇接到 K 房地产公司的电话通知，说项目已领取商品房预售许可证，准备开盘，请 G 夫妇届时到项目现

① 中国房地产估价师与房地产经纪人学会. 房地产基本制度与政策. 北京：中国建筑工业出版社，2005.

场选房。10月12日上午9点，G夫妇准时赶到项目现场，查看了项目现场公示的项目建设工程用地规划许可证、建设工程规划许可证、国有土地使用权证、建设工程施工许可证、商品房预售许可证等必要文件，并选购了一套80平方米的两居室房屋，买卖双方签订了正式的商品房预售合同书。

随后，G夫妇到当地房产局开具了无房证明（该市购买政策中限制个人购买第二套商品房），到劳动保障局开具了满一年的社保缴纳证明（该市购买政策中要求没有本市户口的，需在本地企业工作满一年，以社保缴纳为证明）。2019年8月13日，G夫妇携带以上证明文件及身份证、结婚证、购房协议书等到项目售楼处签订正式预售合同。在支付首次款时，G夫妇考虑到家庭储蓄不多，还有抚养小孩的经济压力，他们选择了首付30%，剩余70%全部通过公积金贷款解决（商业贷款利息比公积金利息高），贷款期限为30年。买卖双方签订了正式的商品房预售合同，G夫妇缴纳了30%的首付款，并与公积金贷款的代办银行签订了房屋抵押贷款合同等相关文件。2020年1月20日，商品房按期交付，G夫妇持购房合同、分户图纸等资料向房产局申请办理房屋产权证和土地使用权证，并缴纳了维修基金和契税。2020年3月28日，G夫妇在市房产局领取了房屋产权证和土地使用权证。

11.6.2 案例2——房屋租赁案例

B君在北京工作，单位不提供住房。为了工作方便，他决定在北京海淀区苏州桥附近租一套一居室单元房。通过查找房源信息，找到要价为4 200元/月的一居室住房。该住房位于苏州桥西北侧，附近有大型购物超市一座，紧邻万泉河路，交通极为方便。

经过实地看房，双方讨价还价，最终以4 100元/月成交，水电费由承租人自理。该出租房屋付款方式为3个月一付，即每次预交3个月租金。双方规定该房屋只能用于居住用途，不得转租。在房屋出租方向B君出示房屋出租许可证后，经协议达成一致，双方签订房屋租赁合同。合同中对租金和付款方式做了具体规定。

双方在合同签订1个月内持书面租赁合同、房屋所有权证书、双方当事人的合法证件向本区房地产主管部门申请登记备案，经审核后房地产主管部门向承租人颁发了房屋租赁证。

11.6.3 案例3——国有土地使用权挂牌出让案例

2020年×月×日，××市国土资源交易中心在《××日报》上发布了编号为G(2020)5号的国有土地使用权出让公告。

该地块位于××市建设一路、东风一路、东风二路合围地段，规划用地面积77 359.53平方米，出让土地面积62 859.53平方米（合94.29亩）。该地块规划为居住用地，土地级别分别为二、三级，土地出让年限均为70年，出让方式为挂牌。挂牌起始价4 740万元，竞买保证金800万元。

在挂牌期限内共有6家房地产开发公司提交竞买申请书等材料，××市国土资源交易中心及时将报价结果在交易大厅进行公布，竞买人可以根据公布情况，进行再次报价。截至挂牌日满，A 房地产开发有限公司和 B 房地产开发有限公司报价最高，分别为 5 200 万元和 5 150 万元。随后交易转入现场竞价阶段，现场竞价的最低交易价和起叫价以书面报价截止时最高价 5 200 万元为基础，主持人明确增价幅度，竞买人以举牌的方式进行应价，经过几轮报价，A 房地产开发有限公司以 5 500 万元的价格成为该地块竞得人，并与××市国土资源交易中心当场签订成交确认书。

在成交后 30 日内，A 房地产开发有限公司付清全部地价款和土地交易过程中的服务费、契税等费用，与××市国土资源局签订了国有土地使用权出让合同，办理了土地过户手续，取得了国有土地使用权证。

关键术语

房地产交易　房地产买卖　国有土地使用权交易　房地产租赁　房地产抵押

复习思考题

1. 房地产交易的特征及原则是什么?
2. 国有土地使用权出让有哪些主要方式及其适用范围?
3. 国有土地出让价格的评估方法有哪些?
4. 房地产买卖市场可以细分为哪些类型?
5. 房地产抵押登记的概念及其重要性是什么?

第12章

物业管理

本章内容提要

物业管理是发生在房地产使用过程中对物业及其业主的管理和服务活动，是使房地产保值和增值的重要手段。本章主要对物业管理的基本概念、物业管理的内容与程序、不同类型房地产的物业管理、物业管理标准等内容进行分析和讨论。

12.1 物业管理概述

12.1.1 物业与物业管理

12.1.1.1 物业

1. 物业的含义

“物业”一词源于英文“property”或“estate”，其基本含义是指一定范围内以建筑物形式存在的不动产。物业有广义和狭义之分。从广义上讲，物业与房地产是同一概念，但从物业管理的角度看，物业则是一个微观的概念。物业是物业管理的物质对象，特指使用中或可以投入使用的各类建筑物及其附属的设备、配套的设施及相关的场地等。其中各类建筑物可以是住宅小区、工业小区等，也可以是单体建筑，包括写字楼、商贸大厦、商住楼、别墅及厂房和仓库等。配套设施是指与上述各类建筑物相配套或为建筑物的使用者服务的室内外各种设备、公共设施、基础设施和建筑物周围的场地、道路等。

2. **物业的特征**

物业和其他事物一样，具有自身独特的性质。首先是它的自然属性，即物业是一种区别于其他物质的物质形式，主要有以下特征：（1）固定性。表现为土地、建筑物的不可移动性或位置的确定性。（2）耐久性。表现为土地的不可消失性和建筑物长久的使用寿命。（3）多样性。表现为土地区位的唯一性和建筑物构造、外观、功能等形式的多样性。

其次是物业的社会属性，主要包括以下内容：（1）经济属性。表现为物业的商品属性，即物业是一种商品，物业的生产、经营、交换、分配及消费等，必然也是商品化的运行过程，物业的一切运行须符合市场经济的客观要求。（2）法律属性。表现为房地产的物权关系，房地产物权即为房地产物权人在法律范围内享有房屋的所有权及其占有土地的使用权。由此可见，一宗物业首先要界定其范围及产权的界限。

12.1.1.2　物业管理

1. **物业管理的含义**

物业管理的英文表达有多种形式，如“property management”或者“real estate management”。我国《物业管理条例》于 2003 年颁布实施，2018 年做了第三次修订。新修订的《物业管理条例》第 2 条指出，物业管理是指业主通过选聘物业服务企业，由业主和物业服务企业按照物业服务合同约定，对房屋及配套的设施设备和相关场地进行维修、养护、管理，维护物业管理区域内的环境卫生和相关秩序的活动。

物业服务企业，通常称为物业服务公司，是指具有独立法人资格，根据合同接受业主或业主管理委员会的委托，依照有关法律法规，对物业实行专业化管理，并收取相应报酬的经济实体。一些从事某些单项服务的公司，如保洁公司、保安公司、绿化公司等属于劳动服务公司，不属于物业服务企业。

2. **物业管理的特征**

物业管理是城市房地产管理体制的重大改革，是一种受业主委托、与房地产综合开发和现代生产生活方式相配套的综合性管理。作为集经营、管理、服务于一体的第三产业，物业管理具有如下特征：

（1）社会化。物业管理的社会化主要是指物业的所有权人从社会上选择物业服务企业和物业服务企业通过公平有序的竞争在社会上寻找委托的物业。目前，我国物业服务企业实行多层次的综合性服务，统一收费管理以方便群众。从发达国家先进的物业管理经验来看，物业服务企业虽然也提供一揽子的综合服务，但各项专业服务则是由物业服务企业从社会上选聘专业服务公司来承担的，是将综合性与专业化分工有机结合起来的一种从事有效的社会化生产的企业。

（2）专业化。物业服务企业是指专门从事物业的经营、管理和服务活动的专业化企业。这就需要具有专业知识和较高业务素质的人才、专门的管理工具和设备、专业规范的管理措施与工作程序。具有专业知识和较高业务素质的人才不仅包括工程技术人员，还包括具有企业管理知识的经营型管理人才。专业化要求从事物业管理的机构必须具备一定的专业资质并达到一定的专业水准，这也是现代社会化大生产专业分工的必然结果。

（3）市场化。物业服务企业向业主、使用者提供服务活动，业主和使用者购买并消费这种服务，这是市场交换的商业行为。正是市场竞争机制和商品经营方式使得物业管理的最根本特征就是市场化。

（4）企业化。物业管理实行的是企业化的管理，独立核算、自负盈亏。物业服务企业除了向住户收取物业管理费外，还要提供有偿服务并开展其他多种经营活动来获得稳定可靠的资金来源，以此实现企业的良性健康发展。

3. **物业管理的目的**

物业管理的基本出发点和归宿是一切为了人，为了人的生存、方便、健康，为了人的交往、成长以及工作生活等各项活动。物业管理不仅是对物业本身提供管理服务，保证和发挥物业的使用功能，使其保值增值，更重要的是构筑一个整洁舒适、安全宁静、幽雅健康、和谐向上的工作与生活环境，最终实现社会、经济、环境三种效益的统一和同步增长，提高城市的现代文明程度。

物业管理的指导思想是以服务为宗旨，以经营为手段，以效益为目的。以服务为宗旨，就是要在物业管理的全过程中突出服务，管理也是一种服务；以经营为手段，就是在物业管理的全过程中实行有偿服务，并通过多种经营活动解决物业管理中的各项经费开支；以效益为目的，就是以社会效益、环境效益、经济效益为最终目标。

物业管理的具体目标包括：

（1）营造竞争有序的物业管理市场环境和运行机制，使物业管理的多个主体均能充分发挥作用，不断提高物业管理水平，既使物业发挥出最大的使用效能，又保证物业及其设备处于正常运行的完好状态，延长使用年限，实现物业的保值增值。

（2）开展全方位、多层次、高效率、高质量的管理服务工作，创造安全、舒适、和谐的生活和工作环境与气氛，促进家庭、经济、社会、环境的协调发展，提高物业的投资收益。

（3）建立良好的社区环境，树立并维护房地产开发商和物业服务企业的良好形象，保障和促进社会的和谐与稳定，提高城市管理水平和现代文明程度。

12.1.2 物业管理的产生和发展

12.1.2.1 物业管理的起源

物业管理起源于19世纪60年代的英国，一位名叫奥克维娅·希尔的女士为自己出租的物业制定了一套管理办法，这可以说是最早的“物业管理”了。现代意义上的物业管理产生于19世纪末的美国，建筑、机械等技术的发展使装有电梯的高层楼宇出现。这类建筑附属设备多、结构复杂，需要专业性很强的日常养护、维修，于是，专业的物业管理机构开始出现。1908年，由美国芝加哥摩天大楼的管理者乔治·A. 霍尔特组织的“芝加哥建筑物管理人员组织”（Chicago Building Managers Organization，CBMO）召开了第一次全国性的工作会议，宣告了世界上第一个专业的物业管理行业组织的诞生。此后，类似的组织在加拿大、英国、澳大利亚、日本等国纷纷成立。

12.1.2.2　物业管理在我国的产生及发展

新中国成立后，我国的物业管理采取的是行政性管理模式，政府机构（房地产管理部门）行使着业主和管理者的双重权利，担负起业主和管理者的双重角色。改革开放后，产权的多元化使物业管理模式也开始发生变化，深圳市物业管理公司的成立是我国房屋管理变化的开端。

我国的物业管理是改革开放后随着房地产业的发展而从香港特别行政区引进的。深圳市于 1981 年 3 月成立了我国第一家涉外房地产管理的专业公司——深圳市物业管理公司，标志着我国在物业管理上迈出了第一步，是我国对房屋实行企业化、专业化管理的开始。此后，广州市和深圳市的物业管理行业迅速发展。伴随着 20 世纪 80 年代末 90 年代初的房地产开发热潮和大量高层、多功能综合楼宇的出现，物业管理体制被众多的开发企业、房地产管理部门和社会人士接受，各地纷纷借鉴物业管理的先进经验，物业管理工作由点到面、由表及里在不断地实践与发展。1993 年 6 月，深圳市物业管理协会的成立标志着物业管理作为一个新兴行业的社会地位得到了确定。

我国物业管理的发展具有以下几个特点：

（1）法律法规不断完善。1994 年 3 月，建设部颁发了《城市新建住宅小区管理办法》，这是新中国成立以来我国有关物业管理的第一个重要法规，也是我国房地产管理经营体制上的重大变革，是一次历史性的突破。1995 年 8 月，我国第一次全国物业管理工作会议在青岛召开，这对我国物业管理工作起到了推动作用。此后，为了适应物业管理不断发展的新形势，促进其健康有序地发展，建设部等相关部门多次召开全国性会议，拓展物业管理领域，培育物业管理市场。2003 年 5 月 28 日，国务院第九次常务会议通过了《物业管理条例》，该条例以规范物业管理活动为目的，以维护全体业主合法权益为主要原则，使我国物业管理的法制建设更加完善。此后，2007 年《物业管理条例》第一次修订，并于 2016 年、2018 年分别进行第二次、第三次修订。2018 年修订的《物业管理条例》取消了物业服务企业资质管理的相关规定，并增加了建立守信联合激励和失信联合惩戒机制的有关内容。2007 年 3 月 16 日，第十届全国人大第五次会议讨论通过的《物权法》则从更高的层次对业主及使用者的相关权利、义务做了更明晰的界定。此外，建设部还多次进行全国优秀住宅小区的评选工作，有力地促进了物业管理工作的开展。一些省市人民政府相继颁发了有关的物业管理条例和管理办法，加强了物业管理法制建设。

（2）政府对物业管理日益重视。《北京市物业管理条例》于 2020 年 3 月 27 日经北京市十五届人大常委会第二十次会议表决通过，并于 2020 年 5 月 1 日正式施行。该条例明确要构建党建引领社区治理框架下的物业管理体系，为解决业主委员会成立难的问题，提出可组建过渡性质的“物业管理委员会”，作为组织业主共同决定物业管理事项的临时性机构。同时对物业费缴纳、住宅专项维修资金使用、失管小区维护等市民关心的热点问题进行明确规定。为提升物业服务水平，建设和谐宜居社区，依据《北京市物业管理条例》，北京市政府制定了《关于加强北京市物业管理工作提升物业服务水平三年行动计划（2020—2022 年）》，明确了各年工作目标、责任单位，并在业主委员会（物业管理委员会）组建率、物业服务覆盖率、党组织覆盖率三方面提出定量考核标准。

（3）物业管理协会成立。继深圳市物业管理协会成立后，海南、上海、常州、广州、青岛等地的物业管理协会先后成立。2000 年 10 月，在北京成立的中国物业管理协会，是我国物业管理行业性的自律组织。物业行业组织的发展不仅标志着物业管理作为一个独立的行业存在，而且对我国处于起步阶段的物业管理行业的健康发展起到了十分积极的作用。

12.1.3 物业服务企业服务类型

物业服务的范围和类型来自物业业主的服务需求。业主需求是物业服务企业经营活动的起点，业主需求的满足是物业服务企业经营活动的最终目标。居住物业业主的根本需求包括物业居住范围内的安全需求、物业环境区域的审美需求、物业所处社区内的社交需求、物业价值的保值增值需求、物业区域内外的生活便利需求、物业社区的尊重和自我价值实现需求等等。从以上根本需求可以发现，物业服务需求具有多样化特征。物业业主的不同年龄、收入、工作背景、学历情况等必然构成服务需求的多样化特征。同时，物业服务需求具有发展的特征，随着业主在居住物业区内经历不同的生命周期阶段，以及经济和科技水平的不断提高，服务需求随之发展。

12.1.3.1 按照服务需求划分

按照对服务需求的分析，安全、卫生等基础需求是所有业主都需要的，可以定位为公共服务需求。对于多样化服务需求，可以定位为衍生服务和拓展服务，具体可以分为如下类型（见图 12-1）：

1. 公共服务

公共服务是物业服务企业面向所有业主提供的最基本的管理与服务，目的是确保物业完好与正常使用，保证业主正常和安全的工作生活秩序，这是所有业主每天都会享受到的服务。其内容和要求通过物业服务合同明确规定，所有物业服务企业有义务保质保量完成。

2. 私人服务

私人服务是物业服务企业为改善业主的生活和工作条件，满足物业价值增值、生活便利需求和个人其他服务需求而提供的各项服务。其特点是物业服务企业事先设立服务项目，并将服务内容与质量、收费标准公布，当住户需要不同服务时，可自行选择，物业服务企业提供菜单式服务，根据服务种类单独收费。私人服务根据社会技术水平的快速发展而不断衍生，如提供快递代收服务、社区银行服务、小孩和老人托管服务等。

3. 增值服务

住宅有维修、保养、保值的需求，也有迎合时代发展潮流进行改造装修、提升品质的要求。物业服务企业利用自身的管理技术、专业能力和品牌优势来提供优质的房屋保养与增值服务，不仅能够提升物业的经济价值，也能够提升社区整体价值，还能为物业服务企业带来无形资产增值。

4. **情感服务**

物业服务企业可以采取不同情感行动来更好地满足业主被尊重和自我价值实现的需求。对于社区儿童，可以经常性地举办各种文化学习课堂，同时加大娱乐设施建设，并举办各类儿童专场活动。对于中青年物业业主，可以建立物业社区网，连接感情，共享信息，促进社区和谐。对于老年人，可以提供各种健康咨询、老年活动社团支持，上门提供便利服务等。物业服务企业要真正满足居住者的生理和心理需求，进而为其提供更细致、更周到、更体贴的人性化服务。

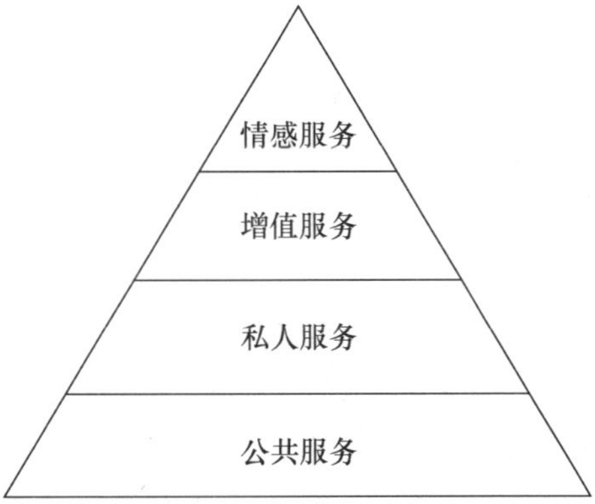

图 12-1　物业服务需求层次

12.1.3.2　按照企业经营方式划分

从物业服务企业经营方式的角度出发，可以将物业服务划分为专业型服务、经营管理型服务、咨询型服务和综合型服务四类。

1. **专业型服务**

专业型服务指的是由安保公司、保洁公司、绿化与养护公司、家政服务公司、建筑维护与修理公司等专业化公司提供的各种基本物业服务和增值服务。该类服务的提供者通常属劳务层次企业，一般受雇于经营管理型的企业，采用项目管理模式在其承接的物业项目范围内调配劳动力资源，按合同约定，按时、保质地完成既定任务。

2. **经营管理型服务**

经营管理型服务是由提供物业管理与服务的、从事经营和管理活动的企业所提供的服务。按服务对象划分，可分为代业主的物业管理服务和经营服务两种。代业主的物业管理服务是代替业主委员会进行物业管理活动，行使业主委托的物业管理职能，为业主提供物业管理服务。提供这种服务的企业是知识含量较高的一种企业，可以克服业主委员会成员业余、非专业的缺陷。经营服务是物业服务企业提供的综合物业服务，由于《物业管理条例》规定不能将物业管理区域内全部物业管理一并委托他人，物业服务企业可以采取全部工作自己承担和将其中部分专业服务工作委托给他人两种方式。

3. **咨询型服务**

咨询型服务指的是与房地产开发建设和物业管理相关的专业化服务，其主要内容是物业管理与服务的调研、全生命周期可行性研究、物业管理与服务的策划和设计、建造过程中的物业监理和其他物业管理与服务咨询。该类服务的提供企业是物业企业中技术含量最高的知识型企业，是实现全生命周期理论下全过程物业管理的关键企业。

4. **综合型服务**

综合型服务是指集物业咨询、经营管理与专业服务于一身的大型物业管理与服务企业提供的综合服务，包括为房地产开发企业提供从房地产项目物业管理调研开始直至前期物业管理结束的全过程服务。提供该类服务的企业通常是创建物业管理与服务品牌的主体，是房地产开发企业实施品牌战略和实现企业价值与顾客价值的亲密伙伴，是大型物业服务企业发展的基本方向。

12.1.3.3 现阶段物业服务企业的行业环境

1. **物业管理市场日趋成熟，物业服务企业间的竞争加剧**

近年来，物业服务企业的数量和行业从业人数不断增长，可以预见，物业管理行业将在市场机制中通过市场配置资源的规律，以及通过政府产业政策的宏观调控，进入一个企业数量与管理规模的调整期。其间，可能会出现大量的物业服务企业间的兼并，或各企业之间管理的物业出现相互调整兼并现象，使企业规模及其管理的物业面积更趋合理化、效益化。

2. **业主对物业服务水平的需求逐渐提高**

随着我国经济的持续增长，人们居住的建筑结构、建筑质量和基础设施配套服务等硬件环境得到了很大的改善。硬件设施提升以后，人们自然会对居住服务、居住环境等软件方面的物业服务质量提出更高的要求。这些物业管理服务具体包括更安全的小区治安保卫、更优质的环境保洁、更先进的绿化养护、更人性化的居民服务等。同样，作为服务行业的物业服务企业，如果企业服务意识淡薄，服务水平低，观念更新不及时，企业在今后的市场竞争中将不可避免地被淘汰出局。

3. **房地产开发商对物业服务的持续影响**

房地产开发商往往基于对成本因素的考虑，在开发过程中遗留各种问题而增加日后物业服务企业的管理难度和管理成本。例如，新建物业的遗漏工程，物业建筑期内草率的工程监督及测试，物业配套设备不匹配，公用设施、设备维修专用基金未能落实等。

4. **新技术革命和物业智能化快速发展**

随着互联网技术、通信技术、人工智能技术等高新科技的迅速发展，物业服务企业的信息化水平不断提高。在物业管理中引入诸多高科技设施设备已经是大势所趋，特别是当前互联网和物联网的迅速普及，为物业服务企业服务手段的革新提供了新的平台，网络化、智能化管理服务已经逐渐成为物业服务企业的基本管理手段，如何借助先进的科学技术手段进一步提高管理服务水平，是物业服务企业必须应对的挑战。

5. **物业管理行业的管理规范有待完善**

有关物业管理的法律法规相对滞后。虽然《物业管理条例》早已出台，但物业管理中仍有许多问题难以找到相应的法律依据，物业市场仍存在一定的不规范现象，物业管理行业的法制建设仍有待加强。

12.2　物业管理的内容和程序

12.2.1　物业管理的委托与招投标

12.2.1.1　物业管理的委托

1. 物业管理委托方

按物业产权归属和物业管理委托的时间，物业管理的委托方有房地产开发企业和业主委员会两类。

(1) 房地产开发企业。在以下两种情况下房地产开发企业是物业管理的委托方：对建成后以销售为主的物业，在物业建成和出售前，其产权归房地产开发企业；对建成后并不出售或大部分不出售，而以出租经营为主的物业，其产权或大部分产权归房地产开发企业。

(2) 业主委员会。以销售为主的物业，当业主达到一定比例时，应成立业主委员会，它是全体业主的代表，物业管理委托方就是业主委员会。当业主只有一个或数量较少且经全体业主一致同意，决定不成立业主大会的，由业主共同履行业主大会、业主委员会职责，负责选聘、解聘物业服务企业，并签订物业服务合同。

2. 物业管理的委托内容

物业服务企业在接受业主对物业管理的委托时，因物业类型和业主委托的不同，其委托内容也会有较大的不同，总体上可以分为管理型物业管理和租赁型物业管理两种类型。管理型物业管理中，物业服务企业的重点是对受委托的物业实施日常管理与服务，主要适用于业主自用的各类物业。租赁型物业管理中，物业服务企业对受委托的物业除实施管理权外还拥有经营权，为业主进行物业投资并取得一定利润或其他经营目标，适用于经营性物业和以租赁为主的高档居住物业。

业主委员会在委托物业服务企业时还需要履行与物业服务企业签订委托合同的职责，其主要内容有：(1) 物业基本情况；(2) 委托管理事项，包括建筑物共用部位的维护修缮，公共环境卫生的管理，公共秩序维护和交通车辆管理等；(3) 委托管理期限；(4) 双方可享有的权利和应履行的义务；(5) 物业质量管理目标设定和物业服务费用协商约定；(6) 违约责任；等等。

12.2.1.2　物业管理的招投标

物业管理的招投标是推动物业服务企业向竞争性方向发展、提高企业管理服务水平的重要手段，也是进一步培育和发展物业管理市场的需要。1994 年 1 月 10 日，采用招投标方式确定的物业管理机构——深圳市万厦物业公司，获得了深圳市住宅局开发的莲花北村的物业管理权，意味着我国首次把竞争机制引入物业管理的运作过程之中。2003 年 6 月 26 日，建设部颁布了《前期物业管理招标投标管理暂行办法》，从法律规章上实现了规范物业管理招标投标活动，保护招标投标当事人的合法权益，促进物业管理市场的公平竞争。

1. 物业管理的招标

（1）物业管理招标的内涵。物业管理招标通常是指物业所有权人或其法定代表的开发商或业主代表大会（业主委员会），将为物业选择管理者时通过指定符合其管理服务要求和标准的招标文件向社会公开，由多个企业竞投，从中选择最适合的企业，并与之订立物业服务合同的过程。招标人也可以委托招标代理机构在招标人委托的范围内办理招标事宜。

（2）物业管理招标的类型。按照物业管理的内容，物业管理招标可分为三种类型：1）管理服务型物业管理招标，即仅仅围绕物业管理服务等内容进行招标；2）租赁型物业管理招标，即不仅针对所在物业的管理服务进行招标，也对其租赁经营等进行招标；3）专项型物业管理招标，业主委员会或物业服务企业针对物业管理活动中的某些管理项目进行专项招标，如安保、保洁等。

（3）物业管理招标的方式。物业管理的招标方式通常有以下三种：

1）公开招标（无限竞争性公开招标）：招标单位通过报刊、广播、电视、新闻发布会发布招标广告，公示项目内容、管理水平、质量要求、招标条件及开标日期等有关内容，由物业服务企业购买招标资料进行投标竞争。

2）邀请招标（有限竞争性选择招标）：由招标单位根据自己积累的经验和情报资料，有选择地向具有管理能力的若干物业服务企业（3 个以上）发出招标通知，说明招标工程情况和要求，并邀请其参加投标。

3）协商招标（议标）：物业服务企业即将完成前期物业管理委托合同时，业主委员会基本满意物业管理工作，为下一个合同期服务邀请该物业服务企业进行协商，确定物业管理有关事项。

（4）物业管理招标文件的内容。根据《招标投标法》和《前期物业管理招投标管理暂行办法》的规定，招标人应当根据物业管理项目的特点和需要，在招标前完成招标文件的编制。招标文件应包括以下内容：

1）招标人及招标项目情况，包括招标人名称、地址、联系方式、项目基本情况、物业管理用房的配备情况等；

2）物业管理服务内容及要求，包括服务内容、服务标准等；

3）对投标人及投标书的要求，包括投标人的资格，投标书的格式、主要内容等；

4）评标标准和评标方法；

5）招标活动方案，包括招标组织结构、开标时间及地点等；

6）物业服务合同的签订说明；

7）其他事项的说明及法律法规规定的其他内容。

此外，如果招标人设有标底的，标底必须保密。

2. 物业管理的投标

（1）物业管理投标的内涵。物业管理投标通常是指符合招标文件要求的物业服务企业根据公布的招标文件中确定的各项管理服务要求与标准，根据国家有关法律法规与本企业的管理条件和水平，编制投标文件，积极参与投标活动的整个过程。

（2）物业管理投标文件的内容。投标人在接受招标文件后，应当按照招标文件的内容和要求编制投标文件，对招标文件提出的实质性要求和条件做出响应。招标文件应该包括：1）投标函；2）投标报价；3）物业管理方案；4）招标文件要求提供的其他材料。

3. 物业管理招投标的程序

根据物业管理招投标的相关法律法规及对招标文件主要内容的要求，在遵循“公平、公开、公正、合理”的原则下，物业管理招投标的主要流程有：

（1）招标人成立招标机构，包括招标主体自行成立招标机构或委托专业招标代理机构。

（2）招标人是否根据相关要求起草编制招标文件，是物业管理招投标工作能否成功的关键。

（3）招标人发布招标公告或招标邀请书。采用公开招标的，应当在公共媒介上发布招标公告，同时在中国住宅与房地产信息网和中国物业管理协会网上发布免费的招标公告；采用邀请招标的，则应向 3 个以上的物业服务企业发出投标邀请书。

（4）投标人接收招标信息并报送投标申请。投标人接收招标信息后在规定的时间内向招标人表达投标意愿并接受招标人的资格预审。当公开招标资格预审合格的申请人较多时，可以由招标人从中选择不少于 5 个合格的投标申请人。

（5）招标人组织现场勘察，召开标前会议。

（6）投标人报送投标书，招标人组织开标答辩会并评标。

（7）投标人中标与招标人签订物业服务合同。

12.2.2　物业服务合同

物业服务合同是指物业服务企业接受小区业主或业主委员会的聘任和委托提供物业服务，业主支付服务费用的书面协议。它明确了物业服务企业和业主各自享有的权利与承担的义务，是业主和物业服务企业建立关系的法律文件，提供了当事人双方活动的范围和准则，是业主的权利保障书，在整个物业管理活动中处于核心地位。正确认识物业服务合同相关内容及注意事项，对每位业主都很重要。

12.2.2.1　物业服务合同的性质

一般情况下，物业服务合同是在业主委员会成立后 3 个月内（最多不超过 6 个月）与选定的物业服务企业签订的。根据合同，物业服务企业提供规定的服务，而业主要支付相应的物业服务费。物业服务企业和业主之间是民事合同的双方当事人，是平等的主体，享有各自的权利和义务。二者之间确立的是民事法律关系，适用民事法律关系的基本原则：平等、自愿、公平、等价有偿和诚实信用。所以，物业服务合同是平等主体之间成立的民事合同，适用《民法典》的一般原则。

12.2.2.2　物业服务合同的特征

物业服务合同是典型的民事合同，但并不存在于原《合同法》规定的 15 种有名合同中。它由民事合同的双方当事人——业主委员会和物业服务企业协商制定，是双方意思表示一致的产物。

物业服务合同实现了物业所有权和管理权的分离。物业服务企业凭借专业物业管理技能为业主服务，行使管理权；业主则依托物业所有权对物业服务企业进行监督。

物业服务合同是双方合同，即签订物业服务合同的双方当事人互享权利，互尽义务，双方的权利和义务也是相对而言的。

物业服务合同是有偿合同。业主在聘请委托物业服务企业对物业进行管理服务时，需要对物业管理服务向物业服务企业支付必要的费用和一定的酬金。

12.2.2.3 物业服务合同的主要内容

根据《物业管理条例》第34条，物业服务合同应包括以下主要内容：

（1）物业管理事项。包括物业的基本情况以及物业服务企业应为业主提供管理服务的具体内容。

（2）服务质量。对物业服务企业提供的管理服务规定具体的质量要求。

（3）服务费用。包括收费方式（包干制或酬金制）、收费事项、标准及日期等。

（4）双方的权利和义务。明确合同双方在物业管理服务中可以享有的权利和应当履行的义务。

（5）专项维修资金的管理与使用。因为专项维修基金的特殊性和敏感性，需要当事人在国家规定的基础上对其管理和使用的规则、方式、程序等做出明确具体的约定。

（6）物业管理用房。细化物业管理用房的配置、用途、产权等。

（7）合同期限。双方当事人协议商定合同条款的期限。

（8）违约责任。明确物业服务合同中一方当事人或双方当事人不履行合同时应当承担的法律责任。

此外，物业服务合同一般还应载明合同变更与解除的约定、解决合同争议的方法以及其他约定的事项内容等。

12.2.2.4 物业服务合同的变更与废除

物业服务合同一经签订就对当事人具有法律约束力，任何一方不应擅自变更。但在实际履行过程中如果主客观情况或条件发生变化，经由合同的双方当事人协商一致，可以对原合同内容进行变更。物业服务合同变更后，应到行政主管部门备案。

物业服务合同在合同的有效期内遇到以下情况，合同关系解除：（1）约定解除合同的条件成立；（2）双方当事人协商一致解除；（3）物业服务企业被吊销资质、破产、解散等；（4）合同期限届至；（5）其他原因。

12.2.3 前期物业管理

12.2.3.1 前期物业管理的定义

《物业管理条例》第21条指出，在业主、业主大会选聘物业服务企业之前，建设单位选聘物业服务企业的，应当签订书面的前期物业服务合同。因此，前期物业管理是指从建设单位选聘物业服务企业、签订前期物业服务合同时起，直到业主、业主委员会成立并选聘物业服务企业，签订新的物业服务合同的这段时间的物业管理。

12. 2. 3. 2 前期物业管理的特殊性

一般意义上的物业管理，发生于所在物业的业主委员会成立并选聘物业服务企业、签订物业服务合同之后，而前期物业管理则发生于业主委员会成立之前。因此，前期物业管理具有与一般物业管理不同的特殊性。

1. 前期物业管理在时间上的过渡性

从前期物业管理的定义可以看出，前期物业管理在时间上具有明显的过渡性。在这一过渡期中，物业管理从无到有，从准备启动到全面开展，从不规范到逐步规范，同时还要面临开发建设中的遗留问题、物业销售中的矛盾和纠纷等。因此，前期物业管理在广义的物业管理服务期间有着重要的地位，直接影响到所在物业的销售质量以及后续的物业服务水平。

2. 前期物业管理涉及当事人的多重性

前期物业管理涉及的当事人有开发商、物业服务企业和业主三方，涉及的主要内容是当事人之间的法律关系。因为房地产项目多为滚动开发，业主入住是一个渐进的过程，从物业交付于业主到业主成立业主委员会，一般需要两年甚至更长的时间。因此，开发商通常在物业开发建设阶段根据《招标投标法》和《前期物业管理招标投标管理暂行办法》，选定物业服务企业，签订前期物业服务合同。开发商还需要为业主制定业主临时公约，作为在前期物业管理中约束业主行为的共同约定。

3. 物业服务企业签约期限的有限性

由于在前期物业管理中，物业服务企业需要为业主入住做大量的准备工作，对承接的物业进行验收，理清各种关系，处理可能出现的纠纷，甚至还要投入一定的资金，所以在签订前期物业服务合同时，物业服务企业通常会要求较长的合同期限（物业管理的时间越长，效益才越能显现出来）。但近些年，为了较好保障业主权利，一些地方政策对前期物业服务合同的合同期限进行了规定。如《北京市物业管理条例》明确要求："前期物业服务合同期限最长不超过二年，具体期限在前期物业服务合同中约定。期限届满前三个月，由业主共同决定是否继续使用前期物业服务人。期限届满，业主与新物业服务人签订的物业服务合同生效之前，前期物业服务人继续提供服务；期限未满或者未约定前期物业服务期限，业主与新物业服务人签订的物业服务合同生效的，前期物业服务合同终止。"

12. 2. 3. 3 前期物业管理的内容

前期物业管理的特殊性，决定了前期物业管理内容的重要性。加强前期物业管理，不仅能保证入住业主的权益，还能保证物业施工质量，规范物业管理，完善物业使用功能，提高物业收益。整个前期物业管理阶段的内容主要有以下几个方面：

1. 早期介入管理

早期介入是指物业服务企业在接管物业之前，就参与物业的规划设计和建设过程，在此过程中，物业服务企业从业主和使用人以及物业管理的角度，就物业开发、建设和今后使用管理提出建议，并对接管的物业做好管理准备。一般情况下，物业服务企业至少应在交付前 3 个月介入准备工作，主要内容有：完善建筑工程质量，熟悉建筑结构、设备设施和管线铺设，规划完善建筑附加功能等等。

2. 制定前期物业管理方案

物业服务企业在介入后需要根据管理目标和所在物业的具体特点，制定前期物业管理方案，主要内容包括：物业基本情况、拟采取的管理方式、管理机构的职责范围以及人员的岗位责任制、物业管理服务的内容及质量标准、用户（住户）的规章制度、档案资料的建立和管理、前期物业管理的收费标准、物业管理的经费预算、其他需要说明的问题。

3. 物业的接管验收

物业接管是房地产开发企业或原物业服务企业向接受委托的物业服务企业移交物业的过程，开发商在移交时需要提供建筑工程竣工验收资料、设备设施技术资料、物业质量保修和使用说明文件以及其他物业管理必需的权益文件资料等。物业验收是依照住房和城乡建设部及省市有关工程验收的技术规范与质量标准对已建成的物业进行检验。在整个物业接管验收过程中，物业服务企业还需要进行服务品质的定位和服务内容的延续，以及财产财务的核算交接等。

4. 业主进户管理

业主进户是指业主或者使用人进驻使用物业，俗称“入伙”。其一般程序为：(1) 发放入伙通知书；(2) 带业主或使用人实地勘验物业；(3) 发放业主收楼登记表、收费标准、入住程序指南、住户手册等；(4) 签订物业使用公约及其他装修、添置或更换自用设备设施等事宜的相关协议等；(5) 预收物业管理费、租金等；(6) 办理入住业主信息登记，发放钥匙，完成进户程序。

5. 物业装修管理

物业装修管理是物业服务企业根据政府有关法规、条例，受开发商或全体业主委托，对物业管辖范围内的物业装修过程进行监督，使施工符合结构安全、物业管理、消防、供水、供电、燃气、环境保护等的要求。主要包括装修相关规定、装修过程中禁止的行为或须经批准的行为、物业服务企业和业主在装修过程中各自应负的责任和应承担的义务，以及其他相关问题的处理等。

6. 物业档案资料的建立

物业档案资料的建立包括建立业主或使用人的资料和建立物业资料两种。业主或使用人资料包括业主或使用人的姓名、入住基本情况、联系方式、各项物业费用的缴纳情况、物业装修使用情况等。物业资料主要是指物业各种建筑物、设备设施等的设计和竣工图纸、位置、编号等。物业档案资料的建立主要有收集、整理、归档和利用四个环节。

12.2.4 房屋修缮管理

建筑物竣工投入使用后，随着时间的推移，会由于自然和人为等（如气候、地理、灾害和人为使用不当、设计施工质量低劣和预防保养不善等）多方面的原因，导致建筑物的功能受损，在房屋结构、构造、装修和设备方面造成不利后果，并给使用带来危害，这就需要物业服务企业及时进行房屋修缮或在平时加强对房屋修缮方面的管理。

12.2.4.1 房屋修缮管理的概念及原则

房屋修缮是指建筑物自竣工建成到报废为止的整个使用过程中，为了修复自然因素和人为因素等原因造成的房屋损坏，维护和改善建筑物的使用功能，延长使用寿命，而采取的各种养护维修活动。

房屋修缮管理则是指物业服务企业依法履行服务管理职能，定期对所服务的物业进行检查、监督，评定完损等级，拟订维修计划，确定修缮项目，落实修理任务，查验修缮工程质量的活动。房屋修缮管理是物业服务企业服务管理的一项重要的基础性内容，应遵循如下原则：

1. 充分利用，以人为本

房屋修缮通常是针对使用中的建筑物进行的，使用者可能没有搬迁被修缮的建筑物，因此物业服务企业在房屋修缮管理中应遵循以人为本的原则，充分利用原有建筑物中可以利用的部分，避免大拆大改。在制定房屋修缮计划和方案时，要以为业主和使用人创造良好的生活、工作环境为目标，尽量保证业主和使用人对建筑物的正常使用。

2. 经济合理，安全实用

在制定房屋修缮计划和方案时，要合理使用人力、物力、财力，节约用料，提高功效，以最小的消耗取得最大的经济效益，并严格遵照国家和地方有关规定，坚持质量第一和房屋完好的要求，保证施工时业主、使用人、施工人员的安全，通过一定的维修使房屋结构牢固、功能运转正常，从而充分发挥建筑物的效用。

3. 认真细致，保持耐心

建筑物一般使用期限长，在使用过程中房屋质量或使用功能的减弱和损坏都是从小的地方、不明显的地方开始的，并且建筑物维修具有量大面广、零星分散的特点，因此，物业服务企业在房屋修缮管理和日常维护中应认真细致、保持耐心，为广大业主和使用人提供优质的服务。同时，同一结构的房屋使用功能减弱的速度和损坏的程度是不均衡的，因此，房屋维修是大量的经常性工作，还需要物业服务企业持之以恒，贯以始终。

12.2.4.2 房屋修缮管理的内容

物业服务企业在行政主管部门和相关法规、条例的指导和监督下，要开展不同层次的维修管理工作，具体内容如下：

1. 对所管房屋的查勘鉴定工作

查勘鉴定是掌握所管房屋完损程度的一项经常性的基础管理工作，可以及时发现和防止危险情况的发生，为维护和修理房屋提供依据，从而延长房屋寿命和保持正常的使用功能。查勘鉴定一般可分为定期查勘鉴定、季节性查勘鉴定及工程查勘鉴定等。

2. 房屋维修计划管理

房屋维修计划管理是指为做好房屋维修工作而进行的计划管理。维修计划管理的内容一般包括企业房屋维修计划的编制、检查、调整及总结等一系列环节和房屋修缮资金的筹措与使用安排等，其中积极做好计划工作的综合平衡是房屋计划管理的基本工作方法。

3. **房屋维修质量管理**

房屋维修质量管理是指为保证维修工程质量而进行的管理工作，其内容一般包括对房屋维修质量的监督、完善维修工程质量保证体系、加强对修缮工程质量的检查和验收以及开展质量管理基础工作等。

4. **维修工程预算**

维修工程预算是维修施工项目管理中核算工程成本、确定和控制维修工程造价的主要手段。通过工程预算工作可以在工程开工前事先确定维修工程预算造价，依据预算工程造价组织维修工程招投标并签订施工承包合同。从造价管理的过程看，维修工程最终造价是在其预算造价的基础上，依据施工承包合同及施工过程中发生的变更因素，通过增减调整后决定的。

5. **维修施工队伍选择**

通常情况下，物业服务企业自己拥有一支队伍来进行修缮施工，或者对房屋修缮工程进行招标投标和采取承包的方式选择专业维修队伍。随着市场经济的发展，采取招标投标或承包方式的会越来越多，从而确保实现维修工程造价、质量及进度目标的有效管理，充分发挥市场竞争的作用，为提高经济效益、社会效益和环境效益打下基础。

6. **房屋维修成本管理**

房屋维修成本管理包括成本决策、成本计划、成本控制、成本核算、成本分析和成本检查等工作。维修成本管理工作的好坏直接影响到物业服务企业的经济效益及业务质量。

7. **房屋维修要素管理**

房屋维修要素管理是指物业服务企业为确保维修工作的正常开展，对房屋维修过程中所需的技术、材料、机具、人员和资金等进行的计划、组织、控制和协调工作，包括技术管理、材料管理、机具管理、劳动管理和财务管理等。

8. **房屋维修施工项目管理**

房屋维修施工项目管理属于物业服务企业的基层管理工作，它主要是指物业服务企业对维修工程施工的全过程所进行的组织和管理工作，包括施工现场管理、施工质量监督、施工安全管理、施工造价管理、施工进度管理等。

9. **房屋日常养护管理**

房屋日常养护管理是对正在使用中的房屋进行的经常性的维护管理工作，是对房屋及时的预防保养和零星修理，可为房屋进行大、中修提供可靠依据。房屋日常养护管理可以分为零星养护、计划养护和季节性养护以及房屋的正确使用维护等类型。

12.2.4.3 房屋修缮工程的分类

1. **房屋修缮工程的划分**

按照房屋完损状况、修缮工程量的大小，房屋修缮工程可分为翻修、大修、中修、小修和综合维修五类。

（1）翻修工程。需要全部拆除、另行设计、重新建造或仅保留原房屋的一小部分而进行较大改造的工程。

（2）大修工程。需要牵动或拆换部分主体构造或设备，但不需要全部拆除的工程。

（3）中修工程。需要牵动或拆换少量主体构造，但保持原房屋的结构和规模的工程。

（4）小修工程。及时修复房屋在使用过程中其构造部分的小损小坏，以保持房屋原有完损等级的日常养护工程。

（5）综合维修工程。平房以院落为单位，楼房以幢为单位，对其进行大、中、小修一次性的应修尽修工程。

2. 房屋修缮责任的划分

房屋修缮责任的划分，是为了确定物业服务企业、业主和物业使用人应分别承担的修缮责任和负担的修缮费用，其基本情况如下：

（1）新建房屋在保修期内。新建房屋的保修期一般有两种：一种是建设施工承包单位向建设单位承诺的保修期限，一种是建设单位向房屋所有人或使用人承诺的保修期限。

对于第一种情况，可依据《建设工程质量管理条例》的规定，建设工程承包单位在向建设单位提交工程竣工验收报告时，应当向建设单位出具质量保修书。质量保修书中应当明确建设工程的保修范围、保修期限和保修责任等。对于第二种情况，则根据《商品房销售管理办法》的规定，房地产开发企业应当对所售商品房承担质量保修责任。当事人应当在合同中就保修范围、保修期限、保修责任等内容做出约定。保修期从交付之日起计算。商品住宅的保修期限不得低于建设工程承包单位向建设单位出具的质量保修书约定保修期的存续期；存续期少于《商品住宅实行质量保证书和住宅使用说明书制度的规定》中确定的最低保修期限的，保修期不得低于《商品住宅实行质量保证书和住宅使用说明书制度的规定》中确定的最低保修期限。非住宅商品房的保修期限不得低于建设工程承包单位向建设单位出具的质量保修书约定保修期的存续期。

（2）保修期满后。保修期满后，由业主承担房屋修缮责任，并承担修缮费用。对业主委托物业服务企业管理的物业，由物业服务企业承担房屋建筑共有部分、共用设施设备、物业规划红线内的市政公用设施和附属建筑及附属配套服务设施的修缮责任。业主承担物业自用部位和自用设备的修缮责任。

（3）其他情况。凡属使用不当或人为造成房屋损坏的，由其行为人负责修复或给予赔偿。

12.2.5　经费与财务管理

12.2.5.1　物业经费管理

1. 物业管理经费的来源

（1）定期收取的物业管理费。根据《物业服务收费管理办法》的规定，物业服务企业可以而且应该就其提供的物业服务收费，该费用通常称为物业服务费或物业费。这是物业服务企业最稳定的经费来源。

（2）专项维修基金。物业管理区域内有两个以上产权人时，业主应当按照国家规定缴纳专项维修基金，专项用于物业保修期满后物业共用部位、共用设备设施的维修、更新和改造。

（3）多种经营收入。这主要是指物业服务企业在经过业主委员会的许可下，在不损害业主利益和使用便利的情况下，利用物业管理区域内的设备设施或场地进行经营活动，以及利用自身条件开展各种经营服务活动所得收入和利润。

（4）政府多方面的扶持。这主要指政府通过制定相关的政策和价格指导意见，对物业服务企业给予的一定的资金扶持。

（5）开发建设单位给予支持。这主要体现在完善物业的各种配套设施和环境建设等方面。

2. 物业服务收费原则

物业管理单位开展物业管理服务收费时应遵循合理、公开及与物业产权人、使用人的承受能力相适应的原则。具体来说，物业管理收费应坚持几个原则：

（1）等价交换。收费价格的高低由所提供服务的质量决定。

（2）优质优价。根据物业服务企业提供的服务质量、服务水平的不同，采用不同的收费标准。

（3）取之于民，用之于民。这包括两方面的含义：一是从住户收取的费用，要用在住户身上，不得挪作他用；二是不得谋取高额利润。

（4）公开。物业管理服务收费实行明码标价，收费项目和标准及收费办法应在经营场所或收费地点公布。物业管理单位应当定期（一般为 6 个月）向住户公布收费的收入和支出账目，公布物业管理年度计划和小区管理的重大措施，接受小区管理委员会或物业产权人、使用人的监督。

（5）政府监督。物业服务收费牵涉广大业主和物业服务企业的切身利益，政策性强，因此，必须加强政府及主管部门对物业服务企业的服务内容及标准、收费项目及标准的监督。

3. 物业服务费的定价形式和计费方式

（1）物业服务费的定价形式。《物业服务收费管理办法》第 6 条指出，物业服务收费应当区分不同物业的性质和特点分别实行政府指导价和市场调节价。

1）政府指导价。物业服务收费实行政府指导价的，有定价权限的人民政府价格主管部门应当会同房地产行政主管部门根据物业管理服务等级标准等因素，制定相应的基准价及其浮动幅度，并定期公布。具体收费标准由业主与物业服务企业根据规定的基准价和浮动幅度在物业服务合同中约定。同时按照《价格法》的规定，政府指导价的确定应通过听证会，征求业主、物业服务企业和有关方面的意见后最终确定。

2）市场调节价。实行市场调节价的物业服务收费，是业主和物业服务企业在市场竞争形成的价格的基础上，由双方协商并在物业服务合同中约定的结果。

（2）物业服务费的计费方式。《物业服务收费管理办法》第 9 条规定，业主与物业管理企业可以采取包干制或者酬金制等形式约定物业服务费用。

1）包干制。包干制是指由业主向物业服务企业支付固定的物业服务费，盈余或者亏损均由物业服务企业享有或者承担的物业服务计费方式。

包干制最大的特点是无论服务管理好坏，经营盈亏均由物业服务企业自身承担，与业主无关。

2）酬金制。酬金制是指在预收的物业服务资金中按约定比例或者约定数额提取酬金支付给物业服务企业，其余全部用于物业服务合同约定的支出，结余或者不足均由业主享有或者承担的物业服务计费方式。预收的物业服务资金包括物业服务支出和物业服务企业的酬金。

4. 专项维修基金的使用与管理

（1）专项维修基金的使用。

《物业管理条例》第 53 条规定，专项维修基金属于业主所有，专项用于物业保修期满后物业共用部位、共用设施设备的维修和更新、改造，不得挪作他用。业主委员会成立前，专项维修基金的使用由开发商委托的物业服务企业提出使用计划，经当地房地产行政主管部门审核后划拨。业主委员会成立后，经业主委员会审核后实施。若业主委员会无能力审核，可请政府主管部门、银行等有关机构审核。

（2）专项维修基金的管理。

1）代管。专项维修基金属于代管基金，在业主委员会成立以前，基金由当地房地产行政主管部门代管；业主委员会成立以后经其同意，房地产行政主管部门将维修基金移交给物业服务企业代管。但是物业服务企业需将专项维修基金在受托银行开设专户存储，专款专用，计息净收益转作维修基金滚存使用和管理。为了保证维修基金的安全，维修基金闲置时，除可用于购买国债或者用于法律、法规规定的投资外，严禁挪用。

2）监督。除业主委员会可对物业服务企业对于维修基金的使用计划和方式进行审核外，《住宅专项维修资金管理办法》指出，国务院建设主管部门会同国务院财政部门负责全国住宅专项维修资金的指导和监督工作。县级以上地方人民政府建设（房地产）主管部门会同同级财政部门负责本行政区域内住宅专项维修资金的指导和监督工作。

12.2.5.2　物业服务企业的财务管理

1. 含义

物业服务企业的财务管理就是物业服务企业对资金运行的管理，在资金运行过程中，涉及物业经营出租、管理服务收费等资金的筹集、使用、耗费、收入和分配，管理对象是物业经营、管理、服务的资金费用和利润。

2. 内容

（1）资金管理。主要是指资金的筹集与投放。物业服务企业除了以物业租金、物业服务收费等方式获得资金外，还可以通过发行股票、吸收直接投资等方式筹集资金。在使用上应妥善安排，“一业为主，多元经营”，拓展物业服务的新领域，形成新优势。

（2）成本管理。主要是通过财务活动加强经济核算，改善经营管理，降低修缮、维修、养护成本，不断降低支出，增加积累，提高经济效益和投资收益。

（3）财务监督。主要是指物业服务企业必须依据国家的方针、政策和财政法规以及财务计划，对预算开支标准和各项经济指标进行监督，使资金的筹集、运用合理合法。在分配收益上严格遵守国家相关规定，及时上缴各种税金，弥补以前年度亏损，提取法定公积金、公益金，并向投资者分配利润。

12.3 不同类型房地产的物业管理

12.3.1 居住物业的物业管理

12.3.1.1 含义

居住物业是包括不同结构类型、消费档次、服务需求的，各种满足栖身、休养、休闲以及其他相关功能的房地产物业的统称。

居住物业管理是对居住物业小区内的房屋建筑、市政公用设施的维护与修缮，对公共卫生、交通、治安、市场以及环境容貌的维护与整治，是通过实施管理法规和制度，对社区居住活动和行为关系、居住习俗进行制约、调节、疏导、监督和服务，协调各种社会关系，从而使居民的居住行为规范化、有序化。

因为住宅小区物业与居住物业的特点在一定程度上是重合的，因此，下面将以住宅小区物业为重点来讲述居住物业管理。

12.3.1.2 特点

住宅小区物业作为集居住功能、服务功能、经济功能、社会功能于一体的“小社会”，具有如下特点：

1. 统一规划，整体配套

住宅小区通常由专业的建设单位和施工单位进行统一规划、合理布局、整体建设、配套完善，使各类建筑和设备设施等相互协调、相互辅助。

2. 规模庞大，功能齐全

新建住宅小区多为多层、多栋建筑群，少的有几万平方米，多的达十几万甚至百余万平方米。住宅小区不仅是人们栖身修养之处，也是进行购物、饮食、休闲、娱乐、体育健身等活动的场所，更是社会主义物质文明和精神文明建设的基地。

3. 产权多元，管理复杂

由于住宅建设投资的多渠道、住宅的商品化及各类保障性住房建设力度加大，一个住宅小区内存在着不同的产权所有主体及方式，再加上住宅小区规模庞大、功能齐全、配套设施多样化，使得整个住宅小区的管理极为复杂。

12.3.1.3 内容

住宅小区物业管理包括如下基本内容：

（1）建筑物及其设备设施的维护与修缮管理。

（2）小区环境维护管理，包括：1）违章建筑的管理；2）公用市政设施的维护管理；3）环境卫生的维护管理；4）绿化管理；5）治安管理；6）消防管理；7）车辆道路管理。

（3）开展多种形式的便民有偿服务。

（4）住宅小区的社会主义精神文明建设，包括：1）制定社区居民精神文明公约；2）开展文体活动，丰富居民业余生活，协调人际关系，密切邻里联系；3）建设高雅的社区文化，培育健康的社区精神。

12.3.1.4　目标

居住物业管理的目标是通过科学专业的管理，使居民的居住行为规范化、有序化，实现社会效益、经济效益、环境效益的统一。

1. 社会效益

小区物业管理的社会效益表现在为居民提供一个安全、舒适、和睦、优美的生活环境，从而协调人际关系，维护社会安定团结，为政府分忧解难。

2. 经济效益

小区物业管理的经济效益可从多方面体现。对政府而言，可以在减少资金补贴的同时从物业服务企业获得税收收入；对开发商而言，销售速度加快，销售价格上升，可以获取更多的销售利润；对物业服务企业而言，在获得了良好的声誉后开展各种有偿服务，能够取得较好的经济效益；对业主而言，既可以保障自身的经济利益，又可以获得一定的投资收益和回报。

3. 环境效益

小区物业环境管理有利于居民身心健康，同时在治理城市人居环境的基础上对整个城市的风貌产生积极的影响。

12.3.2　非居住物业的物业管理

非居住物业是相对于居住物业而言的，主要包括写字楼物业、商业物业、工业物业和其他物业等。

12.3.2.1　写字楼物业的管理

写字楼是从事生产、经营、咨询、服务等行业的管理人员用于办公的建筑物。一部分写字楼可能是所有者自用，但大多数的写字楼物业的业主都以投资为目的，通过租赁方式达到资本保值、增值的目的并获得收益。因此，良好完善的物业管理服务对业主的投资至关重要。

写字楼按其使用功能划分为单纯型写字楼、商住型写字楼和综合型写字楼；按其物业档次又可分为甲级写字楼、乙级写字楼和丙级写字楼。一般情况下，写字楼都具有区位好、规模大、现代化、功能齐全、配套设施完善、有专业物业管理等的特点。

相对于一般物业管理的内容，写字楼物业管理还有以下内容：

1. 营销推广

由于写字楼物业属于收益性物业，因此，营销推广是其一项经常性的管理工作内容，包括写字楼的整体形象设计塑造，宣传推广，市场分析调研，租金水平设定，与客户的联络、谈判、签约，客户投诉与要求的受理与处理，客户与客户、客户与经营管理者之间关系的协调等。

2. 前台服务

前台服务是写字楼物业管理服务质量最外在的表现之一。它主要包括：问讯和留言服务，信件报刊收发、递送服务，票务订购、酒店预订服务，行李搬运、寄存服务，文娱活动组织安排服务及其他各种受委托的服务等。

3. 安全保卫

因为写字楼是企业办公之处，涉及大量的商业机密，所以安全保卫工作也是写字楼物业管理的一项重要工作。其工作内容包括制定全面的保安巡逻计划、建立完善的闭路电视监控系统、建立严格的进出和探访制度等。

12.3.2.2 商业物业的管理

商业物业是指各种供商业、服务业使用的建筑场所，包括购物广场、百货商店、超市、专卖店、连锁店、宾馆、酒店、休闲娱乐场所等。

商业物业具有空间大、设备多、商号多、客流量大等特点，并且商业物业作为一种商业经营场所，物业服务企业面对的服务对象除业主外，还包括租户和顾客。良好的物业管理服务可以吸引大量的租户、顾客前来租赁、消费，从而获得业主的信任，提高业主的投资收益，促进物业区域内的经营活动，提升商业物业的商誉，同时能建立物业服务企业良好的社会公众形象。

商业物业的管理方式一般分为全面委托管理和业主自主管理。全面委托管理即开发商或产权人将商业整体的物业管理统一委托给一家物业服务企业，签订物业服务合同；业主自主管理即由投资商或大业主成立物业服务企业进行物业管理。

与一般物业管理相比，商业物业的管理内容还包括如下方面：

1. 打造整体商业形象

商业物业的形象具有极强的商业使命。良好的外观设计、优美的内景布置能够诱发顾客潜在的购买消费欲望。而商业物业开放的特性及商户多、人员复杂的特点使得物业服务企业在进行服务时要注意保持整体性，包括店铺布局，日常活动安排管理，员工着装、用语、胸牌等。良好的商业形象，不仅可以促进自身商业发展，还可以起到形象示范作用，影响、带动周边商业环境的发展，达到整体提升周边商业环境的效果。

2. 建立完善的应急措施

物业服务企业除了在日常管理中保障业主、租户的切身利益，打造让顾客放心的购物消费氛围外，还需要一支训练有素的保安和消防队伍，建立一套完善的安全预警制度和突发事故应急处置制度，并大力宣传安全教育，迅速灵活地应对物业管理区域内发生的各种事故。

3. 保证车辆畅通安全

商业物业一般位于本地中心地段或商业旺区，用地有限，但是该区域人口众多、人口流动性大，并且随着私人汽车的普及，乘车消费的人群数量也在增加。因此，物业服务企业还应加强车辆管理，包括停车场的安排调度、地面行人通道与机动车通道的秩序指挥等，做到方便顾客交通往来，保障顾客交通安全。

12.3.2.3　工业物业的管理

工业物业是指所有用于或适合于开展工业活动的场所，包括工厂、标准厂房、仓库、工业园区。工业物业以生产厂房为主，也有与之相配套的办公用房、生活用房和各种服务设施。

工业物业不同于住宅、写字楼等物业，它的业主是法人，而不是自然人，因此，工业物业的服务对象是工业企业。工业物业管理服务主要有基础服务、延伸服务和园区文化建设三个方面。

基础服务主要是要确保供电、给排水、电梯、消防、通信、信息网络等的正常运转。此外，由于工业企业特点，对工业物业重要组成部分的工业厂房的日常维护和修缮也是物业服务企业服务的重要内容之一，其维护费和修缮费也较其他物业高。

延伸服务包括根据生产需求对厂房、办公用房进行装修改造，与当地政府、街道、市政、治安等行政部门协调相关事宜，以及建立管理区域内畅通的物流系统等。

园区文化建设包括环境建设、精神文明建设、企业文化建设等。

12.3.2.4　其他物业

其他物业是指除居住物业、写字楼物业、商业物业、工业物业以外的其他各类物业，主要有：

（1）文化类物业，包括学校、文化宫、图书馆、博物馆等。

（2）体育类物业，包括体育场馆、高尔夫球场、网球馆、健身馆等。

（3）卫生类物业，包括医院、卫生所、疗养院、防疫站等。

（4）娱乐类物业，包括电影院、KTV、游乐场等。

（5）其他物业，包括港口码头、机场、教堂、寺庙、监狱等。

上述这些物业有的是公益性的，有的是经营性的，其服务对象、服务需求、经费来源等均不同，可以由主管部门委托物业服务企业进行管理，也可以由主管部门按照现代物业管理模式自行管理。

12.4　物业管理标准与管理常见问题

12.4.1　物业管理与 ISO 质量管理

国际标准化组织（ISO）是由各国标准化团体（ISO 成员团体）组成的世界性的联

合会，是世界上最大的国际标准化组织，其颁布的一系列质量管理与认证体系正受到全世界越来越多的国家和组织机构的认可并被广泛采纳，而企业对于通过ISO标准体系的期望程度也越来越高，因为获得ISO标准体系的认证也就意味着赢得了业界和市场的认可。

12.4.1.1 ISO质量认证的意义

在物业管理行业，ISO9002国际质量标准正逐渐被越来越多的物业服务企业认同，它所遵循的原则是：质量的创造和维持取决于系统的管理方法，其目的是确保顾客的需要得到理解和满足。为获得质量需要组织中各层次人员信守各项质量职责，并对已建立的质量管理体系不断进行评审和改进。从深圳的中海物业率先在全国通过认证到北京的恩济花园成为北方首家获得认证的单位，可以说越来越多的物业服务企业认识到了它的重要性，其对物业服务企业的重要意义在于：

（1）为了获得认证，企业必须请质量体系认证机构对其质量体系进行审核，因此，必须严格按照规范化的程序开展工作，从而促进企业管理绩效的提高。

（2）更容易得到市场和顾客的认同，为企业及管理者带来更多的市场信誉。

（3）可以指导消费者选择质量可靠的物业服务企业，切实保护消费者的根本利益。

（4）有助于提高企业在市场经济中的竞争能力和生存能力。

（5）有助于企业与国际惯例接轨，参与国际竞争并开展国际性委托服务，增强企业扩张能力。

（6）获证企业必须接受来自认证机构的定期监督，以验证其质量体系持续满足标准的要求，并不断改进，从而有效保证获证企业质量管理水平的维持。

12.4.1.2 申请认证的程序

通常申请ISO9002国际质量标准需要经过以下步骤：

（1）明确认证目的，即通过认证是为了建立科学的质量体系，提高企业管理水平和服务质量，增强企业的竞争力和生存能力。

（2）做好认证前的准备工作，包括选派一定的人员参加由国家认可的权威机构组织的培训，组织工作小组制定工作进度表，从上至下动员企业全员参与等。

（3）选择咨询机构：对整个实施过程——诸如开展培训、辅导与审查文件编写、督导实施等方面——进行指导辅助等。

（4）文件编写：编写申办的质量体系文件主要分为四个部分，包括质量手册、程序文件、作业指导书（服务规范、服务提供规范、质量控制规范）、质量记录表格。

（5）文件实施：主要是各部门根据编写好的体系文件，按照文件使用说明执行，纠正存在的问题和不足之处，并提出相应的反馈意见，采取防范措施等。

（6）培训：主要指内审员培训和各类人员培训。

（7）模拟内审及认证前的准备：文件经过修改和调整并与实际工作磨合一段时间后，可按计划由咨询机构进行一次模拟内审来检验体系的运行情况。对模拟内审过程中出现的问题，企业要认真研究和改进，并做好认证前的最后准备。

(8) 现场审核：亦称正式审核，是由认证机构对物业服务企业的质量体系运行情况进行检验（以抽检方式）并得出最终结论。

(9) 长远计划：通过认证后企业领导应该认真总结，制定一个长远计划，使企业质量得以保持，并接受来自认证机构的监督。

12.4.2　物业管理常见问题

12.4.2.1　物业收费与服务效果

随着房地产市场的迅速发展，物业服务企业与业主之间的矛盾日益突出，双方协调不成告上法庭的事件屡有发生，而其争论的焦点在于物业收费与服务效果的问题。“收费难”是大多数物业服务企业负责人最头疼的一个问题；同时，“对服务不满意”又是大部分业主陈述的不愿交费的原因。

物业管理行业在中国的发展不过 20 余年的时间，并且在近几年由于房地产市场的迅速发展才逐渐引起大家的重视，因此，物业管理目前并不是一个成熟的行业。物业服务企业之间存在差距，并且很多物业从业人员学历低、流动性强，由此造成部分物业服务企业管理不善，问题频出。另外，影响物业服务企业服务质量的因素是多方面的。例如，部分开发商擅自修改规划，变更设计，将出现的问题遗留给本身没有责任的物业服务企业，让物业服务企业难以招架；又如，随着投资购房者的增多，很多业主买房后并不入住，也不缴纳物业费，导致物业费不够，很多设施因资金问题无法维修，而维修不好使得更多业主拒绝缴纳物业费，形成了恶性循环。

业主委员会作为协调物业服务企业和业主矛盾的重要机构在这类纠纷中应积极地承担起相应的职责。业主委员会是一个纯义务性组织，需要付出很多精力，而通常业主委员会中的很多成员都有各自的工作，无暇顾及小区的公共事务，导致业主委员会有名无实，因此，目前很多地方采取了“闲人政治＋智囊团”的模式。所谓“闲人政治”，是指业主委员会的委员们，最好是那些退休的老干部，因为他们有充足的时间和精力来从事小区工作。在这个基础上，可以让小区的法律、管理、经济等行业的专业人士充当顾问的角色，成立“智囊团”，为小区的公共事务出谋划策。

物业服务企业服务和管理的完善具有重要作用，物业服务企业在服务时要做到收费阳光、透明，并对服务流程进行公示，让业主了解物业管理服务过程，甚至可以邀请业主参与到物业管理中来，通过宣传来增强业主的民主意识，让大家都来关心、关注小区的公共事务，监督业主委员会和物业服务企业的工作，这样可以改善物业服务企业和业主的关系，增强物业服务企业和业主之间的沟通，很多问题便能迎刃而解。此外，政府部门还应加强监管，扩大对物业管理服务方面法律法规的宣传力度，可以通过举办物业服务大赛、优秀小区评比等活动提高物业服务企业的服务水平和质量，提升业主的法律意识和参与度等。

12.4.2.2　装修管理与责任划分

装修管理是物业管理服务中常见的问题之一，因为它常常会涉及业主与业主、业主与物业服务企业之间的利益与权益纠纷。对于业主与业主而言，通常是某一业主的装修行为对其他业主的利益造成损害，例如装修中管道渗水对楼下或相邻住户的住宅环境造成影响，装修时噪声对周围业主的正常生活形成干扰等；对于业主和物业服务企业而言，通常是业主的装修行为违反了物业结构或规划方面的规定，或者是物业服务企业在装修监管中同业主出现了纠纷等，例如，业主违反售房合同中的规定擅自安装玻璃封闭阳台，物业服务企业在进行装修监管中收取装修押金或装修管理费等。

根据法律规定，业主在购买房屋后，对自己所购的房屋享有一种不动产物权，即建筑物区分所有权，也就是业主对建筑物内的专有部分享有所有权，对专有部分以外的共有部分享有共有和共同管理的权利。由于所有权是一种支配权、绝对权和对世权，因此，业主在对其建筑物专有部分行使所有权时，只要不损害其他业主的合法权益和社会公共利益，就可以自由行使。但是当业主的装修行为影响或改变房屋结构、危及物业安全、侵犯其他业主的利益或使相关利益受到威胁时，物业服务企业可以根据《物业管理条例》等相关规定，及时出面进行制止，在制止无效时，应立即通知相关政府部门出面解决或请求权益受损害的业主通过诉讼或其他途径解决。此外，物业服务企业还可以建议全体业主通过制定业主公约来对其加以约束，若个别业主违反业主公约的规定，其他业主就可以向人民法院提起诉讼。目前，有些物业服务企业采取了收取装修押金的方式来约束业主的装修行为，如果业主在装修过程中出现损坏物业、破坏物业设施设备等情形，则相应的修缮、赔偿费用可从押金中扣除；如果装修过程一切顺利，则物业服务企业会将押金如数返还。

物业管理服务工作与业主的日常生活息息相关，常常会触碰到业主的切身利益，发生的纠纷也多为民事纠纷。物业工作人员在实际工作中往往容易忽略细节处的法律问题，不知不觉中“闯红灯”。尤其是在法律法规日趋完善、人们维权意识日益提高的今天，物业工作人员更要注意时刻保持应有的法律意识，这就需要物业服务企业平时应注重培训，引导物业工作人员养成良好的工作习惯。另外，物业工作人员在面对业主、实施服务过程中应始终有礼有节、不卑不亢，体现出热情服务、依法管理的职业风貌和素质。同时，物业服务企业在日常业务中也应在多个环节加以控制，强化风险意识，加大宣传力度，明确与业主间的责权范围，提前或及时进行控制和处理，规避不必要的纠纷争议等。

12.5 物业管理案例

12.5.1 案例1——住宅物业管理服务

×××住宅小区坐落于×××市城区，毗邻该市最大的生态公园，属于该市的重要经济中心，周边配套齐全、交通便捷。该住宅项目占地40万平方米，建筑面积20万平方米。×××物业服务公司从该项目高端住宅产品定位出发，通过客户调研，在充分准确地把握客户需求的基础上，提倡管理服务创新，确定了以下五项措施为主的物业服务方案：

第一，智能化管理上做到“三个到位”。首先，业主培训到位，通过在小区举行业主交流活动的方式，使业主切实掌握智能化设施的使用方法；其次，供应商管理到位，与各供应商建立起规范的合同关系，以便后期正常运作；最后，设备维护保养到位，在依靠供应商的同时加强对物业管理设备专业人员的培养，使其能够独立对各项智能化设施进行日常维护和检修。

第二，治安管理上做到“三防”结合。“三防”结合即人防、物防、技防相结合。“人防”上实施国外先进的阶梯式快速推进体系，由管理中心统一指挥调度，根据小区具体情况，将×××住宅小区按照“三个区域，两个环形”的方式进行巡逻；物防上采用防强闯装置、路障、通透式围栏等手段提高防范能力；在充分强调人防、物防的前提下，以技防作为有效手段，运用×××住宅小区装配的智能化保安设施如红外探头、门禁、可视对讲、巡更等，结合监控中心的统一管理、快速调度，确保治安防范万无一失。

第三，装修管理采取人性、法律并举的方式预防违章装修。针对×××市违章装修相对较为严重的现状，为了杜绝×××住宅小区的违章装修现象，从装修时间控制、装修现场管理等方面入手，全面做好装修管理。为体现全心全意的服务宗旨，服务中心可编制装修手册发放给业主，内容包括各类房形的室内管线、墙体结构等，同时也注明相关法律责任，重点制止违章装修等操作，将责任划分明确，并争取政府的有力支持。

第四，对进出车辆进行严格管理。根据×××住宅小区“管车不管人”的规划设计，结合小区道路布局和车位租赁情况，对车辆进行严格管理。除了对小区车位租赁、车位费催缴等情况进行严格控制以外，还要加强对外来车辆的管理，对访客车辆进行发牌登记并按时收费，出租车不进小区，从而创造小区良好的交通秩序。

第五，提供全程代办服务，多种经营创效益。针对业主需求，推出各类生活代办服务项目，满足业主的基本生活需求，开展多样化、人性化的特约服务和个性化服务，为业主营造舒适、便捷、人性化的生活。同时，充分利用社会资源，多方建立起与各类供应商的关系，为社区居民提供更优质的服务和更多的“优惠便利”，给业主带来更多的实惠。

12.5.2　案例 2——商业物业管理服务

×××资讯中心由×××房地产公司开发，总建筑面积 32.8 万平方米，容积率仅为 3.1，绿化率高达 42%，其定位是多功能园区式国际商务中心。整个园区由 4 栋写字楼与 1 栋酒店式公寓构成主体建筑群落，由世界顶尖建筑设计事务所——美国×××设计，具备甲级写字楼、涉外酒店式公寓、专属会所、会议会展等多种现代商务功能场所。

×××国际地产顾问机构于该资讯中心 A 座交付使用前 6 个月被委任为本项目的物业管理公司，并开始配合项目的验收、调试、交接工作，直至项目交付使用后的日常管理。×××资讯中心项目配套设施齐全，智能化程度较高。×××国际地产顾问机构提出“科技物业、智能管理、人性服务、绿色生态”的管理理念，以实现“安全、舒适、快捷、高雅”为管理目标，力争将×××资讯中心打造成×××市高档办公楼项目的旗舰和先导。

×××国际地产顾问机构在日常管理服务的基础上为×××资讯中心的客户提供停车场管理服务、会议中心服务、商业管理服务、员工餐厅服务等。通过与×××房地产公司良好的合作及随着二期C座即将交付使用，×××国际地产顾问机构与×××房地产公司达成战略合作伙伴关系，成立了合资公司专门负责×××资讯中心整体项目及×××房地产公司的其他高档物业项目的管理工作。

通过良好的管理服务及市场策略，×××资讯中心自交付使用以来在×××市一直保持较高的租金水平及入住率，同时也吸引了众多知名企业。通过不断提高管理水平与标准，多次获得了×××市优秀管理大厦及全国优秀管理大厦的称号。

专栏 12-1

万科物业管理模式简析

1. 万科物业概况

受SONY公司售后服务的启发，万科一开始就将物业管理作为房地产开发的一项售后服务保障措施，并提出了在管理服务上一定要有超前的理念。正是由于这样的高标准与高起点，造就了万科物业超前的服务意识和敢为天下先的创新特质，为后来屡创行业之先奠定了坚实的基础。伴随着1992年1月万科旗下第一家物业管理公司成立，以及万科的全国性开发的实施和“中国房地产行业领跑者”地位的确立，截至2020年6月底，万科物业已布局中国101个具备发展潜力的大中城市（含香港），其中住宅服务合同项目2 769个，商企服务合同项目1 059个，合同面积突破6.8亿平方米，在职员工人数达11万余名。万科物业已经发展成为国内规模最大、兼具优质服务形象及客户口碑的物业服务领航企业。

2. 万科物业的做法

(1) 品质管理——满足业主安心的需求，不断提升物业服务的市场价值。

2002年，万科物业与国际知名调查公司盖洛普合作，对下辖服务小区业主满意度进行第三方独立调查评价，广泛收集并分析顾客需求，据此提供针对性的服务。这在当时，是国内首创。万科管理的物业，由于在设施维护、安全感及氛围营造等方面的差异，投入使用一段时间后，超过同地段其他物业的价格增值10%～20%，而且随着使用年限的增加，这种差距会进一步拉大，这就是万科物业概括为“安全、安心”理念的物业服务市场价值。万科物业通过过硬的基础物业服务，把这一价值体现到极致，并获得业主认可。

(2) 用人之道——以人为本，用心营造适宜人才成长的环境。

在万科物业，为了确保满足业主“安全、安心”的核心需求，服务策划涵盖了提供服务的全过程，这些都受控于标准化运作体系。通过扎实的岗位培训、频繁的预案演练，那些多年积淀的经验迅速被新人吸收，成为岗位专业人员的必备技能。遍布40个大中城市的200余个万科物业服务项目，借此完成了服务标准和品质的传承。大到现场管控中枢——E控中心的设立，小到高位换灯器、电钻防尘罩等工具的发明，万科物业员工的小创意带来大效益的案例比比皆是。对细节管理创新的孜孜以求，是万科物业最难被体系外企业成功复制的精髓之一。

高品质服务的维系离不开优秀的从业人员。近年来，随着用工荒的出现，作为用人大户，万科物业敏锐判断出这种严峻形势的长期趋势，牢牢抓住关键人才选、用、育、留四大环节，果断采取渠道拓展、岗位升级等多项措施逐一化解难题。2010年4月，万科物业与北京吉利大学合作的“万科物业学院”揭牌并投入运行，学院注重培养“实战十创新”的新型应用型人才，为满足万科物业的未来管理和经营人才需求奠定了基础。同年11月，万科物业启动了“双百计划”，每年从基层员工中选拔、晋升逾200人使其走上主管岗位；每年还通过助学金给晋升的主管及有突出贡献的一线基层员工提供200个在职深造机会。2011年4月，万科物业在深圳、北京、上海、成都成立四个招聘训练中心，有力支撑了各一线公司业务的迅速拓展。

(3) 经营之道——品质成就价值，在做好基础业务的前提下以客户资源经营为核心，搭建满足客户居家生活需求的资源整合平台。

近年来，万科物业在主营提效、社区资源多元化经营方面举措频频，成效十分显著。

首先，抓住主营业务提效这个关键，全面破解住宅业务经营亏损的难题。万科物业在对新接管小区前期介入的定价上，除了坚持“质价相当”原则，还考虑到接管3年后物料、人工成本的增长预期。此举旨在不形成新的经营包袱，从源头上保证提供高品质服务所需的必要资源，并为未来的项目运营打下良好基础。对已接管小区，一方面，集团专门成立由专家组成的物业提效工作组，通过技防、物防改造，梳理、精简管理流程和调整岗位设置，并跟进评估实施效果，提升管理效率；另一方面，对亏损项目积极实践物业费上调机制，通过开放透明的经营信息公布，引导广大业主参与决策，近年来，万科物业在全国多个老社区成功实现物业费上调，从而进一步改善了住宅物业管理业务的整体经营状况。

其次，在为客户提供优质物业服务的同时，伴随着客户需求的不断增长，为持续满足客户期望，万科物业发展了依托物业管理主业，并与物业管理业务紧密关联、相辅相成、共生共赢的经营性业务。目前，万科物业的经营性业务已涉及智能化安防设计及施工、绿化工程、设备维保、房屋中介、会所经营、家居装饰、社区资源经营等，这不但带来了可观的经济收益，更重要的是通过集约化经营和资源整合，提升了万科物业的专业管理能力，在降低服务成本的同时提升了物业服务质量，赢得了客户的认可。

(4) 发展之道——引领中国住宅物业的发展变革，倾力打造人们向往的“幸福社区”。

随着社会的不断发展、人民生活水平的不断提高，人们对“幸福”的认知正逐渐清晰并不断深化，在生活上体现出来的需求也越来越丰富。物业服务企业只有不断满足客户日益增长的需求，才能持续抓住客户的心。万科物业认为：出色的物业服务不应只停留在“基础服务”层面，而应通过服务使客户的更多层次需求得到满足，让客户因社区生活产生持续幸福感。近年来，万科物业着力进行服务升级，使不同档次物业、不同年龄层客户的需求得到更多满足。2012年，首家幸福驿站在广州万科蓝山花园开业，“幸福社区计划”正式开始落地实施。此计划设计包括了邮包、租售、代办、家政、便民服务等为客户谋取极大便利的服务。同年，杭州公司首推的“拎包入住”业务再次突破了业务模式，点燃了新业务孵化的希望之火，为系统内各试点公司开展同类服务积累了丰富经验，有效提升了客户收房的满意度。而后，首家第五食堂在深圳万科城开张营业，不仅满足了所在项目客户饮食安全及饮食便捷的需求，更为万科物业幸福社区业务增添了流光溢彩的一页。此外，万物仓业务在南京金色家园小区的精彩绽放，标志着万科物业社区生活专家重点配套服务“万物仓”业务正式走向前台。一个个创新业务不断诞生，星星点点，遍布全国，为万科物业管辖范围内的每一个社区带去了便捷和幸福。

(5) 与时俱进——紧跟科技创新步伐，助力物业管理行业成长。

随着互联网和智能手机的普及和渗透，人民的生活发生了巨大改变，物业服务也不再满足于传统的发展模式。为适应信息时代的变化，万科物业牵手华为，共同就智慧社区进行研发，成立了联合实验室，着力于研发提升物业服务效率、创新社区运营模式的系统功能。2013 年，万科物业上线睿服务平台，利用互联网技术，将万科物业积累了 20 余年的流程和体系数字化，借以提高运营效率。在这个互联网大构架的基础上，万科物业睿服务不断更新迭代，从最初的人与物的基础数据 1.0 版本，发展到 2.0 版本的人与物的连接。2013 年 11 月 11 日，万科业主专属 APP“住这儿”与万科物业员工专属 APP“乐帮”上线公测，标志着万科物业不断向移动互联网时代前沿升级服务。同日，CRM 系统、呼叫中心正式上线，标志着万科物业对客服务迈入标准化、专业化、集约化行列。2016 年，万科物业正式开启人、财、物连接的睿服务 3.0 新时代。

12.5.3 案例 3——老旧社区物业管理的创新实践

2018 年起，在 3 000 万元社会资本的加持下，位于北京市 CBD 附近的劲松一、二小区完成了示范区的改造，覆盖了从设计、规划、施工到后期物业管理的全流程。这是北京市首个引入社会资本改造的老旧小区，因此也被称为“劲松模式”。

劲松小区位于北京市东三环，靠近 CBD 区域，始建于 20 世纪 70 年代末，是改革开放后北京市第一批成建制楼房住宅区，目前楼龄已有 40 余年。劲松北社区共有居民楼 43 栋，是个典型的“老小区”：老年住户所占比例达 39.6%，老年住户中独居老人所占比例更是高达 52%。如何做好老旧小区的更新改造，同时确保资金投入能够长期、稳定地发挥效用，是类似劲松这样老旧小区面临的重要问题。2020 年 7 月 20 日国务院办公厅印发的《关于全面推进城镇老旧小区改造工作的指导意见》中，明确“支持规范各类企业以政府和社会资本合作模式参与改造”，“劲松模式”即是社会资本参与投资的实践典范。

2018 年 7 月，劲松街道宣布与社会资本——愿景集团达成合作；随后社区和愿景集团做了大量调研工作，发放 2 380 份调查问卷，把居民需求进行条块梳理；2019 年 3 月 28 日，进行物业路演；自 2019 年 4 月 8 日起，在一个月的时间内分 10 个志愿小组上门讲解改造细节，争取实现业主同意的“双过半”；随后经过约 2 个月的改造，2019 年 8 月 2 日，以“一街”（劲松西街）、“两园”（二区小公园、209 小花园）、“两核心”（社区居委会、物业中心）、“多节点”（社区食堂、美好会客厅、自行车棚、匠心工坊等）为改造重点的示范区终于出炉。这些改造围绕公共空间、智能化、服务业态、社区文化四大类

16 小类共 30 余项专项进行。此外，居民可以“先尝后买”并且可以“持续更新”，改造后若居民提出新的合理化建议，还可以继续进行微改造。

劲松示范区改造共投入 3 000 万元，如何回收投资，成为“劲松模式”能否顺利复制、推广的关键问题。引入社会资本时，街道和社区给予 3 年的扶持期，而政府补贴仅限于前 3 年。2020 年起开始收缴物业费，低层楼每户每月收取 0.43 元/平方米，按套均住宅面积 55 平方米标准计算，每户每年物业费还不到 300 元。而劲松一区、二区缴纳物业费总户数为 2 018 户，即使收缴率达到 100%，每年物业费总收入将近 60 万元。在停车费方面，目前小区拥有近 600 个停车位，每辆车的年停车费约为 1 800 元，这部分总收入每年约为 108 万元。物业进驻后承担了保洁、绿化工作，街道就把原来支付给保洁、绿化的费用转付物业公司，这部分收入大概每年约 140 万元。这意味着，上述这三方面的总收入每年约为 308 万元。此外，对社区低效空间的商业化运营，也是投资企业重要的资金回收渠道。比如劲松西街一处闲置旧房重建后引入了“百年义利”这样的北京老字号企业，租金收入就可以相对更高一些。

2020 年 3 月发布的《北京市物业管理条例》提出“支持社会资本参与老旧小区综合整治和物业管理”。2020 年 5 月，北京市七部门联合印发的《2020 年老旧小区综合整治工作方案》中更是提到“试点探索社会力量参与后期管理模式，推广劲松模式，总结其他项目经验，形成多种可复制、可推广的管理经验和模式”。对于老旧小区的物业管理，仍须政府、企业、金融机构一同探索，争取实现居民和企业价值的共享。

关键术语

物业　　物业管理　　居住物业　　非居住物业

复习思考题

1. 简述物业管理的含义。
2. 简述物业管理的内容。
3. 简述不同类型房地产物业管理的主要特点。

图书在版编目（CIP）数据

房地产开发与经营/吕萍等编著. --5版. --北京：中国人民大学出版社，2021.8
新编21世纪房地产系列教材
ISBN 978-7-300-29642-5

Ⅰ.①房… Ⅱ.①吕… Ⅲ.①房地产开发-高等学校-教材②房地产管理-经营管理-高等学校-教材 Ⅳ.①F293.34

中国版本图书馆CIP数据核字（2021）第140053号

"十二五"普通高等教育本科国家级规划教材
新编21世纪房地产系列教材
房地产开发与经营（第五版）
吕萍 等　编著
Fangdichan Kaifa yu Jingying

出版发行	中国人民大学出版社		
社　　址	北京中关村大街31号	**邮政编码**	100080
电　　话	010－62511242（总编室）		010－62511770（质管部）
	010－82501766（邮购部）		010－62514148（门市部）
	010－62515195（发行公司）		010－62515275（盗版举报）
网　　址	http://www.crup.com.cn		
经　　销	新华书店		
印　　刷	北京昌联印刷有限公司	**版　　次**	2002年8月第1版
规　　格	787 mm×1092 mm　1/16		2021年8月第5版
印　　张	22.25 插页1	**印　　次**	2025年5月第6次印刷
字　　数	504 000	**定　　价**	52.00元

中国人民大学出版社　管理分社

教师教学服务说明

中国人民大学出版社管理分社以出版工商管理和公共管理类精品图书为宗旨。为更好地服务一线教师，我们着力建设了一批数字化、立体化的网络教学资源。教师可以通过以下方式获得免费下载教学资源的权限：

★ 在中国人民大学出版社网站 www.crup.com.cn 进行注册，注册后进入“会员中心”，在左侧点击“我的教师认证”，填写相关信息，提交后等待审核。我们将在一个工作日内为您开通相关资源的下载权限。

★ 如您急需教学资源或需要其他帮助，请加入教师 QQ 群或在工作时间与我们联络。

中国人民大学出版社　管理分社

教师 QQ 群： 648333426（工商管理）　114970332（财会）　648117133（公共管理）
教师群仅限教师加入，入群请备注（学校+姓名）

联系电话： 010-62515735，62515987，62515782，82501048，62514760

电子邮箱： glcbfs@crup.com.cn

通讯地址： 北京市海淀区中关村大街甲 59 号文化大厦 1501 室（100872）

管理书社　　人大社财会　　公共管理与政治学悦读坊